Uni-Taschenbücher 1201

Eine Arbeitsgemeinschaft der Verlage

Birkhäuser Verlag Basel · Boston · Stuttgart
Wilhelm Fink Verlag München
Gustav Fischer Verlag Stuttgart
Francke Verlag München
Harper & Row New York
Paul Haupt Verlag Bern und Stuttgart
Dr. Alfred Hüthig Verlag Heidelberg
Leske Verlag + Budrich GmbH Opladen
J. C. B. Mohr (Paul Siebeck) Tübingen
R. v. Decker & C. F. Müller Verlagsgesellschaft m. b. H. Heidelberg
Quelle & Meyer Heidelberg
Ernst Reinhardt Verlag München und Basel
K. G. Saur München · New York · London · Paris
F. K. Schattauer Verlag Stuttgart · New York
Ferdinand Schöningh Verlag Paderborn · München · Wien · Zürich
Eugen Ulmer Verlag Stuttgart
Vandenhoeck & Ruprecht in Göttingen und Zürich

Die Negative Dialektik Adornos

Schriftenreihe:
Dialog Philosophie.
Grundlagen der Erziehungs-
und Sozialwissenschaften.

Herausgegeben
von Jürgen Naeher

Die Negative Dialektik Adornos

Einführung — Dialog

Herausgegeben von Jürgen Naeher

Mit Beiträgen von:
Carl Braun, Lothar Eley,
Friedemann Grenz, Jürgen Naeher,
Detlev Piecha, Hans Radermacher,
Wolfgang Ritzel, Ulrich Sonnemann,
Lucia Sziborsky, Reinhard Uhle,
Lothar Zahn, Peter Zedler

Leske Verlag + Budrich GmbH, Opladen 1984

CIP-Kurztitelaufnahme der Deutschen Bibliothek

Die Negative Dialektik Adornos: Ein. – Dialog – hrsg.
von Jürgen Naeher. Mit Beitr. von: Carl Braun ... –
Opladen : Leske und Budrich, 1984.
(UTB für Wissenschaft : Uni-Taschenbücher: 1201)
(Schriftenreihe: Dialog Philosophie)
ISBN: 3-8100-0300-X

NE: Naeher, Jürgen (Hrsg.); Braun, Carl (Mitverf.);
UTB für Wissenschaft / Uni-Taschenbücher

(c) 1984 by Leske Verlag + Budrich GmbH
Satz und Druck: Hain Druck GmbH, Meisenheim/Glan
Bindearbeiten: Großbuchbinderei Sigloch, Leonberg
Einbandgestaltung: Alfred Krugmann, Stuttgart
printed in Germany

Vorwort

> „Auch als er neben Milena auf dem
> Boden liegt, raucht und zur Decke
> blickt, fühlt er sich zweigeteilt. Die
> Zigarette schmeckt bitter. Das Biest hat
> ihm Gras oder etwas Ärgeres gegeben. Er
> raucht aber trotzdem weiter.
> Lügner und hinterlistig. Und vor allem
> vulgär. Das Wort ist unpassend, er versteht nicht, wieso es ihm in den Sinn
> gekommen ist. Horkheimer? Nein, es war
> der andere Typ von der Frankfurter
> Schule, *Adorno,* der auf die Frage, was
> man unter Vulgarität versteht, eine
> beispielhafte Antwort gab: „Auf seiten
> seiner eigenen Entwürdigung stehen."
> (Aus: Lino Aldani: Arnos Flucht.
> Science Fiction-Roman. München 1980,
> 61)

Dies Beispiel von vielen zeugt als ein Grenz-Beispiel für die facettenreiche Wirkung, die T. W. Adorno hervorrief und noch immer hervorruft. Die Bedeutung der Philosophie und Soziologie Adornos ist imgrunde unbestritten, auch bei wissenschaftlichen Kontrahenten. Desgleichen die Vielfalt an Impulsen, welche dies Werk zahlreichen Einzelwissenschaften und Fächern bereits vermittelte, sowie Bereichen und Institutionen des öffentlichen Lebens. Wer, wiederum als ein Grenz-Beispiel, die Feuilletons von Tageszeitungen aufmerksam verfolgt, der wird immer wieder auf den Namen, auf herbeizitierte Gedanken Adornos stoßen, vor allem, aber nicht nur, in Zusammenhängen, in denen von Kunst – von Literatur und ganz besonders von Musik die Rede ist. Adornos Philosophie hat als „Ästhetik" die Kunst, die Künste reflektiert. Aber sie ist ohne seine „Erkenntnistheorie", insbesondere die *Negative Dialektik,* nicht angemessen verstehbar. Bleibt es oft, selbst in wissenschaftlichen

Texten, beim Zitat, nicht selten eklektisch montiert, so auch deshalb, weil diese Philosophie, die sich, die jede Philosophie als „wesentlich nicht referierbar" (44)* begreift, es ihren Rezipienten nicht eben leicht gemacht hat, auch dem gutwilligsten Rezipienten nicht. Sie hat Deutungsprobleme aufgeworfen, oftmals verdrängte, denen sich der vorliegende Band exemplarisch stellen will. Auf dieser Grundlage erst sucht er Impulse zu systematisieren, welche diese Philosophie anderen Disziplinen vermitteln kann und wählt dazu das Beispiel der Erziehungs- und Sozialwissenschaften.

Der vorliegende Band über die negative Dialektik Adornos setzt die Schriftenreihe „Dialog Philosophie – Grundlagen der Erziehungs- und Sozialwissenschaften" fort, die mit der „Einführung in die Idealistische Dialektik Hegels. Lehr-/Lerntext" (UTB 876) begonnen wurde. Galt bereits der Band über Hegels Dialektik einem sowohl anspruchsvollen als auch komplexen Gesamtwerk, das über ein engeres Verständnis von Philosophie weit hinausragt, so rückt der vorliegende Band erneut von einem Hauptwerk her das Ganze in den Blick. Erneut wird damit ein ebenso wichtiger wie besonders schwieriger Text erschlossen, – soll der Leser auf einen Weg gebracht werden, den er selber weiter gehen kann.

Dazu werden im *1. Teil* des vorliegenden Bandes die geistes- und werkgeschichtlichen Voraussetzungen im Zusammenhang geklärt. – Ist Adornos negative Dialektik ohne Hegels Dialektik nicht denkbar, so sind die beiden ersten Bände der Schriftenreihe, in sich selbständig, auch als ein Zusammenhang zu lesen. – Auf dieser Grundlage kann im *2. Teil* des vorliegenden Bandes der Text der *Negativen Dialektik,* seinem Aufbau folgend, in besonders wichtigen Passagen kommentiert, interpretiert werden; dadurch wird im *3. Teil* schließlich ein Dialog mit dem Text, mit Adornos Gesamtwerk, nachvollziehbar, der zugleich ein Stück weit über Adorno hinausgeht: er thematisiert Möglichkeiten der praxisorientierten „Anwendung" in den Erziehungs- und Sozialwissenschaften.

Der Herausgeber dankt allen Autoren für fruchtbare Gespräche, mit denen sie die Entstehung des Buches begleitet haben.

Düsseldorf, Januar 1983

---

* Die *Negative Dialektik* wird überall i. d. B. nach der Ausgabe *Gesammelte Schriften.* Hrsg. v. G. Adorno/R. Tiedemann. Frankfurt/M 1970 ff. zitiert: mit der bloßen Seitenziffer. Sofern nach anderen Bänden der *Gesammelten Schriften* zitiert wird, geschieht dies mit vorgestellter Bandziffer.

Inhalt

Vorwort 5

Jürgen Naeher
Zur Konzeption dieses Buches 9

I. Grundrisse 29

Carl Braun
Zentrale philosophiegeschichtliche Voraussetzungen der Philosophie Theodor W. Adornos 31

Lothar Eley
Konstruktive Phänomenologie und kritische Theorie.
Adornos Kritik der transzendentalen Phänomenologie Husserls.
Eine Anmerkung zu Heideggers Seinsfrage 59

Lucia Sziborsky
Dialektik aus dem Geist der Musik.
Verborgene werkgeschichtliche Voraussetzungen der
Negativen Dialektik 90

Hans Radermacher
Kritische Theorie und Geschichte 130

II. Rekonstruktionen 161

Jürgen Naeher
„Unreduzierte Erfahrung" – „Verarmung der Erfahrung".
Die Einleitung der *Negativen Dialektik* **(13-66)** 163

Jürgen Naeher
Das ontologische „Bedürfnis im Denken".
Der Erste Teil der *Negativen Dialektik* **(67-136):**
Zum Verfahren der ‚immanenten Kritik' 204

Friedemann Grenz
Negative Dialektik mit offenen Karten: Der Zweite Teil der
Negativen Dialektik **(137-207)** 235

Lothar Zahn
Der Ausklang der *Negativen Dialektik.*
Adornos Variationen zur ‚Metaphysik' nach Kant, Hegel und Nietzsche.
Zum Dritten Teil der *Negativen Dialektik* **(354-400)** 273

III. Linienverlängerungen 291

Ulrich Sonnemann
Metaphysische Bestürzung und stürzende Metaphysik.
Anmerkungen über ein Denken, das dem Schlußsatz der *Negativen Dialektik* **genügen könnte** 293

Wolfgang Ritzel
Theorie und Praxis.
Theodor W. Adorno: *Negative Dialektik* 317

Detlev Piecha/Peter Zedler
Die Erinnerung erziehen.
Negative Dialektik **und Erziehungswissenschaften** 330

Reinhard Uhle
Zur Erschließung von Einzelnem aus Konstellationen.
Negative Dialektik **und „objektive Hermeneutik"** 359

Weiterführende Literatur (zu diesem Band) 373
Die Autoren 378

Jürgen Naeher

Zur Konzeption dieses Buches

Der „Plan"

Es ist die Absicht dieses Buches, von dem bislang eher vernachlässigten Hauptwerk *Negative Dialektik* (1966) auszugehen, um das *Gesamtwerk Adornos* in den Blick zu rücken. Diese Absicht stellt den Beiträgen die Aufgabe, den Ausgang von gewissermaßen *positiven* Momenten[1] zu nehmen. Denn die Konzeption *negativer* Dialektik hat die Tendenz, sich zu entziehen, insofern sie nachdrücklich darauf reflektiert, daß sich die Philosophie tendenziell selbst auflöst. Gerade eine Einführung muß aus diesem Grunde darauf bedacht sein, das, was dennoch positiv festzuhalten ist, auf besondere Weise zu sichern und ggf. deutlicher zu akzentuieren, als es in Adornos Konzeption selber geschieht.

Insbesondere ist dies die Absicht der *„Rekonstruktionen" (Teil II* in diesem Buch), welche die *Negative Dialektik* aufzuschließen suchen. Dem Aufbau dieses Hauptwerkes folgend, kristallisieren sich hierbei als „positive" Momente u. a. heraus: 1. Adornos „Erfahrungs"-Begriff (im weitesten Sinne) – z. B. im Zusammenhang des von Adorno postulierten Denkens in „Konstellationen" (vgl. 164ff.)* sowie des „Vorrangs des Objekts" (184ff.) *(1. Beitrag Naeher);* 2. das Verfahren der „immanenten Kritik" an konkurrierenden Ansätzen, von Adorno vorgeführt am Beispiel der Phänomenologie und der Ontologie Heideggers *(2. Beitrag Naeher);* 3. weitere Verfahren und Kategorien, die zur „Idee einer negativen Dialektik" (10) zusammentreten, und die schließlich, über Adorno hinaus, die Konzeption einer „Dialektik der Negativität" ermöglichen *(Beitrag Grenz);* schließlich 4. der Begriff „metaphysischer Erfahrung" *(Beitrag Zahn).*

Anders akzentuiert ist das Ausgehen von „positiven" Momenten negativer Dialektik den sich anschließenden *„Linienverlängerungen"*

---
* Die *Negative Dialektik* wird überall i. d. B. nach der Ausgabe *Gesammelte Schriften.* Hrsg. v. G. Adorno/R. Tiedemann. Frankfurt/M 1970ff. zitiert: mit der bloßen Seitenziffer. Sofern nach anderen Bänden der *Gesammelten Schriften* zitiert wird, geschieht dies mit vorgestellter Bandziffer.

(Teil III) unterlegt. Will bereits der Schluß der 2. „Rekonstruktion" (2. Beitrag Naeher) immanente Kritik an Adorno perspektivieren, indem er versucht, ihn an einem entscheidenden Punkt — mit Kant zu reden — „besser zu verstehen, als er sich selbst verstand" (1787, 370); treibt bereits die 3. „Rekonstruktion" (Beitrag Grenz) aus der Interpretation Adornos in ihrem zweiten Teil die Skizze eines eigenen Konzepts hervor, so sind schließlich die „Linienverlängerungen" Modelle, die zeigen möchten, wie an Adorno anzuknüpfen, mit Adorno zu denken und in diesem Sinne zu „arbeiten" ist — zum Teil auch gegen ihn gewendet.

Doch gilt bereits für die *„Grundrisse" (Teil I)*, von Momenten des „Positiven" auszugehen, da diesem Teil das Sichern *geistes- und werkgeschichtlicher Voraussetzungen* obliegt.

„Grundrisse" (zu Teil I)

Adornos Werk, dem Philosophie nur im Kontext ihrer Geschichte als möglich erscheint, und das entsprechend auf insistente Weise traditionelle und aktuale geistes- bzw. philosophiegeschichtliche Ansätze reflektiert, gibt einem Buch, das als Einführung und Dialog konzipiert ist, auf, zunächst Voraussetzungen dieser Art zu klären. Dabei verschränken sich die *geistesgeschichtlichen* mit den *werkgeschichtlichen Voraussetzungen*.

Der *I. Teil* dieses Buches sucht beiden Dimensionen Rechnung zu tragen. Zunächst werden *„Zentrale philosophiegeschichtliche Voraussetzungen der Philosophie Theodor W. Adornos"* textnah untersucht *(Beitrag Braun)*, die Positionen Kants, Fichtes, Hegels, Bergsons, Husserls, Heideggers und Marx' von systematischen Kategorien Adornoschen Denkens her charakterisiert. Dabei sollen die jeweiligen Ansätze in ihrer Adaption und Verwandlung durch Adorno sichtbar gemacht werden, dabei wird perspektiviert, sie zumindest punktuell in ihrem eigenen, spezifischen Gewicht zur Geltung zu bringen. (Vgl. u. a. Böckelmann 1972; Braun 1981; Naeher 1981; Pütz 1974; Radermacher 1970; F. W. Schmidt 1970; Schweppenhäuser 1970).

Hierzu stimmt, daß der Beitrag *„Konstruktive Phänomenologie und kritische Theorie. Adornos Kritik der transzendentalen Phänomenologie Husserls. Eine Anmerkung zu Heideggers Seinsfrage"*

(Eley) auch Husserl selbst eingehend zu Wort kommen läßt; dies im Zusammenhang seiner Denkentwicklung und deren philosophiegeschichtlichen Voraussetzungen (vgl. auch Eley 1959; 1962; 1981). Das Zur-Sprache-Bringen Husserlscher Motive erfolgt freilich in zweifach kritischer Absicht: Es wird vorgeführt, daß Adornos Husserl-*Kritik* (insbes. 1956) in ihren Grundzügen noch triftiger ist, wenn sie z. T. *kritisch gewendet* wird, wodurch sich das eigene Programm einer „Konstruktiven Phänomenologie" darlegen läßt. Der Verfasser modifiziert Linien von Adornos *„immanenter"* Idealismus-Kritik, wie diese sich von Kant über Hegel (vgl. auch Eley 1971; 1976) bis hin zu den versteckten Manifestationen bei Husserl und Heidegger erstreckt. Der Beitrag holt damit wesentlich Voraussetzungen zum (kritischen) Nachvollzug jenes Ersten Teiles der *Negativen Dialektik* ein, innerhalb dessen noch einmal Kritik an der Phänomenologie geübt wird, insbesondere aber Kritik an deren „Metaphysik", an der neueren Ontologie des Husserl-Schülers Heidegger. (Vgl. die 2. „Rekonstruktion", Teil II). – Indem die kritisierten Ansätze für Adorno Schwachstellen von Philosophie pointieren sollen, insbesondere die Selbstauflösung der herkömmlichen Transzendentalphilosophie, kommuniziert dieser Beitrag, wie der vorausgehende, mit dem gesamten Denken Adornos: Sucht Adornos Denken noch einmal (darin Hegel verwandt) die zentralen Ansätze der geistesgeschichtlichen Tradition in einen kritischen Dialog zu stellen, so erscheint es als konsequent, wenn Adornos Husserl-Kritik, vom *Husserl*-Buch (1956) bis zur *Negativen Dialektik* (1966), das Programm der Phänomenologie dialektisieren will, wenn sie einlösen will, was für Adorno nicht einmal Hegels Dialektik in der *Phänomenologie des Geistes* (1807) eingelöst hat. So werden innerhalb dieser Kritik Hegel und Husserl, aber auch – gerade in der *Negativen Dialektik* – Kant, Fichte, Schelling, Kierkegaard, Schopenhauer, Nietzsche, u. a., auf eine Weise ernst genommen, die zugleich die Wendung gegen eine Erkenntnistheorie plausibel machen soll, wie sie bereits mit Descartes einsetzt (vgl. Adorno 1956, Kap. 3) – eine Wendung, die dennoch nicht Rückkehr zu traditioneller Metaphysik meint. –

Um bereits hier ein Beispiel für eine „Linienverlängerung" zu geben, die das vorliegende Buch nur anstoßen kann: Vor dem Bezugsrahmen der ersten Beiträge (Braun u. insbes. Eley) *kann*, ergänzt um Elemente der 1. und insbesondere 2. „Rekonstruktion" (Beiträge Naeher), die gegenwärtige Diskussion des phänomenologischen Ansatzes neu gelesen werden. (Vgl. Waldenfels u. a. 1977a u. b; 1978, zum Verhältnis von Phänomenologie und Marxismus; zur erziehungswiss. Rezeption vgl. Lippitz 1980; Lippitz/Meyer-Drawe 1982). Die neuere Diskussion der Phänomenologie *muß* neu gelesen und neu geführt werden, insofern sie Adornos facettenreiche Kritik bislang noch kaum angemessen berücksichtigt hat. —

Wird in den beiden ersten Beiträgen von Teil I die Darstellung der geistesgeschichtlichen Voraussetzungen, die auch werkgeschichtliche Voraussetzungen sind, bereits an zentralen, der *Negativen Dialektik* vorausliegenden Werken Adornos festgemacht, so rechtfertigt sich doch auch eine anders akzentuierte Darstellung werkgeschichtlicher Voraussetzungen negativer Dialektik überhaupt. Da Adornos Denken von Anfang an zentral durch die Musik bestimmt wird, ist auch diese Voraussetzung im Zusammenhang einzuholen: Als *„Dialektik aus dem Geist der Musik" (Beitrag Sziborsky)* werden *„Verborgene werkgeschichtliche Voraussetzungen der* Negativen Dialektik" sichtbar (Vgl. u. a. Richter 1974; Sziborsky 1974; 1979; 1982; Zenck 1977).—

An dieser Stelle ist zunächst eine prinzipielle Vorbemerkung zu machen: Die Architektonik von Adornos Gesamtwerk ist kontrovers diskutiert worden, insbesondere die „architektonische Stellung der Ästhetik in der Philosophie Adornos" (Grenz 1977, versus Baumeister/Kulenkampff 1973 u. Bubner 1973; vgl. auch Bubner 1980; Naeher 1982a). Doch erst, wenn Adornos Schriften zur Musik im ganzen systematisch als geheime werkgeschichtliche Voraussetzungen der *Negativen Dialektik* gelesen werden, kann deutlicher werden, inwiefern die Frage, ob denn eher die *Ästhetische Theorie* (1970) oder eher die *Negative Dialektik* (oder gar die *Dialektik der Aufklärung;* 1947) das „Hauptwerk" Adornos sei, falsch gestellt ist. Eine überwertige Rezeption der ästhetischen Schriften (unter weitgehender Vernachlässigung der musikalischen) hat diese Frage gleichsam permanent vor„entschieden". Daß der vorliegende Band von der *Negativen Dialektik* ausgeht, soll auch den Sinn haben, die Blickrichtung dieser Rezeption in einigen Fixationen zu korrigieren. Ohnehin relativiert wird die Frage nach dem „eigentlichen Hauptwerk" durch die Tatsache, daß Adorno eine Ethik zu schreiben beabsichtigte, was — mit Adornos Charakterisierung des Fragments zu reden — der „Eingriff des Todes ins Werk" (vgl. Tiedemann in 7, 537) nicht mehr zuließ. Eine Ethik hätte den „Schwerpunkt" des Œuvre markant verschoben. Doch eben diese Vorstellung ist

Hilfskonstruktion: Adornos Werk wird nicht so sehr von *einem* Schwerpunkt her in der Balance gehalten, vielmehr von der *Konstellation* vielfältiger Schwerpunkte her in einer Schwebe, die dem „bacchantischen Taumel" Hegelscher Dialektik (1807 [^6 1952], 39) auf reflektierte Weise verwandt ist. Daher ist von mehreren Ausgangspunkten in Adornos Gesamtwerk zu gelangen: von den ästhetischen Schriften wie von der *Negativen Dialektik,* von den geschichtsphilosophischen, soziologischen, „pädagogischen" Schriften ... Wie wenig als System konzipiert, wie wenig von einem ‚Kontinuum" (9) bestimmt: Die einzelnen Elemente dieses Werkes verweisen in noch mannigfaltigerer Weise auf einander als dies bei einem System der Fall sein könnte. Dennoch werden die verschiedenen Weisen, von einem Punkt her ins Ganze des Werkes zu gelangen, nicht austauschbar, sie werden nicht gleichförmig. —

Eine besonders triftige Weise, in das komplexe Oeuvre Adornos zu gelangen, stellt nun zweifellos die werkgeschichtlich genaue Rekonstruktion dar. Sie nimmt auch und gerade jene kleineren Schriften sehr ernst, welche innerhalb der bisherigen Rezeption, als einer Rezeption primär der „Hauptwerke", wie durch ein Raster gefallen sind. Der Beitrag über die *verborgenen werkgeschichtlichen Voraussetzungen* hebt ins Bewußtsein, daß sich Adornos oft geäußertes „Bekenntnis", er sei von der Musik her zur Philosophie gekommen, tatsächlich im Werk niederschlägt; es wird erkennbar, daß sein Denken bereits in den frühen Arbeiten, Rezensionen zu Konzerten u. ä., immer wieder auch nach der Idee einer negativen Dialektik tastet. Von hier kann viel Licht fallen: auf die *Dialektik der Aufklärung,* die *Philosophie der neuen Musik* (1949), schließlich auf die *Negative Dialektik* selbst. —

Aus dem bisher Ausgeführten dürfte folgen, daß der Leser unseres Buches auch den umgekehrten Weg beschreiten kann: Er möge von den „Rekonstruktionen" her (Teil II) noch einmal zurückblicken auf die Darstellung der Genese der negativen Dialektik, gleichsam auf ihre ‚Geburt aus dem Geiste der Musik' — und aus dem Geiste philosophischer Tradition. —

Um sich ihrem Gegenstand gleichsam anzumessen, sind die Teile dieses Buches als offen konzipiert: zunächst als offen gegenüber dem Text, über den sie handeln; schließlich als offen gegen einander, auch dort, wo sie über diesen Text hinaustreiben (vgl. insbes. Teil III). Damit treten sie in einen Dialog mit demjenigen Leser ein, der in Zusammenhänge hineinkommen will, die den Text übergreifen.

In diesem offenen Sinne bringt der Beitrag über „*Kritische Theorie und Geschichte*" *(Radermacher)* den I. Teil dieses Buches zu einem „Abschluß", indem er u. a. die Stellung *Adornos* innerhalb jener *geistesgeschichtlich* bedeutsamen Konfiguration verdeutlicht, von der *Adornos Werk* zeitlebens mannigfaltige Impulse empfing und auf die es mannigfaltig einwirkte. Im Zentrum dieser Darstellung der sogenannten „Kritischen Theorie" (im weitesten Sinne: u. a. Adorno, Benjamin, Horkheimer, Marcuse, einschließlich der jüngeren Generation, insbes. Habermas', aber auch einiger Adorno- und Horkheimer-,,Schüler"; vgl. auch u. a. Bubner 1969; Post 1971) steht weit gefächert und übergreifend jene spätestens in der *Dialektik der Aufklärung* sich artikulierende gemeinsame *geschichts*-philosophische Fragestellung (vgl. u. a. A. Schmidt 1970; dagegen: Jay 1976), die bereits den Ausgangspunkt des Beitrages über die „philosophie*geschichtlichen* Voraussetzungen der Philosophie T. W. Adornos" ausmacht. — Als ein Beispiel für die Mannigfaltigkeit, in welcher die Motive Adornoscher Philosophie in einen Dialog eintreten: Die These Radermachers, die „kritische Theorie" stelle „sich ... dar als ein Negativkommentar für sämtliche relevanten Theorien seit dem 18. Jahrhundert" (135 i. d. B.), wird von Grenz (in Teil II, 253 i. d. B.) signifikant auf *Adorno* bezogen — und ihrerseits kritisch kommentiert.

„Rekonstruktionen" (zu Teil II)

Indem dieser *II. Teil* dem Text der *Negativen Dialektik* so weit als möglich in dessen Aufbau folgt, sucht er zentrale Theoreme, Begriffe und „Modelle" zu entfalten. Er soll, im Zusammenhang mit dem *I. Teil,* die komplexe Philosophie Adornos aufschließen. Dadurch werden auch Weiterführungen und Kritiken nachvollziehbar, wie sie in diesem Buch (insbes. in Teil III) und anderswo geleistet sind. Daß diese sachlich beurteilt werden können, soll der II. Teil erleichtern; m. a. W. möchte er Möglichkeiten schaffen, Adorno eigenständig weiterzudenken.

",Unreduzierte Erfahrung' — ‚Verarmung der Erfahrung'. Die Einleitung der Negativen Dialektik *(13-66)" (1. Beitrag Naeher)* gilt einem Zentralbegriff Adornoschen Denkens überhaupt, dem „Begriff philosophischer Erfahrung" (auch als „geistige Erfahrung"

bezeichnet), wie ihn der von diesem Beitrag interpretierte Text „exponieren" (10) will. Bereits die Einleitung steht im Spannungsfeld traditioneller und zeitgenössischer Philosophie, charakteristisch durch die Perspektive einer negativen Dialektik gebrochen. Unter Voraussetzungen, wie sie die „Grundrisse" im Vorgriff reflektieren, wird dies Spannungsfeld von jenen Polen her sichtbar, welche die Erfahrungs-Begriffe Kants und Hegels – punktuell: Bergsons, Husserls, Heideggers u. a. – markieren, insbesondere in ihrer „erkenntnistheoretischen" Fassung.

Indem dann der Erste Teil der *Negativen Dialektik* jene (bereits erwähnte) Kritik an Heidegger vorführt, sie zentral am Verhältnis von „Bedürfnis" und „Denken" im Zusammenhang ontologischer Erfahrung diskutiert, vertieft er zentrale Momente der Einleitung. Dieser Teil will offenbar mit der Einleitung zudem in der Funktion übereinkommen, eine erste Orientierung über die Gesamtkonstellation der *Negativen Dialektik,* insbesondere ihre Motivik, zu geben. Er sucht, den Zugang zu ihren „Verfahren" zu ermöglichen, wobei vor allem das Verfahren der „immanenten Kritik" bereits, exemplarisch, durchgeführt wird: *„Das ontologische ‚Bedürfnis im Denken'. Der Erste Teil der* Negativen Dialektik *(67-136): Zum Verfahren der ‚immanenten Kritik' "* (2. Beitrag Naeher).

Die *Negative Dialektik* hat sich vorgenommen, ein Stück weit „mikrologische" Schritte zu „rechtfertigen" und zu gehen, d. h.: zu versuchen, sich noch ins kleinste, vernachlässigte „Detail" zu versenken. „Weder ob es dort sei noch was es sei, ist vorher dem Gedanken verbürgt. Damit erst käme die durchweg mißbräuchliche Rede von der Wahrheit als dem Konkreten zu sich selbst. Sie nötigt das Denken, vorm Kleinsten zu verweilen." (43) Der Zweite Teil will deutlich machen, daß sich solche „mikrologischen" Schritte aus Begriffen und „Verfahren" herleiten lassen, wie sie bereits in der Einleitung und im Ersten Teil postuliert und teils entfaltet werden; daß sie sich – von den „Ergebnissen"(10) des Ersten Teiles her – allererst zu zentralen „Kategorien", letztlich zum „Begriff", zur „Idee einer negativen Dialektik" (vgl. 10) verdichten. Das Scheitern des Idealismus von Kant bis Hegel, der verfehlte Ausbruchversuch aus dem Idealismus, wie ihn Husserl und Heidegger unternehmen, machen für Adorno die ‚Nötigung zur Dialektik' plausibel, einer Dialektik, die keine idealistische mehr ist. Als negative Dialektik soll sie, im Zeichen eines „Vorrangs des Objekts", „Konstellation" der Begriffe (und Sachgehalte) sein, keine Auflösung in Oberbegriffe, keine Subsumption des Einzelnen mehr zulassen.

Zu einer solchen „Konstellation" treten exemplarisch die Elemente des Zweiten Teiles, des „Nervs" der *Negativen Dialektik*, zusammen: *„Negative Dialektik mit offenen Karten. Der Zweite Teil der* Negativen Dialektik *(137-207)" (Beitrag Grenz)* versteht sich, wie imgrunde sämtliche Beiträge, besonders des II. Teiles, als Lese-Hilfe, sich innerhalb der jeweiligen „Konstellation" leichter zurechtzufinden. Diese Lesehilfe kann (wie die anderen) am besten benutzt werden, indem man die *Negative Dialektik* aufschlägt und den Beitrag primär als einen erklärenden Kommentar zu zentralen Passagen versteht. Bereits in den ersten Teil des Beitrages („Negativität der Dialektik") gehen freilich zahlreiche Motive der Kritik ein. Treibt diese Kritik immer wieder über den Text hinaus, so skizziert der zweite Teil des Beitrages („Dialektik der Negativität") auch „Linienverlängerung" im Sinne einer Theorie, die sich aus Adorno folgend zugleich als eigenständig versteht. Ihre Umrisse stehen dem Verfasser in der erneuten Auseinandersetzung mit dem Text der *Negativen Dialektik* offenbar deutlicher vor Augen als zuvor (vgl. 1974; 1975; vgl. auch 1977; 1980). Er läßt den Leser erste Schritte in Richtung auf eine solche Theorie mit vollziehen.

Der Dritte und letzte Teil der *Negativen Dialektik* „führt" drei „Modelle negativer Dialektik aus"; dezidierter noch als zuvor sollen sie „ins Sachhaltige geleiten" (10). Wie dies geschieht, zeigt der Beitrag über das III. Modell: *„Der Ausklang der* Negativen Dialektik. *Adornos Variationen zur ‚Metaphysik' nach Kant, Hegel und Nietzsche. Zum Dritten Teil der* Negativen Dialektik *(354-400)" (Zahn).* Der von dieser Abhandlung interpretierte Text des Schluß-Kapitels berührt sich in spezifischer „Konstellation" mit den vorausliegenden Kapiteln der *Negativen Dialektik,* zugleich auch mit „Kapiteln" des vorliegenden Buches – von seinem Thema her bereits mit dem Beitrag über die „zentralen philosophiegeschichtlichen Voraussetzungen der Philosophie Theodor W. Adornos". –

Findet mit dem *III. Modell* der Dritte und letzte Teil der *Negativen Dialektik* seinen charakteristischen, offenen Beschluß, so sind doch an dieser Stelle einige ergänzende Hinweise zum Status der „Modelle" insgesamt notwendig (weitere Hinweise, vgl. auch den 1. Beitrag von Naeher, 191ff.): Adorno sucht im Dritten Teil der *Negativen Dialektik* einzulösen, was er bereits in der Einleitung postuliert: „Das Modell trifft das Spezifische und mehr als das Spezifische, ohne es in seinen allgemeineren Oberbegriff zu verflüch-

tigen. Philosophisch denken ist soviel wie in Modellen denken; negative Dialektik ein Ensemble von Modellanalysen." (39) Deshalb kann das „In-Modellen-Denken" zwar am letzten, III. Modell „studiert" werden, — die drei analog Kriterien „der sogenannten exemplarischen Methode" (10) verfahrenden Modelle des Schlußteils sind jedoch von einander verschieden: Sie ‚treffen' auch insofern „das Spezifische", als sie negative Dialektik auf verschiedenartige Bereiche („Disziplinen" und deren „Schlüsselbegriffe"; 10) gleichsam in praktischer Absicht anzuwenden suchen. Um dies ein Stück weit zu erläutern: Das *I. Modell*, „Freiheit. Zur Metakritik der praktischen Vernunft" (211-294), repräsentiert ganz gewiß ein Element der von Adorno geplanten, nicht mehr geschriebenen „Ethik", bzw. seiner „Philosophie der Moral" (10). Das *II. Modell* soll nun etwas einläßlicher charakterisiert werden, *pars pro toto*, da es die Mitte des Modell-Teils und damit des „In-Modellen-Denkens" bildet. Es stellt sich die Frage nach seinem genaueren Stellenwert, 1. innerhalb der *Negativen Dialektik*, 2. innerhalb des *Gesamtwerks:*
1. Mit der *Negativen Dialektik* wird — nach der Vorrede — „nicht allein" „eine Methodologie der materialen Arbeiten des Autors gegeben: nach der Theorie negativer Dialektik existiert kein Kontinuum zwischen jenen und dieser. Wohl aber wird solche Diskontinuität, und was aus ihr an Anweisungen fürs Denken herauszulesen ist, behandelt." (9) Das negativ-dialektische „Denken" in „Konstellationen" sucht „solchen Diskontinuitäten" Rechnung zu tragen. In diesem Sinne ist das *Gesamt*werk Adornos *Gesamt*konstellation. In der *Negativen Dialektik,* als einem besonders bedeutsamen Element dieses Gesamtwerks, wird „das Verfahren" „nicht begründet sondern gerechtfertigt. Der Autor legt, soweit er es vermag, die Karten auf den Tisch; das ist keineswegs dasselbe wie das Spiel" (9). Denn „das Spiel" führen wesentlich die materialen Analysen durch. Insofern aber das Offenlegen der Karten selber zum Spiel gehört (vgl. auch den Beitrag von Grenz, 235), ist auch die *Negative Dialektik* „das Spiel". Sie versucht, dem „philosophischen Ideal" nahezukommen, welches die Einleitung postuliert: „daß die Rechenschaft über das, was man tut, überflüssig wird, indem man es tut" (57) (vgl. dazu den 2. Beitrag von Naeher, 206; 226). Am ehesten versuchen die Modelle, ein solches Spiel durchzuführen. Spätestens das *II. Modell* nun, „Weltgeist und Naturgeschichte. Exkurs zu Hegel" (295-353), legt gleichsam Trümpfe „auf den Tisch". Doch muß dies sorgfältig vorbereitet werden: Einleitung und Erster Teil

der *Negativen Dialektik* haben die Karten gewissermaßen aufgenommen und geordnet, erste Karten ausgespielt; der Zweite Teil insbesondere deckt sie weiter auf. Im Dritten Teil, gleichsam dem Finale, wird innerhalb des II. Modells die Kritik an der Dimension „Geschichtlichkeit", wie sie der Erste Teil (bes. 134ff.) bereits gegen Heidegger ins Spiel bringt, von einer Kritik an der traditionellen Geschichtsphilosophie, besonders derjenigen Hegels, unterstützt. Hegel spielt gewissermaßen gegen Heidegger mit, imgrunde von Anfang an; andererseits wird zugleich metakritisch gegen Hegel gespielt. —2. Sofern aber auch das *Gesamtwerk* Adornos als „das Spiel" zu sehen ist, als eine Folge von Spielen, kann das II. Modell zugleich in einem anderen Sinne „exemplarisch" heißen: Es sucht zu zeigen, wie sich schlüsselhaft „im Begriff des Weltgeistes", in welchem „das Prinzip der göttlichen Allmacht zum einheitssetzenden" Prinzip „säkularisiert" war, „ein Stück *Dialektik der Aufklärung*"[2] „vollstreckt" (300). Denn Adorno knüpft damit, wie häufig in seinen Werken, an jenes berühmte 1947 (gemeinsam mit Horkheimer) veröffentlichte „Hauptwerk" an, welches das Programm einer kritischen, genuin negativ-dialektischen Geschichtsphilosophie ausformuliert. Wird innerhalb des II. Modells die Bestimmung gegeben, solche „Dialektik der Aufklärung" vollstrecke sich, indem „der entzauberte und konservierte Geist" entweder „sich dem Mythos" anbilde oder „bis zum Schauder vor einem zugleich Übermächtigen und Qualitätslosen" (300) *regrediere,* so kommt in Zusammenhängen wie diesen der *„Bann"*, eine zentrale Kategorie der *Dialektik der Aufklärung,* ins Spiel und wird zur Schlüsselkategorie auch der *Negativen Dialektik* (bes. 337-342; et passim). Es ist werkgeschichtliche Entwicklung aus geistesgeschichtlichen Motiven heraus: Das Theorem der *„Regression unterm Bann",* wie es das II. Modell zu entfalten sucht (bes. 340ff.), knüpft in einem auch buchstäblichen Sinne an die *Dialektik der Aufklärung* an, deren Ende die folgende These vertritt: „Wie die Arten der Tierreihe, so bezeichnen die geistigen Stufen innerhalb der Menschengattung, ja die blinden Stellen in demselben Individuum (,) Stationen, auf denen die Hoffnung zum Stillstand kam, und die in ihrer Versteinerung bezeugen, daß alles Lebendige unter einem *Bann* steht." (1947 [1969], 275) Was dieser „Bann" meint, sucht das II., das geschichtsphilosophische Modell der *Negativen Dialektik* begrifflich „denk"bar, wenn möglich, begreifbar zu machen. —

Daß als „werkgeschichtliche" Dimension auch Adornos „Ästhetik" in die *Negative Dialektik* eingelassen ist, kann am III. Modell beispielhaft deutlich werden: Indem der entsprechende Beitrag dieses Modell, die „Meditationen zur Metaphysik", als *„Ausklang der Negativen Dialektik"* interpretiert und als „Adornos *Variationen* zur ‚Metaphysik' nach Kant, Hegel und Nietzsche" faßt, weiß er den Text der *Negativen Dialektik* als „komponiert" (vgl. 44; vgl. dazu den Beitrag von Sziborsky, Anm. 13 u. den 1. Beitrag von Naeher, 185). Der Schluß ist „Ausklang" aus dem Geist einer Musik, der die nahezu unerträgliche Spannung von Identität und Nichtidentischem, von Denken und Gegen-das-Denken-Denken, von metaphysischer Transzendenz und ihrer festzuhaltenden Negation, auf besondere Weise aushalten muß. Hat philosophiegeschichtlich gesehen die Selbstauflösung der Transzendentalphilosophie bis hin zu Hegel und Husserl den Prozeß der Selbstauflösung des Denkens begleitet, mit dem der Verlust der Erfahrungsfähigkeit einhergeht, so könnte für Adorno „wenn überhaupt"[3] dann ein Denken „standhalten" (vgl. 361f., u. a.), das diese Einsicht unnachgiebig reflektiert ...

„Linienverlängerungen" (zu Teil III)

Von anderer Art sind die „Modelle", die der *III. Teil* des vorliegenden Buches vorstellt, „Modelle", mit Adorno zu denken, weiterzuarbeiten. Geht man von Adornos Bestimmung aus, daß die „Modelle" negativer Dialektik „Schlüsselbegriffe" traditionell verbürgter „philosophischer Disziplinen" „erörtern", „um in diese zentral einzugreifen" (10), so stehen einige Beiträge zumindest in einzelnen Elementen diesem Verständnis nahe. Dies meint ihre Charakterisierung als „Linienverlängerungen" auch –, ihre Charakterisierung mit einem im übrigen originär Adornoschen Begriff. Spezifischer aber sind perspektivische Verlängerungen von solchen Linien gemeint, wie sie in den Teilen I. und II. des vorliegenden Buches gezeichnet werden. „Linienverlängerungen": das impliziert keinen Abschluß solcher Linien in einem Endpunkt. Die Diskussion um Adorno ist beständig wiederaufzunehmen, verweisen doch die „Linienverlängerungen" auf eine Vielzahl von Fluchtpunkten. – Dabei geht es diesen „Modell"-Elementen wie den „Modellen"

Adornos um den Zusammenhang von Theorie und Praxis. Darüber hinaus heißt „Praxis" hier, nach den praktischen Valenzen von Adornos Ansatz zu fragen, die dieser selber lediglich impliziert: Praxis heißt, heute die Möglichkeit zu reflektieren, Adornos Theorie, die ihrerseits Reflexionen von Praxis darstellt, „anwenden" zu können.

Auf besondere Weise nahe zu Adornos Denken in Modellen steht der Beitrag *„Metaphysische Bestürzung und stürzende Metaphysik"*. Bezeichnenderweise intendiert auch er (analog dem Beitrag von Zahn) *„Anmerkungen über ein Denken, das dem Schlußsatz der* Negativen Dialektik *genügen könnte" (Sonnemann).* Er führt diesen Schlußsatz weiter, aktual gewendet und mit Reflexionen auf Vernachlässigtes angereichert. Nähe zu Adorno wird gerade im Medium der Kritik deutlich: Verlängerung von Linien, die auch zur nachdrücklichen Abgrenzung taugen können. Sie gelten dann nicht zuletzt der „Kritischen Theorie" Horkheimers und, ganz besonders, Habermas'. Adorno hat auf die Affinität zu Sonnemanns Denken hingewiesen. In der Vorrede zur *Negativen Dialektik* heißt es: „Ulrich Sonnemann arbeitet an einem Buch, das den Titel Negative Anthropologie tragen soll. Weder er noch der Autor wußten vorher etwas von der Übereinstimmung. Sie verweist auf einen Zwang in der Sache." (11; vgl. Sonnemann 1969) — So umkreist bereits die *Negative Dialektik* mehrfach eine Negative Anthropologie (deren Tradition mindestens bis auf Herbart zurückgeht; vgl. dazu Prange 1978, 48). Um ein Beispiel zu geben: „Das System, in dem der souveräne Geist sich verklärt wähnte, hat seine Urgeschichte im Vorgeistigen, dem animalischen Leben der Gattung. Raubtiere sind hungrig; der Sprung aufs Opfer ist schwierig, oft gefährlich ... Beim Fortschritt zur Humanität wird das rationalisiert durch Projektion. Das animal rationale, das Appetit auf seinen Gegner hat, muß ... einen Grund finden ... Das zu fressende Lebewesen muß böse sein. Dies *anthropologische* Schema hat sich sublimiert bis in die Erkenntnistheorie hinein." (33) Dies erinnert erneut auch an die *Dialektik der Aufklärung,* seit deren geschichtsphilosophischer Konzeption Adorno spätestens fragmentarisch „Negative Anthropologie" „betreibt": Dabei werden die Disziplinen nicht abstrakt von einander getrennt. Reflektieren die drei Modelle des Schlußteils der *Negativen Dialektik* Ethik, Geschichtsphilosophie und Metaphysik, so läßt sich mit der Anthropologie eine weitere philosophische Disziplin negativ-dialektisch reflektieren, — um eine Kritik an anthropologischen „Invarianten" festzuhalten, wie sie die herkömmliche Disziplin gerade nicht expliziert. — Das vorliegende Buch dokumentiert im übrigen mit der aktualen Replik des „Anthropologen" zugleich ein anderes bedeutsames Stück Werkgeschichte (vgl. auch Sonnemann 1968; 1971).

Daß die Disziplinen nicht abstrakt von einander abzutrennen sind, gilt Adorno nicht nur für die Disziplinen der Philosophie. Sein gesamtes Werk, das Soziologie, Psychologie und pädagogische Fragestellungen einbegreift, steht selbst dafür ein, daß dies auch für das Verhältnis der Philosophie zu anderen Wissenschaften gelten soll. Daß für Adorno die ‚Regression' der Philosophie zur „Einzelwissenschaft" (vgl. bereits die Einleitung zur *Negativen Dialektik;* dazu den 1. Beitrag von Naeher, 166f.; vgl. den Beitrag von Sonnemann, 314) nicht die Konsequenz fachbornierter Identitätssicherung impliziert, macht den Ansatz einer negativen Dialektik in besonderer Weise geeignet, die zentrale Fragestellung zu diskutieren, inwiefern von der Philosophie her historisch und systematisch Grundlagen der Erziehungs- und Sozialwissenschaften reflektierbar werden. Deshalb wurden mit den übrigen drei „Linienverlängerungen" Beiträge von Erziehungswissenschaftlern aufgenommen, die bezeichnenderweise über „einzelwissenschaftliche" Fragestellungen auch hinausgehen.

Am weitesten von Adornos Ansatz entfernt stellt sich im Sinne einer (primär philosophischen) Kritik der Beitrag „*Theorie und Praxis. Theodor W. Adorno:* Negative Dialektik" *(Ritzel)* dar. Doch auch hier wird die Kritik aus dem Ansatz selber, aus dem Text heraus entwickelt, vor allem aus dem Text des I., *ethischen* Modells. (Zur Affinität Adorno-Ritzel, vgl. etwa Löwisch 1974, 25f.;[4] zum insbes. kritischen Verhältnis, vgl. den Beitrag von Braun, 57 u. Braun 1981). Der Beitrag holt damit, im Kontext der Fragestellung „Theorie und Praxis", ein Stück weit nach, was die Erziehungswissenschaften merkwürdigerweise bislang mit der Fixation auf Adornos „pädagogische" Schriften allzusehr versäumt haben. (Vgl. dazu auch den Beitrag von Piecha/Zedler, 330ff.) Er geht davon aus, daß „Theorie" „ihrem Begriffe nach kritisch" sei (Ritzel 1980, 251), als Abgrenzung zu Adorno gemeint, imgrunde aber auch in Übereinstimmung mit dem Geist seiner Philosophie. — Auch, wenn man zu anderen Resultaten gelangen mag als der Verfasser: Seine Position wird im Dialog mit Adorno prägnant genug, um den weiteren Dialog inspirieren zu können.

Einer Reihe von Gründen, warum die Erziehungswissenschaften

bei ihrer Rezeption der „Kritischen Theorie" (insbes.: Habermas')[5] — und, im übrigen, der traditionsreichen Einsicht in die Notwendigkeit dialektischen Denkens[6] wie zum Trotz — die Philosophie Adornos zwar nicht eben selten zitiert doch letztlich vernachlässigt haben, erst recht die *Negative Dialektik*, geht der Beitrag „*Die Erinnerung erziehen*. Negative Dialektik *und Erziehungswissenschaften" (Piecha/Zedler)* nach: Gründen, wie sie sowohl in Adorno selber als auch im Selbstverständnis der Pädagogik liegen. „Linienverlängerung", ist auch dieser Beitrag „Rekonstruktion", insofern er wesentlich Nichtrezipiertes in den Blick rückt. Der Beitrag verhält sich auch in dem Sinne affin zu Adornos Theorie, als er in seiner Durchführung, in der Konstellation zentraler Motive, den Gründen für die tendenzielle Nichtrezeption zugleich zuwiderhandelt. Ein besonders zentrales unter zahlreichen Motiven ist jener Gedanke von der Erziehung zur „Erfahrungsfähigkeit", welchen das Gespräch mit H. Becker, *Erziehung — Wozu?*, in der Formulierung „Erziehung zur Erfahrung und Erziehung zur Mündigkeit . . . sind miteinander identisch" (1970, 116) nur benannt hat, und welcher nicht zufällig (vor allem) von Einleitung und Schluß der *Negativen Dialektik* her inhaltlich bestimmt werden kann. —

Hier können namentlich die entsprechenden aber auch weitere „Rekonstruktionen" — „Linienverlängerungen" und „Grundrisse" — herangezogen werden. Implizieren die Beiträge über das III. Modell (Zahn) sowie über den Schlußsatz der *Negativen Dialektik* aus „anthropologischer" Sicht (Sonnemann) *pädagogische Konsequenzen* — aber auch bereits der Beitrag über den Erfahrungsbegriff in der Einleitung der *Negativen Dialektik* (1. Beitrag Naeher) oder etwa der werkgeschichtlich orientierte über Erfahrung im Zusammenhang von Adornos Musik-Ästhetik (Sziborsky) —, so sind solche pädagogischen Konsequenzen von hier im Kontext des gesamten Bandes weiterzudenken. —[7]

M. E. dürfte etwa die Diskussion, wie sie gerade in den Erziehungswissenschaften der Entwicklung gilt (paradigmatisch der Entwicklung der Moral, gegenwärtig insbesondere im Anschluß an Kohlberg),[8] durch die Reflexion auf Adornos Erfahrungsbegriff i. w. S. zu bereichern sein. Sie würde in ihrem erneuten Ansetzen bei Piaget (vgl. Buck-Morss 1980) auch auf Weiterführungen Bezug nehmen können, wie sie dem Konzept einer „Ontogenese dialektischer Operationen" (Riegel 1978; zum Zusammenhang mit der Hegelschen Dialektik, vgl. Naeher 1981, 12) unterlegt sind. —

Ein wesentlicher Grund für das erhebliche Defizit bei der Rezeption Adornos, der *Negativen Dialektik*, in den Erziehungs- und Sozialwissenschaften dürfte Adornos Intention darstellen, mit diesem Werk zwar ein Stück weit etwas wie eine „Methodologie" zu geben, die aber doch durch die tendenzielle Zurücknahme in die „Durchführung" der „Methode" keine im eigentlichen Sinne ablösbare und ohne weiteres übertragbare Methode freigibt, gleichsam: bereitstellt (erst recht nicht in den materialen Arbeiten). Auch darin geht die *Negative Dialektik* noch weiter als die Hegelsche Dialektik. Damit in Zusammenhang, hat die Intention einer „Nichtreferierbarkeit" (vgl. 44) des Verfahrens, zugleich eine Nichtreferierbarkeit im Inhaltlichen, die Rezeption, wo nicht völlig verhindert, so doch erheblich erschwert.

Gleichsam gegen den Strich dieser Adornoschen Intentionen und ihrer Auswirkungen auf die Rezeption geht der Beitrag *„Zur Erschließung von Einzelnem aus Konstellationen. Negative Dialektik und „objektive Hermeneutik" (Uhle)* der Frage nach, was im Forschungs-Methodologischen von Adorno zu „lernen" sein könnte. Er macht dies an dem aktuellen Ansatz einer sich selbst als „objektive Hermeneutik" begreifenden Methodologie fest, wie sie, nicht zuletzt in materialen Arbeiten, innerhalb der Sozialwissenschaften insbesondere von U. Oevermann (und, anders, T. Leithäuser) vertreten wird (Oevermann u. a. 1976; 1979; Leithäuser u. a. 1977; 1979). Wissen diese Ansätze sehr wohl, daß sie sich – auch – Adorno verdanken, so sucht der Beitrag zu zeigen, wo noch in einigem weiterzugehen, zu „lernen" sein könnte. Ob die „objektive Hermeneutik" dies tatsächlich will, ist eine andere Frage, zugleich: ob sie sich mit dem Dargestellten identifizieren kann. –

Daß jegliche neuere Hermeneutik um den Ansatz Adornos nicht herumkommt (vgl. u. a. Uhle 1976), dies zu widerlegen dürfte jedenfalls schwer sein. Weiter zu denken wäre etwa – vermittelt durch das gesamte Oeuvre –, welche Impulse Adorno einer reflektierten Hermeneutik, der Analyse wesentlich latenter Sinnstrukturen von „Texten" i. w. S., zu geben vermöchte. Solche Impulse scheinen mir impliziert mit Theoremen, wie denen vom Vorrang des Objekts *(Negative Dialektik)* bzw. dem Vorrang der Form als Objektivation *(Ästhetische Theorie;* vgl. Naeher 1977, bes. 106-113; 1982b, im Anschluß an Ritsert 1972). –

Hier, wie überall, wo es um „Linienverlängerungen" geht, kann gerade die Bereitschaft negativer Dialektik, auch gegen sich selber zu denken (vgl. 397ff.), vom Rezipienten tatsächlich aufgenommen werden: als Bereitschaft, Denkwege zu gehen, die Adornos Philosophie vorgezeichnet hat — aber auch solche Denkwege, die von ihr wegführen.

Anmerkungen

1 Die Charakterisierung, daß der vorliegende Band gewissermaßen mit positiven Momenten ansetze, geht auf eine Einschätzung zurück, die R. zur Lippe dem Herausgeber zu einer ersten Konzeption mitteilte.
2 Hervorhebungen, auch im folgenden, d. V.
3 Der Gestus des „Wenn überhaupt" ist charakteristisch für Adorno; er war es nicht zuletzt in mündlichen Äußerungen.
4 Löwisch thematisiert hier die Schriften von Adorno und Ritzel (Spitz, Erikson, Petzelt, Blankertz) im Zusammenhang eines im weitesten Sinne induktiven „pädagogischen" Ansatzes.
5 Zur Habermas-Rezeption in den Erziehungswissenschaften, vgl. etwa Mollenhauer, 1968; 1972; Benner 1973 (auch zu: Horkheimer; *Dialektik der Aufklärung*); Feuerstein 1973; Schmied-Kowarzik 1974; Zedler 1976. — „Adornos Beitrag zur Pädagogik" wird immerhin thematisiert von Groothoff 1971; ferner u. a. von Blankertz (stellvertretend für eine Reihe von Bezügen: 1971); Löwisch 1974; Schmied-Kowarzik 1974; Wulff 1977 (Bezug auf die *Negative Dialektik:* 147-149); sowie den Dissertationen u. a. von Althaus 1976; Uhle 1976; Herrmann 1978 (jeweils: mit gewissem Bezug auf die *Negative Dialektik,* namentlich bei Herrmann; aber selbst dort wird der Text nicht systematisch interpretiert).
6 Vgl. bereits Klafki 1966.
7 Von erziehungswissenschaftlichen Fragestellungen her ergibt sich eine ganze Reihe von Anknüpfungspunkten. Als ein Beispiel sei, *pars pro toto,* benannt: die Diskussion eines „Bedürfnis"-Begriffs — im Kontext des hier thematisierten Erfahrungs-Begriffs und unter Hinzuziehung der 2. „Rekonstruktion" zum „Bedürfnis im Denken". Zu erziehungswissenschaftlichen „Versuchen", „,Empanzipation' mit Hilfe des Ausdrucks ‚Bedürfnis' einzuführen", vgl. König 1975, 198.
8 Der nächste Band der Schriftenreihe wird sich diesem Thema widmen.

Literatur

Adorno, T. W.: Gesammelte Schriften. Bde. 1ff. Hrsg. v. G. Adorno/R. Tiedemann. Frankfurt/M 1970ff.
Adorno, T. W. (zus. mit M. Horkheimer): Dialektik der Aufklärung. Philosophische Fragmente. Amsterdam 1947. [Frankfurt/M ^{2}1969].
Adorno, T. W.: Erziehung zur Mündigkeit. Vorträge und Gespräche mit Hellmut Becker 1959-1969. Hrsg. v. G. Kadelbach. Frankfurt/M 1970.
Althaus, G.: Die negative Pädagogik in Adornos Kritischer Theorie. Diss. Berlin 1976.
Baumeister, T. (zus. mit J. Kulenkampff): Geschichtsphilosophie und philosophische Ästhetik. Zu Adornos „Ästhetischer Theorie". In: Neue Hefte für Philosophie H. 5. 1973, 74-104.
Benner, D.: Hauptströmungen der Erziehungswissenschaft. München 1973.
Blankertz, H.: Pädagogik unter wissenschaftstheoretischer Kritik. In: Oppolzer, S./Lassahn, R. (Hrsg.): Erziehungswissenschaft 1971. Zwischen Herkunft und Zukunft der Gesellschaft. (In memoriam Ernst Lichtenstein). Wuppertal/Ratingen 1971, 20-33.
Böckelmann, F.: Über Marx und Adorno. Schwierigkeiten der spätmarxistischen Theorie. Frankfurt/M 1972.
Braun, C.: Kritische Theorie versus Kritizismus. Zur Kant-Kritik Theodor W. Adornos. Diss. Bonn 1981. Ersch. in: Kant-Studien 115. Berlin/New York 1983.
Bubner, R.: Was ist kritische Theorie? In: Philosophische Rundschau 16. 1969, 213-249.
Bubner, R.: Über einige Bedingungen gegenwärtiger Ästhetik. In: Neue Hefte für Philosophie H. 5. 1973, 38-73.
Bubner, R.: Kann Theorie ästhetisch werden? Zum Hauptmotiv der Philosophie Adornos. In: Materialien zur ästhetischen Theorie Th. W. Adornos. Konstruktion der Moderne. Hrsg. v. B. Lindner/W. M. Lüdke. Frankfurt/M 1980, 108-137.
Buck-Morss, S.: Piaget, Adorno and the Possibilities of Dialectical Operations. In: Silverman, H. J. (ed.): Piaget, Philosophy and the Human Sciences. Sussex 1980, 103-137.
Eley, L.: Zum Begriff des Transzendentalen. Eine kritische Studie zu Th. W. Adorno: „Zur Metakritik der Erkenntnistheorie. Studien über Husserl und die phänomenologischen Antimonien". In Zeitschrift für philosophische Forschung 13. 1959, 351-358.
Eley, L.: Die Krise des Apriori in der transzendentalen Phänomenologie Edmund Husserls. Den Haag 1962.
Eley, L.: Zum Problem des Anfangs in Hegels Logik und Phänomenologie. In: Hegelstudien 6. 1971, 267-294.
Eley, L.: Hegels Wissenschaft der Logik. München 1976.
Eley, L.: Sinn und Funktion einer phänomenologischen Kritik der Transzendentalphilosophie (Kant und Husserl). In: Akten des 5. Internationalen Kant-Kongresses. Mainz 4.-8. April 1981, 944-954.
Feuerstein, T.: Emanzipation und Rationalität einer kritischen Erziehungs-

wissenschaft. Methodologische Grundlagen im Anschluß an Habermas. München 1973.

Grenz, F.: Adornos Philosophie in Grundbegriffen. Auflösung einiger Deutungsprobleme. Frankfurt/M 1974.

Grenz, F.: Differenzierungen im Begriff der dialektischen Negation. In: Hegel-Jahrbuch 1974. Hsrg. v. W. R. Beyer. Köln 1975, 257-262.

Grenz, F.: Zur architektonischen Stellung der Ästhetik in der Philosophie Adornos. In: Arnold, H. L. (Hrsg.): Theodor W. Adorno. Sonderband Text und Kritik. München 1977, 119-129.

Grenz, F. (zus. mit J. Krüger): Lukács' concept of reification. – The crisis of the concept of reification in Adorno. Part 2 of Alienation in Marxist theories. In: Macnamara, M. (ed.): World views. Pretoria 1980, 218-254.

Groothoff, H.H.: Über Adornos Beitrag zur Pädagogik. In: Oppolzer, S./Lassahn, R. (Hrsg.): Erziehungswissenschaft 1971. Zwischen Herkunft und Zukunft der Gesellschaft. (In memoriam Ernst Lichtenstein). Wuppertal/Ratingen 1971, 73-82.

Hegel, G.W.F.: Phänomenologie des Geistes. Bamberg 1807. [Stuttgart ^{6}1952].

Herrmann, B.: Theodor W. Adorno. Seine Gesellschaftstheorie als ungeschriebene Erziehungslehre. Ansätze zu einer dialektischen Begründung der Pädagogik als Wissenschaft. Bonn 1978.

Jay, M.: Dialektische Phantasie. Die Geschichte der Frankfurter Schule und das Institut für Sozialforschung 1923-1950. Frankfurt/M 1976.

Kant, I.: Kritik der reinen Vernunft. Königsberg 1787.

Klafki, W.: Dialektisches Denken in der Pädagogik. In: Oppolzer, S. (Hrsg.): Denkformen und Forschungsmethoden der Erziehungswissenschaft. Bd. 1. München 1966, 159-182.

König, E.: Theorie der Erziehungswissenschaft. Bd. 1. München 1975.

Leithäuser, T., u. a.: Entwurf zu einer Empirie des Alltagsbewußtseins. Frankfurt/M 1977.

Leithäuser, T., u. a.: Anleitung zur empirischen Hermeneutik. Psychoanalytische Textinterpretation als sozialwissenschaftliches Verfahren. Frankfurt/M 1979.

Lippitz, W.: „Lebenswelt" oder die Rehabilitierung vorwissenschaftlicher Erfahrung. Weinheim/Basel 1980.

Lippitz, W./Meyer-Drawe, K. (Hrsg.): Lernen und seine Horizonte: phänomenologische Konzeptionen menschlichen Lernens – didaktische Konsequenzen. Königstein/Ts. 1982.

Löwisch, D.-J.: Erziehung und Kritische Theorie. Kritische Pädagogik zwischen theoretischem Anspruch und gesellschaftlicher Realität. München 1974.

Mollenhauer, K.: Erziehung und Emanzipation. München 1968.

Mollenhauer, K.: Theorien zum Erziehungsprozeß. München 1972.

Naeher, J.: Walter Benjamins Allegorie-Begriff als Modell. Zur Konstitution philosophischer Literaturwissenschaft. Stuttgart 1977.

Naeher, J.: Einführung in die Idealistische Dialektik Hegels. Lehr-/Lerntext. Schriftenreihe: Dialog Philosophie. Grundlagen der Erziehungs- und Sozialwissenschaften. Hrsg. v. J. Naeher. Opladen 1981.

Naeher, J.: Philosophical Concepts in Literary Criticism. In: Literary Criticism and Philosophy. Yearbook of Comparative Criticism. Vol. X. Ed. by J. P. Strelka. Pennsylvania/London, 89-112, 1982 (a).

Naeher, J.: Zur Logik qualitativer Erfahrung. Referat für ein Symposium der Tagung der Deutschen Gesellschaft für Erziehungswissenschaft. Regensburg 1982 (b).

Oevermann, U., u. a.: Beobachtungen zur Struktur der sozialisatorischen Interaktion. Theoretische und methodologische Fragen der Sozialisationsforschung. In: Auwärter, M., u.a. (Hrsg.): Seminar: Kommunikation, Interaktion, Identität. Frankfurt/M 1976, 371-403.

Oevermann, U., u. a.: Die Methodologie einer „objektiven Hermeneutik" und ihre allgemeine forschungslogische Bedeutung in den Sozialwissenschaften. In: Soeffner, H.G. (Hrsg.): Interpretative Verfahren in den Sozial- und Textwissenschaften. Stuttgart 1979, 352-434.

Post, W.: Kritische Theorie und metaphysischer Pessimismus. Zum Spätwerk Max Horkheimers. München 1971.

Prange, K.: Pädagogik als Erfahrungsprozeß. Bd. 1. Der pädagogische Aufbau der Erfahrung. Stuttgart 1978.

Pütz, P.: Nietzsche im Lichte der Kritischen Theorie. In: Nietzsche-Studien 3. 1974, 175-191.

Radermacher, H.: Fichtes Begriff des Absoluten. Frankfurt/M 1970.

Richter, U.: Der unbegreifbare Mythos. Musik als Praxis Negativer Dialektik. Eine philosophische Abhandlung zur Schönberg-Interpretation Theodor W. Adornos. Diss. Köln 1974.

Riegel, K.F. (Hrsg.): Zur Ontogenese dialektischer Operationen. Frankfurt/M 1978.

Ritsert, J.: Inhaltsanalyse und Ideologiekritik. Ein Versuch über kritische Sozialforschung. Frankfurt/M 1972.

Ritzel, W.: Philosophie und Pädagogik des 20. Jahrhunderts. Darmstadt 1980.

Schmidt, A.: Die „Zeitschrift für Sozialforschung". Geschichte und gegenwärtige Bedeutung. Einleitung zu: Zeitschrift für Sozialforschung 1932-1941. Neu hrsg. v. M. Horkheimer. Reprint der Jahrgänge I-IX mit Register. München 1970.

Schmidt, F.W.: Hegel in der Kritischen Theorie der „Frankfurter Schule". In: Negt, O. (Hrsg.): Aktualität und Folgen der Philosophie Hegels. Frankfurt/M 1970, 21-61.

Schmied-Kowarzik, W.: Dialektische Pädagogik. Vom Bezug der Erziehungswissenschaft zur Praxis. München 1974.

Schweppenhäuser, H.: Spekulative und negative Dialektik. In: Negt. O. (Hrsg.): Aktualität und Folgen der Philosophie Hegels. Frankfurt/M 1970, 85-97.

Sonnemann, U.: Jenseits von Ruhe und Unordnung. Zur Negativen Dialektik Adornos. In: Über Theodor W. Adorno. Mit Beiträgen v. K. Oppens, u. a. Frankfurt/M 1968, 120-140.

Sonnemann, U.: Negative Anthropologie. Vorstudien zur Sabotage des Schicksals. Reinbek bei Hamburg 1969.

Sonnemann, U.: Erkenntnis als Widerstand. Adornos Absage an Aktionsgebärden und ihr Ertrag für die Kriterien von Praxis. In: Schweppenhäuser,

H. (Hrsg.): Theodor W. Adorno zum Gedächtnis. Eine Sammlung. Frankfurt/M 1971, 150-176.

Sziborsky, L.: Das Problem des Verstehens und der Begriff der „Adäquanz" bei Th. W. Adorno. In: Musik und Verstehen. Hrsg. v. P. Faltin/H.-P. Reinecke. Köln 1974, 289-305.

Sziborsky, L.: Adornos Musikphilosophie. Genese – Konstitution – Pädagogische Perspektiven. München 1979.

Sziborsky, L.: Die Rettung des Hoffnungslosen. Theodor W. Adornos Philosophie der neuen Musik. In: Philosophisches Jahrbuch 89. 1982, 77-98.

Uhle, R.: Geisteswissenschaftliche Pädagogik und kritische Erziehungswissenschaft. München 1976.

Waldenfels, B., u. a. (Hrsg.): Phänomenologie und Marxismus. Bd. 1. Konzepte und Methoden. Frankfurt/M 1977 (a).

Waldenfels, B., u. a. (Hrsg.): Phänomenologie und Marxismus. Bd. 2. Praktische Philosophie. Frankfurt/M 1977 (b).

Waldenfels, B., u. a. (Hrsg.): Phänomenologie und Marxismus. Bd. 3. Sozialphilosophie. Frankfurt/M 1978.

Wulf, Chr.: Theorien und Konzepte der Erziehungswissenschaft. München 1977.

Zedler, P.: Zur Logik von Legitimationsproblemen. München 1976.

Zenck, M.: Kunst als begriffslose Erkenntnis. Zum Kunstbegriff der ästhetischen Theorie Theodor W. Adornos. München 1977.

I. Grundrisse

Carl Braun

Zentrale philosophiegeschichtliche Voraussetzungen der Philosophie Theodor W. Adornos

Die Problemstellung

Im folgenden soll der Grundansatz der Philosophie Theodor W. Adornos in bezug auf einige wesentliche philosophiegeschichtliche Positionen umrissen werden. Dabei ist es jedoch nicht möglich, Adorno eindeutig für eine bestimmte philosophische Strömung zu reklamieren. Gängige Zuordnungen wie die zum Neomarxismus oder auch solche wie zur Existenz- und Lebensphilosophie[1] bleiben äußerlich. Sie verkennen zudem das Selbstverständnis und das Ziel Adornos, den gesamten fortgeschrittenen geistigen Ertrag einer Zeit zu erfassen und zu reflektieren. Da Adornos Philosophie nicht nur auf der Auseinandersetzung mit den einflußreichen geistigen Strömungen insbesondere der letzten zwei Jahrhunderte beruht, sondern in dieser wesentlich *besteht,* ist es nicht hinreichend, die verschiedenen philosophiegeschichtlichen Voraussetzungen und Einflüsse einfach zu benennen. Angemessener scheint es, den Prozeß der Auseinandersetzung selbst nachzuzeichnen, ihn systematisch zu rekonstruieren. Durch eine Klärung der Stellung Adornos *zur* Philosophiegeschichte und ihren Hauptströmungen ist ein Verständnis seiner Position *in* der Philosophiegeschichte zu gewinnen.

Des näheren soll gezeigt werden, daß Adorno von einem bestimmten geschichtsphilosophischen Grundproblem ausgeht, dieses in wechselnden systematischen Begrifflichkeiten umspielt und die philosophiegeschichtlichen Positionen an der Entwicklung dieses Problems gleichsam aufhängt, um Philosophie schließlich in Gesellschaftskritik zu überführen. Die Wahl eines solchen Rezeptionsverfahrens der philosophischen Entwürfe einzelner Denker ist jedoch durchaus ambivalent, da derart jeweils nur bestimmte Aspekte beleuchtet werden.

Zum *einen* kann Adorno auf diese Weise – in der Tradition Nietzsches und Heideggers – den Anspruch erheben, „das Spiel der unter der Oberfläche jeder geschlossenen Lehrmeinung aneinander sich abarbeitenden Kräfte" (11, 389) zu betrachten. Dies erlaubt ihm, zugunsten dieser „Kräfte" nicht nur teilweise Grundsätze philologischer Genauigkeit zu vernachlässigen, sondern auch den jeweiligen Sinn einer „Lehrmeinung" entgegen den erklärten Absichten des Denkers eben als Funktion dieser „Kräfte" umzudeuten.

Zum *anderen* aber verschließt sich Adorno durch dieses Vorgehen die Möglichkeit, sich aus der Betrachtung der Philosophiegeschichte produktive Denkanstöße und Erkenntnisse zu eröffnen. Zudem läuft seine Auseinandersetzung mit anderen Positionen notwendig Gefahr, sich zum Schattengefecht zu verflüchtigen. Dieser negative Aspekt kann jedoch im folgenden nur angedeutet werden. Vielmehr ist zunächst anhand der Bezugnahmen Adornos auf philosophiegeschichtliche Positionen ein Verständnis des ihn bewegenden Problems zu gewinnen.

Da Adorno die philosophischen Entwürfe durch „unter der Oberfläche" verborgene „Kräfte" beherrscht sieht, sind diese vorab näher zu bestimmen. Die damit bezeichnete Aufgabe fällt wesentlich der Geschichtstheorie zu.

Die geschichtsphilosophischen „Kräfte"

Die Geschichtskonzeption der Kritischen Theorie (vgl. den Beitrag von Radermacher in diesem Band, 130-159) versucht, angesichts der Ereignisse des 20. Jahrhunderts, die geschichtliche Entwicklung neu zu deuten. Die *frühe* Kritische Theorie der zwanziger und dreißiger Jahre folgt weitgehend noch dem orthodox marxistischen Geschichtsverständnis. Dieses entwirft Geschichte als eine auf der Grundlage der Naturbeherrschung fortschreitende, durch Klassenkämpfe getriebene Bewegung der Menschheit in Richtung auf eine nur durch das Proletariat revolutionär herstellbare klassenlose Gesellschaft. Jedoch lassen sich weder die Phänomene von Faschismus und Stalinismus noch die im amerikanischen Exil gemachten Erfahrungen moderner Kulturindustrie mit ihrer nivellierend-integrierenden Gewalt gegenüber kritischem Bewußtsein angemessen mit den ursprünglichen Marxschen Kategorien begreifen. Damit wächst den Vertretern der Kritischen Theorie die Aufgabe zu, ihre Position als kritische neu zu bestimmen.

Erstmals wird dies in umfassender Weise von Horkheimer und Adorno im Rahmen einer Konstruktion der abendländischen Geschichte als *„Dialektik der Aufklärung"* in dem gleichnamigen Werk (1944/47) versucht. Aufklärung meint dabei den gesamten okzidentalen Rationalisierungsprozeß: „schon der Mythos ist Aufklärung". Dialektisch aber sei diese insofern, als sie aufgrund mangelnder Selbstbesinnung und damit vernünftiger Zielbestimmung sich in „blinde Herrschaft" verstrickt habe. Der umfassende Vernunftbegriff sei auf orientierungslose instrumentelle Vernunft, technisches Verfügungswissen verkürzt worden: „Aufkärung schlägt in Mythologie zurück." (3, 16)

Der sich derart ergebende „dialektische" (?) Zusammenhang von Aufklärung und Mythos gründet in der Bestimmung der bisherigen Geschichte als einer ungebrochenen Fortsetzung von blinder Herrschaft und Unterdrückung. Den Ursprung der Geschichte vermutet Adorno in „archaischen Willkürakten von Machtergreifung" (315), in denen das erwachte (vormals vom Objekt ungeschiedene (10, 742f.)) Subjekt den Bann der Natur breche und sich zur Herrschaft über die Natur aufschwinge. Subjektivität und Herrschaft sind derart für Adorno eng miteinander verbunden: „Das Erwachen des Subjekts wird erkauft durch die Anerkennung der Macht als des Prinzips aller Beziehungen." (3, 25) Die Unterdrückung richte sich nicht nur gegen die außermenschliche Natur und die Mitmenschen, sondern ebenso gegen die eigene innere Natur. Diese werde durch das eindeutig gewordene Subjekt aus Angst verleugnet, an die Vieldeutigkeit der Natur zurückzufallen.

Indem aber somit weiterhin das Machtprinzip herrsche, sei Natur nicht wirklich überwunden. Vielmehr setze sie sich gleichsam hinter dem Rücken der Subjekte durch – in einer Bewegung, die Adorno wesentlich in der psychoanalytischen Gedankenfigur einer Wiederkehr des Verdrängten beschreibt: „So führt Zivilisation als auf ihr letztes Ergebnis auf die furchtbare Natur zurück." (3, 134) Herausragender Ausdruck dieses Naturcharakters von Zivilisation und zugleich Enthüllung des Wesens bisheriger Geschichte ist für Adorno Auschwitz.

Geschichte – verstanden als vernünftige Selbstbestimmung der Menschheit – sei noch nicht wirklich, sondern bloße „Naturgeschichte" (347). Nicht nur in Hegels These, daß es „(...) auch in der Weltgeschichte vernünftig zugegangen sei" (Hegel 1969ff., Bd. 12, 20), sondern ebenso in der materialistischen Wendung dieser Auffassung bei Marx und Engels, die Geschichte gleichfalls als einen sinnvollen Prozeß zu begreifen suchen, kann Adorno nur eine „Vergottung der Geschichte" (315) erblicken. Auch richtet sich seine Kritik nicht wie bei Marx vornehmlich gegen bestimmte Formen der Eigentumsordnung — etwa den Privatbesitz an Produktionsmitteln —, sondern durchaus ähnlich wie bei Nietzsche und Heidegger gegen die gesamte abendländische Vernunfttradition. Ebenso ist für Adorno nicht nur die „These" fragwürdig geworden, „(...) alle Geschichte sei die von Klassenkämpfen" (7, 378). Vielmehr bindet er die ökonomischen Klassenverhältnisse an *metaökonomische Herrschaftsverhältnisse* zurück. Diese seien durch den Willen des erwachten Subjekts zur Selbsterhaltung bestimmt. In dem *Prinzip zwanghafter Selbsterhaltung,* in der das Subjekt das Nicht-Subjekt, die Natur, besinnungslos und durch Todesangst getrieben unterwerfe, gerade dadurch aber seine eigene Unterwerfung befördere und seine wahre Befreiung aus blinden Naturzwängen verhindere, erblickt Adorno die Grundkraft der bisherigen menschlichen Geschichte.

Die Selbsterhaltung geschehe in der Zivilisation wesentlich durch „die rationale Praxis, die Arbeit" (3, 87). Das begriffliche Denken diene als Mittel der Naturbeherrschung: Das Denken sei „Organ der Herrschaft", der Begriff ein „ideelle(s) Werkzeug" (3, 56f.). Mit Hilfe der Vernunft, dem Prinzip menschlicher Herrschaft und als ihr „Instrument" allererst „entstanden" (10, 775), bestimme das Subjekt nach dem Grundsatz der Identität die Welt auf sich und seinen Herrschaftswillen hin, es mache das dem Begriff Andere dem Begriff homogen: „Was anders wäre, wird gleichgemacht." (3, 28)

Die systematischen Kategorien

Durch den Begriff als Allgemeinbegriff wird für Adorno das Besondere unter ein Allgemeines subsumiert. Dadurch werde jedoch das Individuelle als Individuelles übergangen, weil das schlechthin Besondere und Einmalige nicht durch allgemeine Bestimmungen angemessen ausgedrückt werden könne: „Befriedigt schiebt begriffliche Ordnung sich vor das, was Denken begreifen will." (17)

Das Besondere sei zwar auch ein Allgemeines und nicht ohne das Allgemeine bestimmbar (vgl. 175; 199f.), aber ebenso sei es mehr als ein bloß Allgemeines. Dieses „Mehr", das sich aus dem Blickwinkel des sogenannten „Konsequenzdenkens" (Adorno [3]1979, 184) als „quantité négligeable" (20) darstelle, verdiene besondere Aufmerksamkeit. Es sei das eigentliche Ziel von Erkenntnis.

Prinzip des Begriffs sei die „Identität": Er beanspruche eine „Ordnung schaffende Invarianz gegenüber dem Wechsel des unter ihm Befaßten" und sei insofern trotz seiner Notwendigkeit zur Erkenntnis „,falsch'"(156). Beide Momente — das der Notwendigkeit des Begriffs und das seiner vorgeblichen „Falschheit" — zusammengenommen, führen nach Adorno auf die paradoxe Anstrengung, „über den Begriff durch den Begriff hinauszugelangen." (27) Die Austragung dieses Paradoxons, diese „Sisyphusarbeit" (7, 382) sei der Philosophie wesentlich. Philosophiegeschichtlich betrachtet, pointiert Adorno diese These gegen die Forderung des frühen Wittgenstein: „Wovon man nicht sprechen kann, darüber muß man schweigen." (Wittgenstein [9]1973, 132)[2]

Da das nicht unter den Begriff Subsumierbare nach Adorno nicht mit dem Allgemeinen identifiziert werden kann, nennt er es vorwiegend auch das „Nichtidentische" (164). Er bezeichnet es ebenso als das „Metalogische" (162), weil es sich des Zugriffs der vorherrschenden Logik entziehe. Diese sei auf Kosten des Besonderen und des ihren Gesetzen inhaltlich sich nicht Fügenden einseitig an der Herrschaft des Allgemeinen und dem Ideal formaler widerspruchsfreier Stringenz orientiert. Der Satz vom ausgeschlossenen Widerspruch gelte jedoch nicht absolut, denn der „Widerspruch" sei „das Nichtidentische unter dem Aspekt der Identität" (17).

Die skizzierte kritische Deutung des Begriffs und der Logik verweist auf *Friedrich Nietzsche,* der als Philosoph „der Krisis und des Übergangs" (Pütz [2]1975, 16)[3] im Denken Adornos ähnlich wie in dem Martin Heideggers eine entscheidende Rolle spielt. Gleich Adorno stellt Nietzsche fest, daß der Begriff im Interesse der Selbsterhaltung gebildet worden sei, um die Mannigfaltigkeit der Welt einem Ordnungsgefüge zu unterwerfen. Er beruhe auf dem „Übersehen des Individuellen und Wirklichen", sein Prinzip sei das der Identität, das „Gleichsetzen des Nichtgleichen" (Nietzsche [6]1969, 313).

Auch die Logik gilt Nietzsche nicht als „Kriterium der Wahrheit", sondern lediglich als ein Mittel „zum Zurechtmachen der Welt zu Nützlichkeits-Zwecken (also, ‚prinzipiell', zu einer nützlichen *Fälschung*)" (ebd., 726). Ebenso wird der Satz vom ausgeschlossenen Widerspruch als „*Imperativ* über das, was als wahr gelten *soll*", dechiffriert, als ein „Mittel zur Setzung und Zurechtmachung einer Welt, *die uns wahr heißen soll*." (ebd., 537f.)

Den Verhältnissen von Begriff und Nichtbegrifflichem, Allgemeinem und Besonderem, Identität und Nichtidentischem entsprechend konstruiert Adorno die Kategorien Vermittlung und Unmittelbarkeit. Auch wenn das Nichtbegriffliche, Besondere und Nichtidentische nur durch den Begriff, das Allgemeine und Identische, also nur vermittelt zu erkennen seien, gingen sie nicht in diesen Momenten, in der Vermittlung auf. Vielmehr erhielten sie sich dieser gegenüber als ein Unmittelbares, ohne das Vermittlung gar nicht wäre.

Die Momente Begriff, Allgemeines, Identität und Vermittlung ordnet Adorno schließlich in der Relation von Subjekt und Objekt der Seite des Subjekts zu. Der notwendig komplementäre Pol des Objekts hingegen wird mit den Kategorien Nichtbegriffliches, Besonderes, Nichtidentisches und Unmittelbares umschrieben. Auch hier wiederholt sich das strukturell einfache Grundmuster der Argumentation Adornos, beide Momente, Subjekt und Objekt, sowohl in ihrer notwendigen Aufeinanderbezogenheit als auch in ihrer Differenz zu entfalten: „Sie konstituieren ebenso sich durch einander, wie sie vermöge solcher Konstitution auseinandertreten." (176)

Die philosophiegeschichtlichen Positionen

Die angedeutete Gedankenstruktur Adornos prägt auch sein Verhältnis zu anderen philosophischen Positionen, die er unter den skizzierten Kategorien zu begreifen sucht. Der Primat des Subjekts werde von der Philosophie des *Idealismus* vertreten. Die Reaktion „gegen den erkenntniskritischen, systemwütigen Subjektivismus" indessen habe sich insbesondere in den ersten Jahrzehnten dieses Jahrhunderts unter der „Parole *Ontologie*" (11, 389) gesammelt. Diese habe die Bedeutung des Objekts hervorgekehrt, das Sein dem Denken vorgeordnet.

Sowohl der idealistische als auch der ontologische Ansatz sind jedoch nach Adorno in ihrer Isolation falsch. Entsprechend dem Verhältnis der obigen Kategorien zueinander versucht er, die Einseitigkeit beider Positionen zu überwinden. Charakterisiert Adorno die ihm vorschwebende Art von Philosophie als „Anstrengung, über den Begriff durch den Begriff hinauszugelangen" (27), so ist darin seine Stellung sowohl zum Idealismus als auch zur Ontologie ausgesprochen. Die Bestimmung des „durch den Begriff" bezeichnet das idealistische Moment. Dieses aber dürfe nicht verabsolutiert werden. Vielmehr müsse auch „über den Begriff" hinausgegangen werden. Diese Forderung verweist auf das ontologische Moment, das ebenfalls nicht ausschließlich genommen werden dürfe: Der Weg „über den Begriff" führe nur „durch den Begriff". Sowohl systematisch als auch philosophiegeschichtlich stellt sich damit Adornos Konzeption einer „negativen Dialektik" als *Versuch* dar, *die aufgebrochene Antithese von Idealismus und Ontologie zu vermitteln*.

Der Idealismus (Kant, Fichte, Hegel)

Als idealistisch bezeichnet Adorno eine solche Theorie, die allgemein von einem Vorrang des Subjekts vor dem Objekt ausgeht. Der reale „Grund des philosophischen Idealismus" bestehe in der Tatsache der „Naturbeherrschung". Die fortschreitende Unterwerfung der natürlichen Gewalten durch den Menschen schlage sich philosophisch in der Vorordnung des Subjekts vor dem Objekt nieder. Entsprechend sieht Adorno die ontologische Kritik am Idealismus im Zusammenhang mit der Erschütterung der „Gewißheit" von der „Allmacht" der Naturbeherrschung „gerade vermöge ihrer unmäßigen Expansion während der ersten Hälfte des zwanzigsten Jahrhunderts" (75).

Unter geistesgeschichtlichem Aspekt betrachtet Adorno den Idealismus wesentlich als eine Erscheinung der Neuzeit: Seit dem „Zerfall des mittelalterlichen Kosmos" durch die Emanzipation des Subjekts seien die „Bereiche der Subjektivität und Objektivität" (Adorno o. J., 155) auseinandergetreten. Ihre Vermittlung sei damit zur Aufgabe der neuzeitlichen Philosophie geworden.

Die *vorkantische Philosophie* des Rationalismus und Empirismus habe nun versucht, „Objektivität auf Subjektivität einfach zu reduzieren." (ebd., 193) So habe etwa die empiristische Erkenntnistheorie das „konkrete Objekt" auf eine „Art von Minimum des Objekts" verkürzt, indem sie dieses „vermöge subjektiver Reduktion in die Unmittelbarkeit der Daten" verlegte. Das Moment des „Gegebenen" bezeichne den „Grenzwert, dessen das Subjekt im eigenen Bannkreis nicht ganz Herr wird". Diese „Konstruktion" sei jedoch „nichts als ein Kompromiß", nämlich zwischen einerseits dem idealistischen „Dogma vom Vorrang des Subjekts" und andererseits „seiner Undurchführbarkeit". Insofern habe der Empirismus, „trotz aller sensualistischen Reduktion der Dinge, soweit etwas vom Vorrang des Objekts vermerkt: seit Locke bestand er darauf, daß es keinen Inhalt des Bewußtseins gebe, der nicht aus den Sinnen stamme, ‚gegeben' sei." (188)

Im Unterschied zu den bloß reduktionistischen Bemühungen seiner Vorgänger habe *Kant* versucht, „nicht Objektivität auf Subjektivität einfach zurückzuführen, sondern Objektivität in Subjektivität zu begründen, ... zu zeigen, daß die Subjektivität selber die Bedingung von Objektivität ist" (Adorno o. J., 155). Dabei verwendet Adorno im Unterschied zu Kant den Begriff der Objektivität in seinen Ausführungen durchweg äquivok – sowohl geltungstheoretisch als auch ontologisch.[4]

In dem Vorhaben, „durch die Analyse von Subjektivität den Begriff von Objektivität überhaupt zu begründen", erblickt Adorno „das Paradoxale, das Aporetische" (ebd., 193) der Kantischen Philosophie. Diese Schwierigkeit sei um das Problem des Dinges an sich und seiner Affektion zentriert, das schon früh von Jacobi, Aenesidemus-Schule und Fichte formuliert worden ist. Indessen sei Kants These, „das Ding an sich sei die unbekannte Ursache der Erscheinungen, während doch von der Vernunftkritik Kausalität als Kategorie dem Subjekt zugeschlagen wird", zwar eine „Inkonzinnität" (185f.)[5], jedoch als solche nicht zu verwerfen. Vielmehr bewertet Adorno diese durchaus positiv. Entschieden wendet er sich gegen die Versuche des Neukantianismus und des Idealismus im engeren Sinne, insbesondere Fichtes und Hegels, die Annahme eines realistischen Ding-an-sich-Begriffs zu vermeiden. Er räumt zwar die größere Konsequenz dieser Bemühungen ein, anerkennt aber Konsequenz nicht als gültigen Wert. Gerade die „Kantischen Brüche" (5, 259) verzeichneten die Unauflösbarkeit des Objekts im Subjekt, die Resistenz des Nichtidentischen gegen seine begrifflichen

Identifizierungen: „In dem angeblichen Fehler der Kantischen Apologie des Dinges an sich, den die Konsequenzlogik seit Maimon so triumphierend beweisen konnte, überlebt in Kant die Erinnerung an das gegen die Konsequenzlogik widerspenstige Moment, die Nichtidentität. Darum hat er, der die Konsequenz seiner Kritiker gewiß nicht verkannte, gegen diese protestiert und sich lieber des Dogmatismus überführen lassen als die Identität zu verabsolutieren ... Die Konstruktion von Ding an sich und intelligiblem Charakter ist die eines Nichtidentischen als der Bedingung der Möglichkeit von Identifikation, aber auch die dessen, was der kategorialen Identifizierung entschlüpft." (286, Anm.)

Allerdings schränkt Adorno diese recht eigenwillige Wendung eines Grundproblems der Kantischen Philosophie insofern wieder ein, als er in der Konzeption des Dinges an sich lediglich „die wenigstens formale Anerkennung von Nichtidentischem" (37) ausgesprochen sieht. Formal sei diese, weil Kant die „Bestimmtheit der Objekte an sich" (36) in Abrede stelle, aufgrund des Form-Inhalt-Dualismus das Objekt zum Mannigfaltigen, zur „Fiktion eines bestimmungslos Faktischen" (189) entqualifiziere und entsprechend das Moment der Form einzig als Leistung subjektiver Konstitution verbuche. Von hierher wiederum begrüßt Adorno Hegels Kritik des Form-Inhalt-Dualismus und damit einhergehend die Wiederherstellung der „Bestimmtheit der Objekte an sich". Allerdings sei diese bei Hegel lediglich eine „durchs Subjekt" (36) und insofern noch idealistisch verzerrt.

Gegenüber Hegels Konzeption eines absoluten, das Objekt als Objekt vernichtenden Subjekts halte Kant mit dem Begriff des Dinges an sich an der „Idee der Andersheit" fest. Jedoch sei diese „Andersheit" nicht konkret entfaltet, sondern bloß eine „Idee": Auch bei Kant gelange das Subjekt „nicht aus sich" (185) hinaus, durchbreche nicht den subjektiven Immanenzzusammenhang.

Dies verweist auf Adornos Vorwurf des Subjektivismus, dessen er Kant zeiht. Kants „Theorie von den Grenzen möglicher positiver Erkenntnis", dieser „Block" (378), sei die „Schranke vorm Absoluten", bezeichne das „Verbot, das Absolute zu denken." (381) Philosophieimmanent betrachtet, beruhe dieser „Block" auf dem Form-Inhalt-Dualismus. Indessen seien die subjektiven Formen — entgegen Kant — nicht unabänderlich, sondern sie entwickelten sich aufgrund der Wechselwirkung „zwischen ihnen und dem seienden Inhalt": „Das jedoch ist unvereinbar mit der Konzeption des unzerstörbaren Blocks." (378f.) Unter gesellschaftskritischem Gesichtspunkt sei der Block „eins mit der Not von Arbeit, welche die Menschen real im gleichen Bann hält, den Kant zur Philosophie verklärte. Die Gefangenschaft in der Immanenz, zu der er, so redlich wie grausam, den Geist verdammt, ist die in der Selbsterhaltung, wie sie den Menschen eine Gesellschaft auferlegt, die nichts konserviert als die Versagung, deren es schon nicht mehr bedürfte." (381f.)

Die „selbstzufrieden männliche Resignation, mit der Philosophie im mundus sensibilis als einem Auswendigen sich niederläßt", scheint nach Adorno also ihr fundamentum in re in der „Versagung" zu haben, die die Gesellschaft dem einzelnen abverlangt. Entsprechend betrachtet er die bezeichnete „Resignation" als durchaus ambivalent: Einerseits sei sie „die aufklärerische Absage an jene Metaphysik, die den Begriff mit seiner eigenen Wirklichkeit verwechselt". Andererseits sei sie „auch die oskurantistische (Absage) an die, welche vor der Fassade nicht kapitulieren." (80) Genau hier liegt nach Adorno der Ansatzpunkt für das, was er als „ontologisches Bedürfnis" bezeichnet, für die „(...) Sehnsucht, beim Kantischen Verdikt übers Wissen des Absoluten solle es nicht sein Bewenden haben." (69)

Auch schon bei Kant gebe es gegen diese „Selbstverstümmelung der Vernunft, die sie sich als Initiationsritus ihrer Wissenschaftlichkeit zufügte", eine verzweifelte Gegenbewegung: „Der Konstruktion des Blocks steht bei Kant die positive der Metaphysik in der Praktischen Vernunft gegenüber." (381f.) Die hier ausgeführte „Rettung der intelligiblen Sphäre" als eines der subjektiven Immanenz transzendenten Bereichs bedeute zweierlei: Zum einen sei sie „protestantische Apologetik". Zum anderen versuche sie „auch in die Dialektik der Aufklärung dort einzugreifen, wo sie in der Abschaffung von Vernunft selbst terminiert." (378)

Der „Gehalt von Metaphysik" liege in Kants Konzeption der „Ideen" (384). In der Ideenlehre habe der Kritiker von Metaphysik deren Unabdingbarkeit dargelegt. In der von Kant aufgezeichneten „gleichsam systemfremde(n) Notwendigkeit im unendlichen Fortgang der nach Bedingung suchenden Vernunft" drücke sich die „Idee des Absoluten" aus, „ohne die Wahrheit nicht zu denken wäre" (244).

Allerdings sei Kant im Unterschied zu Hegel nicht bereit gewesen, die Dignität der aus dem notwendigen Fortgang der Vernunft resultierenden Widersprüche anzuerkennen. Stattdessen habe er sie

„lediglich aus einem korrigibel falschen Gebrauch der Begriffe erklärt." Die Tatsache, daß einerseits die Widersprüche als notwendig und aus der „Natur der Vernunft" stammend eingeräumt werden, andererseits die transzendentale Dialektik als „Logik des Scheins" abgetan werde, belege „mit unabsichtlicher Selbstkritik, den Widerspruch des Kritizismus zu seiner eigenen Vernunft als des Organs emphatischer Wahrheit" (244).

Dessen ungeachtet schließt sich Adorno keineswegs dem Versuch Hegels an, „die Logik des Scheins als die der Wahrheit zu vindizieren." Eine solche Bemühung sei nur im Identitätssystem eines absoluten Idealismus möglich. Vielmehr will Adorno den Schein als notwendig reflektieren, ihn dadurch in seiner Qualität verändern und so zu seiner „Rettung" als „Gegenstand der Ästhetik" (386) beitragen.

Adorno schätzt die Kantische Philosophie also keineswegs einheitlich ein. Vielmehr bemüht er sich darum, ihre nach Maßgabe seines Grundansatzes sowohl negativen wie positiven Momente insbesondere im Vergleich mit Hegel herauszuarbeiten.

Ganz anders die Beurteilung *Fichtes*. In dessen Philosophie manifestiere sich „am ausdrücklichsten" der idealistische Herrschaftsanspruch des Subjekts über das Objekt, „die Ideologie, das Nichtich, l'autrui, schließlich alles an Natur Mahnende, sei minderwertig, damit die Einheit des sich selbst erhaltenden Gedankens getrost es verschlingen darf." (33) Gleich dem Existentialismus sei für Fichte „jegliche Objektivität gleichgültig" (59). Halte Kant noch die neuzeitliche, vom thomistischen ordo „emanzipierte ratio" auf, indem er das Nichtidentische „wenigstens" formal anerkenne, so werde das „Denken" bei Fichte „schließlich" zu einem „absolute(n) Erzeugen" (37).

Die Philosophie Fichtes nimmt in der Deutung Adornos die konträre Position zu seiner eigenen Konzeption ein: Der „Widerwille" gegen den von Adorno geltend gemachten, antiidealistischen „Vorrang des Objekts" sei „seit Fichte institutionalisiert." (190) Strebt Adorno einen Zustand der „Versöhnung von Geist und Natur" (228), Subjekt und Objekt an, einen Zustand, der als ein „Miteinander des Verschiedenen" (159) wesentlich durch die Negation von Herrschaftsansprüchen charakterisiert ist, so sei demgegenüber bei Fichte der „Drang zur Allherrschaft" des Subjekts „unverkennbar" (190).

Hegel wird gleich Kant ungleich differenzierter beurteilt. Auch hier sieht Adorno positive und negative Momente miteinander verschränkt. Im Unterschied zum orthodoxen Marxismus, für den nach Marxens Wort Hegel „unbedingt das letzte Wort aller Philosophie" (Marx 1957ff., 561) gesprochen hat, versucht Adorno wie überhaupt die Kritische Theorie auch den Kritizismus Kants zur Geltung zu bringen: „Der Prozeß zwischen Kant und Hegel, in dem dessen schlagende Beweisführung das letzte Wort hatte, ist nicht zu Ende; vielleicht weil das Schlagende, die Vormacht der logischen Stringenz selber, gegenüber den Kantischen Brüchen die Unwahrheit ist." So läßt sich die Idee einer „negativen Dialektik" als das Ergebnis eines „permanten Wechselbezug(es) der Philosopheme Kants und Hegels" und zwar auf dem Hintergrund der „Konzeption des historischen Materialismus von Marx" (Düver 1978, 64) lesen. Dieses wechselvolle Spiel zwischen den weithin als unvereinbar geltenden Positionen wird anschaulich in dem von Adorno praktizierten akademischen Verfahren, „im Sommer Kant zu lesen und zu sagen: Hegel hat recht, im Winter aber Hegel zu lesen und zu sagen: Kant hat recht." (Puder 1974, 7)

Positiv gegenüber der Kantischen Philosophie bewertet Adorno die Tatsache, daß Hegel die „starren Differenzbestimmungen von Kant" dynamisiert habe, „ohne doch die Unauflöslichkeit der Momente einer unmittelbaren planen Identität zu opfern." (5, 257) Kant habe die wechselseitige „Vermitteltheit der Gegensatzpaare" etwa „von Form und Inhalt, Subjekt und Objekt", deren „dialektisches Wesen" (140), nicht berücksichtigt. Hegel hingegen habe erkannt, daß eine jede Bestimmung, „um gedacht werden und sein zu können, von sich aus genau jenes anderen Moments (bedarf), das bei Kant ihr entgegengesetzt wird." (5, 257)

Besonderen Wert legt Adorno auf die Kritik des Form-Inhalt-Dualismus: Hierdurch habe Hegel die Konzeption der Philosophie als einer „bloße(n) Formenlehre der Erkenntnis" überwunden und zwar „durch die Selbstbesinnung eben des formalen Philosophierens" (5, 306; vgl. 5, 323). Damit habe er „der Philosophie Recht und Fähigkeit wiederverschafft, inhaltlich zu denken" (19). Durch die Überwindung des Form-Inhalt-Dualismus habe Hegel gleichfalls die „Bestimmtheit der Objekte an sich" wiederhergestellt, die von Kant in der Idee der Mannigfaltigkeit, eines qualitätslosen Materials in Abrede gestellt worden sei. Der bezeichnete Sachverhalt sei deshalb bedeutungvoll, weil hier „unter der knisternden Hülle des absoluten Idealismus" ein wesentliches Moment von „Antisubjektivismus" durchscheine. Dieses Moment bezeuge sich in der Anstrengung, die „Sache selbst" zu erfassen, „die je zu behandelnden Sachen aufzuschließen durch den Rekurs darauf, wie sie wurden" (36), anstatt sie äußerlich einem Begriff unterzuordnen. Kennzeichen des Hegelschen Idealismus sei „das Bedürfnis, Begriffe nicht als Spielmarken zu hantieren, sondern in ihnen, wie der Name es will, zu begreifen, was die Sache eigentlich ist und was sie an wesentlichen und untereinander keineswegs einstimmigen Momenten in sich enthält" (5, 309).

Diesem Interesse diene das „Prinzip fortschreitender Erkenntnis" (5, 315) oder die sogenannte „Bewegung des Begriffs". In dieser zeige sich, daß zwar einerseits „Begriff, Urteil, Schluß" notwendig, andererseits jedoch „alle Einzelurteile, alle Einzelbegriffe, alle Einzelschlüsse ... falsch sind", weil sie nicht die ganze Sache erfassen und so mit dieser „in Widerspruch geraten". Derart müsse sich der Begriff „bewegen", um dem ihm immanenten Anspruch zu genügen, die Sache selbst zu begreifen, die „ganze Wahrheit" (5, 314f.) auszusprechen. Formale Figur dieser „Bewegung" sei die bestimmte Negation.

Unversehens „gelangt" Hegel damit nach Adorno „dicht bis ans Bewußtsein vom negativen Wesen der von ihm ausgeführten dialektischen Logik". Deren „Gebot" sei in der Einleitung zur *Phänomenologie des Geistes* formuliert. Es fordere nicht die begriffliche „Synthese", sondern die „Analyse", nämlich „einem jeglichen Begriff so lange rein zuzusehen, bis er kraft seines eigenen Sinnes, seiner Identität also, sich bewege, unidentisch werde mit sich selbst". Diese „Methode" sei „phänomenologisch". Sie verlange vom erkennenden Subjekt „ein passives Verhältnis zum Erscheinenden" (159), eine „Ehrfurcht vorm Bestimmten" (5, 256). Da entgegen der idealistischen Grundthese das Subjekt das Objekt nicht erschaffe, müsse jenes „wirklich dem Objekt ‚zusehen'" (189). Von hierher rückt nach Adorno Hegels Dialektikkonzeption in die Nähe der von Walter Benjamin entworfenen „Dialektik im Stillstand."(159)

Indessen sei die „Forderung, ins Detail sich zu versenken", nur „die eine Seite Hegels". Die andere Seite hingegen, die „Durchführung" (298) des Geforderten, sei problematisch: Hegel verhalte sich keineswegs unvoreingenommen dem Objekt gegenüber und vollziehe die verlangte „Freiheit zum Objekt" (38) nicht wirklich. Vielmehr sei sein inhaltliches Philosophieren „tautologisch: seine Art Versenkung ins Detail fördert wie auf Verabredung jenen Geist zutage, der als Totales und Absolutes von Anbeginn gesetzt war." (298) Die inhaltliche Philosophie Hegels beruhe auf der idealistischen „Identitätsthese": der Reduktion des Seienden „auf Subjektivität", der vorausgesetzten Identität von „Sache und Begriff im Höheren des Geistes" (85; vgl. 19 u. 189; vgl. 5, 259).

Bei Hegel bleibe „trotz aller Behauptung des Gegenteils der Primat von Subjekt übers Objekt unangefochten." Dieser „Primat" werde lediglich durch das „semitheologische Wort Geist" verdeckt, an dem jedoch „die Erinnerung an individuelle Subjektivität nicht getilgt werden" (48f.) könne. Einerseits müsse Hegel den Geist „zum Ganzen aufblähen", um die proklamierte Identität einlösen zu können. Andererseits aber habe der Geist „dem Begriff nach seine differentia specifica daran . . ., daß er Subjekt, also nicht das Ganze ist" (199). Diese Überlegung führt Adorno auf die kritische These: „Das Hegelsche Subjekt-Objekt ist Subjekt." (5, 261; vgl. 176) Das erscheinende Objekt sei „trotz aller Gegenerklärungen" lediglich ein „Exempel seines Begriffs" (38).

Um den Widerspruch zwischen dem Anspruch von Dialektik und ihrer Durchführung zu schließen, müsse Hegel „sophistisch" verfahren: Sei die „Unauflöslichkeit" des besonderen Nichtbegrifflichen im allgemeinen „Oberbegriff" der „Anstoß" für die dialektische „Bewegung des Begriffs", so handele Hegel jedoch die Unauflöslichkeit „als universalen Sachverhalt ab, wie wenn das Besondere selbst sein eigener Oberbegriff wäre und dadurch unauflöslich." Indem Hegel das konkrete Besondere zur abstrakten „Besonderheit" verflüchtige, werde seine Dialektik „scheinhaft" (175).

Derart stellt sich für Adorno in der *Negativen Dialektik* die Aufgabe, eine neue „Idee" (144) von Dialektik zu entwickeln, wie auch schon seine zuvor veröffentlichten *Drei Studien zu Hegel* der „Vorbereitung eines veränderten Begriffs von Dialektik" (5, 250) dienen: „Stellt die Hegelsche Lehre von der Dialektik den unerreichten Versuch dar, mit philosophischen Begriffen dem diesen Heterogenen gewachsen sich zu zeigen, so ist Rechenschaft vom fälligen Verhältnis zur Dialektik zu geben, wofern sein Versuch scheiterte." (16) Seine neue Art von Dialektik bezeichnet Adorno als „negative" (18) und setzt sie der positiven Dialektik Hegels entgegen.

Unter *philosophiegeschichtlichem* Aspekt stellt sich die Wendung von der positiven zur negativen Dialektik für Adorno als Einarbeitung des Kantischen Theorems der Nichtidentität von Subjekt und Objekt in die identitätsphilosophische Dialektikkonzeption Hegels dar. Ist das Subjekt-Objekt Subjekt, dann kann Adorno folgern, daß das Objekt lediglich „eine gigantische Projektion der absoluten Immanenz" (Adorno o. J., 164) sei. „Transzendenz" werde „von der Immanenz des Geistes eingefangen und zu seiner Totalität sowohl wie abgeschafft." (394) Diesen „dialektischen Immanenzzusammenhang" (145) des Subjekts gelte es zu durchbrechen, indem gegen Hegel an Kants „Idee der Andersheit" (185) festgehalten werde. Diese „Idee" will Adorno aber nicht nur abstrakt gegen Hegel setzen, sondern sie durch die Reflektion der idealistischen Dialektik auf ihre „eigene Bewegung" erneuern. Andernfalls „bliebe Kants Rechtsanspruch gegen Hegel unverjährt. Solche Dialektik ist negativ. Ihre Idee nennt die Differenz von Hegel." (144)

Begriffsgeschichtlich gesehen verweist der Ausdruck „negative Dialektik" auf Hegel, der so die Dialektikkonzeption des überwiegenden Teils der platonischen Dialoge charakterisiert. Negativ ist nach Hegel diese Dialektik, weil sie nicht wie die „wahrhafte" (Hegel 1969ff., Bd. 19, 62) oder „spekulative" Dialektik „die Vereinigung der Gegensätze auf(zeigt), die sich vernichtet haben", sondern „oft bloß räsonierend, von einzelnen Gesichtspunkten ausgehend" ist: „Oft hat sie nur ein negatives Resultat, oft ist sie nur ein negatives Resultat, oft ist sie ohne Resultat." (ebd., 65) „Zwecke, Vorstellungen, Meinungen oder Individuen werden verwirrt, um Bedürfnis nach Erkenntnis zu erwecken. Dies läßt uns unbefriedigt, weil die Konfusion das Letzte ist. Konkrete Vorstellungen, nicht reine Gedanken werden behandelt." (ebd., 69) Damit charakterisiert Hegel treffend das Wesentliche der „negativen Dialektik" Adornos, der sich bezeichnenderweise zustimmend auf Platons Dialektik bezieht (vgl. 53). Allerdings — und das ist entscheidend — versucht Adorno, die Bewertungen Hegels in ihr Gegenteil zu wenden: Aus der „Vereinigung der Gegensätze" wird die Idealisierung realer Antagonismen, das fehlende oder „negative Resultat" wird zur Offenheit für das Nichtidentische, die „Konfusion" wird zum Aufbrechen eingefahrener Denkschemata.

Den Unterschied zu Hegel bestimmt Adorno wesentlich als einen des Interesses: Philosophie habe „ihr wahres Interesse dort, wo Hegel, einig mit der Tradition, sein Desinteresse bekundete: beim Begrifflosen, Einzelnen und Besonderen" (20). Hegel habe zwar die Notwendigkeit des Besonderen, Nichtidentischen anerkannt, sein

System beruhe „auf dem perennierenden Widerstand des Nichtidentischen" (126) gegen das Identische, aber dennoch habe er die Nichtidentität, das Besondere und Nichtbegriffliche, zugunsten der Identität, des Allgemeinen und Begriffs geopfert: „Bei allem Nachdruck auf Negativität, Entzweiung, Nichtidentität kennt Hegel deren Dimension eigentlich nur um der Identität willen, nur als deren Instrument." (5, 375) Das Ungenügen des „abstrakte(n) Begriff(s)" — die Tatsache, „daß er nicht selber das Nichtbegriffliche zu sein vermag" — deute er positiv um: Der Begriff sei ein „Höheres, Geist" (127).

Trotz seiner Kritik der Verabsolutierung des Begriffs bei Hegel will auch Adorno keineswegs auf den Begriff verzichten. Vielmehr fordert er lediglich, die „Richtung der Begrifflichkeit zu ändern, sie dem Nichtidentischen zuzukehren". Dies sei das „Scharnier negativer Dialektik" (24) und unterscheide sie von der positiven Dialektik.

Das eigentliche Ziel der begrifflichen Anstrengung besteht nach Adorno nicht darin, die Identität von Begriff und Objekt herzustellen, sondern „der Inadäquanz von Gedanke und Sache nachzugehen" (156): „Insgeheim ist Nichtidentität das Telos der Identifikation, das an ihr zu Rettende; der Fehler des traditionellen Denkens, daß es die Identität für sein Ziel hält." (152)

Identifiziere Hegel das Besondere mit dem Allgemeinen (vgl. 323), so müsse demgegenüber gerade „die vom Allgemeinen diktierte Differenz des Besonderen vom Allgemeinen" (18) entfaltet werden. Das Besondere sei zwar nur durch das Allgemeine „bestimmbar", aber deshalb sei es nicht mit diesem „identisch" (175). Hegels Logik gelinge es einzig dadurch, Allgemeines und Besonderes gleichzusetzen, „weil sie vom Besonderen gar nicht als Besonderem handelt, sondern bloß von der Besonderheit, selber bereits einem Begrifflichen." (322)

Entsprechend wolle Hegel die „Versöhnung von Allgemeinem und Besonderem" durch die Auslöschung („Extirpation"; 341) ihres Unterschiedes erreichen. Indessen werde so Versöhnung mit der Herrschaft des Allgemeinen und des Identitätsprinzips, mit der „Gewalttat des Gleichmachens" (146) verwechselt und dadurch fiktiv. Manifest werde dies daran, daß die von Hegel entworfenen „Versöhnungen" — „von den logischen bis zu den politisch-historischen" — nicht „stichhaltig" (18) seien. So sei die im idealistischen Ansatz gelegene „These von der Vernünftigkeit des Wirklichen von der Wirklichkeit dementiert" (5, 325) worden. Wahre Versöhnung hingegen „gäbe das Nichtidentische frei, entledigte es noch des vergeistigten Zwanges, eröffnete erst die Vielheit des Verschiedenen, über die Dialektik keine Macht mehr hätte." (18) Eine solche Versöhnung verlange jedoch gerade die „Reflexion der Differenz" (341) von Besonderem und Allgemeinem.

Adornos negative Dialektik unterscheidet sich von der positiven Dialektik Hegels aber nicht nur durch die Betonung des Nichtbegrifflichen gegenüber dem Begriff, des Nichtidentischen gegenüber der Identität, des Besonderen gegenüber dem Allgemeinen, sondern gleichfalls durch eine andere Stellung zu den Kategorien Unmittelbarkeit und Vermittlung. Hegel habe die Vermittlung auf Kosten des Unmittelbaren irrtümlich hypostasiert (vgl. 322): „Der Triumph, das Unmittelbare sei durchaus vermittelt, rollt hinweg über das Vermittelte und erreicht in fröhlicher Fahrt die Totalität des Begriffs, von keinem Nichtbegrifflichen mehr aufgehalten, die absolute Herrschaft des Subjekts." (174; vgl. 126)

Es treffe zwar zu, daß das Unmittelbare vermittelt sei, weil es nur durch die begriffliche Vermittlung zu bestimmen sei, aber deshalb gehe nicht alles in der Vermittlung auf. Vielmehr postuliere Vermittlung etwas, „was durch sie vermittelt wird, ein nicht Aufgehendes". Die Vermittlung sei real auf ein Unmittelbares angewiesen; dieses hingegen bedürfe lediglich von seiner Erkenntnis her der Vermittlung. Den Unterschied habe Hegel „vernachlässigt" (173f.).

Die Hegelsche Verabsolutierung von Begriff, Identität, Allgemeinem und Vermittlung drückt für Adorno den Primat des Subjekts über das Objekt aus. Von diesem „geschichtlich verurteilt(en)" (18) *idealistischen* Vorrang aber sei der legitime *dialektische,* dem Objekt zugewandte Ansatz Hegels zu reinigen. An die Stelle des Primats des Subjekts will Adorno die „Präponderanz des Objekts" (184) setzen. Dadurch werde die Dialektik aus der idealistischen Verklammerung gelöst: sie werde „materialistisch" (193).

Die Ontologie (Bergson, Husserl, Heidegger)

Gleichfalls auf das Objekt hin ausgerichtet ist nach Adorno die im weiteren Sinne phänomenologisch-ontologische Philosophie. Sie erkenne „kritisch dem Subjekt die bündig konstitutive Rolle" (186) ab. Indessen wende sich diese Bewegung zwar offiziell gegen den idealistischen Subjektivismus, bleibe ihm aber — wenn auch nur verborgen — verhaftet.

So erblickt Adorno einen gescheiterten „Ausbruchsversuch" aus der vom Idealismus verabsolutierten subjektiven Immanenz in der Lebensphilosophie *Bergsons.* Dieser „Träger philosophischer Moderne" habe die Bedeutung dessen gespürt, „was nicht bereits Exemplar des Begriffs ist." Zugunsten dieses „Nichtbegrifflichen" (20f.) habe er gegen die begriffliche Erkenntnis des Verstandes, der die lebendige Wirklichkeit zu einer Welt von starren Dingen verfälsche, die Erkenntnisart der Intuition gesetzt, in der die Subjekt-Objekt-Spaltung des Verstandes aufgehoben und die gesamte Wirklichkeit des Lebens in ihrer wahren Zeitlichkeit (durée réelle) unmittelbar erfaßt werde.

Problematisch jedoch sei der Ansatz Bergsons darin, daß er „zwei gegeneinander unvermittelte, disparate Weisen von Erkenntnis nebeneinander" (77) gestellt habe. Adorno bestreitet keineswegs die Möglichkeit einer „intuitive(n) Verhaltensweise des Geistes", nämlich als „archaisches Rudiment" dessen, was er „mimetisches Reagieren" (20), eine „Wahlverwandtschaft von Erkennendem und Erkanntem" nennt und der rationalen Aktivität, dem „logische(n) Organ fürs Verhältnis von Genus, Species und differentia specifica" (55) entgegensetzt. Wohl aber stellt Adorno die erkenntnismäßige Dignität der für sich isoliert genommenen Intuition in Abrede. Jede Erkenntnis bedürfe — solle sie nicht willkürlich sein — auch der von Bergson „verachteten Rationalität".

Da sich Bergson „an den donées immédiates de la conscience" orientiert habe — eine Anspielung auf dessen *Essay sur les Donées immédiates de la Conscience* (1889; dt. *Zeit und Freiheit*) — habe er nicht den „Umkreis subjektiver Immanenz" (20f.) wirklich verlassen und den Idealismus überwunden.

Was für Bergson gilt, trifft nach Adorno auch auf *Husserl* zu. Mit dessen Philosophie hat er sich schon in seiner Disseration *Die Transzendenz des Dinglichen und Noematischen in Husserls Phänomenologie* (1924) und dann vornehmlich in *Zur Metakritik der Erkenntnistheorie. Studien über Husserl und die phänomenologischen Antinomien* (1956) auseinandergesetzt. Husserl habe sich gleich Bergson lediglich „an den Phänomenen des Bewußtseinsstroms" ausgerichtet, so daß sein „Ausbruchsversuch" gescheitert sei (21).

Den antiidealistischen Impuls der Husserlschen Phänomenologie macht Adorno an dessen „Parole ‚Zu den Sachen'" (85) fest. Schon in dem philosophischen Programm, „den Sachen sich zuzuwenden", lasse sich das ausmachen, was Adorno „ontologisches Bedürfnis" nennt. Diesem „Bedürfnis" verdanken seines Erachtens die Ontologien in der ersten Hälfte des 20. Jahrhunderts ihre große Wirkung. Es bezeichne „die Sehnsucht, beim Kantischen Verdikt übers Wissen des Absoluten solle es nicht sein Bewenden haben." (69). Es artikuliere den Willen „die Zwischenschicht zur zweiten Natur gewordener subjektiver Setzungen (zu) durchstoßen, die Wände, die Denken um sich herumgebaut hat." (86)

Die erkenntniskritische intentio obliqua begrenze die Möglichkeit von Erkenntnis. In der phänomenologischen intentio recta hingegen und deutlicher noch in dem „‚Entwurf' der ontologischen Konstitution von Sachgebieten und Regionen" zeige sich „der Wille, das Ganze ohne seiner Erkenntnis diktierte Grenzen zu ergreifen" (69f.).

Die Wendung zum Objekt sei allerdings vorzeitig abgebrochen. Dies lasse sich schon an dem Programm einer „reinen Phänomenologie" ablesen. Hier kämen zwei „kontradiktorische Normen" zusammen. Die „Norm" der Phänomenologie ziele auf die gegen die idealistische Verabsolutierung der Vermittlung gerichtete Wiederherstellung des „Unmittelbaren", des nicht vom Subjekt Produzierten, sondern „schlechthin Gegebenen". Die „Norm" des „Reinen" aber bezeichne das „von aller empirischen Beimischung Freie und darum absolut Gültige" (120). Als „reines" aber sei das scheinbar „Unmittelbare" subjektiv vermittelt. So beruhten die „Wesenheiten" Husserls auf der „Ontologisierung reinen Geistes", einem „hypertrophischen und darum lange Zeit sich selbst unkenntlichen Idealismus" (169).

Dem widersprüchlichen Programm entspreche die Problematik der von Husserl gewählten Methode der Wesensschau. Einerseits meine Wesensschau den „physiognomischen Blick auf geistige Sachverhalte". Dieser sei berechtigt, weil „Geistiges" nicht durch das individuelle Bewußtsein konstituiert werde, sondern objektiv und präformiert und daher unmittelbar und anschaulich zu erfassen sei. Andererseits hypostasiere Husserl diese Anschauung und spreche ihr „umstandslos Notwendigkeit und Allgemeinheit wie in Wissenschaft" zu. In dieser „dogmatischen Verwissenschaftlichung" der kategorialen Anschauung jedoch, nicht in der einfachen Tatsache ihrer Fehlbarkeit, bestehe der Irrtum. Insofern ist für Adorno die „Ideation wahlverwandt der Ideologie, der Erschleichung von Unmittelbarkeit durchs Vermittelte, die es mit der Autorität des absoluten, dem Subjekt einspruchslos evidenten Ansichseins bekleidet." (89)

Deutlicher noch als bei Husserl findet Adorno bei dessen Schüler *Heidegger* das „ontologische Bedürfnis" artikuliert. Heidegger wolle „gleichsam ohne Form, rein aus den Sachen philosophieren" (86). Er übernehme das „kontradiktorische Programm" seines Lehrers, verlege dies jedoch „von seinem Husserlschen Schauplatz" des Bewußtseins „ins Bewußtseinstranszendente" (120): „Dezidierter als die auf halbem Wege stehenbleibende Phänomenologie, möchte Heidegger aus der Bewußtseinsimmanenz ausbrechen." (91)

Der „Überdruß an dem subjektiven Gefängnis der Erkenntnis" verleite ihn aber zu der irrtümlichen Annahme, „das der Subjektivität Transzendente" sei „unmittelbar" (86), ohne Begriff zu erkennen: „Man hofft, die Vermittlungen zu durchstreichen, anstatt sie zu reflektieren." (70) Dem entspreche die von Husserl übernommene Konzeption eines „rein hinnehmenden Denkens": „Ohne Zögern wird unterstellt, Denken, unabdingbar Aktivität, könne überhaupt einen Gegenstand haben, der nicht dadurch, daß er gedacht wird, zugleich ein Produziertes ist." (88) In dem Bemühen, das dem Subjekt Transzendente unmittelbar zu erkennen, scheide Subjektivität „aus dem Gedachten alle Bestimmungen aus" (86).

Zugleich habe Heidegger eine „Allergie gegen Faktisches" (107). Er teile „trotz aller Proteste" die Vorbehalte der Transzendentalphilosophie gegen inhaltliche Momente und halte am „Ideal von ‚Reinheit'" fest. Dies zeige sich in der Abhebung des Seins vom Seienden, des Ontologischen vom Ontischen. Die geforderte „Reinheit" jedoch zum einen und der Anspruch, „über Sachhaltiges" zu philosophieren, zum anderen seien nur in einem solchen „Bereich zu versöhnen, wo alle bestimmten Unterscheidungen, ja aller Inhalt verschwimmt." (82)

Beide Anstrengungen – sowohl die subjektiven Vermittlungen zu vermeiden als auch die Forderung der „Reinheit" zu erfüllen – verflüchtigten das Bewußtseinstranszendente zu einem vollkommen bestimmungslosen „X": Konkrete Bestimmungen „wären anstößig ebenso als Werk bloß subjektiver Vernunft wie als Abkömmlinge des besonderen Seienden.... Weil weder spekulativ gedacht, vom Gedanken was auch immer gesetzt werden darf, noch umgekehrt ein Seiendes eindringen, das, als Stückchen der Welt, die Vorgängigkeit des Seins kompromittierte, getraut der Gedanke sich eigentlich überhaupt nichts anderes mehr zu denken als ein gänzlich Leeres" (86f.).

Das vollkommen bestimmungslose Sein lasse sich – wie Hegel in der *Wissenschaft der Logik* ausgeführt habe – vom Nichts nicht mehr unterscheiden. Indessen werte Heidegger gerade die „Dürftigkeit" in einen „Vorzug", das „Nichthaben einer Erkenntnis in einen Index von Tiefe" (84) um.

Hinter der Hypostasierung des abstrakten Seinsbegriffs zeige sich zugleich verzerrt ein legitimes Moment: „der philosophische Drang, das Unausdrückbare auszudrücken." Diesem „Drang" habe Philosophie lange Zeit nicht stattgegeben. Derart sei sie jetzt versucht, „das Unausdrückbare *direkt* anzugehen, ohne die Sisyphusarbeit" (114f.)[6] d. h. ohne die „Anstrengung, über den Begriff *durch den Begriff* hinauszugelangen." (27)[7] Dadurch jedoch werde das „Unausdrückbare" zu „dem Unding eines schlechthin abstrakten Objekts (verfälscht)." (116)

Adornos Kritik der Fundamentalontologie ist nun zweifach: zum einen ideologiekritisch, zum anderen – so der Anspruch – immanent.

Die *ideologiekritischen* Vorbehalte Adornos – nach Naeher[8] der Marxschen Religionskritik vergleichbar – zielen vornehmlich auf das „ontologische Bedürfnis". Dieses sei einerseits legitim, weil es sich gegen „die obskurantistische (Absage) an die, welche vor der Fassade nicht kapitulieren", wende. Es gedenke des „Beste(n), das die kritische Philosophie ... zu Ehren der Wissenschaft ... eifernd ausschaltete" (80). Andererseits sei zu beachten: „Das ontologische Bedürfnis garantiert so wenig, was es will, wie die Qual der Verhungernden die Speise." Begründet sei dieser Vorbehalt deshalb, weil die fundamentalontologischen Kategorien „Abdrücke eines Fehlenden und nicht Herzustellenden, ... dessen komplementäre Ideologie" (73) seien.

Das in der Fundamentalontologie sich artikulierende vorherrschende Bedürfnis „nach einem Festen" sei zwar insofern berechtigt, als man vor einer „historischen Dynamik" gesichert sein wolle, „gegen die man sich ohnmächtig fühlt." (100) „Falsch" (103) aber sei es, weil sein Grund, die „Drohung" (100) des vollkommenen Untergangs, überwunden werden könne. Das „Bedürfnis nach Halt" sei „Signatur der Schwäche des Ichs", der „gegenwärtig typische(n) Beschädigung der Menschen." Höre die „Unterdrückung" auf, so werde auch kein „Halt" mehr gesucht. „Vielleicht" — so fährt Adorno fort, weil er die Herrschaft wesentlich in dem unreflektierten Prinzip zwanghafter Selbsterhaltung des Subjekts begründet sieht — „suchte" man „nicht einmal sich selbst" (102).

Die ideologiekritischen Vorbehalte müßten durch eine *immanente Kritik* ergänzt werden: „Kritik am ontologischen Bedürfnis treibt zur immanenten der Ontologie." (104) Ziel dieser Kritik ist es, die Vermittlung des als unmittelbar Ausgegebenen nachzuweisen. Ontologie „,endet bei der Willkür, „Sein", das gerade in seiner Reinheit ... ein durch und durch Vermitteltes, nur in Vermittlungen sinnvoll ist, als das schlechthin Unmittelbare zu unterschieben'." (78)

Die „Transzendenz" Heideggers sei lediglich die „verabsolutierte Immanenz" — allerdings eine solche, die den „eigenen Immanenzcharakter" (113) nicht wahrhaben wolle. Noch die Ontologie sei „verstohlen" von dem „... Anspruch des Subjekts..., es sei das Erste" (143), beherrscht. Heidegger jedoch leugne die Vermittlungen im Begriff des Seins (vgl. 106; 111; 121), der als Begriff „nicht unmittelbar gegeben" (131), sondern sowohl durchs urteilende Subjekt, und weil durchs Subjekt auch ontisch vermittelt sei: „Kein Sein ohne Seiendes." (139)

Indem Heidegger — so Adorno — das subjektiv-idealistische Moment „unterschlägt", „erhöht" er „Subjektivität zum allem Subjekt-Objekt-Dualismus Vorgängigen, Absoluten". Die Fundamentalontologie versuche aus der Dialektik von Subjekt und Objekt herauszuspringen, indem sie „... jenseits von ihnen nach einem Unmittelbaren, Ersten hascht." (111f.) Da aber ein solcher „Sprung" notwendig scheitere, Denken die in ihm selbst liegende „Trennung von Subjekt und Objekt" nicht überwinden könne, werde Heideggers Philosophie schlecht irrationalistisch.

Der Versuch einer Vermittlung von Idealismus und Ontologie durch die Überführung von Philosophie in Gesellschaftskritik (Marx)

Gegenüber dem Irrationalismus Heideggers sei nicht die „Verbannung oder Abschaffung" der Vernunft verlangt, sondern „wie zu Kants Zeiten Kritik der Vernunft durch diese" (92). Im Unterschied zu Kant allerdings werde die fällige „Kritik" dessen Kopernikanische Wende rückgängig machen bzw. – nach Adorno genauer – überwinden und wahrhaft kopernikanisch sein: Entsprechend der Ablösung des geozentrischen durch das heliozentrische Weltbild habe an die Stelle des idealistischen Vorrangs des Subjekts der materialistische Vorrang des Objekts zu treten. Die „gesamte subjektive Konstitutionslehre" Kants bleibe noch „... dem vorkritischen Denken verhaftet" (196). Dies sei bei Fichte und Hegel, als dem „zu sich selbst gekommene(n) Kant" (Adorno 1974, 299), „offenbar" (196) geworden.

Die „neue Ontologie" sei „latent Idealismus", gerade weil sie beanspruche, „jenseits des idealistischen Ansatzes" (100) zu sein. Indessen könne der Idealismus nicht wirklich überwunden werden, wenn „jenseits" seiner vorgeblich ein Standpunkt eingenommen werde, sondern nur wenn er „durch Reflexion" (73) seiner selbst weitergetrieben werde.

Die von Adorno geforderte Wendung zum „Vorrang des Objekts" meint seines Erachtens „nicht die aufgewärmte intentio recta" – dies sei der Fehler der phänomenologisch-ontologischen Philosophie –, sondern die „intentio obliqua der intentio obliqua". Die Ontologie habe den „subjektiven Anteil" verleugnet, indem sie das Objekt unmittelbar erkennen wollte. Demgegenüber will Adorno die „subjektive Reduktion" (10, 747) des Objekts durch den Idealismus lediglich berichtigen.

Adornos Philosophie selbst läßt sich damit aber als Versuch lesen, *Idealismus und Ontologie miteinander zu vermitteln:* Der Idealismus vertrete den Primat des Subjekts, die Ontologie richte sich gegen diesen subjektiven Vorrang und wolle sich dem Objekt zuwenden. Dieser Versuch scheitere, weil die Ontologie den Idealismus lediglich abstrakt negiere, dessen Wahrheitsmoment leugne. Indem aber derart Ontologie und Idealismus nicht miteinander vermittelt seien, bleibe die Ontologie entgegen ihrer Absicht und entgegen dem ersten Anschein im idealistischen „Bannkreis" befangen. Dieser könne nur wirklich durchbrochen werden, wenn der Idealismus bestimmt negiert, sein Wahrheitsmoment – die „Einsicht" (149) in die subjektive Vermittlung des Objekts – aufgehoben werde. Dadurch jedoch werde gerade das Interesse der Ontologie wahrgenommen, ihre Bemühungen eingelöst. Zugleich wären Idealismus und Ontologie miteinander vermittelt.

Gegenstand der von Adorno geforderten Kritik des auch die

Ontologie beherrschenden Idealismus ist dessen Prinzip: der „Primat des Subjekts" (18). *Ziel* der Kritik sei die Erkenntnis der „Präponderanz des Objekts" (184). *Mittel* zur Erreichung dieses Ziels sei die von der Ontologie versäumte Selbstreflexion des idealistischen Prinzips: „Einzig subjektiver Reflexion, und der aufs Subjekt, ist der Vorrang des Objekts erreichbar." (186)

Die „Selbstbesinnung", an deren Mangel die Philosophie „bis heute" leide, erinnere an „die Vermittlung im Vermittelnden, dem Subjekt" (178). Der Idealismus habe lediglich der Vermittlung des Objekts durch das Subjekt Rechnung getragen. Demgegenüber müsse sich „Subjektivität" nun „als eines ihrerseits Vermittelten bewußt" (49) werden. Auf diese Weise entstehe jedoch „kein Gleichgewicht von Subjekt und Objekt". Vielmehr seien die Vermittlung von Objekt durch Subjekt und die von Subjekt durch Objekt durchaus verschiedenartig. Die Vermittlung des Objekts durch das Subjekt sei lediglich erkenntnistheoretisch, die des Subjekts durch das Objekt aber real: „Objekt kann nur durch Subjekt *gedacht* werden, erhält sich aber diesem gegenüber immer als Anderes; Subjekt jedoch *ist* der eigenen Beschaffenheit nach vorweg auch Objekt. Vom Subjekt ist Objekt nicht einmal als Idee wegzudenken; aber vom Objekt Subjekt." (184)[9] Auch folge aus der Tatsache, daß es „keine Erkenntnis über das Objekt ohne erkennendes Subjekt" gebe, keineswegs ein „ontologisches Vorrecht des Bewußtseins" (186).

Dieselbe Gedankenfigur — die Darlegung einer Vermittlung des Subjekts als des Vermittelnden — kehrt unter anderen Begrifflichkeiten mehrfach wieder: So z. B. in dem Hinweis auf die Konstitutivität eines Seienden für das Denken: „Denken widerspräche schon seinem eigenen Begriff ohne Gedachtes und dies Gedachte deutet vorweg auf Seiendes, wie es vom absoluten Denken doch erst gesetzt werden soll" (139). Oder in der These von der Notwendigkeit eines „Nichtbegrifflichen" für den Begriff: „Sonst wäre dieser, nach Kants Diktum, leer, am Ende überhaupt nicht mehr der Begriff von etwas und damit nichtig." (23; vgl. 24 u. 159) Oder gleichfalls in bezug auf das Begriffspaar Identität/Nichtidentisches: „Das Verwiesensein von Identität auf Nichtidentisches ... ist der Einspruch gegen alle Identitätsphilosophie." (126f.)

Die skizzierte Wendung des idealistischen „Primats des Subjekts" in eine sogenannte „Präponderanz des Objekts" wirkt sich auch auf Adornos Verständnis von Philosophie aus: „Durch den Übergang zum Vorrang des Objekts wird Dialektik materialistisch." (193)

Unter „Materialismus" will Adorno nicht den von ihm gescholtenen „vulgären Materialismus" verstehen, der „Geistiges Gehirnvorgängen" (195) gleichsetze, sondern den von *Marx* begründeten „historischen Materialismus". Dieser sei im Unterschied zum „Vulgärmaterialismus" durchaus philosophisch relevant. Er bezeichne keine willkürlich einzunehmende „Gegenposition", sondern den „Inbegriff der Kritik am Idealismus" (197) und der von diesem positiv verzerrten gesellschaftlichen Wirklichkeit. Auch wenn Marx noch „das Programm absoluter Naturbeherrschung, ein Urbürgerliches, unterschrieben" habe, werde das idealistische „Identitätsprinzip" doch „als solches vom dialektischen Materialismus bestritten" (242).

Ist die Vermittlung von Idealismus und Ontologie an die immanente Kritik des Idealismus gebunden und wird diese durch den „Materialismus" geleistet, dann ist der „Materialismus" zugleich der Ort der gesuchten Vermittlung.

Die *philosophische Problematik* wird damit für Adorno *der Gesellschaftskritik überantwortet*. Philosophische Kritik löse sich in „Ideologiekritik" auf: „An Ideologiekritik ist es, über den Anteil von Subjekt und Objekt und seine Dynamik zu urteilen." (198) Die philosophischen Kategorien seien in gesellschaftliche zu überführen. Dies habe nicht durch ein äußerlich wissenssoziologisches Verfahren, sondern durch immanente Kritik der Philosophie, also selbst durch ein — so Adornos fragwürdiger Anspruch — philosophisches Verfahren zu geschehen: „In gesellschaftliche Kategorien ist philosophisch überzugehen allein durch Dechiffrierung des Wahrheitsgehalts der philosophischen." (198)

Von hierher schließlich sind die Versuche Adornos einzuordnen, philosophische Kategorien in gesellschaftliche zu übersetzen bzw. „zurückzuübersetzen" (22), um ihnen nicht einen jeglichen Wahrheitswert absprechen zu müssen. So habe z. B. Hegels Entwurf der Philosophie als eines Systems seinen gesellschaftlichen Wahrheitsgehalt in der Verfassung der Realität als eines Zwangszusammenhangs (vgl. 34f. u. 5, 273). Oder die von Heidegger zum „Existential" erhöhte „Angst" bezeichne die „Klaustrophobie der System gewordenen Gesellschaft" (35). Oder „das mit der transzendentalen Synthesis Gemeinte" lasse „von der Beziehung auf Arbeit dem eigenen Sinn nach nicht sich lösen" (5, 267f.): Kant habe durch die Anerkennung eines nicht-subjektseigenen „Materials" als erkenntniskonstitutiv „unbeirrt aufgezeichnet, daß gesellschaftliche Arbeit eine an Etwas ist" (197).

Zusammenfassung und Aufriß einer Kritik

Den Ausgangspunkt der Überlegungen bildete die Tatsache, daß Adorno die philosophischen Entwürfe wesentlich als Funktion verborgener „Kräfte" betrachtet. Diese waren zunächst geschichtsphilosophisch näher zu bestimmen: als zwanghafte Selbsterhaltung des Subjekts in der Auseinandersetzung mit der ihm gegenüberstehenden Natur. Das bezeichnete Problem findet nach Adorno seinen Ausdruck in der Philosophie. Hier wird es systematisch mit den Kategorien Begriff/Nichtbegriffliches, Identität/Nichtidentisches, Allgemeines/Besonderes, Vermittlung/Unmittelbarkeit und Subjekt/Objekt umspielt. Philosophiegeschichtlich werde das Problem in der Antithese von Idealismus (Kant, Fichte, Hegel) und Ontologie (Bergson, Husserl, Heidegger) manifest. Der Idealismus vertrete dabei den „Primat des Subjekts", die Ontologie strebe den „Vorrang des Objekts" an. Der ontologische „Ausbruchsversuch" scheitere jedoch, weil der Idealismus lediglich abstrakt negiert werde. Die Ontologie bleibe derart „latent" idealistisch. Ihre Bemühungen um das Objekt könnten nur durch eine bestimmte Negation des Idealismus, eine „intentio obliqua der intentio obliqua" eingelöst werden. Dies führe auf den materialistischen „Vorrang des Objekts" (Marx). Idealismus und Ontologie würden derart durch den Übergang von Philosophie in Gesellschaftskritik vermittelt.

Die *Kritik* hätte an dem recht eigenwilligen Verfahren Adornos anzusetzen, philosophiegeschichtliche Positionen zu deuten und zu rezipieren. Durch sein Vorgehen läuft Adorno Gefahr, sich mögliche produktive Denkanstöße und Erkenntnisse aus der Betrachtung der Philosophiegeschichte zu verschließen und seine Auseinandersetzung mit anderen Entwürfen zum Schattengefecht zu verflüchtigen. Konkret wird diese Gefahr u. a. in bezug auf die transzendentalphilosophische Konzeption Kants. Deren Ansatz verfehlt er grundsätzlich, indem er sie ontologisiert. Dies wird an zwei Stellen besonders deutlich: Zunächst in der durchgängigen Äquivokation im Begriff der Objektivität: Versteht Kant Objektivität geltungstheoretisch, so Adorno primär ontologisch. Sodann – als korrelative Erscheinung der äquivoken Verwendung des Objektivitätsbegriffs – mißversteht Adorno den transzendental-idealistischen Primat des Subjekts ebenfalls ontologisch. Bezeichnend ist hierfür seine Wendung, aus der Tatsache, daß es „keine Erkenntnis über das Objekt ohne erkennendes Subjekt" gebe, folge „kein ontologisches Vorrecht des Bewußtseins" (186)[10]. Ein solches wird weder von Kant — erinnert sei hier an seine Paralogismenlehre — noch von der durch ihn initiierten Bewegung behauptet.

Adorno wirft der Ontologie vor, nicht den idealistischen „Bannkreis" überwunden zu haben. *Ihm* aber wäre entgegenzuhalten, nicht den ontologischen „Bannkreis" durchbrochen zu haben.[11]

Anmerkungen

1 Über die Beziehung Adornos zur Lebensphilosophie, vgl. Habermas 1981, Bd. 1, Kap. IV. Über das Verhältnis Adornos zur Existenzphilosophie, vgl. Mörchen 1981.
2 Vgl. 21; sowie Adorno [3]1979, 10; 55f.; Adorno 1974, 183.
3 Zum Verhältnis Adorno — Nietzsche, vgl. auch Pütz 1974; Bolz 1980.
4 Vgl. Ritzel 1980, 257f. Vgl. dazu den Wiederabdruck in diesem Band, 317-329, bes. 320ff. Vgl. auch Braun 1983, 67f.
5 Zum Problem bei Kant, vgl. Baumanns 1981, 88-93.
6 Hervorhebung d. V.
7 Hervorhebung d. V.
8 Vgl. den 2. Beitrag von Naeher in diesem Band, 204-234, bes. 211.
9 Hervorhebung d. V.
10 Vgl. kritisch dazu Düver 1978, 79; Ritzel 1980, 285.
11 Vgl. ausführlich Braun 1983, bes. Kap. 5.

Literatur

Adorno, T.W.: Gesammelte Schriften. Bde. 1ff. Hrsg. v. G. Adorno/R. Tiedemann. Frankfurt/M 1970ff.
Adorno, T. W.: Philosophische Terminologie. Zur Einleitung. Bd. 1. Frankfurt/M [3]1979.
Adorno, T. W.: Philosophische Terminologie. Bd. 2. Frankfurt/M 1974.
Adorno, T. W.: Vorlesung zur Einleitung in die Erkenntnistheorie. Frankfurt/M o. J.
Baumanns, P.: Anschauung, Raum und Zeit bei Kant. In: Beiträge zur Kritik der reinen Vernunft. 1781-1981. Hrsg. v. I. Heidemann/W. Ritzel. Berlin/New York 1981, 69-125.
Bolz, N. W.: Nietzsches Spur in der Ästhetischen Theorie. In: Materialien zur ästhetischen Theorie Th. W. Adornos. Konstruktion der Moderne. Hrsg. v. B. Lindner/W. M. Lüdke. Frankfurt/M 1980, 369-396.

Braun, C.: Kritische Theorie versus Kritizismus. Zur Kant-Kritik Theodor W. Adornos. Berlin/New York 1983.
Düver, L.: Theodor W. Adorno. Der Wissenschaftsbegriff der Kritischen Theorie in seinem Werk. Bonn 1978.
Habermas, J.: Theorie des Kommunikativen Handelns. 2 Bde. Frankfurt/M 1981.
Hegel, G. W. F.: Werke in zwanzig Bänden. Hrsg. v. E. Moldenhauer/K. M. Michel. Frankfurt/M 1969ff. Bd. 12 (Vorlesungen über die Philosophie der Geschichte) u. 19 (Vorlesungen über die Geschichte der Philosophie).
Marx, K.: Briefe. Januar 1856-1859. In: Marx, K./Engels, F.: Werke. Berlin 1957ff. Bd. 29.
Mörchen, H.: Adorno und Heidegger. Untersuchung einer philosophischen Kommunikationsverweigerung. Stuttgart 1981.
Nietzsche, F.: Werke in drei Bänden. Hrsg. v. K. Schlechta. München [6]1969, Bd. 3.
Puder, M.: Kant. Stringenz und Ausdruck. Freiburg 1974.
Pütz, P.: Nietzsche im Lichte der Kritischen Theorie. In: Nietzsche-Studien 3 (1974), 175-191.
Pütz, P.: Friedrich Nietzsche. Stuttgart [2]1975.
Ritzel, W.: Philosophie und Pädagogik im 20. Jh. Darmstadt 1980.
Wittgenstein, L.: Tractatus logico-philosophicus. Frankfurt/M [9]1973.

Lothar Eley

Konstruktive Phänomenologie und kritische Theorie.

Adornos Kritik der transzendentalen Phänomenologie Husserls. Eine Anmerkung zu Heideggers Seinsfrage

Einleitung

Seit seiner Dissertation[1] hat Adorno sich immer wieder mit der Phänomenologie Husserls und Heideggers kritisch auseinandergesetzt. Es dürften jedoch die Richtlinien, die Adorno im Vorwort *Zur Metakritik der Erkenntnistheorie* erwähnt hat, für seine Kritik der Phänomenologie schlechthin maßgeblich sein. „Nirgends" will er „philologischen oder hermeneutischen Anspruch" (5,9) erheben. „Nirgends ward Vollständigkeit angestrebt." (5,10) „Die Aufmerksamkeit gilt mehr den ausgeführten Analysen Husserls, an die er selber seine Energie wandte, als dem totalen Gefüge." (5,10) „Anstatt daß über erkenntnistheoretische Einzelfragen geredet würde, soll das mikrologische Verfahren stringent dartun, wie jene Fragen über sich selbst und schließlich ihre ganze Sphäre hinaustreiben." (5,10) „Die Tendenz ... ist sachlich-philosophisch; die Kritik an Husserl meint, durch sein Werk hindurch, den Ansatz, um den er (d. i.: Husserl; L. E.) so nachdrücklich sich bemühte und den nach ihm das Philosophieren in Deutschland weit gründlicher sich zueignete, als heute ausgesprochen wird." (5,9) „Husserls Philosophie ist Anlaß, nicht Ziel." (5,9) Darum bemüht Adorno sich nie, sie geschlossen darzustellen (s. 5,9). Adorno ordnet seine Kritik stets um „Brennpunkte" (5,9). So sollen auch hier die Fragen erörtert werden, die sich um „Brennpunkte" des Husserlschen wie Adornoschen Denkens anordnen. *Die Sache* steht im Zentrum meiner Analysen; darum erlaube ich mir auch zuweilen, zuvor einen Gedankengang selbständig zu entwickeln, um ihn erst dann mit Adornos Überlegungen zu konfrontieren.

Funktion der Transzendentalphilosophie. Adornos Zugeständnis. Übereinkunft von konstruktiver Phänomenologie und kritischer Theorie

In der ersten Auflage der *Logischen Untersuchungen* hat Husserl Natorps Auszeichnung des Ich als ein Erstes, nicht weiter Rückführbares, weil „Beziehungszentrum zu allen mir bewußten Inhalten...", mit dem Argument zurückgewiesen: „Nun muß ich freilich gestehen, daß ich dieses primitive Ich als notwendiges Beziehungszentrum schlechterdings nicht zu finden vermag. Was ich allein zu bemerken, also wahrzunehmen imstande bin, ist das empirische Ich und seine empirische Beziehung zu denjenigen eigenen Erlebnissen oder äußeren Objekten, die ihm im gegebenen Augenblick gerade zu Gegenständen besonderer ‚Zuwendung' geworden sind, während ‚außen', wie ‚innen' vielerlei übrig bleibt, was dieser Beziehung auf das Ich ermangelt" ([5]1968, 361).

Adorno stimmt Husserl zu, wenn er schreibt: „Auf dem Standpunkt der Bewußtseinsanalyse sind die Begriffe der Seele und des in seinen Relationsformen gesetzlich objektivierten Erlebniszusammenhangs äquivalent." (5,227) „Der strengste Begriff des Transzendentalen vermöchte aus der Interdependenz mit dem Faktum sich nicht zu lösen." (5,228)

Natorp betont: „Ich-sein heißt nicht Gegenstand, sondern allem Gegenstand gegenüber dasjenige sein, dem etwas Gegenstand ist" (zit. nach Husserl [5]1968, 360). Demgemäß kann das „Ich selbst nicht Inhalt werden" (ebd., 359). Kritisch fragt Husserl, ob das Ich nicht bemerkt und somit doch Inhalt sein müsse. Es werde ja nicht bloß problematisch gedacht (s. ebd., 360). Und noch einmal sei Adorno zitiert: „... mag der Idealist die ausabstrahierten Bedingungen der Möglichkeit von Bewußtseinsleben transzendental heißen – sie bleiben auf bestimmtes, irgend ‚tatsächliches' Bewußtseinsleben angewiesen. Sie gelten nicht ‚an sich'. Sie lassen sich determinieren, sie nehmen Bedeutung an lediglich in Relation zu faktischem Ich. Als hypostasierte wären sie unverständlich." (5, 227f.) Zwischen empirischem und transzendentalem Ich läßt sich keine Differenz aufzeigen, jedenfalls dem Inhalt nach nicht.

In der Ablehnung eines transzendentalen Ich stimmen offenbar der Husserl der ersten Auflage der *Logischen Untersuchungen* und Adorno überein, und beide bedienen sich desselben Arguments.

Husserl ändert aber schon in der zweiten Auflage der *Logischen Untersuchungen* seine Auffassung, wenn er in einer Anmerkung schreibt: „Inzwischen habe ich es zu finden gelernt bzw. gelernt, mich durch Besorgnisse vor den Ausartungen der Ichmetaphysik in dem reinen Erfassen des Gegebenen nicht beirren zu lassen." ([5]1968, 361) In einem „Zusatz zur 2. Auflage" betont er jedoch: „Es sei ausdrücklich hervorgehoben, daß hier die vollzogene (und von mir, wie schon gesagt, nicht mehr gebilligte) Stellungnahme zur Frage des reinen Ich *für die Untersuchungen dieses Bandes irrelevant bleibt.* So wichtig diese Frage sonst und auch als rein phänomenologische ist, so können höchst umfassende Problemsphären der Phänomenologie, welche in einer gewissen Allgemeinheit den reellen Gehalt der intentionalen Erlebnisse und ihre Wesensbeziehung zu intentionalen Objekten betreffen, einer systematischen Durchforschung unterzogen werden, ohne daß man zu der Ichfrage überhaupt Stellung nimmt." (ebd., 363) Husserl will sicherlich mit dieser Bemerkung seine eigenen in der ersten Auflage der *Logischen Untersuchungen* durchgeführten Analysen sichern. Er fügt nämlich hinzu: „Ausschließlich auf solche Sphären beschränken sich aber die vorliegenden Untersuchungen." (ebd.) Die Frage nach dem Ich, verstanden als Selbstbewußtsein, wäre dann nur ein *Sonderproblem.* Das Selbstbewußtsein wäre nicht das Prinzip, aus dem jegliches Wissen allererst begriffen werden könnte. Die Intentionalität wäre lediglich ein Thema für Deskriptionen und nicht eine *konstitutive Grundstruktur* des Bewußtseinslebens *überhaupt,* was doch Husserl zugleich auch behauptet und vor allem nach der Veröffentlichung der ersten Auflage der *Logischen Untersuchungen* immer wieder auf verschiedene Weise — sowohl in der Überarbeitung der *Logischen Untersuchungen* selber wie auch in seinen weiteren Arbeiten — herausgestellt hat.

Inwiefern stellt sich aber nach den Anmerkungen zu den *Logischen Untersuchungen* die Frage nach dem „reinen Ich"? Im Text der ersten Auflage betont Husserl, daß ich in einer empirischen Selbstwahrnehmung diejenigen „eigenen Erlebnisse" wahrnehme, die „ im gegebenen Augenblick gerade zu Gegenständen besonderer ‚Zuwendung' geworden sind, während ... „ ‚innen'" vielerlei übrig bleibt, was dieser Beziehung auf das Ich ermangelt" (ebd., 361). Das besagt: „daß das empirische Ich eine *Transzendenz* derselben Dignität ist wie das physische Ding" (ebd., 357, Anm.). Transzendenzen bedürfen aber der Aufklärung. Nach der *Formalen und transzendentalen Logik* werde ich mir „durch *transzendentale Klärung*" gewiß, „daß meine Seele eine Selbstobjektivierung meines tranzendentalen Ego ist" (1974, 246). Die Transzendenz des empirischen Bewußtseins gründet in einer Selbstobjektivation. „Also Ich, das konstitutierende Ich, bin nicht identisch mit dem schon weltlichen Ich, mit mir als psychophysischem Realen ..." (ebd., 245). Husserl fragt allerdings: „Aber sage ich nicht beidemal Ich ...? Und finde ich dann nicht mein transzendentales Leben und mein seelisches, mein weltliches Leben nach allem und jeden gleichen Inhalts?" (ebd.)

Auf diesen Text nimmt Adorno Bezug, wenn er schreibt: „Die Identität der Sprachform ‚Ich' in den Fällen der beiden Ichbegriffe besagt zunächst nicht mehr, als daß der Begriff des transzendentalen Ich aus dem empirischen durch Abstraktion abgeleitet ward, ohne daß einsichtig wäre, es läge beiden ein einiges apriorisches Prinzip zugrunde. Wäre aber der ‚Inhalt' beider in der Tat voll identisch — warum dann die von Husserl so sehr betonte Differenz zwischen beiden?" (5, 226) Man kann indes nicht fragen, ob dem empirischen und transzendentalen Ich „ein einiges apriorisches Prinzip zugrundeläge", denn das tranzendentale Ich *ist* nach Husserl das zugrundeliegende apriorische Prinzip. Wohl stellen sich die beiden Fragen, inwiefern als grundlegendes apriorisches Prinzip das transzendentale Ich erforderlich sei und inwiefern das transzendentale Ich denselben Ausdruck verdiene wie das von ihm verschiedene empirische.

Kehren wir vorerst zum Text der *Logischen Untersuchungen* zurück, um die beiden Fragen noch präziser bestimmen zu können. Ausgangspunkt der Husserlschen Frage nach dem Bewußtsein ist hier, „daß das Ich ... von sich selbst Bewußtsein und speziell Wahrnehmung habe ..., die Selbstwahrnehmung des empirischen Ich ist die alltägliche Sache, die dem Verständnis keine Schwierigkeiten bietet. Das Ich wird so gut wahrgenommen, wie irgend ein äußeres Ding." (^{5}1968, 362) Die Selbstwahrnehmung ist somit evident, genauer: der *Vollzug* des cogito ist evident und somit das im Vollzug erfaßte Ich (s. ebd., 357, Anm.). Nun vergeht aber der Vollzug des Gewahrens, so allerdings, daß er im Vergehen behalten (retiniert) wird und daher auch erinnerbar ist. Das besagt aber, daß um den Kern des jetzt vollzogenen ego-cogito sich ein unbestimmter Schweif legt. Was erlaubt es aber dann, von einer „real in sich geschlossene(n), sich zeitlich fortentwickelnden Einheit des ‚Erlebnisstroms'" (ebd., 358) zu sprechen? Allgemeiner gesprochen: was erlaubt es uns, vom Ich zu sprechen? Offenbar nicht, wie Adorno meint, aufgrund einer Abstraktion vom empirischen. Denn hier steht ja gerade in Frage, inwiefern das empirische Ich überhaupt ein Ich genannt werden kann. Die Frage nach dem Selbstbewußtsein kann also nicht ein Sonderproblem sein, es geht vielmehr um eine *Begründungsinstanz,* die den Ausdruck Ich verdient, so daß von ihr her allererst auch die alltägliche Selbsterfahrung möglich wird.

Adorno hat klar erkannt, wo der „nervus probandi" liegt, daß „Husserl unterstellt, ..., daß ... das transzendentale (Ich) dem empirischen dem Sinn nach und als konstitutive Bedingung voraufgeht." (5, 226) Adornos Meinung indes, daß das *transzendentale Ich* eine „Erschleichung" (5, 226) sei, ist ein Irrtum. Denn ohne transzendentales Ich läßt sich vom empirischen nicht reden; es kann insbesondere aus diesem nicht gewonnen sein.

Gegen Adornos Erläuterung des transzendentalen Subjekts sind Sinn und Intention einer transzendentalen Fragestellung freizulegen. Und so paradox es ist: allererst durch die *Umkehrung* der Adornoschen Frage nach dem transzendentalen Selbstbewußtsein läßt sich die Stärke der kritischen Theorie und die Übereinkunft ihrer tragenden Leitfragen mit denen einer konstruktiven Phänomenologie herausarbeiten.

Inwiefern geht nun das tranzendentale Ich (besser: das transzendentale Selbstbewußtsein) dem Sinn nach und als konstitutive Bedingung dem empirischen Bewußtsein voran? Hinzuzufügen ist: und nicht nur dem empirischen Bewußtsein, sondern vielmehr ursprünglich dessen Bezugnahme auf einen Gegenstand, wobei diese gegenständliche Synthesis ist? Der Satz, daß Gegenstand Gegenstandsein für ein Ich sei, welches Ich selber dann nicht mehr Gegenstand sein kann, enthält im Begriff Gegenstandsein-für schon in versteckter Weise das, was zu erklären wäre. Wohl deutete diese Bestimmung daraufhin, daß der Vorrang des transzendentalen Selbstbewußtseins vor dem empirischen Gegenstandsbezug ein bloß *formaler* ist, wobei allerdings der Gegenstandsbezug gegenständliche Synthesis ist. Bekanntlich ist dieses die These Kants. Adorno bemerkt: „Die Behauptung einer prinzipiellen Differenz der beiden, bei vollkommener Identität ihres ‚Inhalts', läßt keinen Weg als, Kantisch-traditionell genug, auf die ‚Form' zu rekurrieren und das transzendentale Ego zur abstrakten Bedingung der ‚Möglichkeit überhaupt' des empirischen zu machen, ohne irgendeinen Inhalt, es sei denn den hinzutretenden des empirischen Ich." (5,226).

Husserls Wende zur Transzendentalphilosophie beruht allerdings nicht darin, daß er sich durch Natorp von der Notwendigkeit eines *formalen* transzendentalen Grundsatzes überzeugen ließ. Er betont vielmehr: „Inzwischen habe ich es (d. i.: das reine Ich; L. E.) zu finden gelernt" (^{5}1968, 361). Das transzendentale Ich weiß nach Husserl um sich, indem es sich *zuschaut* – und gerade deswegen ist die Transzendentalphilosophie im Sinne Husserls transzendentale *Phänomenologie.*

Bevor der Charakter einer transzendentalen Phänomenologie im Sinne Husserls erörtert werden kann, ist es notwendig, in Auseinandersetzung mit Adornos *Metakritik* nach Sinn und Rechtfertigung einer Transzendentalphilosophie überhaupt zu fragen – im Anschluß an Kant.

Wir müssen zunächst herausfinden, ob und in welcher Einschränkung es erlaubt ist, von dem Ich zu sprechen. Wir sagen zwar: Ich nehme etwas wahr, ego-cogito-cogitatum; das berechtigt uns aber nicht, von *dem* empirischen Ich zu sprechen. Wir sprechen ferner von *meinen* Vorstellungen, *meiner* Wahrnehmung – und auch von *meinem* Denken. Wir pflegen auch zu sagen: mein Gedanke war, daß ... Im strengen Sinn ist aber der Gedanke nicht mein Gedanke, soll er Gedanke sein. Daß z. B. die Winkelsumme im euklidischen Dreieck 2 Rechte ist, ist nicht mein Gedanke; wir müssen vielmehr von *dem* Gedanken sprechen; der Gedanke, daß die Winkelsumme im euklidischen Dreieck 2 Rechte ist, ist wahr; er gilt (er beansprucht eine Geltung). *Mein* Denken ist *dem* Denken und dem durch das Denken gedachten Gedanken verpflichtet – und dieses gilt nicht nur bei mathematischen Gedanken.[2] Dieses bezeugt sich auch darin, daß mein Wahrnehmen von *dem* Denken *begleitet* ist, das alle meine Vorstellungen muß begleiten können. Denn mein Wahrnehmen ist im strengen Sinn *mein* Empfinden: ich empfinde einen Stein als warm. Aber es geht ja nicht um *mein* (und *dein* Empfinden), sondern darum, ob das Empfundene eine Eigenschaft des Gegenstandes *ist;* es geht darum, ob *mein* Wahrnehmen (und *dein* Wahrnehmen) sich in *den einen Erfahrungshorizont* integriert, insbesondere sich in ihm *fortbestimmt*. Das empirische Bewußthaben ist dadurch bestimmt, daß es über sich hinaus auf weitere Bestimmungsmöglichkeiten hinweist; es weist aber nur über sich hinaus *kraft* des *einen Erfahrungshorizontes,* wie Husserl immer wieder in seinen Arbeiten herausgestellt hat.[3] Dieser ist *vor* allem aktuellen

Vorstellen seinerseits *schon* bekannt. Anders gewendet: Die *Form* gegenständlicher Bestimmtheit muß *vor* aller gegenständlichen Bestimmung (Synthesis) schon bekannt sein, soll nicht nur eine (meine) Empfindung, sondern *die Erfahrung* des Gegenstandes möglich sein. Wie ist es aber möglich, daß die gegenständliche Bestimmtheit (die Form des Gegenstandes) schon vorgängig zur Bestimmung bekannt ist? Nach Kant wird eine jede Vorstellung schon vom Denken (nicht von meinem Denken, sondern von dem Denken) begleitet, in der Weise, daß das Denken sich nicht vom Gegenstand gängeln läßt, sondern daß „die Vernunft" diesen „nach ihrem Entwurfe hervorbringt" (B XIII), d. h. die gegenständliche Synthesis muß diejenige sein, die dem Vorgriff des Denkens – Kant schreibt: des *„Ich denke",* das „alle meine Vorstellungen (muß) begleiten *können"* (B 131), – gemäß ist.

Inwiefern ist es nun sinnvoll, vom „empirischen Ich", inwiefern „vom transzendentalen" zu sprechen? Die Rede vom „empirischen Ich" ist nur dann erlaubt, wenn sie der Erläuterung der alltagssprachlich-lebensweltlichen Praxis dient. „Ich" besagt hier: ego-cogito (qua Vollzug) – cogitatum. Daher kann man hier auch von *meinem* Wahrnehmen ... sprechen. Hingegen ist das, was *meine* Vorstellungen begleitet, nicht *mein* Denken, sondern *das* Denken, oder genauer: das Ich-denke, das alle meine Vorstellungen begleitet und muß begleiten können. Von *meinem* transzendentalen Ich zu reden, wie Husserl es zu tun pflegt, ist hingegen sinnlos.

Husserl möchte sogar noch von dem transzendentalen ego zu einem „eidos ego" übergehen – nach der Art der vorkantischen Ontologie. Er möchte „Wesensforschungen" etablieren als „Enthüllungen des universalen Eidos", des „transzendentalen ego überhaupt, das alle reinen Möglichkeitsabwandlungen meines faktischen und dieses selbst als Möglichkeit in sich faßt." (1950, Bd. 1, 105f.) Die Sätze sind strikt unverständlich. Mit Recht wendet Adorno ein: „Soll die Variante ‚reines Ich' stets noch Variante von ‚mein Ich' bleiben und ihre Evidenz aus der Selbsterfahrung ziehen, so ist sie notwendig an ein bestimmtes Bewußtseinsleben, nämlich desjenigen, der sich ‚Ich' nennt, gebunden, also mundan oder unabdingbar auf Mundanes zurückbezogen. Andernfalls ist der von Husserl stets wieder gebrauchte und belastete Terminus ‚mein' strikt unverständlich." (5, 229)[4]

Die in der Philosophie übliche Redeweise: „das reine Ich", „das transzendentale Ich" unterstellt ein *Sein,* eine eigentümliche Entität. Kant hingegen schreibt zwar „das: *Ich denke*", fügt aber sofort hinzu: „muß alle meine Vorstellungen begleiten *können*" (B 131). Im einzelnen besagt das: *Das* Ich-denke unterstellt *erstens keine* Entität, es ist *Vollzug*. Jede Rede *über* das Denken ist nur sinnvoll, insofern sie eine Erläuterung ist, die im Vollzug *verschwindet*. Das Denken hat daher *zweitens* die Form des Ich-denke, das alle meine Vorstellungen muß begleiten können; der Nachsatz zeigt an, daß nur dann, wenn das Denken in die Begleitung *meiner (deiner)* Vorstellungen *verschwindet*, rechtens von dem Ich-denke geredet werden kann.

Von dem Denken, von dem Ich-denke, zu sprechen, besagt *nicht*, dem Denken ein Substrat zu unterstellen, sondern es wird nur die *Spontaneität* des Denkens, d. i. die *intellektuelle Funktion der Synthesis,* herausgestellt. „Diese Vorstellung (d. i.: die des Ich-denke; L. E.) aber ist ein Actus der *Spontaneität*", und Kant fügt erläuternd hinzu: „d. i. sie kann nicht als zur Sinnlichkeit gehörig angesehen werden." (B 132)

Die reine Synthesis ist zwar *als intellektuelle* von einer empirischen unterschieden. Aber sie ist nicht von dieser als ein *reines Sein* trennbar; sie wäre gerade dann nicht mehr Spontaneität. Das wird deutlich, wenn wir die Funktion der reinen Synthesis näher analysieren. Die sinnliche Erfahrung ist *fortsetzbar;* eine jede sinnliche Synthesis verweist auf eine weitere. Sie ist aber als diese wieder *unbestimmt. Aus sich* kann sie sich daher nicht bestimmen, *aus sich* wäre sie *nicht* eine Synthesis und fortsetzbare Synthesis, wenn sie nicht die Darstellungsweise einer *ursprünglichen Synthesis* wäre, einer Synthesis, die ihren Ursprung allein in der *Spontaneität* hat. Die Spontaneität läßt sich selber nicht anschauen, sie läßt sich nicht beschreiben, sie wäre dann nicht mehr Spontaneität; wohl ermöglicht sie die fortsetzbare „Beschreibung"' *von anderem*. Das Ich-denke ist *an ihm selbst* betrachtet leer. Kant schreibt daher: „Dagegen bin ich mir meiner selbst in der transzendentalen Synthesis des Mannigfaltigen der Vorstellungen überhaupt, mithin in der synthetischen ursprünglichen Einheit der Apperzeption, bewußt, nicht wie ich mir erscheine, noch wie ich an mir selbst bin, sondern nur *daß* ich bin." (B 157) Und einige Zeilen weiter schreibt er: „. . . ich existiere als Intelligenz, die sich lediglich ihres Verbindungsvermögens bewußt ist . . ." (B 158). Das erste dieser beiden Zitate setzt sich fort: „Diese *Vorstellung* ist ein *Denken*, nicht ein *Anschauen*". Husserls Vorhaben, das „Ich-denke" selber anschauen zu wollen, verfehlt somit den Sinn der Transzendentalphilosophie. Soll der Ausdruck „transzendentale Phänomenologie" eine solche Aufgabe bezeichnen, so ist eine solche Phänomenologie ein sinnloses Geschäft.

Kant bestimmt dadurch den Verstand, daß er ihn als ein Vermögen, das „bloß denkt, nicht anschaut" (B 139), von einem solchen, das selbst anschaut, abgrenzt. Eine solche Abgrenzung erweist sich aber dann nicht als notwendig – ja als sinnlos –, wenn man den Charakter des „Ich-denke" zureichend bestimmt. Der Ausgangspunkt unserer Überlegung ist ja, daß die *Form* gegenständlicher Bestimmung, die *Form* der Darstellung, vorgängig zur Bestimmung – zur Darstellung – schon *bekannt* ist. Das besagt: Die *Form* der Darstellung *zeigt sich* in der Darstellung, sie kann aber ihrerseits nicht mehr dargestellt werden, das hieße ja, die Darstellung selber darstellen zu wollen. Erst recht kann man der Darstellung nicht zuschauen; sie ist eine Weise des sprachlich-anschaulichen Zeigens (qua Vollzug).

Die Vorstellung des „Ich-denke" „ist ein Actus der *Spontaneität*". Kant nennt sie daher auch *„reine Apperzeption,* um sie von der *empirischen* zu unterscheiden" (B 132). Er nennt sie auch *„ursprüngliche Apperzeption"* (ebd.), um wiederum herauszustellen, daß und inwiefern eine jede empirische Perzeption und Apperzeption eine ursprüngliche Apperzeption *voraussetzt*, wobei diese nicht eine eigentümliche Seinsweise ist. „Ich nenne sie ... auch die *ursprüngliche Apperzeption,* weil sie dasjenige Selbstbewußtsein ist, was, indem es die Vorstellung *Ich denke* hervorbringt, die alle andere muß begleiten können, und in allem Bewußtsein ein und dasselbe ist, von keiner weiter begleitet werden kann." (ebd.) Kant nennt die Einheit des Ich-denke auch: „die *transzendentale* Einheit des Selbstbewußtseins". „Denn die mannigfaltigen Vorstellungen, die in einer gewissen Anschauung gegeben werden, würden nicht insgesamt *meine* Vorstellungen sein, wenn sie nicht insgesamt zu einem Selbstbewußtsein gehöreten, d. i. als meine Vorstellungen (ob ich mir ihrer gleich nicht als solcher bewußt bin) müssen sie doch der Bedingung notwendig gemäß sein, unter der sie allein in einem allgemeinen Selbstbewußtsein zusammenstehen *können,* weil sie sonst nicht durchgängig mir angehören würden." (B 132f.)

Noch einmal macht das letzte Zitat deutlich, daß *erstens* ohne Selbstbewußtsein die Rede vom ego-cogito (-cogitatum) eine sinnlose ist; daß *zweitens* die Vorstellungen zwar *meine* sind, aber nur, wenn sie zu *einem* Selbstbewußtsein gehören — nicht: *meinem* Selbstbewußtsein. Der Text enthält zudem einen *neuen* Gesichtspunkt: Alle meine Vorstellungen gehören nach Kant zu *einem* Selbstbewußtsein, sollen sie meine sein. Er drückt dieses auch so aus, daß das Ich-denke „in allem Bewußtsein ein und dasselbe ist". Und eben dieses „*eine* Selbstbewußtsein" wird von Kant nun als das „eine *allgemeine* Selbstbewußtsein"[5] (B 132) verstanden, in dem alle meine Vorstellungen zusammenstehen. Damit will Kant nicht ein „eidos ego" als Invariante (und damit doch als Variante von meinem ego) auszeichnen. „Allgemein" ist hier nicht im generischen Sinn zu verstehen. Es erinnert an den Begriff allgemein, der der politischen Öffentlichkeit zukommt, soll sie überhaupt eine Öffentlichkeit sein. Allgemeines Selbstbewußtsein ist Ausdruck der Intersubjektivität. Der allgemeine Charakter kommt hier allerdings nur auf einer bestimmten Stufe zur Sprache, nämlich der, auf der es lediglich um Gedanken geht, wie sie in logischen, mathematischen, naturwissenschaftlichen Sätzen — oder auch in alltagssprachlichen wie: Das Zimmer ist warm etc. — zur Sprache kommen. Sie sind *nicht* Ausdruck *wechselseitiger* Anerkennung der Subjekte. Nur dieses ist hier wesentlich: Das Selbstbewußtsein ist nicht in *dem* Sinne allgemein, als es viele Ich, viele Selbstbewußtsein gibt, d. i. Individuen, denen das Selbstbewußtsein — Ich — zukommt, so wie es viele Bäume gibt, d. i. Individuen, denen das Baumsein zukommt. Die Rede von vielen Ichen, Selbstbewußtseins ist eine sinnlose. Wohl kann das Selbstbewußtsein sich dahin entwickeln, daß es *als gesellschaftliches* sich doppelt — im gesellschaftlichen Austausch. Das Selbstbewußtsein ist aber dann nicht mehr durch seinen Unterschied zum Bewußtsein bestimmt.

In unserem Zusammenhang war indes nur der Unterschied von Selbstbewußtsein und Bewußtsein herauszustellen. Was unter *Selbst*bewußtsein zu verstehen ist, bleibt noch zu klären. Dasjenige Bewußtsein, das nicht nur um Anderes weiß, sondern im Andern vielmehr sich weiß, ist *Selbstbewußtsein*. Das Bewußtsein ist „mit dem Andern *bei sich selbst*" ([2]1951, 148) — wie es Hegel in der *Wissenschaft der Logik* ausgedrückt hat. Das Bewußtsein ist nur Bewußtsein, als es vom Selbstbewußtsein her bestimmt ist; denn dem Bewußtsein ist nur *Anderes* bewußt, als es in *ihm für sich ist*. Das Selbstbewußtsein hat den Charakter des *Fürsichseins*. Hegel schreibt: „Das Bewußtsein enthält schon als solches an sich die Bestimmung des Fürsichseins, indem es einen Gegenstand, den es empfindet, anschaut usw., sich *vorstellt,* d. i. dessen Inhalt *in ihm* hat, der auf diese Weise als *Ideelles* ist; es ist in seinem Anschauen selbst, überhaupt in seiner Verwicklung mit dem Negativen seiner, mit dem Andern, *bei sich selbst."* (ebd) Das *Bewußtsein* ist daher „der Dualismus, einerseits von einem ihm andern, äußerlichen Gegenstande zu wissen und andererseits für sich zu sein, denselben in ihm ideell zu haben, nicht nur bei solchem Andern, sondern darin auch bei sich selbst zu sein." (ebd.) *„Das Selbstbewußtsein* dagegen ist das *Fürsich*sein als *vollbracht* und *gesetzt;* jene Seite der Beziehung auf ein *Anderes,* einen äußern Gegenstand ist entfernt." (ebd)

Selbstbewußtsein und Bewußtsein — reine (ursprüngliche) Apperzeption und empirische Apperzeption — unterscheiden sich nicht wie zwei Seinsweisen, sondern nur *funktional.* Adorno bringt dieses in dem oben wiedergegebenen Zitat zur Sprache: Das „transzendentale Ego" ist die „abstrakte Bedingung der Möglichkeit überhaupt", „ohne irgendeinen Inhalt (ich füge hinzu: es ist kein Sein, das Fürsichsein des Selbstbewußtseins ist vielmehr leer — Nichts, L. E.), es sei denn am hinzutretenden des empirischen Ich" (genauer: in emprischer Darstellung, insbesondere in Selbstdarstellung). In den Worten Kants besteht die transzendentale Funktion „in der Handlung, die Synthesis des Mannigfaltigen, welches ihm anderweitig in der Anschauung gegeben worden, zur Einheit der Apperzeption zu bringen . . ." (B 145).

Mit Recht behauptet Husserl, daß die Selbstwahrnehmung „die alltägliche Sache" ist; und er hat auch erkannt, „daß das empirische Ich eine *Transzendendenz* derselben Dignität ist wie das physische Ding" ([5]1968, 357, Anm.). Das bedeuet aber, daß das Ich-denke sich *nicht* als Ich-denke selber *anschaut* — was Husserl nicht erkennt —, sondern das, was ich in der Selbstwahrnehmung als Selbst anschaue, ist eben ein *transzendentes Ich,* d. h. es ist schon *Resultat.* In den Worten Kants: *„Ich,* als Intelligenz und *denkend* Subjekt, erkenne *mich* selbst als *gedachtes* Objekt" und dieses bedeutet, daß ich „in der Anschauung gegeben bin", „gleich andern Phänomenen, nicht wie ich vor dem Verstande bin, sondern wie ich mir erscheine" (B 155).

Blicken wir zurück. Die Kernthese läßt sich mit Adorno so zusammenfassen: „Wird das tranzendentale Ich gänzlich vom animus oder intellectus getrennt, so wird problematisch das Recht, es überhaupt ‚Ich' zu nennen" (5, 228). Man darf aus ihr aber nicht folgern, daß das transzendentale Ich eine Abtraktion aus dem empirischen sei (was Adorno immer wieder behauptet); dann würde man auf den Standort der *Logischen Untersuchungen* der ersten Auflage zurückfallen. Eben der Verfehlung, das transzendentale Ich vom „animus" oder „intellectus" zu trennen, macht man sich allerdings dann schuldig, wenn man — wie Husserl — das transzendentale Ich als *Sein,* und zwar als *ausgezeichnetes* Sein, *als Erstes* versteht, als „absolutes Sein", das „prinzipiell nulla ‚re' indiget ad existendum", das „durch eine Vernichtung der Dingewelt zwar notwendig modifiziert, aber in seiner eigenen Existenz nicht berührt würde." (1950, Bd. 3, 115)

Die Kantische These behauptet hingegen nur, daß das Ich-denke alle meine Vorstellungen muß begleiten können. Man könnte indes einwenden, daß doch Kant hervorgehoben habe, daß „alles Bewußtsein" „zu einer allbefassenden reinen Apperzeption" gehöre, wobei er diese als „das stehende und bleibende Ich" (A 123) verstanden habe. Daß alles „Mannigfaltige der Anschauung" unter Bedingungen der „ursprünglich-synthetischen Einheit der Apperzeption" stehe, sei ferner nach Kant der „oberste" „Grundsatz" (vgl. B 134f.). Ist das nicht nach den Worten Adornos das „Ideal der absoluten Sekurität nach dem Modell privaten Eigentums" (5, 221)? Es ist doch „nichts mehr denkbar", „was dieser Subjektivität nicht untertan und im strengsten Sinn ihr Besitz wäre." (5, 194) Und ist damit nach Kant nicht doch die „transzendentale Apperzeption" „absolutes Sein", das „prinzipiell nulla ‚re' indiget ad existendum"? Kant schreibt indes: „Aber dieser Grundsatz (d. i. der Grundsatz der synthetischen Einheit der Apperzeption, L. E.) ist doch nicht ein Prinzip für jeden überhaupt möglichen Verstand, sondern nur für den, durch dessen reine Apperzeption in der Vorstellung: *Ich bin,* noch gar nichts Mannigfaltiges gegeben ist." (B 138) Das Selbstbewußtsein ist in seinem Fürsichsein leer. Es ist gerade nicht ein Sein, schon gar nicht *absolutes* Sein. Ich habe das transzendentale Argument noch verschärft: Wäre die transzendentale Apperzeption ein Sein, so würde dies den Widersinn bedeuten, die kategoriale Form statt in der Darstellung zu zeigen, selber darstellen zu wollen. Von einem Herrschaftsverhältnis der transzendentalen Apperzeption kann also nicht die Rede sein. Eine Welt freilich, die *prinzipiell* nicht erfahrbar wäre, wäre nicht Welt; dennoch ist sie nicht schon im Besitz der Subjektivität. Weil die Subjektivität nicht an ihr selbst ein Sein ist, sondern weltlich ist, hat sie an der Welt ihre Grenze, sie muß sich darstellen und gewinnt nur so ihren Inhalt.

Es ist nun interessant, daß auch Adorno die von mir hier im Anschluß an Kant aufgezeigten Grundlinien einer Transzendentalphilosophie als den *wahren Kern* transzendentalphilosophischen Fragens erkennt, ihnen sogar zustimmt. Er gewinnt sie allerdings aufgrund der Analyse des Husserlschen Entwurfes einer Transzendentalphilosophie, indem er bei aller Kritik an der Phänomenologie in ihr einen „antisystematischen", einen auf *Darstellung* angewiesenen Grundzug des Denkens entdeckt: „Als einziger deutscher Schulphilosoph der Epoche hat Husserl das kritische Recht der Vernunft verteidigt, ohne aus ihm den Anspruch zu folgern, die Welt aus dem Begriff zu deduzieren, total zu ‚erfassen'. ... Empirische Befunde werden nicht von der Höhe der Idee verdammt, soweit sie nur empirische Befunde bleiben. Zwar registriert Husserls Denken passive Brüche und Widersprüche seines Gegenstandes, aber dafür hat es ihn auch selten geglättet. Ja in ihrem eigenen Bereiche bewahrt Phänomenologie einen Hang zum Fragment, den sie mit Gelehrten vom Typus Diltheys und Max Webers teilt. Sie stellt ‚Untersuchungen', ausgeführte Analysen nebeneinander, ohne sie billig zu vereinheitlichen, ja ohne auch nur Inkonsistenzen auszugleichen, die sich aus den singulären Studien ergeben.... Seine antisystematische Haltung war dadurch belohnt, daß sie in der gleichsam blinden, durch keinen Oberbegriff ‚von oben her' gelenkten Analyse entdeckte, was die Konstruktion der systematischen Idealisten deduktiv setzt, und was dafür das nachkonstruierende Denken der Positivisten vergißt: das dynamische Moment der Erkenntnis, die Synthesis. Sie ist für Husserl ein Tatbestand der Deskription. Der Begriff des Urteils, als der für die formale Logik konstitutive, wird bezeichnet durch ‚identische Gegenständlichkeit', und die Analyse des Sinnes dieser Gegenständlichkeit, ohne die alle Entscheidung von Wahrheit und Unwahrheit, auch von formal-logischer, unmöglich wäre, kulminiert in der Frage, ‚was uns dieser Identität versichert'. Die Antwort Husserls aber geht dahin, daß ohne subjektive Synthesis die Objektivität des Urteils nicht möglich sei." (5, 217) Adorno zitiert im weiteren einen Text aus der *Formalen und transzendentalen Logik* von E. Husserl, aus dem ich hier nur die folgenden Sätze hervorheben möchte: „Die Logik bezieht sich nicht auf die Gegebenheiten in bloß aktueller Evidenz, sondern auf die bleibenden, in ihr zur Urstiftung gekommenen Gebilde, auf die immer wieder zu reaktivierenden und zu identifizierenden, als auf Gegenständlichkeiten, die hinfort vorhanden sind, mit denen man, sie wieder ergreifend, denkend operieren, die man als dieselben kategorial fortbilden kann zu neuen Gebilden und immer wieder neuen." (1974, 192f.) Adorno fährt nun fort: „Indem vermöge des Begriffs der Gegenständlichkeit die naive Verdinglichung der Logik ins theoretisch-kritische Bewußtsein tritt, ist ihr subjektiv-synthetisches Moment zugleich benannt (und Adorno zitiert noch einmal einen Text aus der *Formalen und transzendentalen Logik;* ebd., 215): ‚Die Enthüllung der Sinnesgenesis der Urteile besagt, genauer gesprochen, so viel wie Aufwickelung der im offensichtlich zutage getretenen Sinn implizierten und ihm wesensmäßig zugehörigen Sinnesmomente. Die Urteile als fertige Produkte einer ‚Konstitution' oder ‚Genesis' können und müssen nach dieser befragt werden. Es ist eben die Wesenseigenheit solcher Produkte, daß sie Sinne sind, die als Sinnesimplikat ihrer Genesis eine Art Historizität in sich tragen; daß in ihnen stufenweise Sinn auf ursprünglichen Sinn und die zugehörige noematische Intentionalität zurückweist; daß man also jedes Sinngebilde nach seiner ihm wesensmäßigen Sinnesgeschichte befragen kann.'" Adorno bemerkt zu diesem Text: „Kaum je ist Husserl weiter gelangt als in diesen Sätzen. Ihr Gehalt an Neuem mag bescheiden dünken. Die Begründung der dinglichen Identität aus subjektiver Synthesis stammt von Kant, der Nachweis der ‚inneren Historizität' der Logik von Hegel." (5, 218)

Die Radikalisierung des Kantischen Ansatzes führte uns insofern über Kant hinaus, als die „transzendentale Apperzeption" nicht mehr als ein „stehendes und bleibendes Ich" aufgefaßt werden darf, so daß jegliche „Deduktion" (d. i.: Rechtfertigung) der Kategorien aus einem „stehenden und bleibenden Ich" entfällt, da die transzendentale Subjektivität ihre Grenze an der Welt hat — wie die Welt auch ihre Grenze an der Subjektivität.

Der von Adorno zitierte Text Husserls macht auf einen weiteren Gesichtspunkt aufmerksam: Dingliche Identität entstammt nicht nur „subjektiver Synthesis", sondern dieser eignet eine „innere Historizität". Wir können — beide Aspekte zusammennehmend — sagen, daß der Kern des transzendentalen Denkens ein *phänomenologischer* ist. Es muß aber hinzugefügt werden, daß Husserl die transzendentalphänomenologische Intention seines Denkens dadurch verdrängt, daß er *erstens* die kantische These eines „stehenden und bleibenden Ich" noch durch die Forderung eines absoluten Seins verschärft und daß er *zweitens* auch den Charakter der „Deskription" verfehlt, wenn er die ursprüngliche Spontaneität zu beschreiben versucht. Ich möchte daher die hier angezeigte Aufgabe als die einer „konstruktiven Phänomenologie" bezeichnen.[6]

Offenbar macht auch Adorno an die transzendentale Phänomenologie Zugeständnisse. Seine These, daß die „transzendentale Subjektivität" nur eine Abstraktion aus dem „empirischen Ich" ist, ist allerdings aufzugeben; diese Bestimmung des Bewußtseins würde auf den Standort der ersten Auflage der *Logischen Untersuchungen* zurückfallen. Ich verkenne nicht, daß der von mir zitierte Text aus Adornos *Metakritik* mehrschichtig ist. Dennoch gibt es – bei Anerkennung der Mehrschichtigkeit des Textes – Gründe, die mich veranlassen, darauf zu beharren, daß Adorno sein eigenes Fragen nur durch Zugeständnisse an das transzendentale Denken – in der oben bestimmten Radikalisierung, nach der die Frage nach dem Sein der Subjektivität eine sinnlose ist – formulieren kann. In der *Negativen Dialektik* hat er nämlich die Devise, die er in seinen Arbeiten befolgt, wie folgt angegeben: „An Philosophie bestätigt sich eine Erfahrung, die Schönberg an der traditionellen Musiktheorie notierte: man lerne aus dieser eigentlich nur, wie ein Satz anfange und schließe, nichts über ihn selber, seinen Verlauf. Analog hätte Philosophie nicht sich auf Kategorien zu bringen, sondern in gewissem Sinn erst zu komponieren. Sie muß in ihrem Fortgang unablässig sich erneuern, aus der eigenen Kraft ebenso wie aus der Reibung mit dem, woran sie sich mißt; was in ihr sich zuträgt, entscheidet, nicht These oder Position; das Gewebe, nicht der deduktive oder induktive, eingleisige Gedankengang. Daher ist Philosophie wesentlich nicht referierbar. Sonst wäre sie überflüssig; daß sie meist sich referieren läßt, spricht gegen sie. Aber eine Verhaltensweise, die nichts Erstes und Sicheres hütet und doch, allein schon vermöge der Bestimmtheit ihrer Darstellung, dem Relativismus, dem Bruder des Absolutismus, so wenig Konzessionen macht, daß sie der Lehre sich nähert, bereitet Ärgernis. Sie treibt, bis zum Bruch, über Hegel hinaus, dessen Dialektik alles haben, auch prima philosophia sein wollte und im Identitätsprinzip, dem absoluten Subjekt, tatsächlich es war.... Die Lossage gerade befestigt es an dem, was es nicht selbst ist, und beseitigt die Illusion seiner Autarkie." (44)

Ob Hegels Philosophie den Anspruch erhob, prima philosophia sein zu wollen, darüber ist hier nicht zu streiten. Nur auf dieses möchte ich hinweisen, daß Hegel die transzendentalphilosophische Anmaßung, ein Erstes und Fertiges auszeichnen zu wollen, gerade unter dem Titel *Geist* zurückgewiesen hat: „Bei diesen Fragen (d.i.: nach dem Ersten) wurde der Geist als ein Ding betrachtet, denn jene Kategorien wurden dabei, nach der allgemeinen Weise des Verstandes, als ruhende, feste angesehen; so sind sie unfähig, die Natur des Geistes auszudrücken. Der Geist ist nicht ein Ruhendes, sondern vielmehr das absolut Unruhige, die reine Tätigkeit, das Negieren oder die Idealität aller festen Verstandesbestimmungen, – nicht abstrakt einfach, sondern in seiner Einfachheit zugleich ein Sich-von-sich-selbst-Unterscheiden, – nicht ein vor seinem Erscheinen schon fertiges, mit sich selber hinter dem Berge der Erscheinungen haltendes Wesen, sondern nur durch die bestimmten Formen seines notwendigen Sichoffenbarens in Wahrheit wirklich, – und nicht ... ein in nur äußerlicher Beziehung zum Körper stehendes Seelending, sondern mit dem Körper durch die Einheit des Begriffs innerlich verbunden." (1969ff., 12)

Die revidierte Form der transzendentalen Phänomenologie habe ich oben „konstruktive Phänomenologie" genannt; daß deren Leitlinien mit denen einer „negativen Dialektik" übereinkommen wird sich im weiteren noch auf eine bestimmtere Weise zeigen.

Phänomenologische Aufgabe. Funktion der Kritik. Wahrer und falscher Objektivismus

Nach Husserl ist die Frage nach dem transzendentalen Selbstbewußtsein nur sinnvoll, wenn dieses sich einer transzendentalen *Selbsterfahrung* zeigt. Adorno sieht hingegen in einer solchen Aufgabe nur die Anmaßung einer „absoluten Sekurität nach dem Modell privaten Eigentums". Wie dieses Zitat zeigt, geht es ihm nicht darum, ein solches Geschäft fortzusetzen, sondern es ideologiekritisch zu durchschauen. „Mit Phänomenologie schlägt das bürgerliche Denken zu seinem Ende in dissoziierte fragmentarisch nebeneinander gesetzte Bedingungen um und resigniert zur bloßen Reproduktion dessen, was ist." (5, 214f.) Husserl hätte von einem solchen Angriff nicht einmal Notiz genommen – in seinem Blick hat er nichts mit der *Sache* zu tun, die ihn beschäftigt.

Husserl fordert „absolute Sekurität" – um zunächst den *ersten* Vorwurf aufzunehmen. Er schreibt nämlich: „Das immanente Sein ist also zweifellos in dem Sinne absolutes Sein, daß es prinzipiell nulla ‚re' indiget ad existendum". Und diese Bestimmung ist *widersprüchlich:* Sein ist Konstituiertes, so daß das konstituierende Subjekt seinerseits nicht mehr als Sein, auch nicht als ausgezeichnetes Sein, aufgefaßt werden kann; nach Husserl ist es aber gleichwohl Sein.

Man wird einwenden, daß die Herausarbeitung dieses Widerspruchs *eine* Sache, die Interpretation der „absoluten Sekurität nach dem Modell privaten Eigentums" und somit die Interpretation des Widerspruchs als den der bürgerlichen Gesellschaft aber eine *andere* Sache sei. Eine solcher Interpretation bedürfe jedenfalls noch der *zusätzlichen* Rechtfertigung. Dieser Einwand ist sicherlich berechtigt. Es ist nicht nur zu erörtern, daß die Bestimmung des transzendentalen Subjekts in der transzendentalen Phänomenologie sich widerspricht, sondern es sind die Tendenzen und Gründe freizulegen, weswegen Husserls Phänomenologie sich nicht nur zufällig, sondern wesentlich in einen Widerspruch verstrickt.

Eine phänomenologische Aufgabe kann der Kritik nicht entbehren. Das weiß auch Husserl. Die phänomenologische Aufgabe ist ja eine *transzendental*-phänomenologische. Was er nicht erkennt ist, daß nicht nur das Sein der Welt, sondern auch noch die Subjektivität in Frage zu stellen ist; die phänomenologische Aufgabe kann nur darin bestehen, die Verschränkung von Subjektivität und Welt genetisch aufzuzeigen, und somit dieser Verschränkung ihre Fragebereiche und die diesen Fragebereichen entsprechenden Leitfäden zu entnehmen.

Läßt sich die transzendental-phänomenologische Verstrickung in einen grundlegenden Widerspruch mit einem Husserlschen Terminus selber beschreiben? Husserl bezeichnet jene Grundhaltung, nach der das Sein der Welt ein Erstes ist, als Objektivismus. Er ist *falsch,* insofern Welt als Welthorizont ihre Grenze in der Subjektivität hat. (Welt bar subjektiver Konstitution ist nicht einmal Welt; Welt ist Lebenswelt, Raum der Subjektivität.) Vom falschen ist indes der *wahre* zu unterscheiden, denn zunächst und zumeist leben wir *in der Welt.*

Den Grund, weswegen der transzendentale Ansatz Husserls in einen Widerspruch verstrickt ist, läßt sich jetzt mit Husserls Terminus so angeben: der transzendentalphänomenologische Ansatz verfällt dem falschen Objektivismus, den er zugleich zu überwinden verspricht; oder noch genauer: erst der transzendentalphänomenologische Ansatz Husserls bringt die Gefahr gegenwärtiger Welt, nämlich den falschen Objektivismus, zur Sprache, indem er diesem verfällt. Der Einwand Adornos gegen Husserl findet damit *insofern* seine Rechtfertigung, als unter Welt die objektive Welt, die gegenwärtig technische Welt, verstanden wird. Eine konkretere Bestimmung dieser unserer gegenwärtigen Welt als spätkapitalistischer Gesellschaft ist im Rahmen der von Husserl selber vorgetragenen Phänomenologie nicht möglich.[7]

Inwiefern verfällt aber der transzendentalphänomenologische Ansatz dem falschen Objektivismus, dessen Wesen Husserl selber erst freigelegt hat? Die Welt erfährt als Welthorizont ihre Grenze an der *Subjektivität;* vom Sein der Welt läßt sich nur insofern sprechen, als sie *Aufgabe* menschlicher Praxis ist. Würde man auch die Subjektivität als ein Sein auffassen, so wäre auch sie eine Aufgabe. Man hätte aber dann übersehen, daß die Grenze der Subjektivität die Welt — die Welt als Darstellungsfeld der Subjektivität, ist. Die Transzendenz ist Immanenz, was Husserl erkannte, aber die Immanenz ist zugleich Transzendenz, was Husserl verkannte. Mit Adornos Worten: „In Phänomenologie trachtet der bürgerliche Geist mit hartnäckiger Anstrengung, aus der Gefangenschaft der Bewußtseinsimmanenz, der Sphäre der konstitutiven Subjektivität, auszubrechen mit Hilfe der gleichen Kategorien, die die idealistische Analyse der Bewußtseinsimmanenz beistellt." (5, 193) Und das folgende Zitat sei noch hinzugefügt: „Die bloß seiende Welt erstrahlt als eine des subjektiven Sinns, die reine Subjektivität als das wahre Sein — in solchem Trug terminiert der phänomenologische Ausbruchsversuch." (5, 202f.)

Das Problem des Objektivismus in der Logik wird im übernächsten Paragraphen erörtert. Vorerst sei der oben angedeutete *zweite* Angriff gegen die Phänomenologie erörtert. Daß mit der Phänomenologie das bürgerliche Denken in dissoziierte Bestimmungen umschlägt bedeutet vor allem, daß die Individuen selber nur noch isolierte Privatmenschen sind.

Kritik des transzendentalen Solipsismus

Die Schwachstelle Husserlscher Phänomenologie ist — wie sich schon zeigte — ihre Intersubjektivitätstheorie. Sie soll hier nicht entwickelt werden. In den *Pariser Vorträgen* schreibt Husserl: „Ich kann in keine andere Welt hineinleben ..., die nicht in mir und aus mir selbst Sinn und Geltung hat." (1950, Bd. 1, 8) Zur Verdeutlichung dieser These möchte ich noch ein weiteres Zitat hinzufügen: In der phänomenologischen epoché „habe ich mich gewonnen, und jetzt mich allein als dasjenige reine Ich mit dem reinen Leben und den reinen Vermögen (z. B. dem evidenten Vermögen: ich kann mich urteilend enthalten), *durch das für mich Sein dieser Welt* und jeweiliges So-sein überhaupt Sinn und mögliche Geltung hat." Und Husserl fügt gerade hier sein Verständnis von „transzendental" hinzu. „Heißt die Welt, da ihr eventuelles Nicht-sein mein reines Sein nicht aufhebt, ja es voraussetzt, *transzendent,* so heißt dann dieses mein reines Sein oder mein reines Ich *transzendental."* (ebd., 10)

„Für den philosophierend Meditierenden" zeigt sich „sein ego" als das „ursprüngliche ego" (ebd., 35). Allererst „im ego" „bekundet sich" „das *alter ego* als Erfahrungsgegebenheit" (ebd. 34). Mit Recht hat Adorno gegen diese Theorie eingewandt: „‚Mein' Ich ist in Wahrheit bereits eine Abstraktion und nichts weniger als die Urerfahrung, als welche Husserl es reklamiert. Durch das Possessivverhältnis bestimmt es sich als höchst vermitteltes. In ihm ist ‚Intersubjektivität' mitgesetzt, nur nicht als beliebige reine Möglichkeit, sondern als die reale Bedingung von Ichsein, ohne welche die Einschränkung auf ‚mein' Ich nicht kann verstanden werden." (5, 231) „Die Unmöglichkeit aber, von der absoluten Monade her das ‚Wesen' zu gewinnen, indiziert die Stellung der Individuen in der monadologischen Gesellschaft." (5, 231)

Die Intersubjektivitätstheorie Husserls verhindert, daß die Analyse der technischen Welt sich bis zur konkreten Gesellschaft fortsetzen kann.

Objektivismus in der Logik

Eine zentrale Aufgabe der Husserlschen philosophischen Untersuchungen zur Logik ist, den wahren Objektivismus vom falschen zu scheiden. Nach Frege wie Husserl befaßt sich die Logik mit den Gesetzen des Wahrseins und nicht des Fürwahrhaltens. Der *wahre* Objektivismus besteht darin, daß die Gesetze der Logik wie die Sätze der Mathematik *an sich* sind (gelten). Husserl schreibt: „Mein Urteilsakt ist ein flüchtiges Erlebnis, entstehend und vergehend.

Nicht ist aber das, was die Aussage aussagt, dieser Inhalt, daß die drei Höhen eines Dreiecks sich in einem Punkte schneiden, ein Entstehendes und Vergehendes. So oft ich oder wer auch immer diese selbe Aussage gleichsinnig äußert, so oft wird von neuem geurteilt. Die Urteilsakte sind von Fall zu Fall verschieden. Aber *was* sie urteilen, *was* die Aussage besagt, das ist überall dasselbe. Es ist ein im strengen Wortverstande Identisches, es ist die eine und selbe geometrische Wahrheit." (^{5}1968, 44)

Worin besteht aber der *falsche* Objektivismus? Der Gedanke, daß sich drei Höhen eines Dreieckes in einem Punkte schneiden, ist als solcher *gleichgültig* gegenüber „meinem Urteilsakt", in dem er gerade gedacht wird; ich füge hinzu, daß er auch *gleichgültig* ist gegenüber *dem,* der ihn denkt. Diese *Gleichgültigkeit* ist aber ein subjektives Vermögen. In den *Cartesianischen Meditationen* spricht Husserl von „dem evidenten Vermögen: ich kann mich urteilend enthalten." (1950, Bd. 1, 10) Auch wenn die logischen und mathematischen Gedanken *gleichgültig* sind gegenüber den subjektiven Denkvollzügen, ja, gegenüber der lebensweltlichen-alltäglichen Praxis, so sind sie doch *nicht subjektunabhängig.* Husserl schreibt indes in *Erfahrung und Urteil:* „Diese Idee der Welt als eines Universums durch exakte Methoden, die der mathematisch-physikalischen Naturwissenschaft, beherrschbaren Seins, als eines an sich bestimmten Universums, dessen faktische Bestimmungen dann die Wissenschaft zu ermitteln habe, ist uns so selbstverständlich, daß wir in ihrem Lichte jede einzelne Gegebenheit unserer Erfahrung verstehen." (^{4}1972, 40) Der *falsche* Objektivismus besteht nun darin, daß er *als subjektunabhängiger erscheint* und als dieser die *lebensweltliche Praxis beherrscht.*

In diesem Zusammenhang ist es erwähnenswert, daß Husserl schon in den *Logischen Untersuchungen* — also schon vor Ausarbeitung der Transzendentalphilosophie — die methodische Funktion der epoché erkannt hat, und zwar als Methode der Logik, nämlich, durch *Neutralisierung* von den psychischen Akten (in seinen späteren Arbeiten spricht er genauer von der lebensweltlichen Praxis) ihre Objekte zu setzen (s. ^{5}1968, 9f.).[8] In der *Krisis* fordert Husserl dann folgerichtig eine „systematische Scheidung der universalen Strukturen: universales lebensweltliches Apriori und universales ‚objektives' Apriori" (^{2}1962, 143). Es ist aber vor allem zu zeigen, wie sich die Gleichgültigkeit auf seiten der Logik (und der objektiven Wissenschaften) selber anzeigt, um von ihr her Sinn und Grenzen der objektiven Methode herausarbeiten zu können. Husserl fordert mit Recht: „Die Urteile als fertige Produkte einer ‚Konstitution' oder ‚Genesis' können und müssen nach dieser befragt werden." Und mit Adorno ist diese Forderung zu interpretieren: „Indem vermöge des Begriffs der Gegenständlichkeit die naive Verdinglichung der Logik ins theoretisch-kritische Bewußtsein tritt, ist ihr subjektiv-synthetisches Moment zugleich benannt." Worin besteht aber das subjektiv-synthetische Moment des Urteils? Gerade hier bedarf es einer Unterscheidung von lebensweltlichem und objektivem Apriori, um den wahren vom falschen Objektivismus unterscheiden zu können. Eine solche Unterscheidungsmöglichkeit hat Husserl in den *Logischen Untersuchungen* aufgezeigt, indem er wie Kant die Bestimmtheit des Apriori in der *Form* des Urteils aufsuchte. Es geht um die fundamentale Unterscheidung von ergänzungsbedürftigem *Sinn* und der *Erfüllung* dieses Sinnes (der Bedeutung). Frege hat auf diese Unterscheidung hingewiesen. Husserl hat sie aufgenommen; er gebraucht allerdings die Termini: Bedeutungsintention und -erfüllung (s. [5]1968, 50f.). Frege erkannte hingegen nicht den Doppelsinn des Sinnes, worauf Husserl aufmerksam gemacht hat: Wird *emphatisch* vom Sinn gesprochen, meint er *alltagssprachliches Verständnis*. Logik wie Mathematik *legen* hingegen den Sinn eines Ausdrucks *methodisch fest*. Sinn im Sinne des alltagssprachlichen Verständnisses bedarf der *anschaulichen* Erfüllung; wird hingegen der Sinn methodisch festgelegt, so kann seine Erfüllung nur eine *symbolische* sein, denn die Festlegung des Sinnes erfolgt durch ein symbolisches Verfahren. Gerade diesen Unterschied hat Husserl in den *Logischen Untersuchungen* herausgearbeitet. Er schreibt dort: „Man muß sich durchaus klar machen, daß in weitesten Strecken nicht bloß lässigen und alltäglichen, sondern streng-wissenschaftlichen Denkens die veranschaulichende Bildlichkeit eine geringe oder schlechterdings keine Rolle spielt, und daß wir im aktuellsten Sinn urteilen, schließen, überlegen und widerlegen können auf Grund von bloß ‚symbolischen' Vorstellungen." (ebd., 68) Es geht hier nicht um eine Unterscheidung von Sache und Zeichen, wobei sich das symbolische Denken dann dem bloßen Zeichen zuwendet; in Frage steht vielmehr ein „neue(r) intentionale(r) Aktcharakter". Seine Funktion läßt sich am besten am Beispiel des „arithmetischen Denkens" erläutern. In der Arithmetik *operieren* wir mit Symbolen. Husserl bemerkt dazu: „Sieht man näher zu, so sind es aber nicht die Zeichen im bloßen Sinn *physischer* Objekte, deren Theorie, Kombination usw. uns das Geringste zu nützen vermöchte. Dergleichen fiele in die Sphäre der physischen Wissenschaft bzw. Praxis und nicht in die der Arithmetik. Die wahre Meinung der fraglichen Zeichen tritt hervor, wenn wir die beliebte Vergleichung der rechnerischen Operationen mit denen der geregelten *Spiele*, z. B. des Schachspiels, ins Auge fassen. Die Schachfiguren kommen im Spiel nicht als diese so und so geformten und gefärbten Dinge aus Elfenbein, Holz u. dgl. in Betracht. Was sie phänomenal und physisch konstituiert, ist ganz gleichgültig und kann nach Willkür wechseln. Zu Schachfiguren, d. i. zu Spielmarken des fraglichen Spiels, werden sie vielmehr durch die Spielregeln, welche ihnen ihre feste *Spielbedeutung* geben." (ebd., 69) Daß der logische Satz *gleichgültig* ist gegenüber dem subjektiven Denkvollzug, beruht darauf, daß seine Bedeutung lediglich eine *Spielbedeutung* ist, und zwar aufgrund von *symbolischen* Operationen, d. h. von Operationen in Ansehung von an sich willkürlich gewählten Zeichen. „Die naive Verdinglichung der Logik tritt dadurch ins theoretisch-kritische Bewußtsein", daß der „subjektiv-synthetische" Charakter des formalen Urteils der der *symbolischen* Konstruktion ist. Es ist gerade die Eigenart der *symbolischen Konstruktion,* daß sie sich *dem Konstruieren* verdankt, daß sie aber gleichwohl gegenüber dem subjektiven Denkvollzug gleichgültig ist, während der *anschaulichen Darstellungsweise* der *subjektive Ausdruck* und ihrer *Genesis* die *Historizität* wesentlich ist. Nur von den Produkten *anschaulicher* Darstellung gilt: „Es ist eben die Wesenseigenheit solcher Produkte, daß sie Sinne sind, die als Sinnesimplikat ihrer Genesis eine Art Historizität in sich tragen; ... daß man ... jedes Sinngebilde nach einer ihm wesensmäßigen Sinnesgeschichte befragen kann." (1974, 215)

Erläutern wir die Form *symbolischer Darstellung* an einem *Beispiel* aus der Logik: *Wenn* Bonn die Hauptstadt der BRD ist, *dann* ist nicht nicht Bonn die Hauptstadt der BRD. Das Schema können wir schreiben: a → ¬ ¬ a. Daß eine jede Aussage dieses Schemas (logisch) wahr ist, läßt sich rein aufgrund symbolischer Darstellung zeigen. Es hat keinen Sinn zu fragen, ob z. B. ein Schema a → b in der Erfahrung anwendbar ist. Es geht hier nur um ein *symbolisches* Verfahren, nach dem a → b konstruktiv in einem Dialogspiel gewinnbar ist. Aufgrund dieses Verfahrens läßt sich dann auch a → ¬ ¬a gegenüber a → b auszeichnen. Der Subjunktor „→" ist ein zweifach ergänzungsbedürftiger Sinn.

Nach Frege sind hingegen Gebilde wie a→b, a→¬ ¬a „Gedankengefüge", deren Wahrheitswerte lediglich nach den Wahrheitstafeln, durch die die „Gefüge" im Reich der Wahrheitswerte definiert sind, *gefaßt* werden. Man kann versuchen die Redeweise: „im Reich der Wahrheitswerte" selber noch einmal formal zu fassen. Frege indes erklärt sie *philosophisch,* indem er die *Seinsweise* des Gedankens zu bestimmen versucht. Sie bilden nach ihm ein „drittes Reich" zwischen den Dingen und Vorstellungen. Logische Darstellungsweise und philosophische Erklärung – die Erläuterung der Seinsweise –´ fallen auseinander. Nach unserer oben gegebenen Bestimmung des Objektivismus ist die Theorie Freges *falscher Objektivismus.*

Diesen Fehler vermeidet der in Grundzügen angezeigte phänomenologische Konstruktivismus. Husserl vergißt hingegen die von ihm eingeführte Unterscheidung von anschaulicher und symbolischer Erfüllung. In seiner Philosophie der Logik bemüht er sich wie Frege um eine Aufklärung der *Seinsweise* der logischen Gebilde. Husserl erkennt indes, daß die Seinsweise eine *Weise des Bewußtseins* ist. Er hebt hervor, „daß alle Gegenstände und gegenständlichen Beziehungen für uns nur sind, was sie sind, durch die von ihnen wesentlich unterschiedenen Akte des Vermeinens, in denen sie uns vorstellig werden, in denen sie eben als *gemeinte* Einheiten uns gegenüberstehen" ([5]1968, 42).

Husserl will es jedoch nicht bei der Spaltung von logischer Darstellung und der Seinsweise des logischen Gedankens belassen. Er greift aber nicht auf seine Unterscheidung von *inhaltlicher* und *symbolischer* Darstellungsweise zurück, sondern er versucht auch, *die Seinsweise* der Logik als eine logische Darstellungsweise zu fassen, indem er im Unterschied zur sinnlichen eine *kategoriale Anschauung* annimmt (vgl. ebd., 49). So soll z. B. unser obiges Beispiel, das Subjunktionsschema, sich in einer *kategorialen Anschauung* erfüllen. Die kategoriale Anschauung verfehlt sowohl die logische Darstellungsweise wie die philosophische Aufklärung der Logik.

Eine Einführung einer kategorialen Anschauung wird nur dadurch möglich, daß man die Unterscheidung von anschaulicher und symbolischer Erfüllung als eine rein *klassifikatorische* versteht. (Husserl erkannte indes, daß die symbolische Anschauung eine neue intentionale Fragestellung ist, wie wir oben gesehen haben.) Ist die gefragte Unterscheidung lediglich eine *klassifikatorische,* so verbleibt *unterhalb* der symbolischen die anschauliche Darstellungsweise; die epoché hat dann den Charakter des *Belassens* und nicht im strengen Sinn den der Neutralisierung, denn diese ist eine Form der *Negation*. Hat epoché den Charakter des Belassens, so kann man eben auch die symbolische Fragestellung, die Fragestellung der Logik und Mathematik selber, wieder belassen. So lautet die Überschrift des § 35 der *Krisis:* „Analytik der transzendentalen epoché. Das Erste: die epoché von der objektiven Wissenschaft." Epoché besagt zunächst die Wendung vom „naiv-gegenständlichen Interesse" zum logischen bzw. vom logischen zum „naiv-gegenständlichen". Das logische Interesse ist aber seinerseits wieder ein naiv-gegenständliches (eine Naivität höherer Stufe). Es kann daher wieder als „gegenständliches Interesse" belassen werden, so daß nunmehr das „phänomenologische Interesse" maßgeblich ist. So lautet die Überschrift des § 38 der *Krisis:* „Die zwei möglichen Grundweisen, die Lebenswelt thematisch zu machen: die naiv-natürliche Geradeheineinstellung und die Idee einer konsequent reflexiven Einstellung auf das Wie der subjektiven Gegebenheitsweise der Lebenswelt und der lebensweltlichen Objekte." Die epoché hat überall *denselben* methodischen Charakter des Belassens, des Dahingestelltseinlassens.

Die *Gleichgültigkeit,* die der symbolischen Operation eigentümlich ist — daß nämlich der *Akteur* der Operation zugleich ein gleichgültiger ist; daß die lebensweltliche Praxis neutralisiert ist — beläßt nicht die Lebenswelt; sie *verändert* sie. Und was gefordert ist, ist durch eine *Neutralisierung der Neutralisierung* eine neue Form lebensweltlicher Praxis zu gewinnen. Nur insofern die epoché ein transzendentales Vermögen ist, kann Husserl sinnvoll von einer „Sinnesgenesis" und „der Enthüllung der Sinnesgenesis" sprechen. Nur insofern gewinnen Husserls Worte einen Sinn: „Positive Wissenschaft ist Wissenschaft in der Weltverlorenheit. Man muß erst die Welt durch epoché verlieren, um sie in universaler Selbstbesinnung wiederzugewinnen." (1950, Bd. 1, 39)

Der Sinn der epoché kann daher nur sein: „Ich mußte also das *Wissen* aufheben, um zum *Glauben* Platz zu bekommen..." (Kant, B XXX) Wissen ist das der Logik, Mathematik und der Naturwissenschaft, der Glaube ist der Vernunftglauben, letztlich das Leben in und aus Freiheit.

Adornos Kritik der logischen Theorie Husserls ist zwiespältig. Er erkennt: „Das transsubjektive Sein der logischen Sätze, zu dessen Apologetik die Phänomenologie zunächst ausgebildet ward, impliziert die Verdinglichung der Denkleistung, das Vergessen der Synthesis oder, wie der letzte Husserl ganz marburgisch es nennt, des ‚Erzeugens'. Im Angesicht der verdinglichten Denkprodukte entäußert sich Husserls Denken des Rechts auf Denken, bescheidet sich zur ‚Deskription' und bringt den Schein des scheinlosen An sich hervor: seit Descartes machen Verdinglichung und Subjektivismus in Philosophie keine absoluten Gegensätze aus, sondern bedingen sich wechselfältig." (5, 197) Und Adorno bemerkt zu Recht: „Der Gegensatz der im Begriff des Seins Hegelisch aufgehobenen Momente der Unmittelbarkeit und Mittelbarkeit, der die dialektische Bewegung des Begriffs selber bereits in sich enthält, wird bei Husserl durch die Zauberformel der kategorialen Anschaulichkeit des Seins fortgebannt." (5, 211) Die Wahrheit der Phänomenologie Husserls besteht nach Adorno darin, daß „Phänomenologie, wie sehr auch vergeblich, auf eine nicht bewußtseinsimmanente Realität sich richte" (5, 215). Er übersieht indes, daß das Sein, das in Husserls Theorie über die Bewußtseinsimmanenz hinausdrängt, gerade die Bewußtseinsimmanenz erzwingt. Die Frage nach der Seinsweise der Logik ist nicht eine sinnvolle. Sein hat nicht den Charakter von Sinn; Sein läßt sich nicht wie Sinn iterieren; ich kann nach dem Sinn des Sinnes fragen, aber nicht nach dem Sein des Seins; Sein ist im Geradehin-sein das logische ist-sagen, dessen Reflexion ist Sinn des Sinnes, nicht wieder Sein – nicht Sein des Seins.

Rückblickend läßt sich sagen, daß Husserl die Kriterien selber erarbeitet hat, nach denen sich der wahre Objektivismus vom falschen abtrennen läßt, und nach eben diesen Kriterien fällt die transzendental-phänomenologische Theorie in den Objektivismus zurück – und dieses, weil die transzendentale Subjektivität wieder den Charakter des Seins hat. Daß Adornos Kritik der Phänomenologie in den Grundzügen mit der hier vorgetragenen Kritik übereinstimmt, sei abschließend noch einmal herausgestellt. Ich möchte zugleich die Seinsfrage zum Anlaß nehmen, noch einige wesentliche Gesichtspunkte der Adornoschen *Heideggerkritik* vorzutragen; denn der Heideggersche Ansatz der Phänomenologie unterscheidet sich gerade dadurch von dem Husserlschen, daß er die Seinsfrage ins Zentrum seiner Überlegungen rückt.

Anmerkung. Adornos Kritik der Heideggerschen Lehre vom Sein

Nach Adorno ist „der Philosophie ihre Darstellung nicht gleichgültig und äußerlich ..., sondern ihrer Idee immanent. Ihr integrales Ausdrucksmoment, unbegrifflich-mimetisch, wird nur durch Darstellung – die Sprache – objektiviert. ... Wirft das Ausdrucksmoment als mehr sich auf, so artet es in Weltanschauung aus; wo sie des Ausdrucksmoments und der Pflicht zur Darstellung sich begibt, wird sie der Wissenschaft angeglichen. Ausdruck und Stringenz sind ihr keine dichotomischen Möglichkeiten. Sie bedürfen einander, keines ist ohne das andere. Der Ausdruck wird durchs Denken, an dem er sich abmüht wie Denken an ihm, seiner Zufälligkeit enthoben. Denken wird erst als Ausgedrücktes, durch sprachliche Darstellung, bündig; das lax Gesagte ist schlecht gedacht. Durch Ausdruck wird Stringenz dem Ausgedrückten abgezwungen. Er ist kein Selbstzweck auf dessen Kosten, sondern entführt es aus dem dinghaften Unwesen, seinerseits einem Gegenstand philosophischer Kritik. Spekulative Philosophie ohne idealistische Substruktion erheischt Treue zur Stringenz, um deren autoritären Machtanspruch zu brechen." (29) Dieses Zitat bestätigt noch einmal, daß die Grundlinien einer von einer transzendentalen Seinslehre befreiten *konstruktiven* Phänomenologie und die kritische Theorie (der „negativen Dialektik") im Sinne Adornos übereinkommen.[9] Deren gemeinsame Devise ist in den Worten Adornos: „Philosophisches Ideal wäre, daß die Rechenschaft über das, was man tut, überflüssig wird, indem man es tut." (57)

Von diesem Satz her läßt sich erst Adornos Kritik der Heideggerschen Seinslehre würdigen. Man hat Rechenschaft über sein Tun zu geben, und das kann man in Philosophensprache so ausdrücken: man spricht über das Sein einer solchen Tätigkeit, man zeichnet es als Denken, Geist ... aus; aber das Sein ist kein Thema; vielmehr ist eine solche Rede nur als eine zureichende Erläuterung, die in der Darstellung verschwindet, („daß die Rechenschaft über das, was man tut, überflüssig wird, indem man es tut") legitim.

In seinem Werk *Sein und Zeit* betont Heidegger: Die Seinsfrage „hat das Forschen von Plato und Aristoteles in Atem gehalten, um freilich auch von da an zu verstummen – als *thematische Frage wirklicher Untersuchung*. Was die beiden gewonnen, hat sich in mannigfachen Verschiebungen und ‚Übermalungen' bis in die ‚Logik' Hegels durchgehalten." (⁷1953, 2) Seit Aristoteles gilt die These, daß das Sein der allgemeinste Begriff ist, der alle Gattungen und Arten übersteigt; diese sind ja selber schon Weisen des Seins. Nach Heidegger wird aber auf diese Weise so nach dem *Sein* gefragt, daß Sein lediglich vom Seienden her, nicht an ihm selbst mehr bestimmbar ist. Das Sein nimmt viele Gestalten in der Geschichte der Metaphysik ein, z. B. die, daß das allen Gattungs- und Artbestimmungen Vorangehende die transzendentale Einheit der Apperzeption ist, daß das *Sein* Subjektivität ist. Nach Kant, Hegel ist aber schon der Ansatz der Seinsfrage fehlerhaft; das aller Gattungs- und Artbestimmung Vorangehende ist gerade nicht Sein, sondern *transzendentale Synthesis*. Das der begrifflichen Bestimmung Vorangehende als Sein aufzufassen heißt, die Philosophie zu feiern, statt sie überflüssig zu machen, indem man philosophiert.

Wir sprechen zwar vom Bewußtsein, Selbstbewußtsein. Aber das Selbstbewußtsein ist eben nicht mehr Bewußtsein; und als Selbstbewußtsein erfährt es seinerseits noch einmal seine Kritik — durch geistige Tätigkeit, wie Hegel gezeigt hat. Aber was ist die Funktion von *Sein?* Dessen Funktion ist, daß die Rechenschaft sich gerade nicht feiert, da das Sein vielmehr Nichts ist. Schon am Selbstbewußtsein läßt sich das zeigen. Das Ich-denke kann an ihm selbst nicht zum Thema werden, da es als Sein *verschwindet* (das Sein ist vielmehr Nichts, d. h. es ist „Vergehen"); aber es verschwindet in seiner Synthesis. (Nichts hat eine Bedeutung, nämlich als es in Sein übergehend ist, „Entstehen"; s. dazu Eley 1976, 43.) Sein ist somit nicht ein Erstes, es ist bloß unmittelbares und als solches schon Vermitteltes. Gerade dieses hebt auch Adorno hervor, indem er diese Bestimmtheit von Sein zugleich gegen Heideggers Seinsthese wendet: „Die Behauptung, Sein, jeglicher Abstraktion vorgeordnet, sei kein Begriff oder wenigstens ein qualitativ ausgezeichneter, unterschlägt, daß jede Unmittelbarkeit, bereits nach der Lehre von Hegels Phänomenologie in allen Vermittlungen immer wieder sich reproduzierend, Moment ist, nicht das Ganze der Erkenntnis. Kein ontologischer Entwurf kommt aus, ohne herausgeklaubte einzelne Momente zu verabsolutieren. Ist Erkenntnis ein Ineinander der synthetischen Denkfunktion und des zu Synthesierenden, keines von beiden unabhängig vom anderen, so gerät auch kein unmittelbares Eingedenken, wie Heidegger als einzige Rechtsquelle seinswürdiger Philosophie es stipuliert, es sei denn kraft der Spontaneität des

Gedankens, die er gering schätzt." (90f.)

Nach Adorno feiert Heidegger das Sein und schreibt ihm eine Konkretheit zu, die ihm nicht gebührt. „Unfreiwillige Abstraktheit präsentiert sich als freiwilliges Gelübde. ‚Das Denken', heißt es im Traktat über Platons Lehre von der Wahrheit, ‚ist auf dem Abstieg in die Armut seines vorläufigen Wesens' — als wäre die Leere des Seinsbegriffs Frucht mönchischer Keuschheit des Ursprünglichen, nicht bedingt von Aporien des Gedankens. ... Was es mit jener Askese auf sich hat, bekennt Heideggers eigene Sprache in Formulierungen, die ihn ärger kritisieren als bösartige Kritik: ‚Das Denken legt mit seinem Sagen unscheinbare Furchen in die Sprache. Sie sind noch unscheinbarer als die Furchen, die der Landmann langsamen Schrittes durch das Feld zieht.' Trotz solcher affektierten Demut werden nicht einmal theologische Risiken eingegangen. Wohl ähneln die Attribute des Seins, wie einst die der absoluten Idee, den überlieferten der Gottheit. Aber die Seinsphilosophie hütet sich vor deren Existenz. So archaistisch das Ganze, so wenig will es als unmodern sich bekennen. Statt dessen partizipiert es an Modernität als Alibi des Seienden, zu dem Sein transzendierte und das doch darin geborgen sein soll." (84)

Anmerkungen

1 Adorno, T. W.: *Transzendenz des Dinglichen und Noematischen in Husserls Phänomenologie.* In: 1, 7-77.
2 Zum Sonderfall logisch-mathematischer Gedanken, s. das Kapitel *Phänomenologische Aufgabe. Funktion der Kritik. Wahrer und falscher Objektivismus* dieses Aufsatzes, oben, 74ff.
3 S. dazu vor allem Husserl [4]1972; vor allem das Nachwort, *Phänomenologie und Sprachphilosophie,* 479-518.
4 Zu Husserls Wesenslehre, s. Eley 1962, 31-56.
5 Hervorhebung d. V.
6 Erste Hinweise zu einer „konstruktiven Phänomenologie" finden sich in den folgenden Arbeiten d. V.: 1969; 1972, 29-82. Ein weiterer Ausbau findet sich in: Ersch. 1984.
7 S. dazu die folgenden Arbeiten d. V.: 1972, 83f.; 1977; 1980; 1981; 1983.
8 Husserl gebraucht hier allerdings nicht den Terminus „epoché".

Im § 3 der *Einleitung* zum *Ersten Teil* des *2. Bandes* der *Logischen Untersuchungen* befaßt sich Husserl mit den „Schwierigkeiten der rein phänomenologischen Analysen". Er betont, daß die „Schwierigkeiten der Klärung der logischen Grundbegriffe" ihre natürliche Ursache in den außerordentlichen Schwierigkeiten der streng phänomenologischen Analyse (ebd., 9) haben. Er erwähnt als Beispiel die immanente Analyse der Erlebnisse, wobei diese nach dem reinen Wesen fragt – „unter Ausschaltung aller empirischen Faktizität und individuellen Vereinzelung" (ebd.). Die Methode des Ausschaltens bezeichnet Husserl später als „epoché". „Die Quelle aller Schwierigkeiten liegt in der widernatürlichen Anschauungs- und Denkrichtung, die in der phänomenologischen Analyse gefordert wird. Anstatt im *Vollzuge* der mannigfaltig aufeinandergebauten Akte aufzugehen und somit die in ihrem Sinn gemeinten Gegenstände sozusagen naiv als seiend zu setzen und zu bestimmen oder hypothetisch anzusetzen, daraufhin Folgen zu setzen u. dergl., sollen wir vielmehr ‚reflektieren', d. h. die Akte selbst und ihren immanenten Sinngehalt zu Gegenständen machen." (ebd.) Betrachten wir die logischen Gebilde: Die Betrachtung entspringt selber der Ausschaltung – epoché – der Denkakte. Wir können das auch so ausdrücken: „Wir nehmen ... die Wendung von der realen Beziehung der Akte (ich füge hinzu: in Ausschaltung der realen Akte; L. E.) zur idealen Beziehung ihrer Gegenstände bzw. Inhalte." (ebd., 42) Von der „widernatürlichen" logischen Einstellung ist offenbar auch noch diejenige Einstellung zu unterscheiden, in der wir hier denken – das sog. „phänomenologische Interesse" – unterschieden vom „naiv-gegenständlichen Interesse" (ebd.). Das besagt: Die Zuwendung zu den idealen Gegenständen ist eine Ausschaltung. Die Reflexion auf diese Ausschaltung ist aber offenbar wieder eine Ausschaltung. Das Verhältnis dieser beiden Ausschaltungen hat Husserl nie in den Griff bekommen. Siehe dazu die weiteren Analysen dieser Arbeit.
9 S. dazu auch Eley 1971, 290. Es ist freilich zu beachten, daß Adornos Kritik des transzendentalen Subjekts als Abstraktion aus dem Empirischen falsch ist; dazu auch ebd., 289.

Literatur

Adorno, T.W.: Gesammelte Schriften. Bde. 1ff. Hrsg. v. G. Adorno/R. Tiedemann. Frankfurt/M 1970ff.
Eley, L.: Die Krise des Apriori in der transzendentalen Phänomenologie Edmund Husserls. Den Haag 1962.
Eley, L.: Metakritik der formalen Logik. Sinnliche Gewißheit als Horizont der Aussagenlogik und elementaren Prädikatenlogik. Den Haag 1969.
Eley, L.: Zum Problem des Anfangs in Hegels Logik und Phänomenologie. In: Hegelstudien 6 (1971), 267-294.
Eley, L.: Transzendentale Phänomenologie und Systemtheorie der Gesellschaft. Zur philosophischen Propädeutik der Sozialwissenschaften. Freiburg 1972.
Eley, L.: Hegels Wissenschaft der Logik. München 1976.
Eley, L.: Negation als soziale Kategorie. Sinn und Funktion der Negation in der Systemtheorie. In: Henrich, D. (Hrsg.): Ist systematische Philosophie möglich? Bonn 1977, 447-463.
Eley, L.: Mitbestimmung als gesellschaftliche Kategorie. In: Die neue Gesellschaft 2 (Febr. 1980), 155-157.
Eley, L.: Sinn und Funktion der phänomenologischen Kritik der Transzendentalphilosophie (Kant und Husserl). In: Akten des 5. Internationalen Kant-Kongresses. Mainz 4.-8. April 1981, 944-954.
Eley, L.: Transzendental-phänomenologische Theorie des sozialen Handelns (Husserl-Schütz) und deren dialektischen Kritik. In: Poser, H. (Hrsg.): Philosophische Probleme der Handlungstheorie. Freiburg 1983.
Eley, L.: Philosophie der Logik. Darmstadt 1984.
Hegel, G. W. F.: Wissenschaft der Logik. Erster Teil. Leipzig ^{2}1951.
Hegel, G. W. F.: Werke in zwanzig Bänden. Hrsg. v. E. Moldenhauer/K. M. Michel. Frankfurt/M 1969ff. Bd. 10 (Enzyklopädie der philosophischen Wissenschaften im Grundrisse [1830]. Dritter Teil. Philosophie des Geistes).
Heidegger, M.: Sein und Zeit. Tübingen ^{7}1953.
Husserl, E.: Cartesianische Meditationen und Pariser Vorträge. Husserliana Bd. 1. Den Haag 1950.
Husserl, E.: Ideen zu einer reinen Phänomenologie und phänomenologischen Philosophie. Erstes Buch. Allgemeine Einführung in die reine Phänomenologie. Husserliana Bd. 3. Den Haag 1950.
Husserl, E.: Die Krisis der europäischen Wissenschaften und die transzendentale Phänomenologie. Eine Einleitung in die phänomenologische Philosophie. Husserliana Bd. 6. Den Haag ^{2}1962.
Husserl, E.: Logische Untersuchungen. Bd. 2: Untersuchungen zur Phänomenologie und Theorie der Erkenntnis. Erster Teil. Tübingen ^{5}1968.

Husserl, E.: Erfahrung und Urteil. Untersuchungen zur Genealogie der Logik. Hamburg ⁴1972.
Husserl, E.: Formale und transzendentale Logik. Versuch einer Kritik der logischen Vernunft. Husserliana Bd. 7. Den Haag 1974.
Kant, I.: Kritik der reinen Vernunft. Ausg. A. u. B.

Lucia Sziborsky

Dialektik aus dem Geist der Musik.

Verborgene werkgeschichtliche Voraussetzungen der *Negativen Dialektik*

Den Rang eines Hauptwerks teilt Adornos *Negative Dialektik* mit der posthum herausgegebenen *Ästhetischen Theorie* und mit der zuerst 1947 erschienenen *Dialektik der Aufklärung,* die Adorno zusammen mit Horkheimer verfaßte. Die vielfältigen Bezüge zwischen diesen Werken waren häufig schon Gegenstand der Auseinandersetzung mit der Adornoschen Philosophie. Auch die folgenden Überlegungen haben diese Verknüpfungen mit in den Blick zu nehmen: Bildet die *Dialektik der Aufklärung* das geschichtsphilosophische Zentrum der Gesellschaftstheorie Adornos, das die beiden späteren Werke ebenso mit trägt wie es zurückverweist auf frühere Schriften, so führt die *Ästhetische Theorie* Motive weiter, die in der *Negativen Dialektik* anklingen, wenngleich diese „von allen ästhetischen Themen sich fernhält" (10).

Einzubeziehen ist aber hier noch ein weiteres Werk von Adorno, **das in der philosophischen Rezeption** seines Oeuvres bisher wenig Beachtung fand: die *Philosophie der neuen Musik* (1949).[1] Als „ausgeführter Exkurs zur *Dialektik der Aufklärung*" (12, 11) nimmt sie eine ähnlich zentrale Stellung ein wie diese. Sie weist voraus auf die durch den Tod Adornos Fragment gebliebene *Ästhetische Theorie,* die sie selbst als „Konstruktion des Ästhetischen" schon in nuce enthält; andererseits ist sie nach rückwärts verbunden mit Adornos Habilitationsschrift *Kierkegaard* (1933), die eben diesen Untertitel trägt, sowie insbesondere mit einer Vielzahl musikkritischer und musiktheoretischer Schriften. Diese frühen Schriften Adornos bringt sie auf den philosophischen Begriff, und zwar durch ein dialektisches Verfahren, das — wie die Gedankenbewegung in der *Dialektik der Aufklärung* — in eigentümlicher Weise der Hegelschen Fortschrittsdialektik zuwiderläuft, die der geschichtsphilosophischen Konstruktion beider Schriften zugrundeliegt.

Eben dieses Verfahren einer negativen Dialektik macht das späte Werk seinerseits zum Thema. Freilich will die *Negative Dialektik* „nicht allein ... eine Methodologie der materialen Arbeiten" Adornos sein, denn: „nach der Theorie negativer Dialektik existiert kein Kontinuum zwischen jenen und dieser" (9). Gleichwohl fundiert sie als explizite Theorie auf einer Metaebene noch einmal das, was ihr vorausliegt und seine vorgängige Legitimation je und je aus der „Sache selbst" zu gewinnen suchte (vgl. ebd.). Das gilt für die ästhetischen Schriften Adornos ebenso wie für andere „materiale" Arbeiten, insbesondere für jene, die in inhaltlicher Hinsicht von neuem zur Sprache gebracht werden: Husserls Phänomenologie, Heideggers Ontologie, die Kritik der Hegelschen Philosophie, aber auch Kant und Kierkegaard. Als „Selbstreflexion" der Philosophie holt die *Negative Dialektik,* indem sie in fortschreitender immanenter Kritik der Theorien ihre eigene „Idee" entfaltet, manches „Sachhaltige" in einer anderen Konstellation wiederum ein, das bereits Gegenstand philosophischer Auseinandersetzungen Adornos war. Wie die *Dialektik der Aufklärung* durch die von ihr geleistete kritische Selbstbesinnung der Aufklärung einen „positiven Begriff" derselben vorzubereiten suchte (1969a, 6), so intendiert die *Negative Dialektik* einen anderen Begriff von Philosophie. Exemplarisch für diesen Begriff von Philosophie sind vor allem die „Modelle" im Schlußteil, die „keine Beispiele" geben, sondern „Schlüsselbegriffe philosophischer Disziplinen" erörtern, „um in diese zentral einzugreifen" (10). Zielte die „unnachgiebige Theorie" der *Dialektik der Aufklärung* auf Wirklichkeit verändernde Praxis (ebd., 48), so richtet sich auch Adornos spätes Werk, wie vermittelt immer, auf diese Praxis. Negatives dialektisches Verfahren, das „nicht begründet sondern gerechtfertigt" wird, zielt auf ein „konkretes Philosophieren": „Die *Negative Dialektik* nun zeichnet retrospektiv" den dabei von Adorno durchlaufenen „Weg auf" (9). Unter dieser Perspektive hat das Werk den Charakter des Abschlußhaften; es hat ihn nicht, sofern in der *Ästhetischen Theorie* Motive der *Negativen Dialektik* nochmals aufgenommen und zur letztmöglichen Aussage gebracht werden. (Vgl. Sziborsky 1979b, bes. 80-86.)

Seinen Anfang nimmt Adornos dialektisches Denken nicht erst — wie im allgemeinen angenommen wird — in der *Dialektik der Aufklärung,* sondern bereits in den musikkritischen Schriften der Zwanziger Jahre. Diese sind zunächst getragen von einer subjektiven, höchst sensiblen Erfahrung der neuen Musik. Die *ästhetische Er-*

fahrung, die in der Kindheit Adornos verwurzelt ist,[2] wird zur Substanz und bewegenden Kraft eines seit Anfang an auf das je „Konkrete" bezogenen Philosophierens, das seine Gegenstände allererst aus dem Bereich der Musik gewinnt. Die zahlreichen musikkritischen und musiktheoretischen Schriften, die zwischen 1921 und 1933 erscheinen,[3] sind dafür ein beredtes Zeugnis. Zwar hat Adorno während dieser Zeit auch genuin philosophische Arbeiten verfaßt. Sie sind im ersten Band der Gesamtausgabe seiner Werke zugänglich gemacht worden: Die Dissertation (1924), die von Adorno zurückgezogene erste Habilitationsschrift (1927), sowie kleinere Texte (1931; 1932), die im Umkreis des 1933 erschienenen *Kierkegaard*-Buches angesiedelt sind. In den letztgenannten programmatischen Texten sieht Tiedemann „den Beginn der Adornoschen Philosophie", sofern sie den Übergang „vom transzendentalen Idealismus" in der Prägung durch Cornelius „zum Materialismus" im Anschluß an Benjamin vollzogen hat. Zu Recht betont Tiedemann, daß die Texte „so etwas wie eine Methodologie der materialen Arbeiten Adornos vorweg" nehmen und „dadurch ein Gegenstück zur *Negativen Dialektik*" bilden (1, 383). Dies gilt insbesondere für die dort entfalteten Begriffe „Konstellation", „Konfiguration" und „Konstruktion", die methodisch das Verfahren der negativen Dialektik implizieren. Hier ist aber nun folgendes zu beachten: Während die Dissertation und die zurückgezogene Habilitationsschrift kaum Beziehungen aufweisen zu den in der gleichen Zeit entstandenen Publikationen zur zeitgenössischen Musik, ist dies bei den um 1930 entstandenen philosophischen Schriften ganz entschieden der Fall. Die Spannung zwischen „Erfahrung und Theorie", zwischen „Ausdruck und Logik" (Petazzi 1977, 31), in der Adornos Denken dort steht, ist dieselbe, in der seine frühe Dialektik zunehmend Gestalt gewinnt. Dieser Prozeß ist nicht an den vorausliegenden philosophischen Schriften aufweisbar, sondern allein an den Schriften zur Musik aus derselben Zeit, was nicht ausschließt, daß philosophische Einflüsse verschiedenster Art in diese Texte eingehen.[4]

Die Musik — so meine These — ist der Ursprungsort der materialistischen Dialektik Adornos. Sie bildet zugleich den Gegenstandsbereich, an dem sich philosophische Motive entwickeln, die Kerngedanken jener Texte antizipieren, die Tiedemann und andere „in Wahrheit" als Beginn der Philosophie Adornos ansehen. Die Entfaltung der Dialektik gründet in einer Erfahrung, durch die Adorno in der Musik des Expressionismus den realen „Bruch" zwischen Subjekt und Objekt erspürt und theoretisch zu fassen sucht, der Thema seiner Gesellschaftskritik sein wird, längst bevor diese geschichtsphilosophisch in der *Dialektik der Aufklärung* begründet wird. Die Musik kann diesen „Bruch", im Anspruch an „Wahrhaftigkeit", nicht mehr „versöhnen". Eben dieses Faktum bestimmt schließlich die Endgestalt der Dialektik Adornos, die — stets gebunden an die fortschreitende Auseinandersetzung mit der Musik, insbesondere der „neuen" der zweiten Wiener Schule — verschiedene Phasen durchläuft, bevor sie ihre vollends *negative* Ausprägung in der *Philosophie der neuen Musik* erreicht.

Diese bisher vernachlässigten Zusammenhänge sind als werkgeschichtliche Voraussetzung der *Negativen Dialektik* von so hohem Interesse, daß es ebenso legitim wie lohnenswert erscheint, die Genese der Dialektik Adornos einmal ganz unter diesem Gesichtspunkt darzustellen.[5] Daß deswegen in dem begrenzten Rahmen, der uns hier zur Verfügung steht, andere inhaltliche Prämissen des späten Werkes weitgehend außer Betracht bleiben müssen, vor allem jene, die Adorno, wie oben angedeutet, in der *Negativen Dialektik* selbst erneut thematisiert, kann und will nicht deren Bedeutung mindern.[6]

I

Schon der erste Text des siebzehnjährigen Adorno, eine literaturkritische Arbeit über das expressionistische Drama, die 1920 erscheint,[7] umreißt die spannungsreiche Polarität, in der auch die Musik der Zeit steht. Adorno faßt den Expressionismus einerseits „als Ausdruck eines in Bildung begriffenen neuen Seelentums", andererseits „als Ergebnis wurzellos gewordener Stilgebundenheit". Zwischen diesen Spannungspolen von Ausdruck und Form „setzt der Expressionismus das Ich absolut, fordert den reinen Ausschrei", wobei er „in neue und fremde Formen gewiesen ist" (1920, 233). Unter dem Anspruch der „Wahrhaftigkeit" der Kunst, die ihr Geltungsrecht erst begründet, kritisiert Adorno die falsche Lösung des Dramas: die „zweifache" Wahrhaftigkeit, von „Welt und Ich — ausgedrückt durch typisches und individuales Erlebnis", wird nicht in „eine höhere Einheit" aufgelöst (ebd., 234). Die dialektische Sichtweise, in der Adorno einen konkreten ästhetischen Sachverhalt auffaßt und beurteilt, ist nicht das einzig Bemerkenswerte an diesem frühen Text. Er exponiert bereits einen Kerngedanken seiner Ästhetik als *Problem,* der die Auseinandersetzung mit der Musik in den folgenden Jahren maßgeblich bestimmt: die Wahrheit der Kunst. Noch ungeschieden liegen ethische und ästhetische Motive und die Frage nach dem Wahrheitsgehalt beisammen: Sie werden die entscheidenden Kriterien für die Qualität und das Daseinsrecht der neuen Musik sein. — Der den Text abschließende Gedanke könnte als Leitmotiv für Adornos Bemühung um die Kunst, für sein Philosophieren überhaupt gelten: „Die Kunst der Zeit steht vor der Frage nach ihrem Bestand. Ihre Notwendigkeit droht zum Schein zu verblassen, ... Ichhaft Zufälliges bleibt ichhaft zufällig auch in seiner Wirkung. Wir alle drohen Schuldige zu werden am Geiste. Es ist an der Zeit, das zu erkennen. Die kommenden Tage, in die wir gebannt unsern Blick eingesenkt halten, werden uns künden, ob der neue Wille neue Wahrhaftigkeit zu gebären, die Kraft in sich trägt." (ebd., 235f.)

Polarität im jeweiligen ‚musikalischen' Gegenstand, dialektisch strukturierte Beurteilung dieses Gegenstands — beides kennzeichnet die musikkritischen Schriften Adornos, meist Aufführungsbesprechungen, zwischen 1922 und 1926. So z. B. sieht Adorno (1922a u. b) Bartóks Musik in der spannungsvollen Polarität von östlicher und westlicher Welt, die das Zentrum seiner Werke ausmacht, und selbst in Bartóks Interpretation der eigenen Musik schlägt diese Spannung für Adorno durch: „Erdnaher Trieb und kulturreife, schon vereinsamte Bewußtheit, deren Polarität den Urimpuls seiner Werke auslöst, charakterisieren auch sein Spiel, in dem jähe Kraft und peinliche Akribie sich paaren." (1922b, 6) Vergleichbare Beispiele finden sich unter anderer Akzentuierung in weiteren Rezensionen von 1922, die Werken Hindemiths, Schönbergs, Pfitzners und Jarnachs gelten (vgl. 1922c, d, e, f). Die Auflösungserscheinungen des tonalen Systems und der damit verbundene Verlust der Verbindlichkeit überkommener Stilformen stellen sich für die Komponisten als Verschärfung des Gegensatzes von subjektivem Ausdruckswillen und zu findender Formobjektivität dar. Dem tragen sie in ihren Werken je unterschiedlich Rechnung. Entweder gelingt eine ästhetisch überzeugende Integration, wie z. B. in Schönbergs *Pierrot lunaire,* wo die „Heimatlosigkeit unserer Seele" durch „alle Laune und Widersinn des eigenen Herzens" hindurchgezwungen wird „zur einmaligen Form" (1922e, 89) (die Adorno freilich nicht weiter begründet), oder sie mißlingt wie in Pfitzners *Quintett C-Dur op. 23*, das den „musikalischen Einfall" in ein „formalistisch-epigonales" Schema preßt, in dem er unentfaltet bleibt, wodurch für Adorno die Musik „ihres Sinns entleert" ist (1922f, 10). Auch der Rückgriff auf Stilformen der Epoche Bachs, in denen etwa Jarnach eine überzeugende ästhetische Konzeption zu gewinnen sucht, ist nach Adornos Urteil keine Lösung; ihr widerspricht der hochexpressive Ausdruck von Jarnachs Werk: „Man kann nicht zur Objektivität kommen, indem man seine Subjektivität in fremde, an andere metaphysische, ästhetische, soziologische Voraussetzungen geheftete Formen bannt" — an die Voraussetzungen einer zeitgeschichtlichen Epoche, „die noch nicht auch im Kunstschaffen vom Riß zwischen Ich und Welt durchschnitten wurde" (ebd., 11). Der im Kontext der Argumentation eher beiläufig erscheinende Satz vom „Riß zwischen Ich und Welt" spricht völlig unvermittelt, ohne erkennbaren theoretischen Hintergrund, ein zentrales Motiv der *Dialektik der Aufklärung* und der *Negativen Dialektik* an: den „ins Bewußtsein gedrungenen Bruch von Subjekt und Objekt" (18). Der „Riß zwischen Ich und Welt" zeigt sich für Adorno in der Musik der Zeit als „Bruch zwischen Ich und Formen" (1925a, 106), wobei alles darauf anzukommen scheint, ob dieser Bruch überhaupt, und wenn, in welcher Weise er überwunden werden kann.

Ähnlich unvermittelt nimmt die Sichtweise Adornos in einem anderen Text eine Struktur an, die auf die *negative* Dialektik vorausweist. In der Aufführungsbesprechung der *Histoire du Soldat* (1923; vgl. ebd.) heißt es von Strawinskys Werk, „daß es ihm an Wesenhaftigkeit gebricht, um aus dem Negativen herauszutreten, und wäre es auch nur aus dem Negativen der artistischen Polemik ins Negative des menschlichen Sichverhaltens" (1923, 315). Auffallend ist die dreimalige Aufeinanderfolge des „Negativen". Zunächst ein Allgemeines („um aus dem Negativen herauszutreten"), macht dieses Negative die Besonderheit des Werkes aus („die artistische Polemik"). Aus dieser Negativität führt Strawinskys Werk nicht heraus in etwas, das als Positives zu bezeichnen wäre. Adorno faßt dieses Etwas erneut als Negatives und antizipiert damit *strukturell* die „bestimmte Negation" im Sinne des Widerspruchs und des Widerstands, die er der neuen Musik als „Verhalten zur Realität" im Schönbergaufsatz (1940/41) der *Philosophie der neuen Musik* zuspricht (12, 122). Ein solches „Sichverhalten" ist die Intention der *Negativen Dialektik:* „Kunst und Philosophie haben ihr Gemeinsames nicht in Form oder gestaltendem Verfahren, sondern in einer Verhaltensweise" (24). — Ein weiteres Motiv seiner Philosophie, den „Zerfall des Ich" (1924, 290), macht Adorno erstmals namhaft in einem Aufsatz über *Richard Strauss*.[8] Diesem „Zerfall" entspricht die „Scheinhaftigkeit" der Formen der Musik von Strauss, die sich in seinen Spätwerken „vollendet" (295). Die Dialektik von Wahrheit und Schein in der Kunst, die sich zunächst unter gesellschaftsbezogenem Aspekt weiter entwickelt, bahnt sich in dieser Arbeit Adornos an.

In den bisher herangezogenen Musikkritiken, die, an der Grundspannung des Expressionismus orientiert, unter verschiedenen Perspektiven eine dialektische Sichtweise erkennen lassen, verwendet Adorno den Begriff Dialektik selbst noch nicht. Erst ab 1925 taucht er in fast allen Texten auf, meist im Zusammenhang mit geschichtlichen Aspekten, die in verstärkter Weise die Kriterien der Beurteilung mit bestimmen. — In der Rezension dreier *Volksliedersammlungen* (1925) wird für Adorno die Diskrepanz zwischen Inhalt und Form in radikaler Weise offenbar bei „aller neuen Fassung von Volksmusik", die angesichts „der Katastrophe der verbliebenen Formwelt" überhaupt noch versucht wird. Die „Katastrophe", Ergebnis einer geschichtlichen Bewegung, in der „Ich und Formen . . . längst dialektisch miteinander" rangen (1925f., 583), läßt zur geschichtlichen Stunde keine Versöhnung des Bruchs mehr zu, die in der kompositorischen Verarbeitung von Volksmusik in der Romantik ästhetisch gerade noch gelang. Der ästhetischen und geschichtlichen Unangemessenheit der zeitgenössischen Versuche im Bereich der Produktion entspricht die falsche Funktion der Volksmusik im Bereich der Praxis: Was noch als Volksmusik komponiert wird, dient einzig „ideologischem Interesse", weil „die Musik im Volke . . . umstandslos der verdinglichten Gesellschaft untertan" ist (ebd., 583f.). Antinomisch weisen Sujet und Form auseinander, antinomisch auch die musikalischen Produkte und der Bereich ihres realen Gebrauchs: Solcher Musik ist „keine zwischenmenschliche Gemeinschaft, geschweige die in sich gründende Volkheit mehr vorgegeben" (ebd., 583). — Zweierlei tritt in diesem Text als konstitutives Moment der sich herausbildenden Theorie hervor: Der „Bruch zwischen Ich und Formen" als Ergebnis eines *dialektischen Prozesses* zwischen Subjekt und Objekt, zum anderen der *dialektisch-antino-*

mische Bezug zwischen dem Bereich des Ästhetischen und dem der Praxis, der deutlich gesellschaftskritisch akzentuiert ist.

Letzteres gilt, wenngleich verhaltener von Adorno formuliert, auch für die *Kammermusik von Paul Hindemith* (1926).[9] Hindemith trägt den „Bruch" als „Dialektik" zwischen „seiner Natur und der Erkenntnis in Geschichte" (1968c, 58) ästhetisch unzureichend aus. Adornos Analyse will zeigen, daß die kompositorische Vermittlung zwischen „subjektiver Spannung" und einer Formgesetzlichkeit, die Hindemith „frei", als „vorgesetzte Objektivität" wählt, nicht adäquat gelingt (ebd., 59). Die innerkompositorischen Scheinlösungen entsprechen − „ideologisch" − einer „aktuellen Realität", die „kulturpolitisch fixiert" ist (ebd.); dem „Schein einer Versöhnung" (ebd., 60), der den Werken in doppelter Hinsicht anhaftet, widerspricht jedoch „die geschichtliche Wahrheit" (ebd., 62). Die Dialektik von Wahrheit und Schein, in Adornos *Strauss*-Aufsatz bereits signalisiert, tritt in diesem Text in jenen theoriekonstitutiven Gegensatz, der − noch fragmentarisch − die Gesellschaft in das Werk einbezieht. Die kompositionstechnische Analyse, ihrerseits dialektisch am aktuellen Stand der Formen wie am jeweils konkreten Werk als Antwort auf diesen Stand orientiert, ist zunächst das methodische Mittel, vermöge dessen Adorno Wahrheit und Schein in der Musik und, in einem weiteren dialektischen Bezug, auch in der Realitätsebene der Praxis zu bestimmen sucht.

Anders als Hindemith spricht Adorno Bartók (in der Rezension seiner *Tanzsuite,* 1925) noch eine schmale „Zone der Versöhnung" zu, die ihm zwischen den überkommenen musikalischen Formen seiner Heimat und denen des „isolierten Subjektivismus" der Musik des Westens noch gegeben sei. Die Polarität, in der Adorno das Schaffen dieses Künstlers 1922 noch sah, hat sich durch den „Bruch", der auch in Bartóks Werken Ich und Form auseinandertreten läßt" (1925a, 106), zu einer dialektisch-antinomischen Position verschärft, aus der heraus seine Werke insgesamt nicht mehr als Einheit zu fassen sind: Bartók müsse die „Zone der Versöhnung" nach beiden Seiten hin sprengen, da einerseits die nationale Bindung ihn festige und vor dem Versinken im puren Subjektivismus bewahre, während ihn andererseits gerade sein Subjektivismus davon abhalte, die für ihn toten Formen seiner Heimat täuschend als wirkliche zu setzen (ebd., 106f.).

Weder von dem „Schein" noch von einer „schmalen Zone" der Versöhnung ist in Adornos Besprechung *Strawinsky-Fest* (1925) die Rede. Wohl ist auch hier noch die Kritik der „artistischen Polemik" zu spüren, in der Strawinsky überkommene Formen „parodiert". In der „ironischen" Verwendung dieser Formen sieht Adorno jetzt aber außerdem ein anderes Moment: Im „Chaos der versinkenden Formen" macht Strawinsky deren „Schein bis zur dialektischen Vernichtung transparent" (1925e, 428). (Darin geht er über Richard Strauss hinaus, dessen späte Werke den Schein „vollenden".) Aber auch im „Negativ der Karikatur", aus der die entsprechenden Werke nicht einmal heraustreten in das „Negative des menschlichen Sichverhaltens", wie Adorno 1923 formulierte (s. o.), können die so verwandelten Formen „keinen Bestand" mehr haben; Strawinsky betritt mit dieser Kompositionsweise die „Sphäre des Kunstgewerbes". Entscheidender als diese erneute Kritik erscheint ein anderer Aspekt, den Adorno erwähnt: Hinter der negativ beurteilten Form verbirgt sich, subjektiv, „die Verzweiflung an den Formen", wobei das Ich „seine Stimme" und „seine Einsamkeit" verhüllt (1925d, 552). Dieses Motiv wird zugeschärft in einer anderen Rezension desselben Jahres. Mit Bezug auf Strawinskys *Concertino* für Streichquartett (von 1920) stellt Adorno fest, daß dieses Werk „zerstörerisch ... kaum noch Musik" sei, vielmehr ein „aus der vergehenden Zeit ausgesparter Hohlraum, in dem flüsternd noch das Echo fremder Seelen verhallt, während seine Stummheit sie überdröhnt" (1925g, 216). Im „Nichts", das in diesem Werk „vollendet sich darstellt" (die „Idee der nihilistischen Abstraktheit"; ebd., 217), sei Strawinskys „lyrisches Selbst ganz verkapselt". Adorno sieht diese Komposition als „entscheidendes Zeugnis" (ebd., 216). Die „dialektische Vernichtung" des „Scheins" präsentiert sich in radikaler Endgültigkeit und zwar so, daß in der Zerstörung der Formen auch das Subjekt verstummt; den von Adorno bereits benannten „Zerfall des Ich" scheint Strawinskys *Concertino* zu besiegeln. Es ist festzuhalten, daß Kritik und Deutung jener Werke Strawinskys, die in Adornos Publikationen bis 1925 vorliegen, bereits die Kontur der Gesamtinterpretation der Musik von Strawinsky erkennen läßt, die Adorno in der *Philosophie der neuen Musik,* in Kenntnis der späteren Musik des Komponisten, vorlegt: „Der Verfall des Subjekts, gegen den die Schule Schönbergs bitter sich wehrt, wird von Strawinskys Musik unmittelbar als die höhere Form gedeutet, in der das Subjekt aufgehoben sein soll." (12, 195) Auch in späteren Texten über Strawinsky revidiert Adorno seine − inzwischen nicht allein durch Erfahrung wie in den frühen Aussagen, sondern gleichermaßen durch philosophische Theorie gestützte — Auffassung nicht. Strawinskys Musik ist „die erscheinende negative Wahrheit selbst", die „keine Transzendenz" kennt.[10]

Schönberg ist derjenige, welcher in konstruktiver Weise die „Vernichtung des Scheins" der Formen vollstreckt, ohne das Ich aufzugeben. Die *George-Lieder* und die *Klavierstücke op. 11,* deren „Zeichen" die „Tilgung der vorgesetzten Form" ist, bezeichnen nach Adorno „die Stufe eines dialektischen Prozesses ..., der von der höchstgesteigerten romantischen Ausdrucksmusik über ihre tektonische Objektivierung zur entbundenen personalen Freiheit, weiter von da zur phantasiegetragenen Konstruktion führt und im Stande der Anarchie bereits wieder das Konstruktionsprinzip vorfühlen läßt" (1926, 280). Hier erscheint die Dialektik zwischen Ich und Formen nicht als einmaliger Akt, sondern als geschichtlicher Prozeß, der Schönbergs Weg von der Spätromantik bis zur Zwölftontechnik skizziert. Der „Bruch zwischen Ich und Formen", der in spannungsvoller Dialektik die Werke aller Komponisten durchwirkt und zu unterschiedlichen Lösungen führt, wird von Schönberg bewußt und radikal vollzogen, jedoch so, daß sich das subjektive Bemühen um die Gestaltung des Ausdrucks mit einer Form verbindet, die der „geschichtlichen Aktualität" entspricht.

II

In der zweiten Hälfte der zwanziger Jahre setzt bei Adorno eine intensive Auseinandersetzung mit der Musik der Wiener Schule ein, die eine Fülle musiktheoretischer Arbeiten zeitigt, während die Zahl der Rezensionen eher abnimmt. Zur gleichen Zeit studiert Adorno Komposition bei Alban Berg in Wien, verfaßt seine erste Habilitationsschrift und beschäftigt sich mit der Philosophie Hegels. (Tiedemann 1, 382) — Wie aus dem Dargelegten ersichtlich, entzündet sich Adornos dialektisches Denken an dem Grundgegensatz zwischen den zerfallenen traditionellen musikalischen Formen und den Werken der zeitgenössischen Komponisten, die auf die ihnen gemeinsame geschichtliche Situation höchst divergent reagieren. Stellten sich bisher die dialektischen Bezüge unter einem mehr äußeren Gesichtspunkt her, so werden sie in der Folgezeit gleichsam von innen her entfaltet: Adorno sucht den Gegensatz als in den Werken Schönbergs, Weberns und Bergs selbst sich vollziehendes dialektisches Geschehen aufzuweisen. Dieses Bemühen, dem eine *immanente* musiktheoretische und geschichtliche Betrachtungsweise zugrundeliegt, bringt das dialektische Denken Adornos in die Nähe der Fortschrittsdialektik Hegels; es signalisiert aber auch die Intention der negativen Dialektik, die in das Innere der Gegenstände einzudringen sucht, um das vom Begriff Abgeschnittene, das „Nichtidentische", bewußt zu machen und ins Recht zu setzen.

Als Beispiel für beide Aspekte, die Adornos Denken in dieser Phase kennzeichnen, diene hier zunächst sein Aufsatz *Alban Berg* (1925), der zur Uraufführung von Bergs Oper *Wozzeck* geschrieben wurde. Wie Bartóks Grunderfahrung durch eine Antinomie gekennzeichnet ist, die in seiner spezifischen Situation als Künstler zwischen östlicher und westlicher Musik ihren Grund hat; wie Strawinskys Werke, freilich aus anderen Gründen, aus einer ähnlichen Erfahrung entstanden sind – so stehen auch Schönberg und Berg, trotz des Lehrer-Schüler-Verhältnisses, das sie verbinden könnte, jeder für sich in einer „Dialektik der konträren Grunderfahrungen": daß „keine Form mehr existiert" und daher wachsen muß „aus dem Abgrund der subjektiven Innerlichkeit", andererseits aber keine „Dauer" gewinnt im „ästhetischen Abbild", wenn sie „nicht Haftpunkte findet außerhalb ihrer selbst" (1925c, 116). Was für Schönberg gilt, gilt auch für Berg: „im Bruch mit aller vorgegebenen Objektivität und unter dem Zeichen der Einsamkeit zu beginnen und die Macht der Bestätigung allein in jener Wahrheit zu belassen, die Einsamkeit befahl" (1925b, 531f.). Mit Blick auf die Geschichte der „Variationsform", deren in sich schon dialektisches Wesen von Schönberg noch einmal dialektisiert wird (als Beispiel dient die *Kammersymphonie*), zeigt Adorno, daß diese Form auch Bergs Kompositionen prägt, und zwar als „Paradoxie" (ebd., 532f.). Bergs Kompositionsweise steht in der Spannung „von partikularer Motivik und symphonischer Extensität" (ebd., 533), in die die Variationsform in spezifischer, von Adorno detailliert beschriebener Weise eingeht. Resumée des komplizierten Gedankengangs, in dem Adorno die antinomische Grunderfahrung des Komponisten, die Adaption und Verwandlung einer in sich dialektischen kompositorischen Technik, sowie die charakteristische Anlage Bergs in Nähe zu Beethoven und Mahler sichtbar macht, ist die Konstatierung einer geschichtlichen Dialektik in der Musik, die mit Schönberg und Berg umschlägt in ein qualitativ anderes. Diesen (Hegelschen)

„Umschlag" (in der *Philosophie der neuen Musik* ist von einem „qualitativen Sprung" die Rede, in dem die neue Musik sich von der alten absetzt; 12, 20) zeigt Adorno nun nicht mehr wie bisher in der Interpretation technischer Fakten auf. Er versucht vielmehr, den Gegensatz „von Tradition und Personalität", der sich „innermusikalisch" zuspitzt „als Gegensatz expressiver Bestimmtheit und technischer Autarkie" (1925b, 535), als eine geschichtlich-dialektische Bewegung in der Dimension der Harmonik aufzuweisen, die in besonderer Weise für den *Ausdruck* der Musik konstitutiv ist. Die ursprüngliche Harmonik Schönbergs und Bergs sei „Harmonik des Ausdrucks", welche die „Einsamkeit des Individuums, seine Leiden, seine Sehnsucht" psychologisch nachbilde. Dieser „Individualismus" ordne sie der Tradition ein, deren Formgebung wesentlich bestimmt sei durch eine an die „expressive Chromatik" gebundene „harmonische Auswahl". Der Umschlag von „der psychologischen Expression" in „die vollendete technische Ökonomie", die „die Verantwortung der Person angesichts der chaotisch zerspellten Formen" erfordert, ereignet sich in „dem Augenblick", in dem „unter dem konstruktiven Willen" des „sprengenden Individuums" (Schönberg) „die formkonstitutiven Bestände, deren Objektivität der psychologische Individualismus verzerrt bewahrte, versinken" (ebd., 536). Bergs Oper *Wozzeck* steht noch „nicht am Ende" dieser Dialektik, die in der „Lossage vom Psychologismus durch seine Vollendung" in „technischer Autarkie" eine qualitativ andere Objektivität aus sich erzeugt, „sondern spitzt sie erbittert zu, ihren Umschlag erst legitimierend" (ebd., 536f.).

Von derselben fortschreitenden Dialektik, die nun ganz ins Werk hineinverlegt erscheint, ist in einem weiteren Aufsatz über *Die Oper Wozzeck* (1929) die Rede, hier noch stärker unter den Spannungspolen von „Ausdruck" und „Konstruktion". Der „objektive Charakter" des Ausdrucks der Oper kann nicht mehr psychologisch, als subjektiver, gefaßt werden, weder durch Büchners literarischen Vorwurf, dessen dramatische Form „zerfallen" ist, noch ohne weiteres durch Bergs Musik, die „durch die Sprünge der Form" in das als Ganzes Zerfallene eindringt, „sich enzündet" am „alten Stoff der Satzgefüge", deren „Zellen Wahrheit enthalten", und an die Stelle der „zerfallenen Form" eine „neue aus sich" heraussetzt (1929, 5). Nicht also die abgeschlossene neue musikalische Form läßt den „objektiven Charakter" ihres Ausdrucks erkennen, sondern (wie Adorno nun in Nähe zu Hegel herausstellt) der Prozeß ihres Werdens, in dem Form und Ausdruck sich wechselseitig vermitteln — ein Prozeß, in den Geschichte eingegangen ist: „Der Ausdruck der vorbeethovenschen Musik zielt auf objektive Seinscharaktere", deren „Wahrheit" „verwandelt fortbesteht auch unter der Hülle des musikalischen Subjektivismus". Indem durch Bergs Kompositionsverfahren diese „Hülle" durchstoßen wird, „ergreift" die Musik „unter ihr" die „Gehalte aufs neue". In einer „dialektischen Bewegung" tilgt Berg den „musikalischen Subjektivismus ... er gelangt zur Konstruktion, indem er den musikalisch-psychologischen Prozeß in eine Tiefenschicht treibt, darin die Einheit des Oberflächenzusammenhangs von Bewußtsein nicht mehr herrscht, sondern wo in ihrer Vereinzelung aus dem Abgrund der Subjektivität die objektiven Charaktere aufsteigen, deren sich das Gebilde kraft der *Konstruktion* bemächtigt." (ebd., 6)[11] Was Adorno hier unter dem Begriff „Konstruktion" allererst zu fassen und am musikalischen Geschehen zu belegen sucht, um den „objektiven Charakter" des Ausdrucks der Musik zu begründen, realisiert bereits das, was er 1931[12] als philosophisches Programm „jeder echten materialistischen Erkenntnis" benennt — nämlich „Deutung des Intentionslosen durch Zusammenstellung der analytisch isolierten Elemente und Erhellung des Wirklichen kraft solcher Deutung", die sich auf die „Auskonstruktion"[13] der Elemente gründet (1, 336). Nach Adornos Interpretation führt Berg eine solche Auskonstruktion" in der Oper durch. In Begriffen des Aufsatzes von 1929: Seine Musik „entzündet" sich an den „Zellen" der „Satzgefüge" eines „alten" dramatischen Stoffs, dessen Form in der Geschichte zerfiel, während die „Wahrheit" in den Zellen erhalten blieb. Zugleich steht dieselbe Musik im Prozeß ihrer eigenen Geschichte; sie durchstößt die „Hülle" des in Form und Ausdruck zerfallenden „musikalischen Subjektivismus" und erfaßt dabei „Gehalte" einer „Wahrheit", die unter dieser Hülle „verwandelt" fortbestand. Die zwei verschiedenen Bereichen künstlerischer Objektivation entstammenden „isolierten Elemente", die Adorno „analytisch" gewinnt, komponieren sich durch Bergs Verfahrensweise[14] zu einem Ganzen, das mittelst seiner „Konstruktion" das „Wirkliche" zum „Ausdruck" bringt und dadurch „erhellt". Dieses Wirkliche ist die Wahrheit der „geschichtlichen Stunde", die dem Werk „innewohnt" — 1929 schreibt Adorno an Ernst Krenek, mit dem er in intensiver musiktheoretischer (auch philosophischer) Auseinandersetzung steht: „... ich messe jeder legitimen Kunst den Charakter von

Erkenntnis zu. Einschränkend möchte ich nur sagen, daß ich nicht von einer freischwebenden Rationalität ausgehe, die geschichtsfrei zwischen den Chancen, die das Material bietet, wählt, sondern daß ich die Erkenntnis in Kunst für bestimmt halte durch die *geschichtliche Aktualität.*" (1974, 12)[15] Das, was sich als „Deutung des Intentionslosen" in Bergs Oper *vollzieht,* sieht Adorno als einen innerkompositorisch-dialektischen Prozeß von Destruktion und Konstruktion, der noch deutlicher wird in einer Analogie zur Psychoanalyse: „Dem Zerfall der Oberflächenstruktur des Bewußtseins durch die Analyse, der Destruktion des geschlossenen Bewußtseinsverlaufs, die sie durchführt ... bis ihr die Totalität als Trug durchsichtig wird — jener echt dialektischen Wirkung des analytischen Vorgangs entspricht bei Berg der radikale Zerfall der geschlossenen musikalischen Oberfläche, ein Stil, der die Substanz zu kleinsten Partikeln zerschlägt,[16] um aus der Konstruktion von deren Übergang seine Form zu gewinnen. Wie endlich der psychoanalytische Prozeß auf *Seinsbestände* trifft, die aus dem Prozeß selber nicht mehr herzuleiten sind ... so trifft auch Bergs Musik auf Seinsbestände, an denen sie haftet, und jene eben sind das Maß der Objektivität der Oper." (1929, 7) Für die „Auskonstruktion" kleiner und intentionsloser Elemente ist (neben der Einbeziehung der „Ökonomie") auch die von Freud geforderte „Wendung zum ‚Abhub der Erscheinungswelt'" notwendig, die „Geltung übers Bereich der Psychoanalyse hinaus" hat (1, 336). Diesen „Abhub", von Adorno „Seinsbestände" genannt, nimmt die Musik in sich auf, wie weitere Ausführungen im Detail belegen.[17] Es handelt sich hier um nichts anderes als dasjenige, was in der Sprache der *Negativen Dialektik* das „Nichtidentische" heißt (vgl. 149ff., bes. 165).

Nachdrücklich ist hier darauf hinzuweisen, daß die von Adorno angezielte philosophische Deutung in seiner *Wozzeck*-Interpretation schon vorliegt, bevor er sie als Programm „materialistischer Erkenntnis" formuliert. Sie baut sich auf aus dem mehrfältigen dialektischen Geschehen in der Oper selbst und formt sich im Abschlußgedanken Adornos zu folgender „Konstellation": „Ihr Charakter ist *Passion.* Die Musik leidet nicht im Menschen, hat nicht teil an seinem Handeln und an seiner Regung selber; sie leidet über ihm; darum nur vermag sie, wie die alten Passionsmusiken, jeden Affekt darzustellen, ohne jemals die Maske einer der Personen des Trauerspiels wählen zu müssen. Die Musik legt den Menschen, dem Einzelnen Wozzeck, das Leid leibhaft auf die Schulter, das die Sterne über ihm erheischen. Indem sie ihn ins Leid hüllt, daß es gänzlich ihn berührt, darf sie hoffen, es werde von ihm genommen, was in der starren Ewigkeit der Sterne unentrinnbar drohte." (ebd., 11)

Ob diese Deutung, die den Gesamtcharakter der Oper auch unter musikalischen Gesichtspunkten zu vermitteln sucht (in der Formanalyse stößt man auf Elemente der Bachschen Passionsmusik), als *philosophische* zu gelten hat, stelle ich zur Diskussion. Unbestreitbar ist, daß das Motiv der „Rettung des Hoffnungslosen", die Mitte der Adornoschen Musikphilosophie (vgl. Sziborsky 1982), ja seines Philosophierens überhaupt,[18] in der abschließenden Aussage von Adorno seine erste Gestalt gewinnt – wiederum, bevor er es als Zentralmotiv aller seiner Bemühungen benennt.[19] Erkennbar ist weiterhin, daß die analytischen Momente, die Adorno zur Begründung und Rechtfertigung der neuen Musik einbringt,[20] einen geschichtsimmanenten dialektischen Prozeß verdeutlichen, der sich potentiell auf Transzendenz hin überschreitet. Die Musik der *Wozzeck*oper, die in einer innerkompositorischen Dialektik von Destruktion und Konstruktion verschüttete Wahrheitsgehalte zur geschichtlich aktuellen Stunde „objektiv" verbindlich ausdrückt und zur „Erkenntnis" bringt, wird von Adorno nicht allein musiktheoretisch, keinesfalls mehr historisch, sondern letztlich geschichtsphilosophisch begründet. Die Dialektik aber, der das Werk sich verdankt, führt nicht mehr, wie in der vorbeethovenschen Musik, die an andere „metaphysische, ästhetische und soziologische Voraussetzungen" gebunden war (1923; s. o. zu Jarnach), zur „Versöhnung" des Leidens; sie endet im Offenen. Die musikalisch begründbare Deutung der Musik als „Passion", die „über" dem Menschen leidet, die physiognomische Geste,[21] in der Musik den Menschen „in Leiden einhüllt" und zugleich „hofft", daß es von ihm genommen werde, ist ein neues dialektisches Bild,[22] das die geschichtliche Dialektik abbricht. In der Konstellation von Immanenz und Transzendenz stellt die Musik das Leiden dar und verweist zugleich auf dessen Gegenbild, das negativ bleibt. Bergs Oper *Wozzeck* ist – in den Worten der *Negativen Dialektik* – eine „Gestalt von Hoffnung" (398), die erste, die Adorno entwirft. Als solche erfüllt sie die Intention der negativen Dialektik, wenngleich sie noch nicht Ergebnis dieses Denkens ist.

In den „Meditationen zur Metaphysik", die den Schlußteil der *Negativen Dialektik* bilden, beruft Adorno sich gerade auf diese Musik: „Alban Berg stellte im Wozzeck am höchsten jene Takte, welche, wie nur Musik es kann, vergebliches Warten ausdrücken und hat ihre Harmonie an den entscheidenden Zäsuren und am Schluß der Lulu zitiert." (368) Exemplarisch steht die *Wozzeck*musik für eine „metaphysische Erfahrung" ein, die negativ ist: Sie „haftet am Versprechen" eines „Glücks", welches „das Innere der Gegenstände als diesen zugleich Entrücktes" gewährt (366f.). „Vergebliches Warten" jedoch, das, wie keine andere Kunst, einzig die im Zeitverlauf sich erfüllende Musik auszudrücken vermag, „verbürgt nicht, worauf die Erwartung geht, sondern reflektiert den Zustand, der sein Maß hat an der Versagung" (368). In Aussagen wie dieser wirkt die frühe ästhetische Erfahrung Adornos nach, die noch sprachlos scheint angesichts Schönbergs *Pierrot lunaire* (1923, s. o.), die in den Interpretationen der *Wozzeck*oper mit einer aufkeimenden und sich entfaltenden Theorie korrespondiert und die „durch die Eiswüste der Abstraktion hindurch" gegangen ist, um „zu konkretem Philosophieren bündig zu gelangen" (8). In der *Ästhetischen Theorie* sagt Adorno von dieser Erfahrung: „Eher ist sie ein Memento der Liquidation des Ich, das als erschüttertes der eigenen Beschränktheit und Endlichkeit innewird. Diese Erfahrung ist konträr zur Schwächung des Ichs, welche die Kulturindustrie betreibt." (7, 364) Die „ästhetische Erschütterung" ist sowohl negative metaphysische Erfahrung wie sie in der „Stellung zur Objektivität" das „Ich" gegen deren Übermächtigung stärkt.

Daß die ästhetische Erfahrung beides ist bzw. sein kann, ist objektiv auch am Werk abzulesen. Die Musik des *Wozzeck,* die durch die „Auskonstruktion" der „isolierten Elemente" auf dem Weg ihres Werdens in Adornos Interpretation den Charakter der „Passion" angenommen hat, realisiert in dieser Endgestalt, was die *Ästhetische Theorie* als zweite Reflexion ausspricht: „Die Elemente jenes Anderen sind in der Realität versammelt, sie müßten nur, um ein Geringes versetzt, in neue Konstellation treten, um ihre rechte Stelle zu finden." Diese Versetzung „machen die Kunstwerke der Realität ... vor" (7, 199).[23]

Der hier geschlagene Spannungsbogen von den frühen Texten zur späten Philosophie Adornos zeigt nicht nur, daß Adornos Deutung der *Wozzeck*oper ein nachfolgendes Programm bereits erfüllt hat und den Reflexionen in den beiden Spätwerken standhält. Er zeigt darüber hinaus, daß das physiognomisch-dialektische Bild und die Aussagen zur Metaphysik sich berühren — in der „Gestalt von Hoffnung". Das zarte Erstbild droht in der *Negativen Dialek-*

tik zu zerbrechen und wird doch, als „Möglichkeit", „gerettet" in einer letzten „Anstrengung" des Denkens, die im Paradoxon endet: „... nichts (könnte) als wahrhaft Lebendiges erfahren werden, was nicht auch ein dem Leben Transzendentes verhieße; darüber führt keine Anstrengung des Begriffs hinaus. Es ist und ist nicht." (368) Auch die Kunst vermag es nicht, „durch ihre Existenz darüber zu entscheiden", ob das in ihr „erscheinende Nichtseiende als Erscheinendes doch existiert oder im Schein verharrt." (7, 129)[24] Darin konvergieren Kunst und Philosophie. Was den Kunst*werken* als je besonderen gegenüber der Philosophie an *Mehr* jedoch zukommt, ist an ihre Physiognomik gebunden: Denn diese ist es, die der Realität die Versetzung „vormacht", die das Werk in einer „neuen Konstellation" der „Bruchstücke des Seienden" zum Ausdruck bringt.

III

In seiner „Notiz" zur *Negativen Dialektik* sagt Adorno: „Die Idee einer Logik des Zerfalls ist die älteste seiner (d. i.: des Autors) philosophischen Konzeptionen: Noch aus seinen Studentenjahren." (409) Die Ausführungen des vorigen Abschnitts dürften diese autobiographische Äußerung in eindrucksvoller Weise bestätigt haben. Eine Bekräftigung findet das bisher an den Texten zur musikalischen Produktion Aufgewiesene in den Veröffentlichungen Adornos aus der gleichen Zeit, die der Reproduktion zeitgenössischer und traditioneller Musikwerke gelten.

In den Fragmenten *Zum Problem der Reproduktion* (1925) exponiert Adorno eben dieses Problem unter der Frage nach der „Freiheit des Interpreten". Seine These ist, daß diese Frage nicht allein von seiten des Interpreten selber ihre Antwort finden kann, sondern zugleich – im dialektischen Bezug – „wesentlich und konstitutiv in der Struktur des Werkes" zu suchen ist (1925h, 51). Der Rahmen der Erörterung bestimmt sich (wie aus den bisher vorgestellten Texten bereits bekannt) durch die Verbindlichkeit eines „objektiven Bestands" der „Formen, die an eine „Gemeinschaft" gebunden sind, der sie „zugehören" und die „sie bekräftigt"; von dort her definiert sich auch das Maß der interpretativen Freiheit in der Reproduktion der Werke. Je mehr nun im „Verlauf der musikalischen Geschichte die Macht der objektiven Formen erloschen, erstarrt und zerbrochen ist" (ebd.) und implizit auch dasjenige sich verändert hat, woran die objektiven Formen einmal gebunden waren („Riß zwischen Ich und Welt"; s. o.), umso mehr schwindet auch die Freiheit des Interpreten, bis sie schließlich angesichts der „peinlichen Genauigkeit" interpretatorischer „Vorschriften" in den Werken neuer Musik „scheinbar zu ersticken droht" (ebd., 53). Während der geschichtliche Zerfall der Formen im Bereich der *Produktion* bei Schönberg und seinen Schülern im dialektischen Umschlag zu einer neuen, qualitativ anderen objektiven Verbindlichkeit führt, hat dies umgekehrt im Bereich der *Reproduktion* den Verfall der interpretativen Freiheit zur Folge, der potentiell den Reproduzierenden zum bloßen Vollzugsorgan technischer Vorschriften degradiert. Diese Konsequenz zieht Adorno allerdings nicht, vielmehr soll sich beim Interpreten ein vergleichbarer „Umschlag" vollziehen, etwa von Freiheit in Notwendigkeit: Denn den Grenzen, die die neue Musik dem Interpreten setzt, wohnt „eine solche Gewalt der Person inne, daß sie *paradox* die subjektive Zone sprengt und auch vom Interpreten den Einsatz seiner selbst erheischt, der allerdings zuoberst in leidenschaftlich treuer Sachlichkeit sich offenbart" (ebd., 53).[25] Die Nähe dieses Textes zu Adornos Aufsatz *Alban Berg* ist deutlich spürbar, ferner auch, daß Adorno aus der Mitte der Produktion heraus argumentiert. Der Vorrang „der Struktur des Werkes", die das Maß der Freiheit des Reproduzierenden bestimmt, führt konsequent zu einer weiteren Frage, die Adorno zunehmend beschäftigen wird: „ob alle Werke zu allen Zeiten interpretierbar seien" (ebd., 55).

Diese Frage erfährt unter dem Gesichtspunkt *Metronomisierung* (1926) eine erste noch unbestimmte Antwort. Adorno setzt zunächst die begonnenen Überlegungen fort, indem er ein spezifisches Moment der neuen Musik, nämlich die „Tempovorschrift", zur Freiheit des Interpreten in Beziehung setzt. Am geschichtlichen „Verfall der reproduktiven Freiheit", die „nicht nur von der Struktur der zeitgenössischen Musik diktiert, sondern auch von der traditionsfernen Situation der Reproduzierenden selbst mitbedingt wird" (1968c, 147), konkretisiert sich für Adorno die Frage nach der Interpretierbarkeit älterer Musik. Er fragt, „ob nicht binnen kurzem die Metronomisierung von Musik aus anderer Zeit *notwendig* wird", was ihm doch wiederum „bedenklich" erscheint: Die Geschichte der Metronomisierung Bachscher Musik im neunzehnten Jahrhundert sei eine „Geschichte von Irrtümern"; sie repräsentiere aber „die Geschichte der Werke selbst" (ebd.).[26] Diese Geschichte der Werke ist keine andere als die ihres eigenen „Verfalls" (die hier noch in dialektischem Bezug zur Geschichte ihrer Interpretation gesehen wird). Das bestätigt Adorno, Nietzsches Geschichtsauffassung folgend,[27] durch den fragenden Hinweis, ob durch Metronomisierung der älteren Musik diese „ins Stadium antiquarischer Bewahrtheit trete — ob ihre Geschichte dann ein Ende habe" (ebd.). In der Frage nach der Interpretierbarkeit der traditionellen Werke, die sich zur „aktuellen" Stunde in Konfrontation zur Interpretation der neuen Musik stellt, wird nun der „Verfall" jener Werke selbst für Adorno zum Thema. Der Prozeß des Zerfalls ihrer „Formen", den er gleichzeitig im Bereich der *Produktion* als konstitutiv für die neue Musik aufweist, ergreift im Bereich der *Reproduktion* Form und „Gehalt" der Werke. Das impliziert die Frage nach ihrem geschichtlichen Wahrheitsgehalt, die einer neuen Antwort bedarf.

Eine solche legt Adorno vor in seiner ersten „philosophischen" Deutung von Musik, die *Schubert* gilt (1928).[28] Wie die *Wozzeck*-Interpretation von 1929, so erfüllt auch die Deutung der Musik Schuberts bereits die von Adorno später formulierte Aufgabe der Philosophie. Was sich in der *Wozzeck*oper in dialektischem Miteinander von Destruktion und Konstruktion, durch Bergs Verfahrensweise bewirkt, als Geschehen in der Musik selbst darstellte, offenbart sich bei Schuberts Musik durch das ihr beschiedene Eingehen in die „höchst inadäquate Welt der Potpourris" (1964, 22). Im neunzehnten Jahrhundert „als Surrogat musikalischer Formen" (ebd., 24) aufgekommen, ist das Potpourri weder Produktion in einem konstruktiven, noch Reproduktion im interpretativen Sinne, die der Gestalt und dem Gehalt der Werke, wie immer zureichend oder nicht, entspräche. Es erscheint vielmehr als ein depraviertes und depravierendes Gemisch aus beidem: Es montiert und reproduziert „thematisch Einzelnes" aus Schuberts Musik durch unvermittelte Aneinanderfügung (vgl. ebd., 22; Beispiel: Dreimäderlhaus), wofür „das Kunstwerk mit seinem Leben zu zahlen hat" (ebd., 24). Durch den „Zerfall des lyrischen Gebildes", der den „Zerfall seines subjektiven Gehaltes" mit einschließt (ebd., 20), rücken im Potpourri die „zerstreuten Züge" des Werkes „zu einer neuen Einheit zusammen." In dieser Einheit, die sich ästhetisch nicht „legitimieren" kann, erweist sich für Adorno „die Unvergleichlichkeit" jener

Züge: Die „blindlings unternommene Sammlung" der Themen von Schuberts Musik „legt erst" den „Weg frei zu ihrem Ursprung und zugleich rückwärts zur Schubertschen Form" (ebd., 22f.).

Diesen Weg nach rückwärts sucht Adorno zu beschreiten, um „mit der Konstruktion aus dem Potpourri" (ebd.) die „objektiven" Wahrheitsgehalte aufzudecken, die in „dialektischer Befreiung" (ebd., 21) durch den Zerfall der Form und der subjektiven Gehalte im Potpourri transparent geworden sind (vgl. ebd., 20). Verweist schon der Terminus „Konstruktion", den Adorno zur Verdeutlichung seiner Absicht verwendet, auf das spätere Programm, so erst recht die Deutung selbst, die Adorno ganz im Sinne dessen durchführt, was die *Idee der Naturgeschichte* (1932) als eine zu leistende Aufgabe allererst exponiert (vgl. 1, 345-365, bes. 355-365). Die andere Konstellation von Wahrheit, die Adorno in der Interpretation der Werke Schuberts gerade aus dem Zerfall ihres geschichtlichen „Bildes" und „lyrischen Gebildes"[29] gewinnt, steht in engster Nähe zur *Wozzeck*-Deutung von 1929, was in dem hier zur Verfügung stehenden Rahmen nicht weiter entwickelt werden kann. (Vgl. Sziborsky 1979a, bes. 71ff.) Folgendes soll noch gesagt werden: Die Themen von Schubert sind für Adorno „Erscheinungen von Wahrheitscharakteren" (1964, 28), deren „Geschichtslosigkeit" das Potpourri durch Aneinanderrückung alles Einzelnen zur „Gleichzeitigkeit" offenlegt; ihre „Kontur" ist die „Landschaft des Todes" (ebd., 24). Doch in der „Hermeneutik des Todes" erschöpfen sich die Bilder dieser Musik nicht (ebd., 31); in der Dialektik von „Trauer und Trost" (ebd., 33)[30] geleitet Schuberts Musik hinab in den „chtonischen Tiefenraum selber" (ebd., 31), den sie gleichnishaft einfängt in ihren „Bildern der Natur". Dialektisch „eröffnet" sich dieser Raum „in den Bildern des Todes": „im Gesicht der nächsten Nähe aber hebt Natur sich selber auf". Der „Weg" von Schubert führt in „die tiefste Depravation" und „in die kaum nur angesprochene Realität befreiter Musik des veränderten Menschen.[31] In unregelmäßigen Zügen, einem Seismographen gleich, hat Schuberts Musik die Botschaft von der qualitativen Veränderung des Menschen notiert. Ihr antwortet zurecht das Weinen: Weinen der ärmsten Sentimentalität im Dreimäderlhaus nicht anders als das Weinen aus erschüttertem Leib. Vor Schuberts Musik stürzt die Träne aus dem Auge, ohne erst die Seele zu befragen: so unbildlich und real fällt sie in uns ein. Wir weinen, ohne zu wissen warum; weil wir so noch nicht sind, wie jene Musik es verspricht, und im unbenannten Glück, daß sie nur so zu sein braucht, dessen uns zu versichern, daß wir einmal so sein werden. Wir können sie nicht lesen; aber dem schwindelnden, überflutenden Auge hält sie vor die Chiffren der endlichen Versöhnung." (ebd., 36)

Die ausführliche Zitation der Schlußpassage führt eindringlich vor, daß die bewegende Kraft der philosophischen Deutung Adornos zutiefst in der Erfahrung von Musik gründet. Sie zeigt ferner, daß weitere Motive seiner Philosophie aus der Musik gleichsam hervorquellen — dies, bevor sie an späterer Stelle in theoretischer Absicht benannt werden: das Motiv der „Versöhnung mit Natur", welches im *Kierkegaard*buch (1929ff.) bereits explizit sei (1966, 323; „Notiz"), und das der „qualitativen Veränderung" des Menschen. Diese Motive, in der *Idee der Naturgeschichte* zuerst dargelegt (vgl. bes. 1, 363), durchwirken die *Dialektik der Aufklärung* und die *Philosophie der neuen Musik* ebenso, wie sie in der *Negativen Dialektik* wieder aufgenommen werden (s. dort vor allem 347-353).

In *Nachtmusik* (1929)[32] nimmt Adorno Resultate seines *Schubert*-Aufsatzes und der vorausliegenden Überlegungen auf und führt sie weiter. Die Frage, wie „heute Vergangenes zu musizieren sei", bleibt nicht mehr auf die Interpreten bezogen, die des „traditionellen Haltes entraten". Vielmehr ist jetzt auch die Rede davon, daß „keine Hörer sind, die es vernähmen" (1964, 58). Der fragmentarische Hinweis signalisiert das Kernproblem des Verhältnisses zwischen Musik und ihrer gesellschaftlichen Rezeption, das, wie die *Volksliedersammlungen* (1925) schon andeuten, antinomisch auseinanderweist.

Dieses neue Problem stellt sich nun nicht nur von seiten der Hörer (bzw. der Gesellschaft), sondern in diesem Text primär unter dem Gesichtspunkt des „Zerfalls" der Einheit von Form *und* Gehalt der Werke. Wie auch die *Schubert*-Deutung Adornos zeigen will, hat „Geschichte in den Werken die Gehalte ihres Ursprungs aufgedeckt" (ebd.), und zwar nicht nur durch die „Depravation" im „Kitsch" (ebd., 60f.), wo „die absterbenden Werke selbst sich zu zersetzen" beginnen (ebd., 59). Derselbe Zerfall bewirkt für die Reproduktion, daß die Werke uninterpretierbar werden. So sei z. B. „der Charakter Bachs, seiner ästhetischen Struktur nach, die sich vernommen glaubt und fragend zugleich über sich hinausdeutet, uns aufgegangen, als wir dem Grund jener Objektivität radikal fremd waren" (ebd., 58). Weil die „Bindung der erkannten und vergangenen Gehalte ans übrig gebliebene *Musikmaterial* nicht mehr besteht", ist eine Reproduktion traditioneller Musik nicht anders möglich, „als indem wir die rätselhaft verstummte Kontur ihrer Form nachzeichnen", die das Maß ihrer Interpretation nicht mehr „in sich" trägt; es muß „von außen gesetzt" werden (ebd., 59[33]; s. o. „Metronomisierung").

Uninterpretierbarkeit der alten Werke durch ihren Zerfall im Bereich der Reproduktion, Selbstzersetzung der absterbenden Werke durch ihre Depravation im Kitsch, für beide geschichtsimmanent verlaufenden dialektischen Prozesse ist das Kriterium der Bestimmung die „aktuelle Wahrheit" mit ihren Erfordernissen. Das gilt für die Produktion und die Reproduktion: „Die Freiheit des Künstlers, des reproduzierenden nicht anders als des produzierenden, beruht allemal nur darin, daß er das Recht hat, über allen Zwang des Bestehenden hinweg zu realisieren, was dem fortgeschrittensten geschichtlichen Stande nach von ihm als aktuelle Wahrheit des Werkes erkannt wird – erkannt nicht im Sinne der abstrakten Reflexion, sondern der inhaltlichen Einsicht in die Beschaffenheit seines je und je geschichtlich präformierten Materials." (ebd., 62) Adornos Theorie des *musikalischen Materials,* die sich unter dem Gesichtspunkt der Produktion herausbildet, umfaßt nicht nur das aus dem Zerfall der vergangenen Formen hervorgegangene und veränderte neue Material, sondern, wie sich zunehmend mehr herausstellt, die Werke als ganze in Form und Gehalt. Gilt für die Produktion, daß die Wahrheit der geschichtlichen Stunde nur dann ins Werk eingeht, wenn der Komponist dem fortgeschrittensten Stand seines Materials Rechnung trägt, so hat für die Reproduktion die „Erkenntnis" darüber zu wachen, „daß die Gehalte realisiert werden, die der vollen Aktualität des Werkes zugehören" (ebd., 63). Adorno bindet den „Wahrheitscharakter" des traditionellen Werkes an dessen Zerfall: „Schicht um Schicht lösen" die „Gehalte zu ihrer Stunde vom Werke sich ab, und jede vergangene ist dem Werk unwiderbringlich". Wenn aus dieser Sicht „ihre Interpretierbarkeit" an ein Ende gelangt, ist das Werk als Ganzes „verstummt". Durch Abwanderung der Gehalte – gemeint sind vor allem die „personalen und mit ihnen die konstitutiv subjektiven" (ebd., 65), denen sich der „Ursprung" des Werkes verdankt, – brechen die „objektiven Qualitäten" des Werkes durch. Die „Stummheit des zurückgebliebenen Werkes" kann nicht getilgt werden. Indem Kritik „jedoch Werk und Gehalt durch die Zeit geschieden erblickt, blickt sie die Stummheit des Werkes selber an", dessen „Konturen" andere sind „als die des redenden jemals es waren" (ebd.). Wie das dialektische Bild am Ende von Adornos *Wozzeck*-Interpretation den geschichtlichen Immanenzzusammenhang des Werkes abbricht, dem es sich verdankt, so bricht hier Erkenntnis als Kritik diesen Zusammenhang ab: Das zerfallende Werk wird „zum Schauplatz der Dissoziation von Wahrheit und Schein. . . . die Gehalte, die dem Werk vordem eingesenkt waren, beleuchten es nun hell von außen, und in ihrem Lichte fügt seine auswendige Lineatur sich zu Figuren zusammen, die Chiffren der Wahrheit sein mögen." (ebd., 65f.) Es erscheint überflüssig, auch bei dieser Aussage Adornos wiederum darauf hinzuweisen, daß sie das Programm „materialistischer Erkenntnis" erfüllt. Was die *Nachtmusik* jedoch von der *Wozzeck*- und der *Schubert*-Interpretation unterscheidet ist, daß das Motiv der „Logik des Zerfalls" sich im Fragmentarischen der verschiedenen Perspektiven, die hier zusammengeballt erscheinen, deutlicher als in den beiden anderen als *Theorie* zu erkennen gibt, die weitere Folgen zeitigen wird. Wie aus den *Wozzeck*-Texten ersichtlich, so zeigt sich auch hier, daß die Dialektik Hegels, der Adorno in der *Durchführung* des Motivs der „Logik des Zerfalls" folgt, abgebrochen wird durch einen anderen dialektischen Bezug, der sich als „Bild" oder „Kritik" quer stellt zu der geschichtsimmanenten Fortschrittsdialektik, aus der er hervorgeht. (Dasselbe geschieht in der *Dialektik der Aufklärung* und in der *Philosophie der neuen Musik*.) Ob diese Eigentümlichkeit des Adornoschen Denkens in dieser Phase der Herausbildung seiner Philosophie „negative Dialektik" als „Verfahren" antizipiert oder gar schon durchführt, eben weil es den immanenten Zusammenhang aus ihm selbst heraus aufzuzeigen sucht, um eine andere „Wahrheit" sichtbar zu machen, kann an dieser Stelle noch nicht entschieden werden. Denn aufzuweisen ist noch, daß und in welcher Weise die Dialektik Adornos eine *antinomische* Gestalt annimmt. Sie erreicht diese in zwei Schüben: einmal in der Erfassung des Verhältnisses von Musik und ihrer gesellschaftlichen Rezeption (das sich schon ankündigte) und zum zweiten durch die Analyse der Werke der neuen Musik.

IV

Im gleichen Zeitabschnitt (von 1929 bis etwa 1932), in dem Adorno die „Dialektik des musikalischen Materials" als *Theorie* fundiert, die er durch Interpretation insbesondere zeitgenössischer Werke ab 1925 bereits aufgewiesen hatte, entwickelt sich unter *soziologischem* Gesichtspunkt die *antinomische* Struktur seiner Dialektik. Das bestimmende Moment auch dieser Form der Adornoschen Dialektik ist die „Erkenntnis der geschichtlichen Aktualität". Während diese „Erkenntnis" sich in einem dialektischen Gegenzug der geschichtsimmanenten Dialektik der „Logik des Zerfalls" als Spannungspol entgegensetzt, aus welcher neuen dialektischen Spannung heraus die Wahrheitsgehalte der Werke neuer und traditioneller Musik bestimmt werden sollen, so bestimmt sich aus derselben dialektischen Spannung die Antinomie zwischen Kunst und Gesellschaft in der Rezeption und schließlich auch die Antinomie in den Werken der neuen Musik selbst. Um diesen komplexen Zusammenhang durchsichtig zu machen, sind die Grundzüge der „Theorie des musikalischen Materials" kurz vorzustellen. Adorno entwickelt sie in seinem programmatischen Aufsatz *Zur Zwölftontechnik* (1929), sowie in den mit Ernst Krenek öffentlich geführten Diskussionen um *Reaktion und Fortschritt* und um die *Arbeitsprobleme des Komponisten* (1930).[34]

Die Zwölftontechnik sieht Adorno als Resultat eines dialektischen Prozesses, in dem Schönberg aus innerkompositorischen Gründen sein Material „von der Verwesung des zerfallenen Organischen" reinigt und durch die Gleichschaltung der zwölf Töne der chromatischen Skala in eine „neue Ordnung" bringt. Dieser Vorgang ist für Adorno „der rationale Vollzug eines geschichtlichen Zwanges, den fortgeschrittenstes Bewußtsein unternimmt", um durch die „aktuelle *Vorformung* des Materials" die „Freiheit des Komponisten" wieder zu ermöglichen (1974, 168). Somit markiert die Zwölftontechnik „eine geschichtliche Stufe, auf der das Bewußtsein das Naturmaterial in die Gewalt nimmt, seinen dumpfen Zwang tilgt, ordnend benennt und erhellt ganz und gar" (ebd., 173). Die Emanzipation der Musik von Natur, die hier (mit Hegel) als „Fortschritt im Bewußtsein der Freiheit" erscheint, sieht Adorno wenig später „in engstem Zusammenhang mit dem Emanzipationsprozeß der europäischen ratio insgesamt" (was an Max

Webers Auffassung erinnert, wonach die Musik der westlichen Zivilisation, wie diese selbst, bestimmt ist durch Rationalität). Den Sinn dieses Prozesses faßt Adorno als „Befreiung des menschlichen Bewußtseins vom Zwang der mythischen Bindungen, denen es sich entwindet" (ebd., 189). Die Freiheit des Komponisten wird also nicht verstanden unter der Kategorie des individuellen Ausdruckswillens, sondern ist eingebunden in den allgemeinen Befreiungs- und Aufklärungsprozeß, in dem der Künstler mitwirkend steht.

Wenngleich dieser Prozeß sowohl in „gesellschaftlicher" Hinsicht wie auch unter dem besonderen Aspekt der „Genesis von Musik in der Zeit" nicht gedeutet werden kann als „Fortschritt" im „Sinne durchgehender ,Entwicklung'", so aber doch „als Fortschritt der *Entmythologisierung*" (ebd., 180). Allerdings besteht eine entscheidende Differenz zwischen Musik und Gesellschaft: „Das Bild einer befreiten Musik, einmal so scharf gesichtet . . ., läßt sich . . . in der gegenwärtigen Gesellschaft verdrängen, deren mythischem Grunde es widerstreitet." (ebd.) Dieselbe Denkfigur, die schon mehrmals aufgewiesen worden ist, zeigt sich auch hier, und zwar unter deutlichem Einbezug einer gesellschaftkritischen Komponente: Die „befreite Musik", aus einem allgemeinen dialektischen Prozeß der Entmythologisierung hervorgegangen, „widerstreitet" dem „mythischen Grund" der Gesellschaft, dem sie selbst entstammt. Darin tritt sie von sich aus zugleich in Opposition zur bestehenden Gesellschaft. Die dialektische Wendung der Musik ist von zweifacher Art: Sie weist zurück auf den „Ursprung", den sie in den Konstellationen ihrer Werke aufgeklärt hat, und sie weist nach vorn, indem sie sich der Gesellschaft als Gegenbild ihres mythischen Grundes widersetzt. Durch Realisierung der Forderungen des Materials antizipiert die „neue" Musik in den Augen Adornos das, was er mit Horkheimer in der *Dialektik der Aufklärung* als „Besinnung der Aufklärung auf sich selbst" (1969a, 5) in einer geschichtsphilosophischen „Konstruktion" darlegt.

Indem Adorno die geschichtliche „Genesis von Musik" in den gesamtgesellschaftlichen Prozeß einbindet, gewinnt die „Dialektik des Materials", die ihrerseits die Entwicklung der Musik forttreibt, insofern eine andere Bedeutung, als sie selbst dialektisch von jenem Prozeß durchwirkt ist: Immer schon ist „Gesellschaftliches" in das Material eingegangen, das sich durch die Vermittlungen der Künstler je und je in ihren Werken objektiviert. Der Komponist, der sich den Forderungen stellt, die sein „aktuelles" Material bei jedem Werk, das er schafft, an ihn richtet, fügt „der geschichtlichen Konstitution des Werkes, wie sie in dessen Frage und Forderung gelegen ist, mit Antwort und Erfüllung ein *Neues* hinzu, das aus der geschichtlichen Gestalt des Werkes allein nicht folgt" (1974, 177). Das *Kriterium* einer solchen „Erfüllung" ist für Adorno die „Stimmigkeit des Gebildes": an ihr, „und nur an ihr, läßt sich gleichsam ablesen, ob die *soziale Wirklichkeit* so erfüllt ist, wie sie ihre Forderungen im Material geltend macht" (ebd., 190).[35] Das aus dem fortgeschrittensten Stand des Materials hervorgegangene Werk „enthüllt" die verborgene bzw. verdrängte „wahre Wirklichkeit" der Gesellschaft und weist voraus auf verändernde Praxis. Jene Werke aber, die der Forderung des Materials nicht Rechnung tragen, „verhüllen" diese Wirklichkeit; sie bringen eine andere ans Licht, nämlich den ideologischen falschen Schein, in dem die Gesellschaft befangen ist. (Siehe dazu die verschiedenen Interpretationen Adornos in Abschnitt I und II)

Die Kategorie der „Stimmigkeit", zentraler Begriff der Theorie des musikalischen Materials, ist sowohl eine ästhetische wie eine geschichtsphilosophische und gesellschaftskritische Kategorie. Sie ermöglicht dem Analytiker das unterscheidende ästhetische Urteil über Gelingen oder Mißlingen eines Werkes; sie ermöglicht dem deutenden Interpreten die Dechiffrierung des Wahrheitsgehaltes der Werke; und als Drittes: sie ist Indiz für die geschichtlich aktuelle Wahrheit oder Falschheit derjenigen gesellschaftlichen Wirklichkeit, die das jeweilige Werk zum Ausdruck bringt.

Eine letzte Bestätigung erfährt die Theorie in Adornos Aufsatz *Der dialektische Komponist* (1934),[36] den er selbst für eine wichtige Vorstufe zur *Philosophie der neuen Musik* und der an diese anknüpfenden Schriften hält. Der Aufsatz befestigt die philosophische Komponente der Theorie insofern, als Adorno – nach erneuter Erörterung des Verhältnisses von Künstler und Material, von künstlerischer Freiheit und gesellschaftlicher Forderung – die Dialektik des Materials zur *Phänomenologie des Geistes* in Beziehung setzt: „... es ist das schlechthin Neue, daß diese Dialektik in Schönberg ihr Hegelsches ‚Selbstbewußtsein' oder lieber ihren ermeßbaren und genauen Schauplatz gewonnen hat: die musikalische Technologie. Im Licht der Erkenntnis, die seine Musik realisiert, läßt über die wechselfältige Produktion von Subjekt und Objekt nach richtig und falsch sich urteilen." (1968c, 43) Der Anspruch an die Wahrheit der Musik, den Adorno zu fundieren sucht durch

Zitierung jenes zentralen Begriffs der Hegelschen Philosophie, in dem das Bewußtsein sich selbst im Wissen ergreift, wird hier genau so deutlich, wie, in Absetzung von Hegel, die materialistische Begründung solchen Sichwissens im musikalischen Material. Erkenntnis von Wahrheit ist demnach in jedem Werk, gleichviel, ob es dem fortgeschrittensten Stand seines Materials adäquat entspricht oder nicht. Das Urteil hierüber kann nur ästhetisch getroffen werden, durch Analyse der „musikalischen Technologie", welche die *Form* des Werkes konstituiert; die Interpretation der Wahrheit obliegt der philosophischen Deutung (vgl. 1, 334ff.; *Negative Dialektik,* 64).

Die „Konstruktion des Ästhetischen", die Adorno in kritischer Deutung der Philosophie Kierkegaards als „eine Stellung des Gedankens zur Objektivität" herausgearbeitet hat, wie er mit Hegels Worten sagt (1966, 323; „Notiz"), beginnt in diesem Schönberg gewidmeten Text von 1934 sich für seine eigene Musikphilosophie (für seine Ästhetik insgesamt) abzuzeichnen. Auf dem „genauen Schauplatz", den die Technologie der musikalischen Werke für die Wahrheitserkenntnis darstellt, wird gleichermaßen die Antinomie sichtbar werden, die in der neuen Musik selber aufbricht, wie deren dialektisch-antinomische Beziehung zur Gesellschaft.

Diese Beziehung analysiert Adorno zunächst unter soziologischem Gesichtspunkt in seiner ersten großen Abhandlung *Zur gesellschaftlichen Lage der Musik* (1932), die er später nicht wieder veröffentlicht hat.[37] Seine Ausgangsthese ist, daß *alle* Musik in den „bestimmtesten Linien die Widersprüche" der gegenwärtigen Gesellschaft abzeichnet; zugleich ist sie „durch den tiefsten Bruch" abgetrennt von der Gesellschaft, welche sie „produziert" und die selbst nur noch „Abhub und Trümmer" der Musik „aufnehmen" kann. Die Musik nimmt ausschließlich die Rolle einer „Ware" ein; sie hat keinen anderen „Wert als den des Marktes" (vgl. 1932, 103). Adorno sieht die Beziehung zwischen Musik und Gesellschaft unter einem zweifachen dialektischen Gesichtspunkt: Durch die Produktion geht der gesellschaftliche Antagonismus ein in die gesamte Musik. Zum anderen besteht zwischen beiden auch in der Rezeption ein unüberwindbarer „Bruch", weil die Musik in der Gesellschaft wie alle anderen Produkte, die diese hervorbringt, zur „Ware" geworden ist. Als solche unterliegt sie der „Verdinglichung", der „Tauschabstraktion", der „Fetischisierung" — alledem, dessen Kern die totale „Entfremdung" ist. Die soziologische Frage nach der *Funktion* von Musik in der Gesellschaft steht von vornherein in einer doppelten Antinomie: Die Musik kann von sich aus die zwischen ihr und der Gesellschaft bestehende Entfremdung nicht überwinden; umgekehrt kann die Gesellschaft ihrerseits die Entfremdung nicht überwinden, weil sie den Warencharakter nicht durchschaut, überhaupt im ideologischen Schein befangen ist und nicht zuletzt: weil ihre eigene Selbstentfremdung Veränderungen in den Menschen bewirkt hat, um die diese nicht wissen, die aber gerade eine adäquate Rezeption von Musik verhindern – die Menschen nehmen nichts anderes mehr wahr als deren „Abhub" und „Trümmer".

Adorno erörtert diesen komplexen Zusammenhang, an zentralen Marxschen Kategorien orientiert, unter der Frage, ob Musik „in der Lage sein wird als Kunst" in den gesellschaftlichen Prozeß „einzugreifen". Ihre Aufgabe ist, in stringenter Ausformung ihres Materials die gesellschaftlichen Probleme zur Darstellung zu bringen, die „sie bis in die innersten Zellen ihrer Technik in sich enthält"; damit tritt sie in „gewisse Analogie" zu der Aufgabe „der gesellschaftlichen Theorie" (ebd., 104f.). Konsequent wird die „ästhetische *Qualitätsfrage*" zum entscheidenden Kriterium der Erschließung und Wertung der Musik hinsichtlich ihrer gesellschaftlichen Funktion: ob sie die gesellschaftlichen Antinomien „in Angriff nimmt, bewältigt oder stehen läßt oder gar verdeckt" (vgl. 1974, 35f.). Dieser Differenzierung entsprechend analysiert Adorno die zeitgenössische Musik. Von vornherein unterscheidet er strikt zwischen zwei Gruppen: die eine, durch Schönberg und seine Schüler vertretene, richtet sich „prinzipiell nicht nach dem Markt", während die andere (von Strawinsky über Hindemith bis hinunter zum Kitsch) ohne „jeden dialektischen Eingriff" den Warencharakter anerkennt (vgl. 1932, 107f.). Die Analyse zeigt, daß keine Musik von sich aus in den gesellschaftlichen Prozeß eingreifen kann, sie zeigt weiter, daß – außer der „neuen Musik" der Schönbergschule – alle Musik die ihr gestellte Aufgabe nur unzureichend oder überhaupt nicht erfüllt.

Ähnliches zeigt die Analyse der Reproduktion, die zwischen Produktion und Konsum vermittelt. Nach Adornos Theorie hat die Reproduktion die „aktuellen" Gehalte der traditionellen Musik zu realisieren, dem Stand der geschichtlichen Erkenntnis entsprechend. Andererseits steht die Reproduktion unter den Anforderungen der Gesellschaft, die durch die Gesetze des Marktes bestimmt sind. Das Publikum fetischisiert seine Musik, indem es sie als Bildungsgut zu besitzen glaubt oder sich die Befriedigung der Gefühle erhofft, welche die Gesellschaft den Menschen verweigert. Erkenntnischarakter und Fetischcharakter weisen in der Reproduktion traditioneller Musik unversöhnbar auseinander.

Insgesamt legt Adornos Analyse dar, was die Ausgangsthese voraussetzt: Die Entfremdung zwischen Musik und Gesellschaft kann nicht durch die Musik korrigiert werden, sondern einzig durch „Veränderung der Gesellschaft" selbst (vgl. ebd.; auch 12, 119ff.). Gerade dort, wo die Entfremdung überhaupt nicht zu bestehen scheint, im Konsum des Kitsches, der von vornherein schon als „reine Ware" produziert wird, ist sie (in einer gleichsam pervertierten Form) am größten. Der Kitsch bildet den dialektischen Gegenpol zur neuen Musik, die sich nicht dem Marktgesetz unterwirft, wie sie umgekehrt so gut wie überhaupt nicht zu Gehör gebracht wird, wodurch sie einstweilen der Warenfunktion entgeht. Die gesellschaftlichen Antinomien, unter dem Signum der Entfremdung für Adorno evident in aller Produktion von Musik, zeigen sich in der Konsumpraxis als *Aporie* zwischen Musik und Gesellschaft. Von dieser Aporie ist die neue Musik am schärfsten betroffen. Sie, die wie keine andere durch rationale „Auskonstruktion" der Forderungen ihres Materials den gesellschaftlichen Antagonismus aufzeigt, hat von sich aus „die letzte Kommunikation mit der Hörerschaft durchschnitten" (1932, 110):[38] Sie *überwindet* „die Entfremdung nach innen nur durch ihre Vollendung nach außen" (ebd., 112). In dieser ihrer eigenen Paradoxie spricht sie „die Not des gesellschaftlichen Zustandes" aus und ruft „in der Chiffernschrift des Leidens zur Veränderung auf"; das läßt ihre „Formen" nicht unberührt, die durch „Antinomien" gezeichnet sind (vgl. ebd., 105).

Den „aporetischen Zustand" zwischen Musik und Gesellschaft im Bereich der gesellschaftlichen Praxis darzustellen, war die „Intention" Adornos, wie er Krenek mitteilt: Er habe „eine bestimmte und sehr eingreifende *Erfahrung* ausdrücken wollen, nämlich die der ‚Verstelltheit', die im Kierkegaardbuch im Zentrum steht" (1974, 37). Adorno stimmt „Benjamins Satz von den Wundmalen am Körper der Gesellschaft" zu, (wie insbesondere seine sozialpsychologische Abhandlung *Über den Fetischcharakter in der Musik und die Regression des Hörens* von 1938 ausführt). Andererseits erinnert Adorno an das, „was Kierkegaard von der Verzweiflung als Krankheit zum Tode sagt, daß nämlich die Krankheit zugleich Heilmittel sei" (ebd.). Anders aber als für Kierkegaards Philosophie, der „in objektiver Verzweiflung, in der Ontologie der Hölle ... das wahre Bild des Menschen" „ersteht", — „als zerschlagenes, geschiedenes, gerichtetes" (1966, 154) —, ersteht für Adorno ein ähnliches Bild des Menschen in der neuen Musik. Weiterhin anders als Kierkegaard, der den „Begriff des Einzelnen errettet", indem er ihn durch den „Sprung in den Glauben" (vgl. Müller-Strömsdörfer 1960, 104) aus der Zwielichtigkeit der Dialektik von „Freiheit und Natur" herausnimmt und dem „Gericht" und der „Gnade" überantwortet, da er „ungerichtet der Mythologie verfiele" (ebd.), überantwortet Adorno dieses Bild der antinomischen Gestalt der neuen Musik.

Aus der philosophisch gespeisten Erfahrung der neuen Musik erfolgt Adornos Anschluß an die von Horkheimer formulierten Ziele einer Kritischen Sozialforschung.[39] Das gemeinsame Werk beider, die *Dialektik der Aufklärung,* vollzieht den entschiedenen Schritt zur „bestimmten Negation", und zwar in gesellschaftstheoretischer Hinsicht. Von daher empfängt dann die Musikphilosophie Adornos jene letzte gesellschaftstheoretische Durchdringung, der die *Philosophie der neuen Musik* ihre endgültige Gestalt verdankt.

Angesichts der Verfassung des Ganzen von Musik und Gesellschaft, in dem der Auflösungsprozeß der traditionellen Musik fortschreitet und der Verfall der neuen in der Produktion der nachfolgenden Komponisten bereits eingesetzt hat, in dem das adäquate Verstehen der traditionellen und der neuen Musik auch weiterhin unmöglich ist (vgl. 12, 15-19), muß sich die neue Musik auf ihr „philosophisches Erbe" besinnen, um es nicht *blind* von sich aus dem völligen Untergang preiszugeben: auf „die Idee der Humanität". Der drohende Tod der Musik begründet sich aber nicht durch die negative Situation in der Rezeption, sondern — und dies eben ist der Ansatz der philosophischen Selbstreflexion der neuen Musik, die Adorno unternimmt — aus der *Negativität in den Werken selbst:* „Indem sie totale Aufklärung in sich, ohne Rücksicht auf die abgefeimte Naivetät des Kulturbetriebs vollziehen, werden sie nicht nur die um ihrer Wahrheit willen anstößige Antithese zur totalen Kontrolle, welcher der Betrieb zusteuert, sondern ähneln zugleich der Wesensstruktur dessen sich an, wogegen sie stehen, und treten in Gegensatz zum eigenen Anliegen." (12, 24) Die „objektiven Antinomien" der Gesellschaft, die in der *Dialektik der Aufklärung* thematisiert werden, zeigen sich in den Werken dergestalt, daß sie durch ihr bloßes So-Sein in ihrer Intention und in ihrer Existenz fragwürdig geworden sind. Werden sie von der Gesellschaft ignoriert, dann ist ihre Existenz überflüssig; geschieht dies nicht, dann affirmieren sie das falsche Bestehende. Unter beiden Aspekten ergibt sich für Adorno die Frage nach dem Ende der neuen Musik. Trotz der Antinomie, die in ihr selbst waltet, begründet Adorno die Berechtigung ihrer Existenz neu; dies letztlich in ethischer Absicht: Ihre negative Wahrheit gewinnt ihren Sinn allein daraus, daß sie „durch organisierte Sinnleere den Sinn der organisierten Gesellschaft dementiert ... Sie ist unter den gegenwärtigen Bedingungen zur bestimmten Negation verhalten" (12, 28) — wie die „unnachgiebige Theorie", von der die *Dialektik der Aufklärung* spricht und die sich in der *Negativen Dialektik* aufs neue artikuliert (vgl. 26; 162f. u. a.).

Auf der Grundlage der Theorie des musikalischen Materials „konstruiert" Adorno die „Idee der Werke und ihres Zusammenhangs". Noch einmal stellt er in Analyse und Deutung[40] die Werke der Schönbergschule und die Strawinskys einander gegenüber. Durch „Explikation von ästhetischem Recht und Unrecht im Herzen der Gegenstände", die an die „Stimmigkeit des Phänomens, in einem nur an diesem selbst zu entwickelnden Sinn" gebunden sind, sucht Adorno die Wahrheit bzw. Unwahrheit der Werke festzustellen; dabei zielt er auf „gesellschaftliche Theorie". Was diese analytische Interpretation von den früheren unterscheidet, ist bedingt durch „das dem Gegenstand transzendente philosophische Wissen" (vgl. 12, 34), das ebensowohl auf das in der *Dialektik der Aufklärung* Entwickelte verweist wie auf das letzte Fragment der *Minima Moralia,* welches die Überschrift „Zum Ende" trägt. Die leitende Kategorie des deutenden Verfahrens ist ein Widerspruch „doppelten Wesens: daß die Werke den Widerspruch gestalten und bei solcher Gestaltung in den Malen ihrer Imperfektion wiederum ihn hervortreten lassen, ist das Maß ihres Gelingens" (12, 34). Aber gerade dadurch geraten sie in eine existentielle Paradoxie: Sie verbleiben ästhetisch als „zerstörte" Werke (vgl. ebd.).

Zusammenfassend — und Maßstäbe für die ästhetische Erkenntnis setzend — lassen sich die Einsichten der *Philosophie der neuen Musik* exemplifizieren am Gesamtwerk Arnold Schönbergs. Zugleich wird in den Bewegungen und Gegenbewegungen, die Schönberg als Komponist durchläuft, das Schicksal der Dialektik sichtbar. Sein Weg führt von der Atonalität, die das traditionelle Werk zerschlägt, über das konstruktive Gestaltungsprinzip der Zwölftonmusik und deren zur totalen Herrschaft gediehenen Rationalität in die neuerliche Selbstbefreiung zum Ausdruck hin durch Zerbrechen der Form. „Der dialektische Komponist gebietet der Dialektik Halt." (12, 118)

Damit ist die Denkform und -haltung negativer Dialektik faktisch erreicht. Wie die Musikphilosophie als die einzigen Werke, die heute noch zählen, jene bestimmt, die „keine Werke mehr sind" (12, 37),[41] so wird die *Negative Dialektik* in immanenter Kritik der Theorien durchgeführt als „Antisystem", das ein neues Denken vorbereiten will.

V

Unser Gedankengang hatte eine höchst komplexe Materie zu bewältigen. Vieles konnte nur angedeutet werden. Dennoch läßt sich folgendes Fazit ziehen:

1. Die Dialektik Adornos entspringt und entfaltet sich auf dem Boden der Musik und ihrer Deutung.
2. Eine Reihe wichtiger Motive der Adornoschen Philosophie sind im Bereich der musikkritischen und musiktheoretischen Schriften erheblich früher nachzuweisen als die bisherige Adorno-Interpretation sie aufgewiesen hat.
3. Die *negative* Dialektik erreicht ihre Durchgestaltung in der *Philosophie der neuen Musik*, mit der sie auch in der Intention der „Rettung des Hoffnungslosen" verbunden ist.

Anmerkungen

1 Während bereits zu Lebzeiten Adornos in der Musikwissenschaft eine z. T. heftig geführte Diskussion um die *Philosophie der neuen Musik* stattfand, fiel eine vergleichbare im Bereich der Philosophie völlig aus. Auch die inzwischen zu einer Flut von Beiträgen zur *Ästhetischen Theorie* angewachsene Sekundärliteratur geht kaum auf die *Philosophie der neuen Musik* ein. Man begnügt sich meist mit dem pauschalen Hinweis, daß Adornos Ästhetik in seiner Musikerfahrung gründe, oder bezeichnet die

Musik als „Paradigma" für Adornos Kunstauffassung insgesamt. Siehe dazu exemplarisch die *Materialien zur ästhetischen Theorie Th. W. Adornos* (1980), insbesondere die *Kommentierte Auswahlbibliographie* von Lang. Die dort verzeichnete relativ hohe Zahl der musikwissenschaftlichen Beiträge darf nicht darüber hinwegtäuschen, daß es dabei nur selten um die Behandlung philosophischer Fragestellungen geht; diese werden von Lang eigens gekennzeichnet. Ergänzungshalber ist zu nennen: Sziborsky 1979a.

2 Auf die musikalische Umgebung, in der Adorno aufwuchs, ist bereits öfter hingewiesen worden. Vgl. z. B. Petazzi 1977; ferner Knapp 1980, der besonders auf die musikalisch geprägten Motive im Denken Adornos aufmerksam macht. – Welche grundlegende Bedeutung Adorno selbst frühkindlichen ästhetischen Erfahrungen für die Ausbildung der Erfahrungs*fähigkeit* zumißt, zeigt sich in seiner Stellungnahme zu erzieherischen Problemen. Angesichts der gesellschaftlich bedingten Verkümmerung der Erfahrungsfähigkeit junger Menschen fordert Adorno eine „Erziehung zur Erfahrung", in der die Fähigkeit zur Erfahrung überhaupt erst zu entwickeln ist, um Mündigwerden zu ermöglichen (vgl. Adorno 1970). Zur Verdeutlichung des Gemeinten sagt Adorno: „Wenn ich noch einmal vom Musikalischen reden darf: musikalische Erfahrungen in der frühen Kindheit macht man, wenn man im Schlafzimmer liegt, schlafen soll und mit weitaufgesperrten Ohren unerlaubt hört, wie im Musikzimmer eine Beethoven-Sonate für Klavier und Violine gespielt wird. Wird einem aber diese Erfahrung in einem gleichsam selber wieder geregelten Prozeß beigebracht, dann erhebt sich die Frage, ob er dieselbe Tiefe der Erfahrungsschicht erreicht." (ebd., 117f.)

3 Vgl. die Bibliographie von Schultz 1971.

4 Vgl. Petazzi, bes. 26-43. Von den frühen, auch außerakademischen Einflüssen, welche die Entwicklung der Adornoschen *Philosophie* mit bestimmt haben, wie Petazzi zu zeigen sucht, sind hier nur folgende anzudeuten: Adornos Kant-Lektüre mit Kracauer, der Adorno lehrte, „das Ausdrucksmoment der Philosophie wahrzunehmen", der ihm Simmel und Scheler vermittelte; ferner Adornos eigene Lektüre von Blochs *Geist der Utopie* und von Lukács *Theorie des Romans;* und nicht zuletzt: Adornos Bekanntschaft mit Benjamin.

5 Um die Gestalt der Adornoschen Dialektik zu verdeutlichen, ist eine ausführlichere Zitation der musikkritischen und musiktheoretischen Texte unumgänglich. Daß sich daraus für den Leser auch ein Bild der frühen Musikphilosophie Adornos ergeben

möge, ist eine Intention meiner Überlegungen. – Eine eingehende Auseinandersetzung mit der Sekundärliteratur ist im Rahmen dieser Abhandlung nicht möglich.
6 Siehe dazu insbesondere die Beiträge in diesem Band.
7 Exemplarisch für Adornos Kritik der expressionistischen Dichtung steht Reinhard Sorges Drama *Der Bettler*.
8 Überdies zeigt Adornos *Strauss*-Aufsatz Einflüsse der Lebensphilosophie (Simmel und Bergson). Vgl. Sziborsky 1979a, 31-36.
9 Erstmals publiziert in: Die Musik. 9 (1926/27), 24-28. Zitate aus dem Wiederabdr. in 1968c, 58-62.
10 *Strawinsky*. Ein dialektisches Bild. Vortrag im Hessischen Rundfunk. Juni 1962. Wiederabr. in 1963a, 201-242; Zitate ebd., 207; 214.
11 Hervorhebung d. V.
12 *Die Aktualität der Philosophie*. Adornos Antrittsvorlesung. Datierung des Manuskripts 7.5.1931 (vgl. Tiedemann 1, 383).
13 Diesen Begriff verwendet Adorno auch in seinem Aufsatz *Zur Zwölftontechnik* (1929). Wiederabdr. in 1974, 167-173. (Näheres zur „Zwölftontechnik" s. u. Abschn. IV.) „Vollständige thematische Auskonstruktion und vollständige Unsichtbarkeit der thematischen Konstruktion: in solchem Widerspruch sammelt sich die bewegende Produktivkraft von Schönbergs Stilbildung." (ebd., 171) Was Adorno hier unter dem Begriff „Auskonstruktion" in übergreifender Weise als ein bereits Geleistetes faßt, wird wiederum an einem bestimmten Werk, *Schönbergs Bläserquintett* (1928), im Detail entwickelt (vgl. den Wiederabdr. in 1964, 161-166). Demgegenüber heißt es in der 1932 geschriebenen *Idee der Naturgeschichte*, daß „man zu der Auskonstruktion der Naturgeschichte (erst) gelangen kann" (1, 362). – Die Vermutung liegt nahe, daß Adorno die Begriffe „Konstruktion" und „Auskonstruktion" aus der kompositorischen Praxis gewinnt und auf die philosophische Verfahrensweise überträgt. Konstruiert wird die innere und äußere *Form* des Werkes, das als ganzes den *Ausdruck* hervorbringt. Das Kompositionsverfahren selbst ist Auskonstruktion der Motive oder thematischen Einheiten. Von hier aus wird jener (gelegentlich belächelte oder auch attackierte) Satz aus der *Negativen Dialektik,* den Adorno im Rückbezug auf Schönberg äußert, überhaupt erst in seinem vollen Sinne verständlich: „man lerne ... eigentlich nur, wie ein Satz anfange und schließe, nichts über ihn selber, seinen Verlauf. Analog *hätte Philosophie* nicht *sich* auf Kategorien zu bringen, sondern in gewissem Sinn erst *zu komponieren. ... was in ihr sich zuträgt, entscheidet*, nicht These oder Position; ... Daher ist Philosophie (wie Musik) wesentlich nicht referierbar." (44)

14 Zur Kompositionsweise von Alban Berg, der in der dialektischen Spannung von „partikularer Motivik und symphonischer Extensität" (1925b, 533) aus den kleinsten Übergängen die große Form gewinnt, vgl. auch Adorno 1968a.
15 Adorno überträgt den Gedanken von der geschichtlichen Aktualität der Erkenntnis in der Kunst von der Musik auf die Philosophie. In den *Thesen über die Sprache des Philosophen* heißt es: „Der Philosoph hat nicht wählend Gedanken auszudrücken, sondern muß die Worte finden, die nach dem Stande der Wahrheit in ihnen einzig legitimiert sind, die Intention zu tragen, die der Philosoph aussprechen will und nicht anders aussprechen kann, als indem er das *Wort* trifft, *dem zur geschichtlichen Stunde solche Wahrheit innewohnt."* (1, 367; Hervorhebungen d. V.) Wenn Lüdke (1981) die das spätere Werk Adornos bestimmenden Motive erstmals in Adornos philosophischen Frühschriften Anfang der dreißiger Jahre gegeben sieht (ebd., 69f.) und betont, daß sich seither „das Verhältnis von Kunst und Theorie" bei Adorno „kaum mehr verändert" habe (ebd., 15), so trifft letzteres zu, das erstgenannte nicht. Zentrale Motive, wie z. B. das von der Erkenntnis geschichtlich aktueller Wahrheit in der Kunst oder das von der „Logik des Zerfalls" (s. auch Abschn. III), sind bereits konstitutiv für Adornos Interpretation der Musik Strawinskys (1925), Hindemiths (1926) und insbesondere für die der *Wozzeck*oper.
16 Derselbe Prozeß vollzieht sich in Schönbergs *George-Liedern:* Zerschlagung des Gedichts in seine „kleinsten Partikel", „Zerfall" der „musikalischen Oberfläche", „ihre Korrektur durch das unvergleichlich Einzelne", woraus „sich eine zweite neue musikalische Totalität" aus Wort und Musik komponiert; das ist „durch den aktuellen Stand der innerkompositorischen Dialektik gefordert". Vgl. Adorno 1928, 365.
17 Die Lieder des Soldaten Wozzeck und der Marie sind Beispiele solchen „Abhubs"; sie steigen auf aus dem „Dunkel", in das der Weg „durch die Kindheit" führt. „Archaisches Traumgut", „präexistent und längst versunken", wird in „der verzerrten Tonalität der Lieder" zitiert. Über „das mythische Reich, in das die *Wozzeck*musik hundert Schächte legt, erhebt sich mächtig der Affekt der Trauer" (9f.).
18 Exemplarisch hierfür ist das letzte Fragment der *Minima Moralia.* Vgl. ferner *Negative Dialektik,* 377ff., 384-386.
19 1936 schreibt Adorno an Horkheimer: „. . . könnte ich doch das Motiv der Rettung des Hoffnungslosen als Zentralversuch aller meiner Versuche einsetzen, ohne daß mir ein Mehr zu sagen bliebe". Zit. nach H. Gumnior/R. Ringguth 1973, 84.

20 Vgl. auch Adornos Ausführungen zu *Anton Webern. Zur Aufführung der fünf Orchesterstücke in Zürich* (1926), zur *Situation des Liedes* (1928), zu *Schönbergs Bläserquintett* (1928; Wiederabdr. in 1964), nicht zuletzt Adornos Analyse und Deutung der Werke von *Schubert* (1928; Wiederabdr. in 1964).
21 Adorno bindet die Physiognomik an den *Ausdruck* der Werke: „Ausdruck ist das klagende Gesicht der Werke. Sie zeigen es dem, der ihren Blick erwidert . . ." Sein „Modell" ist „der Ausdruck von außerkünstlerischen Dingen und Situationen. In ihnen bereits haben historische Prozesse und Funktionen sich sedimentiert und sprechen daraus." (7, 170) Zur „Insistenz des Ausdrucks" der *Philosophie* siehe *Negative Dialektik,* 62f.
22 Zur Konstellation und Konstruktion der „geschichtlichen Bilder" vgl. Adorno in: *Die Aktualität der Philosophie* (1, 341), ferner zum Bildcharakter der Kunstwerke 7, 130ff.
23 Zur zweifachen Perspektive dieser „Versetzung" vgl. Sziborsky 1982, bes. 95-97, sowie Anm. 90. Die von Scheible Adorno unterstellte „Abwertung alles nur geschichtlichen Fortschritts vom Standpunkt eines Absoluten aus" (in *Materialien . . . 1980,* 361), trifft nicht zu. Scheible übersieht die *Dialektik* zwischen Transzendenzbezug und auf Veränderung zielender Gesellschaftskritik, in der Kritik und negative Metaphysik je und je zu einer Konstellation zusammenschießen, die ihrerseits eine zweifache Perspektive eröffnet. Siehe dazu exemplarisch das physiognomisch-dialektische Bild der neuen Musik in 12, 122.
24 Agnostizistisch hält Adorno die Möglichkeit, daß das „erscheinende Nichtseiende" sein könnte, offen, denn er fragt: „woher" die Kunstwerke als „Figuren des Seienden und unfähig, Nichtseiendes ins Dasein zu zitieren, dessen überwältigendes Bild werden könnten, wäre nicht doch das Nichtseiende an sich selber" (7, 129). Vgl. auch Sziborsky 1979b, bes. 83-86.
25 Hervorhebung d. V.
26 Hervorhebung d. V.
27 Nietzsche 1966, 209-285.
28 Erstmals publiziert in: Die Musik. Jg. 21 (1928/29), 1-12. Wiederabdr. in 1964, 18-36. Danach zitiert. In der Vorrede (ebd., 8) sagt Adorno, daß sich „die philosophische Interpretation allzu unmittelbar, unter Vernachlässigung der technisch-kompositorischen Tatbestände" vorwage. Dieser Mangel ist in Adornos Interpretation der *Oper Wozzeck* nicht mehr zu konstatieren.
29 Adorno benutzt beide Termini ohne deutlich erkennbaren Unterschied (vgl. ebd., 20). Gemeint ist wohl, daß die Deutung der Schubertschen Musik als eines „lyrischen Gebildes" zerfallen ist; an die Stelle dieses Deutungsbildes setzt Adorno ein anderes.

30 Die Dialektik von „Trauer und Trost" durchwirkt auch die *George-Lieder* von Schönberg: „Alle Musik Schönbergs zu Worten von George ist Musik des Trostes, wie die George-Gedichte, die er wählte, ... Trauergedichte sind." (1928, 367.) Eben darin greift Schönbergs Musik über das „Mythisch-beharrende" der Gedichte hinaus und setzt frei, „was irgend an Wahrheit in ihnen zur Rettung bereit lag" (ebd.).

31 Schönbergs *George-Lieder* bringen diese Realität auf andere Weise zum Ausdruck. Georges Dichtung hat „reaktionären Sinn", weil ihre „romantisch-mythologischen Gehalte dem fortgeschrittensten Stande des gegenwärtigen Bewußtseins nicht mehr entsprechen" und in der politisch-sozialen Wirklichkeit „ideologisch nutzbar" gemacht werden können. Demgegenüber weisen Schönbergs Vertonungen der Gedichte revolutionär voraus auf eine andere Realität: „die Macht des erhellenden Bewußtseins über das bloß Seiende, die in jedem Takt mit Aufruhr und Strenge sein Werk hervorrufen möchte, (wird) erst in einer veränderten Gesellschaft als Intention vollends freiliegen" (1928, 368).

32 Erstveröffentlichung in der Zeitschrift Anbruch (11, H. 1, 16-23), die Adorno 1929 redigierte. Leicht veränderter Wiederabdr. in 1964, 58-66. Zitate ebd.

33 Hervorhebung d. V.

34 Die Diskussion um *Reaktion und Fortschritt* wurde im Juniheft der Zeitschrift Anbruch geführt (Krenek publizierte einen Aufsatz unter dem Titel *Fortschritt und Reaktion*); sie fand ihre Fortsetzung in einem Gespräch der beiden Autoren über *Arbeitsprobleme des Komponisten*, das im Frankfurter Sender ausgestrahlt und wenig später in der Frankfurter Zeitung abgedruckt wurde. Zit. nach dem Wiederabdr. in 1974.

35 Hervorhebungen d. V.

36 Erstveröffentlichung in: *Arnold Schönberg zum 60. Geburtstag*, 13. September 1934. Wiederabdr. in 1968c. Danach zitiert. Der Hinweis Adornos ebd., 7.

37 Rückblickend sagt Adorno von dieser Arbeit, an welche seine späteren musiksoziologischen Studien sich anschlossen, sie sei „durchaus theoretisch orientiert, getragen von der Vorstellung einer in sich antagonistischen Totalität, die auch in der Kunst ,erscheint' und auf welche die Kunst zu interpretieren ist" (vgl. 1969c, 114). Die in diesem „Entwurf einer ausgeführten Musiksoziologie" vorgenommene Identifikation „der musikalischen Produktion mit dem Vorrang der ökonomischen Produktionssphäre" bezeichnet Adorno an anderer Stelle als einen „Fehler". Dies habe ihn bewogen, die Abhandlung nicht wieder zu veröffentlichen. Vgl. 1968b, 236, Fußnote.

38 Vgl. dazu *Negative Dialektik,* 51: „Kriterium des Wahren ist nicht seine Kommunizierbarkeit an jedermann."
39 Vgl. Horkheimers Vorwort im ersten Heft der Zeitschrift für Sozialforschung (1932), I-IV. Reprint 1980. Dazu die Einleitung von Alfred Schmidt, bes. 17*-26*.
40 Spätestens in der *Philosophie der neuen Musik* wird erkennbar, daß die werkimmanente Analyse und Interpretation (vgl. 12, 33f.) — die Adorno von Anfang an und zunehmend mehr von Theorie durchdrungen aus der Mitte der musikalischen Produktion gewinnt — Modellcharakter für das Verfahren der *Negativen Dialektik* hat: „. . . immanent kritisieren heißt darum, paradox genug, auch, . . . von außen kritisieren", um das Nichtidentische freizulegen (siehe dort, 149). Vgl. auch den zweiten Beitrag von Naeher in diesem Band, bes. 208.
41 Dem entspricht die *Negative Dialektik:* Sie postuliert „Fragmente als Form der Philosophie" (39), die Adorno (wie Schönberg in den Fragmenten seiner Werke) in den „Modellen" im Schlußteil entwirft. Wie Schönberg aus dem Immanenzzusammenhang der Dialektik des Materials heraustritt, den er im Verzicht auf die geschlossene Form durchbricht, so bedarf die „Versenkung ins Einzelne, die zum Extrem gesteigerte dialektische Immanenz, . . . als ihres Moments auch der Freiheit, *aus dem Gegenstand herauszutreten, die der Identitätsanspruch abschneidet."* (ebd., Hervorhebung d. V.; vgl. ferner ebd., 398.)

Literatur

Adorno, T. W.: Expressionismus und künstlerische Wahrhaftigkeit. Zur Kritik neuer Dichtung. In: Die Neue Schaubühne. 2 (1920), 233-236.
Adorno, T. W.: Béla Bartók. In: Neue Blätter für Kunst und Literatur. 4 (1921/22), 126-128. (a)
Adorno, T. W.: Bartók-Aufführungen in Frankfurt. In: Neue Blätter für Kunst und Literatur. 5 (1922/23), 1-5. (b)
Adorno, T. W.: Drei Operneinakter von Paul Hindemith: Mörder Hoffnung der Frauen, Schauspiel von Oskar Kokoschka: Sancta Susanna, ein Akt von August Stramm; Das Nusch-Nuschi, Operette für burmanische Marionetten von Franz Blei. In: Neue Blätter für Kunst und Literatur. 4 (1921/22), 121-122. Wiederabdr. u. d. T.: Ad vocem Hindemith I in: Impromptus, 55-57. (c)
Adorno, T. W.: Paul Hindemith. In: Neue Blätter für Kunst und Literatur. 4 (1921/22), 103-106. Wiederabdr. u. d. T.: Ad vocem Hindemith I in: Impromptus, 53-55. (d)
Adorno, T. W.: Kammermusik im Verein für Theater- und Musikkultur. Dritter Kammermusikabend: Arnold Schönbergs Pierrot lunaire. Vierter Kammermusikabend. In: Neue Blätter für Kunst und Literatur. 4 (1921/

22), 88-90. (e)

Adorno, T. W.: Zeitgenössische Kammermusik. Erster und zweiter Abend im Verein für Theater- und Musikkultur. In: Neue Blätter für Kunst und Literatur. 5 (1922/23), 9-11. (f)

Adorno, T. W.: Neue Musik. Sieben Kammerkonzerte in Frankfurt am Main. In: Zeitschrift für Musik. 90 (1923), 314-316.

Adorno, T. W.: Richard Strauss: Zum 60. Geburtstage: 11. Juni 1924. In: Zeitschrift für Musik. 91 (1924), 289-295.

Adorno, T. W.: Béla Bartóks Tanzsuite. In: Pult und Taktstock. 2 (1925), 105-107. (a)

Adorno, T. W.: Alban Berg. Zur Uraufführung des „Wozzeck". In: Musikblätter des Anbruch. 7 (1925), 531-537. (b)

Adorno, T. W.: Die Serenade. Zur Aufführung von Schönbergs Serenade in Venedig. In: Pult und Taktstock. 2 (1925), 113-118. (c)

Adorno, T. W.: Strawinsky-Fest. In: Musikblätter des Anbruch. 7 (1925), 551-553. (d)

Adorno, T. W.: Über einige Werke von Béla Bartók. In: Zeitschrift für Musik. 92 (1925), 428-430. (e)

Adorno, T. W.: Volksliedersammlungen. In: Die Musik. 17 (1924/25), 583-585. (f)

Adorno, T. W.: Zeitgenössische Musik in Frankfurt a. M. In: Zeitschrift für Musik. 92 (1925), 216-218. (g)

Adorno, T. W.: Zum Problem der Reproduktion. Fragmente. In: Pult und Taktstock. 2 (1925), 51-55. (h)

Adorno, T. W.: Anton Webern. Zur Aufführung der fünf Orchesterstücke in Zürich. In: Musikblätter des Anbruch. 8 (1926), 280-282.

Adorno, T. W.: Situation des Liedes. In: Musikblätter des Anbruch. 10 (1928), H. 9/10: Gesang. Hrsg. von H. Heinsheimer/P. Stefan, 363-369.

Adorno, T. W.: Die Oper Wozzeck. In: Der Scheinwerfer. Blätter der Städtischen Bühnen Essen. 3 (1929/30), H. 4, 5-11.

Adorno, T. W.: Zur gesellschaftlichen Lage der Musik. In: Zeitschrift für Sozialforschung. 1 (1932), 103-124 u. 356-378. Nachdruck München 1980.

Adorno, T. W.: Über den Fetischcharakter in der Musik und die Regression des Hörens. In: Zeitschrift für Sozialforschung. 7 (1938), 321-355. Wiederabdr. in: Dissonanzen. 3. Ausg. Göttingen 1963 u. ö., 9-45. (a)

Adorno, T. W.: Strawinsky. Ein dialektisches Bild. In: Quasi una fantasia. Frankfurt 1963. (b)

Adorno, T. W.: Moments musicaux. Frankfurt 1964.

Adorno, T. W.: Kierkegaard. Konstruktion des Ästhetischen. Tübingen 1933. 3. erw. Ausg. Frankfurt 1966.

Adorno, T. W.: Berg. Der Meister des kleinsten Übergangs. Wien 1968. (Österreichische Komponisten des 20. Jahrhunderts. Bd. 15.) (a)

Adorno, T. W.: Einleitung in die Musiksoziologie. Zwölf theoretische Vorlesungen. Frankfurt 1962. Berichtigte und erw. Ausg. Reinbek bei Hamburg 1968 u. ö. (b)

Adorno, T. W.: Impromptus. Frankfurt 1968. (c)

Horkheimer, M./Adorno, T.W.: Dialektik der Aufklärung. Philosophische Fragmente. Amsterdam 1947. Neuausgabe Frankfurt 1969. (a)

Adorno, T. W.: Minima Moralia. Reflexionen aus dem beschädigten Leben. Frankfurt 1951 u. ö. (1969) (b)
Adorno, T. W.: Stichworte. Kritische Modelle 2. Frankfurt 1969. (c)
Adorno, T. W.: Erziehung zur Mündigkeit. Vorträge und Gespräche mit Hellmut Becker 1959-1969. Hrsg. von G. Kadelbach. Frankfurt 1970 u. ö.
Adorno, T.W.: Gesammelte Schriften. Bde. 1ff. Hrsg. v. G. Adorno/R. Tiedemann. Frankfurt 1970ff. Bde. 1, 6, 7, 12.
Adorno, T.W./Krenek, E.: Briefwechsel. Hrsg. v. W. Rogge. Frankfurt 1974.
Gumnior, H./Ringguth, R.: Max Horkheimer in Selbstzeugnissen und Bilddokumenten. Reinbek bei Hamburg 1973.
Knapp, G. P.: Theodor W. Adorno. Berlin 1980. (Köpfe des 20. Jahrhunderts. Bd. 93.)
Lüdke, W. M.: Anmerkungen zu einer „Logik des Zerfalls": Adorno – Beckett. Frankfurt 1981.
Materialien zur ästhetischen Theorie Theodor W. Adornos. Konstruktion der Moderne. Hrsg. von B. Lindner und W. M. Lüdke. Frankfurt 1979.
Müller-Strömsdörfer, I.: Die „helfende Kraft bestimmter Negation". Zum Werke Th. W. Adornos. In: Philos. Rundschau. 8 (1960), 81-105.
Nietzsche, F.: Vom Nutzen und Nachteil der Historie für das Leben. In: Werke. Bd. 1. Hrsg. von K. Schlechta. München/Darmstadt 1966, 209-285.
Petazzi, C.: Studien zu Leben und Werk Adornos bis 1938. In: Theodor W. Adorno. Hrsg. von H. L. Arnold, ed. text und kritik. München 1977, 22-43.
Scheible, H.: Die Kunst im Garten Gethsemane. Ästhetik zwischen Konstruktion und Theologie. In: Materialien zur ästhetischen Theorie Theodor W. Adornos. Hrsg. von B. Lindner und W. M. Lüdke. Frankfurt 1980, 348-365.
Schmidt, A.: Die „Zeitschrift für Sozialforschung". Geschichte und gegenwärtige Bedeutung. In: Zeitschrift für Sozialforschung. Bd. 1. Nachdruck München 1980, 5*-63*.
Schultz, K.: Vorläufige Bibliographie der Schriften Theodor W. Adornos. In: Theodor W. Adorno zum Gedächtnis. Hrsg. von H. Schweppenhäuser. Frankfurt 1971, 177-242.
Sziborsky, L.: Adornos Musikphilosophie. Genese – Konstitution – Pädagogische Perspektiven. München 1979. (a)
Sziborsky, L.: Agnostizismus – ein Konstituens der Kritischen Theorie Horkheimers und Adornos. In: Der moderne Agnostizismus. Hrsg. von H. R. Schlette. Düsseldorf 1979, 68-91. (b)
Sziborsky, L.: Die Rettung des Hoffnungslosen. Theodor W. Adornos Philosophie der neuen Musik. In: Philosophisches Jahrbuch. 89 (1982), 79-98.

Hans Radermacher

Kritische Theorie und Geschichte*

Die Literatur über die Kritische Theorie ist unübersichtlich geworden. In zahlreichen Arbeiten wurde der Versuch unternommen, ein Phänomen – schillernd genug – zu fixieren und schließlich einzuordnen, das mit Namen wie Frankfurter Schule oder Kritische Theorie wenigstens gekennzeichnet schien. Gleichgültig wie diese Beschreibungen und Einordnungen auch ausgefallen sein mögen, stillschweigende Voraussetzung derartiger Darstellungen und Analysen bleibt zumeist die Hypothese, daß es sich in unserem Fall um ein angebbares Phänomen, eben um eine Entität handelt, die bezeichnet werden kann. So unterschiedlich die Ausgestaltungen und Bewertungen gerieten, so einhellig wurde die Existenzannahme bei den vorgeschlagenen – differenten – Deskriptionen getätigt. So geht man im allgemeinen davon aus, daß das, was man beschreiben oder gar bewerten will, mindestens existiert. An eine leere Beschreibung ist nicht gedacht.

Dabei kann die Frage, ob es eine Kritische Theorie überhaupt gegeben hat, durchaus negativ beantwortet werden. Ja man sollte die Vermutung äußern, daß die sogenannten Gründer der Kritischen Theorie, also in der Hauptsache Horkheimer und Adorno, in arge Schwierigkeiten gerieten, als sie gezwungen wurden, sich zu dem Phänomen Kritische Theorie zu bekennen. Denn in der Tat lebt ihr Denken von dem Verdacht, daß jede positive Benennung einer Entität eine tödliche Bedrohung der Freiheit ihres Denkens bedeutet. Diese ihre in der Hegelnachfolge stehende Aversion gegen jede Positivierung des Denkens läßt sich denn auch in der These zusammenfassen, daß es eine Kritische Theorie nicht gibt, nicht geben darf, nicht geben kann. Denn würde ein Referent für die Kritische Theorie auszumachen sein, wäre damit der Stillstand der Bewegung des Gedankens eodem sensu unvermeidlich.

Die Frage, ob es eine Kritische Theorie überhaupt gegeben hat, läßt sich aber auch noch anders artikulieren: Im Anschluß, aber auch in Fortsetzung jenes Theorems von der Negativität der Theorie haben einige Schüler Adornos und Horkheimers (Schnädelbach, Kulenkampff) den Verdacht geäußert, Kritische Theorie dokumentiere sich hauptsächlich nur in der Kritik anderer Positionen derart, daß es zur Ausbreitung eines Klimas von kritischem Bewußtsein gekommen sei. Auch im Rückblick und in der Erinnerung scheint dieser Eindruck eines sozusagen klimatischen Bewußtseins von Kritik, einer „unbestimmten Allgegenwart" von Kritik (Schnädelbach) angesichts der anderen als unkritisch zu überführenden Positionen ausschlaggebend gewesen zu sein. Darin bestand sicher zu großen Teilen das Fascinosum. Dieses Fascinosum konkretisierte sich zudem in den bei Gelegenheit der Kritik fremder Theorien angedeuteten, also nur indirekten Explikationen einer eigenen Gesellschaftstheorie, die mit marxistischen Kategorien vorgeführt geschichtsphilosophische Intentionen verfolgte. Man sieht sofort den Mangel der Kritischen Theorie: Die Kritik führt nicht zur Selbstreflexion, sie hat vielmehr ihr Zentrum in einer internen Blindheit, die nicht behoben werden soll. Eben jene Blindheit macht die Frage, ob es die Kritische Theorie überhaupt gegeben hat, zu einer Vexierfrage. Jedenfalls wurde der Inhalt jener Kritische Theorie genannten Theorie explizit niemals formuliert.

Gleichwohl kann nicht verkannt werden, daß es gerade diese Implizitheit der Methode gewesen ist, durch die das allgemeine Medium von kritischem Bewußtsein sich herstellte. Die mimetische Kraft des Gestus von Überlegenheit führte zu einer neuen Kategorie von Authentizität. Bei extremem Methodenbewußtsein gegenüber den Positionen anderer Autoren und unübersehbarer Schlamperei gegenüber der eigenen Methode ergab sich eine Produktivität von Konzepten, die nur mit dem Terminus Proliferation gekennzeichnet werden kann. Es wird zu zeigen sein, daß diese Vielzahl der Konzepte letzten Endes einem Grundthema verpflichtet gewesen ist, das in immer neuen Varianten artikuliert wurde: Gesellschaftstheorie mit geschichtsphilosophischen Intentionen. Dabei ist wichtig zu sehen, daß jedes Detailkonzept diesen Zusammenhang jeweils neu formulierte. So kam es zu einer enormen Proliferation von Geschichtstheoremen, denen weniger eine argumentative als vielmehr eine entziffernde, deutende, ideologiekritische Kraft innewohnte.

Was nun diese geschichtsphilosophische proliferative Kraft der Kritischen Theorie angeht, so ist nicht zu verkennen, daß man sie unter mindestens vier Gesichtspunkten diskutieren kann. Zunächst sollte wenigstens auf einer Metaebene der Versuch unternommen werden, das Selbstverständnis von Kritischer Theorie, soweit es explizierbar ist, nachzuzeichnen. Sodann sollte der Reichtum der poliferativen Kraft der Kritischen Theorie dargestellt werden. Dabei geht es um die Durchführungsergebnisse einer geschichtsphilosophischen und soziologischen Verständigung. Danach ist drittens herauszustellen, unter welchen Titeln und mit welchen Themen die Kritische Theorie einer breiteren Öffentlichkeit bekannt wurde und welche gesellschaftspolitische Funktion und Rolle sie dabei spielte. Es gilt nämlich, daß die Frankfurter Schule den Zeitgeist der 60er Jahre des 20. Jahrhunderts zugleich repräsentierte und formulierte. Schließlich ergibt sich noch der Gesichtspunkt der Spätphase, aber auch die Explikation einer Grauzone, für die nicht mehr ausgemacht werden kann, ob gewisse Entwicklungen sich noch der ursprünglichen Intention verdanken oder bereits zur Auflösungstendenz gehören oder einem Zustand verpflichtet sind, der ein Poststadium markiert. Die geschichtsphilosophische Kraft der Kritischen Theorie ist hier ihrerseits zum Phänomen der Geschichte geworden.

Es läßt sich mit guten Gründen die These vertreten, eine Theorie sei solange lebendig als es Autoren gibt, die sie vertreten. Da die Gründer der Kritischen Theorie bereits sehr früh Phänomene der Geschichte, speziell des Untergangs, reflektiert hatten, versuchten sie, auch für die Zeit nach ihrem Abtreten sozusagen virulent zu bleiben. Man sieht bald, daß dies auf drei Weisen geschehen kann: Indem man (a) versucht, seine Gedanken im Nachhinein umzuformulieren, also einer veränderten Situation anzupassen oder (b) indem man die Wirkungsgeschichte der eigenen Geschichte zu beeinflussen versucht oder (c) indem man eine Schule gründet mit allen Gefahren und Unwägbarkeiten, die das Schicksal von Schülern begleiten. Schüler können nämlich ihrerseits Historiker, Umformulierer, Fortentwickler werden bis hin zu dem Punkte, für den gilt, daß sich die Spur der ursprünglichen Intention in der Geschichte verliert. Natürlich sind auch Auflösungserscheinungen denkbar.

Vergegenwärtigt man sich die genannten Möglichkeiten, so wird man feststellen müssen, daß die Gründer der Kritischen Theorie alle drei Wege eingeschlagen haben. Nimmt man noch hinzu, daß die Frankfurter Schule keineswegs identisch ist mit ihrer Funktion, die sie seinerzeit in der Öffentlichkeit gespielt hat, dann fällt es leichter, das Phänomen Kritische Theorie differenziert zu betrachten. Insbesondere ist ihr Janusgesicht bemerkenswert, einerseits eine Proliferation von Konzepten zu liefern, in denen soziale Prozesse geschichtsphilosophisch ständig neu artikuliert werden, andererseits selber ein authentisches Phänomen der Geschichte der zweiten Hälfte des 20. Jahrhunderts zu sein. Eben dadurch werden auch die Übergänge zu ihrer Nachgeschichte fließend, desweiteren die Schnittflächen von Selbstverständnis und tatsächlicher historischer Assimilationsfähigkeit inkongruent. Im folgenden sollen deshalb die bereits genannten vier Gesichtspunkte zur Sprache kommen.

Zum Selbstverständnis der Kritischen Theorie

Was das Selbstverständnis der Kritischen Theorie angeht, so ist bereits betont worden, daß ihre Gründer sich außerordentlich schwer taten, von ihr einen akzeptablen Begriff zu geben. Es liegt sogar nahe, in dieser ihrer Abneigung, auf einen, wie sie es nannten, bloß abstrakten Begriff abzuheben, ein strukturelles Moment zu sehen. Die Positivierung des Denkens galt es ja zu Gunsten eines allgemeinen Mediums von Kritik zu vermeiden. Gleichwohl ist es erforderlich, wenigstens auf einer Metaebene Anzeige zu geben von den Intentionen, die durchgeführt sich dennoch nicht in ein einheitliches Konzept abschließen ließen. Das, was unter Kritischer Theorie verstanden wird, stellt sich nämlich nicht dar als eine Theorie, die konsistenten Anforderungen genügte. Würde man den heute üblichen Theoriebegriff zugrunde legen, demzufolge von einer Zweisprachentheorie auszugehen ist, dann kann leicht gezeigt werden, daß die Frankfurter sich jenem Rahmen entziehen. Ja man kann sagen, daß die Kritische Theorie sich bereits sehr früh gegen jene Zweiteilung gewendet hat. Ihr Argument lautete, daß jede Beobachtung theoriegeleitet ist. Insofern nahm sie Positionen vorweg, die heute unter Namen wie Kuhn, Lakatos, Hanson diskutiert werden. Auch diese Autoren wollen ja unter Titeln wie „Dynamische Wissenschaft" die Differenz von Beobachtung und Theorie einziehen. Was die Frankfurter allerdings ihrem Selbstverständnis nach von jener Position unterscheidet, ist der Umstand, daß sie eine dialektisch genannte Theorie verfolgten. Das aber bedeutet in erster Instanz, daß die Kategorien von Konsistenz und Kohärenz z. T.

außer Kraft gesetzt sind. Es ergeben sich hier Intentionen, die den Entwürfen einer antiintuitionistischen Logik entsprechen derart, daß erlaubt wird, mit Widersprüchen zu leben. Die Frankfurter bestreiten sogar, daß es relevante konsistente Theorien gibt — auch hier in Vorwegnahme der Thesen von Feyerabend und Kuhn. Fruchtbarkeit und Konsistenz von Theorien konvenieren selten. Man muß an dieser Stelle sofort eine Konsequenz aus jener Konsistenzlosigkeit nennen: Indem eine Theorie, so die Auffassung der Frankfurter, Widersprüche involviert, kommt es nicht nur zur Feststellung, daß eine Theorie auf der Objektebene widersprüchlich sei, sondern zur Selbstimplikation, der zufolge die Differenz von Objektebene und Metaebene einzuziehen ist. Wenn *jede* relevante Theorie konsistenzlos ist, dann auch die Theorie von der Feststellung, daß jede Theorie konsistenzlos ist. Denn es ist ja offensichtlich, daß die systematische Entfaltung der These, jede Theorie sei konsistenzlos, im Unterschied zur bloßen Feststellung, daß dem so sei, zur Konsequenz hat, daß auch diese systematische Entfaltung sich unter jenes Diktum zu stellen hat, will sie nicht einen Selbstwiderspruch begehen. Indem die Frankfurter eine Theorie der Inkohärenz geben wollten, verfolgten sie ein Konzept von Dialektik, welches sich am Modell der Inkonsequenz sehr gut erläutern läßt: Wird nämlich gefordert, inkonsequent zu sein, so ist man nur dann konsequent inkonsequent, wenn man ausschließlich inkonsequent inkonsequent ist; würde man lediglich konsequent inkonsequent sein, so wäre man wegen jener Konsequenz nicht inkonsequent. Die Inkonsequenz verlangt also zuweilen Konsequenz.

So weit zur formalen Anzeige des Selbstverständnisses der Kritischen Theorie auf der Metaebene. Was an dieser Explikation von Belang ist, ist der Umstand, daß ein derartiges Selbstverständnis den Anspruch zu erheben vermag, einen Kontext zwischen historisch unterschiedlichen Themen, die anverwandelt werden sollen, herzustellen. Ein Theorem wie das von der inkonsequenten Inkonsequenz erlaubt ja in der Tat die Feststellung, daß eine Rahmenbedingung für die Artikulation unterschiedlicher Theorien angegeben sei. Zugleich stellt es sich als der Reflex auf Erfahrungen von Untergängen dar, durch welche die Redeweise von einem Leben in Widersprüchen erlaubt erscheint. Es handelt sich um eine Metaformel, die geschichtsphilosophisch relevant ist.

Unsere Metaformel, die dem Reservoir Hegelscher Begrifflichkeit entstammt, erfährt bei den Frankfurtern darüber hinaus die entscheidende Variante, daß sie zur methodologischen Anweisung wird, objektsprachlich den Zeitgeist des 20. Jahrhunderts auf den Begriff zu bringen. Das hat zur Folge, daß sie zur negativen Behandlungsart historisch relevanter Positionen der Jetztzeit avancierte. Im Ergebnis dieser Bemühungen stellt sich die kritische Theorie dar als ein Negativkommentar für sämtliche relevanten Theorien seit dem 18. Jahrhundert. Dadurch erfährt denn auch unsere Formalanzeige auf der Objektebene ihre materiale Erfüllung. Indem nämlich das Thema „Fortschritt im Bewußtsein der Freiheit" sowohl historisch als auch soziologisch ständig neu — meistens in marxistischen Kategorien — artikuliert wird, gerät jener Negativkommentar zu einer impliziten, nicht expliziten Theorie des historischen Fortschritts seit dem 18. Jahrhundert. Ja, es kommt zu einer Proliferation eben jenes Themas ‚historischer Fortschritt', deren einheitlicher Kontext gerade zur Disposition gestellt erscheint. Offenbar läßt sich der historische Fortschritt nicht in einer kohärenten Theorie dingfest machen. (Vgl. dazu den Beitr. von Grenz i. d. B., 253; Anm. d. Hrsg.).

Allerdings sind der Belastbarkeit jener Metaformel durchaus Grenzen gesetzt. Gleichgültig nämlich, wie man zu einer derartigen Selbstexplikation stehen mag, festgestellt werden muß, daß der Kritischen Theorie Züge verschiedenster Herkunft eingezeichnet sind. So kommt es gleichsam zu einer Kontamination, einem Aggregatzustand verschiedener Theorien. Auf diesen Umstand ist es zurückzuführen, daß jener Metaformel zum Trotz es fragwürdig erscheint, ob alle unterschiedlichen Intentionen, die von der Kritischen Theorie im Verlaufe ihrer Geschichte verfolgt wurden, sich zu einem akzeptablen Kontext fügen. Mindestens die Mischart eines Kaleidoskops soll ja ausgeschlossen bleiben. Man muß sogar feststellen, daß die Kritische Theorie bei ihrem Versuch, einen Negativkommentar zur Soziologie und Geschichte zu geben, vor Aporien gestellt wurde, die zu lösen sie sich außerstande sah.

Proliferative Geschichtskonzeptionen

Untersucht man die Kritische Theorie auf ihre proliferative Kraft, auf ihre Assimilationsfähigkeit hin, so läßt sich festhalten, daß es sich um eine sehr unterschiedliche Theorie handelt, die geradezu ein Gemisch, ein Gemenge verschiedenartigster Ingredienzien darstellt. Es wird sich herausstellen, daß lediglich drei Komponenten, nämlich die Marxismusinterpretation, die Kritik am Positivismus und an der Kulturindustrie dazu geführt haben, daß die Kritische Theorie eine öffentliche, gesellschaftspolitische Funktion übernehmen konnte. Hier hat sich eine Wirkungsgeschichte sowohl für den akademischen Bereich (vgl. Soziologie, Psychologie etc.) als auch allgemein für den kulturellen Sektor (Journalismus) ergeben, mit dem Ergebnis, daß sich mindestens für die Kulturkritik z. T. verheerende Folgen eingestellt haben. Wenn man so will, ergaben die übrigen Komponenten ein ahistorisches Dasein der Kritischen Theorie. Insgesamt wird man die produktive Proliferation von Teiltheorien herausstellen müssen, die sich als Beiträge zu Geschichtstheorien lesen lassen.

Was die Verschiedenheit der Intentionen anlangt, so ist z. B. auf Adornos Auseinandersetzung mit Husserl und Heidegger hinzuweisen, desgleichen auf seine Kantpassage. Man wird heute feststellen müssen, daß Adornos Kritik an Husserl und Heidegger zwar kritisch ausgefallen ist, gleichwohl aber beiden Denkern mehr verpflichtet bleibt, als die Kritik wahrhaben möchte (vgl. Adorno 1956 u. 1964). Wie kompliziert die Abgrenzung insbesondere zu Heidegger ausfällt, hat A. Schmidt erkennen lassen. Gemessen am Wiener Kreis der Carnap und Wittgenstein fällt der Abstand zu Heidegger, Husserl keineswegs so deutlich aus. Zwar wird im Namen einer Phänomenologie der Geschichte, die in marxistischen Kategorien analysiert erscheint, gegen eine Reduktion auf ahistorisches Wesen bzw. bloße Existenz polemisiert, allein bei Gelegenheit der Auseinandersetzung mit dem kritischen Rationalismus wurde deutlich, daß der Begriff der Bedeutung, in diesem Sinne des Wesens, nicht wie bei Wittgenstein auf bloßen Gebrauch reduziert werden sollte. Insofern bleiben die Wesensimplikationen unter dem Titel: ‚Variation von Eidos' voll in Geltung. Ähnliches gilt für den Ausdruck Existenz, der in seiner subjektlogischen Variante gegenüber den Bemühungen des Positivismus verteidigt wurde. Daß dieser Zusammenhang von Kritischer Theorie und Heideggerscher Existenzontologie nicht zufällig ist, verbürgt eine frühe Arbeit von Marcuse (1932) über das Wir-Bewußtsein als Geschichte, in der lange vor Sartre, Merleau-Ponty und den Pragern der Versuch unternommen wurde, phänomenologisches und marxistisches Denken zu verbinden. Dabei geht es um den Begriff einer materialen Geschichte, nämlich der Geschichte des europäischen Bürgertums und dessen Emanzipation. Allerdings sollte die Arbeit eines Adornoschülers, K. H. Haag (1960), nicht unerwähnt bleiben, in der die Heideggersche Ontologie mit der Faschismusthese konfrontiert wird.

Neben dieser kritischen Anverwandlung von Husserl und Heidegger ergeben sich unverkennbar die metaphysischen Intentionen, die der Kritischen Theorie zugrunde liegen und die im besonderen Maße geeignet sind, die Spezialität des Gedankens Kritik bzw. der Geschichte zu charakterisieren. Man darf sagen, daß hier wesentliche Züge festgehalten sind, die bis in die Spätphase hinein die Kritische Theorie festgelegt haben. Das gilt sowohl für die Metaphysik des Ich als auch für die Metaphysik von Deus. Dabei ist darauf zu achten, daß Metaphysik hier nicht ein Jenseits von Erfahrung bedeutet, sondern Potentialität zu einer ad hoc noch nicht möglichen Erfahrung hin. Zu Dokumenten einer Metaphysik des Ich werden z. B. die *Fleurs du Mal* von Baudelaire, die zeigen, daß die Vorstellung von einem festen Ich aufzugeben ist, obwohl mit Mach nicht gesagt werden kann, es gebe kein Ich. Ich wird entgegen Mach zu einer Instanz fluktuierender Regressionsphasen im Verlauf der durch jeweilige Kultur vermittelten Individualgeschichte von Ich, durch die neue Erfahrung möglich wird. Bei Adorno heißt das:

„Insofern ist die Schizophrenie ... eine erkenntnistheoretisch außerordentlich bemerkenswerte und relevante Tatsache, weil eben, daß wir sie beobachten können, uns beweist, daß wir mit der üblichen, selbstverständlichen Unterstellung von in sich eindeutigem, ungebrochen zusammenhängendem, mit sich selbst identischen Bewußtsein eigentlich gar nicht operieren können." (Adorno o. J., 116)

Man sieht sofort, daß eine derartige Konzeption die Intentionen von Le Bon, Freud bei Adorno einerseits, von Erikson, Kohlberg etc. bei Habermas (1976) andererseits aufnehmen konnte. Das Thema ist: Regression bzw. Entwicklung des Bewußtseins als Bedingung der Möglichkeit neuer Erfahrungen. Eine derartige Bedingung wird nur im Kontext von Geschichte und soziologischer Determination verständlich; sie markiert ihrerseits ein Gesetz des geschichtlichen Verlaufs.

Ähnliches gilt für die Metaphysik des Absoluten in ihrer religionsphilosophischen Gestalt. Die Arbeiten von Scholem waren hier verpflichtend. Der Rückgriff erfolgte bis hin zur jüdischen Mystik, speziell der Idee der Verheißung einer Resurrektion der gefallenen

Natur. Es handelt sich um das Konzept einer Geschichte der Natur. In einer Synopse von schwäbischem Pietismus, Schelling, Baader einerseits und kabbalistischen Texten andererseits wird der Begriff der Versöhnung dahin kritisiert, daß in der Geschichte bisher keine Erlösung als Aufheben von Entfremdung erschienen sei. Wenn auch Deus nicht der Name für Versöhnung ist, sondern selber einem theogonischen Prozeß unterliegt, dann ergibt sich lediglich die Zweiteilung zwischen einer Vergangenheit, in der Unrecht nicht aufhebbar, nicht tilgbar erscheint, und einer möglichen neuen Erfahrung von Zukunft, in der das Unrecht bloß verhindert wird. Horkheimer hat den Gedanken der Unaufhebbarkeit von Unrecht in der Geschichte wie folgt erläutert: Wenn etwa im Jahre 600 n. Chr. irgendein Kind von Soldaten erschlagen worden sein sollte – eine Tat, die längst vergessen ist – dann ist keine Versöhnung denkbar, in der dieses Unrecht ungeschehen sein würde. Auch die christliche Vorstellung vom Himmel reflektiert nur Trost, keine Aufhebung des Unrechts. W. Benjamin spricht deshalb von einem universellen Schuldzusammenhang. Auch hier handelt es sich also um eine Metaphysik der Potentialität neuer Erfahrung. Wir können sagen, nur insofern sei Metaphysik zugelassen. So kommt es zu einer Rejudaisierung von Geschichte mit den Mitteln der Metaphysik derart, daß ein Rückzug aus der Geschichte mit den Mitteln der Metaphysik unmöglich wird.

Der Gedanke läßt sich auch wie folgt wenden: Wenn zur Kategorie des ganz Anderen – eine Kategorie, die sowohl für die Kritische Theorie als auch für die negative Theologie zentral ist – die Implikation gehört, immer noch ganz anders zu sein als das jeweilige Andere, dann besagt das für die Geschichte, daß für jeden Verlauf einer jeweiligen Geschichte gilt, er hätte noch ganz anders verlaufen können als er verlaufen ist. Dieser Negativbezug wird damit geradezu zu einem heuristischen Prinzip, jede vorgeschlagene Versöhnung in der Geschichte zu relativieren. Mehr noch: Jede Geschichte ist ihrer Möglichkeit nach immer noch schlechter als jeweils vermutet werden kann. Man sieht sofort das radikal pessimistische Potential eines derartigen Theorems, besonders wenn gesagt ist, jede mögliche Geschichte stehe unter dieser Bedingung. Will man diesen Pessimismus mildern, dann kann lediglich das radikal moralische Postulat aufgestellt werden, für die Zukunft – nur für sie – kein Unrecht in welcher Gestalt auch immer zu tolerieren. Angesichts des bisherigen denkbar schlechtesten Verlaufs der Geschichte scheint es zudem erforderlich, dem Orientierungswillen der moralischen Vernunft einen Bezug zur negativen Theologie des Ausnahmezustandes zu geben, wie es der späte Horkheimer vorgeschlagen hat.

Soviel zur These von den unterschiedlichen Intentionen und Rezeptionen, die die Kritische Theorie geradezu zu einem Konglomerat von Teiltheorien machte. Fragt man angesichts dieser ja durchaus divergierenden Tendenzen nach einem vereinheitlichenden Selbstverständnis, dann bietet sich die Position von einer Geschichtstheorie, einer Gesellschaftstheorie an. So wird denn auch häufig die Kritische Theorie als eine Geschichtsphilosophie vorgestellt (A. Schmidt). Und in der Tat sind die Arbeiten von Horkheimer, Adorno etc., soweit sie Themen wie Voltaire, Diderot, Schopenhauer, Hegel und Marx betreffen, dieser Position verpflichtet. Insbesondere Horkheimers Untersuchungen über die Anfänge der bürgerlichen Geschichtsphilosophie der Machiavelli, Hobbes fügen sich diesem Forschungsprogramm. Allerdings fragt sich, ob mit dieser Position der gesamte Umfang der Bemühungen gekennzeichnet ist. Man muß nur auf die *Minima Moralia* Adornos, die *Dämmerung* Horkheimers, auf die Kunst- und Literaturkritik der Kritischen Theorie insgesamt hinweisen, um ein vorschnelles Verständnis von Geschichte abzuweisen. So geht es in erster Linie keineswegs um die Explikation etwa der These, daß alle Gedanken, Emotionen gesellschaftlich-historisch vermittelt seien. Eine derartige These wäre auch im schlechten Sinne widersprüchlich. Denn mindestens der Satz über jene These ist nicht gesellschaftlich vermittelt. Die Kritische Theorie will demgegenüber eher fragen, was es heißen soll: Geschichtstheorie bzw. einheitlich historischer Kontext. Man sieht sofort, daß es sich um ein besonderes Verständnis von Geschichte handeln muß, wenn man darauf hinweist, daß etwa in den *Minima Moralia* oder in der *Dämmerung* eine Phänomenologie momentaner, aber relevanter Bewußtseinszustände und Erfahrungen angeboten wird, die subkutane und subversive Beobachtungen protokolliert. Natürlich handelt es sich um spätbürgerliche Reaktionen, allein jede Detailphänomenologie steht unter ihrem eigenen geschichtlichen Aspekt, hat also eine Sondergeschichte, die zunächst ohne Zusammenhang zu einer anderen Story bleibt. Ob ein einheitlicher Kontext zustandekommen kann, steht gerade zur Diskussion. Unter dem Gesichtspunkt von Bewußtseins*geschichten* bieten sich demgegenüber zwei Maximen für die mögliche Komposition von Geschichten an, die für die Kritische Theorie, wenigstens für ihre Begründer obligatorisch gewesen sind: die Maxime, daß jeder Gedanke, jedes Gefühl zu Ende gedacht, zu Ende gefühlt, in sein Gegenteil zieht — insofern zufolge einer immanenten Geschichte kein Bestand anzugeben sei — und die Maxime, jeder Gedanke, jedes Gefühl sei Ausdruck einer Verstümmelung, einer Beschädigung, insofern also das Dokument einer pathogenen Geschichte. Man sieht sofort, daß beide Maximen, denen gemäß eine Geschichte komponiert werden kann, keineswegs immer zusammenstimmen müssen. Deshalb schwankt die Kritische Theorie eigentlich zwischen Autoren wie Hegel einerseits und Schopenhauer andererseits. Es dürfte bereits deutlich sein, daß Marx an dieser Stelle eine weiter nicht angebbare Vermittlerrolle zwischen beiden Geschichtsmaximen zukam, die aber zu gegebener Zeit auch von Nietzsche übernommen werden konnte. Die Struktur der Kritischen Theorie erlaubt derartige Auswechslungen von Anfang an; sie gestattet also insofern auch Umformulierungen, ohne gegen beide Maximen *zugleich* zu verstoßen. Was jene Verkehrung in sein Gegenteil anlangt, so ist selbst die Wahrheit Horkheimer zufolge von jenem Gesetz nicht ausgeschlossen. So heißt es bei einer Untersuchung über die Emanzipation des Bürgertums, daß die Wahrheit sich nur mit den aufsteigenden Schichten verbündet (vgl. Horkheimer 1930, 65). Deshalb habe das Bürgertum einen Staat aufbauen können, dessen Gesetze mit aller Moral identisch, jedenfalls verträglich sind. Allerdings ist auch die Wahrheit, die die öffentlichen Lehrer in der historischen Epoche lehren können, „veränderlich und untreu".

„Im Prozeß der Konsolidierung dieser aufsteigenden Schichten zieht sich die Wahrheit allmählich aus den Gedanken zurück. Obgleich der mit der Überzeugung verkündigte Wortlaut derselbe sein mag, ist er dann von der Wahrheit verlassen wie der Spruch Liberté, Egalité, Fraternité über den Gefängnissen der französischen Republik." (ebd.)

Auch die Wahrheit entwickelt also in der Geschichte Abwehrtechniken des Sich-Entziehens.

Daß die Kritische Theorie nicht einfach Geschichts- oder Gesellschaftstheorie ist, zeigt ihr Wissen um die Diskontinuität der Geschichte. Die Frankfurter entwickeln vielmehr das Thema Geschichte neu. Mit Diskontinuität ist nicht einfach Abbruch oder Katastrophe vorgestellt. Gerade in diesem Zusammenhang spielt das Werk von Walter Benjamin eine große Rolle (vgl. Unseld 1972). Dessen metaphysische Vereinigung von Aufklärung und

Mystik führte nämlich zu einer Kunsttheorie, in der entgegen Adorno das Verschwinden einer autonomen Kunst zugunsten einer neuen historischen Erfahrung anvisiert wurde. Benjamin will „die Abhängigkeit der Menschen von der Urangst animistischer Weltbilder im Mythos auflösen, ohne daß ... die Kraft künstlerischer Nachahmung und die semantische Energie der Kunst verloren geht" (Habermas 1972, 223). Dadurch kommt es zu einer Konzeption von Surrealismus, in der die Explikation gesellschaftlicher Entwicklung nicht mehr möglich ist. Es geht dabei um die Auflösung dessen, was Geschichte, was Gesellschaft heißen soll, sofern beide immer noch Entwicklungen unterworfen sind. Gerade hierin besteht die Bedeutung des Chocks, des Mythos vom Generalstreik etc. Indem sich die Kritische Theorie ständig in untergründiger Interpretation und Auseinandersetzung mit Benjamins Metaphysik der Aufhebung von Geschichte, wie sie sich in den Chocks der Surrealisten bzw. im Thema Generalstreik als Mythos anbot, befand, stellt sie sich dar als der Versuch, geschichtsphilosophische Dimensionen als Gebilde von gesellschaftlichen Entwicklungen allererst zu gewinnen. Diesem Programm sind noch die neuesten Versuche von Habermas gewidmet, der in Benjamin die Figur einer konservativen Revolution, einer anarchistischen Konzeption von Jetztzeit sieht. Die nicht autonome, proletarisch in diesem Sinne *(Passagenarbeit,* Kunstwerk im Zeitalter der technischen Reproduzierbarkeit)*, Kunst stellt also einen immanenten Einspruch gegen das Konzept von geschichtsphilosophischen *Entwicklungen* dar. Soll es sich doch um die Negation von Geschichte, Gesellschaft qua Entwicklung handeln. Kunst wird im Anschluß an Atget-Fotos ihrerseits politisch, geschichtswirksam. Man sieht des weiteren, daß Adornos Optionen für eine autonome Kunst (Option für Beckett) von geschichtsphilosophischen Programmen der historischen Entwicklung geleitet waren. Das Kunstwerk soll nämlich Adorno zufolge gegen die historischen Tendenzen der Gesellschaft derart immunisiert werden, daß es zu einem unzerstörbaren Quasi-Naturschönen wird; nur negativ ergibt sich der Bezug zur Geschichte. So kommt es zu einem Konflikt zwischen der Position auratischer, charismatischer Jetztzeiten, die surrealistisch außerhalb der Geschichte anzusetzen sind, und der These von gesellschaftlichen Entwicklun-

---

* Aus dem Nachlaß veröff. als: Gesammelte Schriften. Bde. V. 1 u. 2. Das Passagenwerk. Hrsg. von R. Tiedemann. Frankfurt/M 1982 [D. Hrsg.].

gen, in denen gerade derartige Zustände der Ausnahme eskamotiert sind. Mindestens handelt es sich um zwei kontroverse Geschichtsauffassungen innerhalb der Kritischen Theorie.

Diese Kontroverse wurde in der Studentenbewegung, sofern deren dadaistische und surrealistische Züge unübersehbar sind, besonders deutlich. Man darf sogar sagen, daß die Studentenbewegung das bisher größte dadaistische Happening der Geschichte – als Massenbewegung – gewesen ist. Daß die linke Avantgarde zur Gewalt und Macht in der Geschichte ein aporetisches Verhältnis besitzt, zeigt ihr Bezug zu Adorno und Benjamin. Denn ihr ging es sowohl um eine Veränderung der Gesellschaft (durch die dadaistische Aktion) als auch darum, das parafaschistische Alltagsbewußtsein und die bisher überkommenen Institutionen nicht in deren Gewaltmaßnahmen zu sanktionieren, zu perpetuieren. Indem die Kritische Theorie eine Kritik der Gewalt im Zusammenhang mit der Aporie der beiden Wege (Autonomie der Kunst versus dadaistische Aktion) anbot, ging sie das Risiko ein, von der Geschichte überholt zu werden. Der dritte Weg, eine Diktatur der Erziehung, wurde nämlich abgelehnt.

Vergegenwärtigt man sich die bisher vorgelegten Konzepte von Geschichte und Zusammenhang von Geschichte und Gesellschaft, so dürfte die Proliferation deutlich sein. Es erscheint fraglich, ob ein einheitlicher akzeptabler Kontext für jene Vielzahl von Konzepten überhaupt möglich ist. Allerdings darf nicht übersehen werden, daß die Kritische Theorie ihren Selbstverständnissen nach einen einheitlichen Kontext für jene Vielzahl von Details anvisiert hatte.

Die drei Lehrstücke der Kritischen Theorie

Wenn man sich der Frage zuwendet, wodurch die Frankfurter einer breiteren Öffentlichkeit bekannt wurden, dann sind drei Fälle zu nennen. Die Entwicklungstendenzen der Spätphase sind noch durch jene drei Fakten maßgebend bestimmt: Die *Dialektik der Aufklärung,* die Marxkonzeption und die Positivismuskritik.

Was die *Dialektik der Aufklärung* betrifft, so folgt sie ganz jener Maxime, wonach jeder Gedanke in sein Gegenteil treibt. So zieht Vernunft zur Unvernunft mit der Auflage, daß selbst im Wahnsinn ein Freiraum von Vernunft zu sein vermag. Desgleichen zersplittert sich der Begriff des Fortschritts des Bewußtseins in der Geschichte derart, daß Fortschritt prinzipiell nur noch partiell ausgemacht werden kann. Kritisches Bewußtsein und Fortschritt konvenieren nicht länger, so daß eine Identität von Intelligenz und Geistfeindschaft festgestellt werden kann. Die gesellschaftspolitische Funktion dieser Einsichten war für die Nachkriegsgeneration um 1960 mit ihrer Phase der Reedukation offensichtlich. Daß Aufklärung selber totalitär zu sein vermag, galt als Leitformel für die Faschismusdiskussion. So darf man nicht übersehen, daß gerade in diesem Zusammenhang die Analyse des Alltagsbewußtseins der Masse eine historische Zustandsbestimmung ergab, derzufolge von der Latenz paranoider Sinnbedürfnisse des Kollektivs gesprochen werden muß. An sie schlossen sich Kulturkritik und Literaturkritik an. Habermas entwickelte daraus später seine Theorie der Emanzipation, der antiautoritären Erfahrung von Erkenntnis und Interesse. Dabei geht es der Sache nach um das Problem, ob Aufklärung regressionslos bleiben darf.

Wie sehr der Zeitgeist selbst an den Grundpositionen der *Dialektik der Aufklärung* heute zersetzend arbeitet, zeigen die neuerlichen Protokolle von Amery. So entdeckt der Schlick-Schüler Amery seiner Vorliebe für Sartre zum Trotz in diesen Grundpositionen der *Dialektik der Aufklärung* „Enormitäten, übelste Obskurantismen, nämlich eine Feindschaft gegen Logik und Vernunft selbst" (1977). Es läßt sich auch (Kulenkampff) argumentieren, daß die Kritische Theorie entgegen ihrem Selbstverständnis der Tradition des deutschen Irrationalismus zuzurechnen sei.

So berechtigt derartige Charakterisierungen sein mögen, im Blick geblieben ist das Thema der Selbstaufklärung der Aufklärung. Das führt z. B. zur These, daß Tradition niemals direkt intendiert zu werden vermag. Autoritätsbildung kann niemals Gegenstand willentlicher Veranstaltung sein. So bietet Schweppenhäuser Beiträge zur geschichtsphilosophischen Theorie der Kultur und Gesellschaft an, in denen im Sinne von Walter Benjamin und Adorno die unterirdische Geschichte des Grauens, der verstummten Opfer der Geschichte anvisiert ist. C. Offe entwirft eine Soziologie der Autorität innerhalb der aufgaben-kontinuierlichen bzw. aufgaben-diskontinuierlichen Statusorganisation, die den Begriff der Dysfunktion, damit der Geschichte innerhalb ökonomischer Systeme explizieren will. Für die derzeitige Diskussion der *Dialektik der*

Aufklärung hat A. Schmidt mit Recht zwei Gesichtspunkte herausgestellt: den speziellen Bezug in der *Dialektik der Aufklärung* zur Geschichte als Konstruktion des bisherigen Verlaufs unserer Epoche, „basierend auf möglichst breiter ethnologischer, sozioökonomischer, sozialpsychologischer und sonstiger Entwürfe" (1978), und die Analyse der verwalteten Welt, der Massenkultur, sofern die *Dialektik der Aufklärung* diese Analyse unter der historisch bedingten Prämisse einer Gesellschaft im Überfluß vorgenommen hat. Im letzten Fall ergibt sich die historische Bedingtheit der *Dialektik der Aufklärung*. Hier galten als unbefragte Kronzeugen Keynes, besonders Gailbraith. Unveräußerlich jedoch sind jene im Umkreis der *Dialektik der Aufklärung* getätigten Explikationen über vaterloses Massenbewußtsein mit dessen Unfähigkeit zur Trauer. Hier ergibt sich eine direkte Nachfolge zu Kracauers Angestelltengesellschaft (vgl. 1930, 59).

Was die Marxkonzeption anlangt, so ist festzustellen, daß einem Wort von Lukács zufolge die Frankfurter in der Nachkriegszeit maßgebend für Westeuropa die Marxvorstellungen bestimmt haben. Im Anschluß an Marx und Hegel wird ein Begriff von totaler Verdinglichung entwickelt, durch den die Feststellung erlaubt ist, daß totale Verdinglichung gerade das Gefühl für Verdinglichung unmöglich machen könne. Der Rückgriff von Marcuse (1957 u. 1968) auf Freud erfolgt an dieser Stelle. So kontrovers die Rezeptionen innerhalb der Schule zwischen Schmidt, Habermas, Negt auch ausfielen, gemeinsam war ihnen der Verzicht auf die Explikation der politischen Ökonomie von Marx. Eine Rezeption der Wertlehre von Marx hat nie stattgefunden. Stattdessen stand jener Begriff der Verdinglichung im Vordergrund, der einen Beitrag zum Thema Gewalt-Macht darstellt. Selbst die neuesten Bemühungen von Frankfurtern, etwa Backhaus, diesen Teil der Lehre von Marx mit den Mitteln der Hegelschen Logik einzuholen, sind auf eine merkwürdige Weise, obwohl sie sich Seminararbeiten in Frankfurt verdanken, folgenlos geblieben. Man muß sagen, daß die neuere Marxkonzeption der Neomarxisten an einem zentralen Stück der Marxintention vorbeigegangen ist. Habermas hat daraus mit Rückgriff auf Keynes die These vom Spätkapitalismus entwickelt, in der expliziert wird, daß der Kapitalismus im 20. Jahrhundert nicht mehr den Gesetzen der klassischen politischen Ökonomie folgt. Das Thema des Staatsinterventionismus stand im Vordergrund; Habermas und Offe beziehen die Position, daß die Differenz von

Gesellschaft und Staat im Staatsinterventionismus zugunsten des Konzepts eines zugleich kapitalistischen und hoheitlichen Staates aufgehoben sei. Daß umgekehrt z. B. Wirtschaftsverbände staatshoheitliche Funktionen übernehmen können, wird nun zu denken möglich. Die Kontroverse sieht man besonders deutlich, wenn man darauf hinweist, daß ein anderer Schüler von Adorno und Horkheimer, nämlich W. Becker, die Konsequenz zog, die Kritische Theorie mit dem Argument zu verlassen, die Marxargumentation der Wertlehre sei unabhängig von einer möglichen Auseinandersetzung mit Keynes bereits als solche abwegig und unschlüssig (vgl. 1972 u. 1974). An dieser Stelle ergibt sich eine direkte Selbstauflösungstendenz. Die Arbeiten von W. Becker werden dementsprechend heute dem kritischen Rationalismus zugerechnet.

Anderseits kann nicht verkannt werden, daß die Bedeutung, die Marx seit den 50er und 60er Jahren in Westeuropa gewonnen hat, sich gerade diesem halbierten Marxverständnis verdankt. Denn Marx gerät dadurch in eine Tradition des 18. Jahrhunderts und wurde für die Öffentlichkeit Westeuropas akzeptabel. Dieser halbierte Marxismus hatte zudem für Adorno eine klärende Funktion: Während nämlich die politisch ökonomische Geschichte vernunftlos verläuft, weist die Musikgeschichte von Bach über Beethoven, Wagner bis hin zu Schönberg jene Vernunft in der Geschichte auf. Die Entwicklung der Sonate und deren Aufhebung erzeugt gewisse Lichtquellen der Vernunft durch Tendenzen im Tonmaterial der Geschichte. Gemessen an den Aktionen von Duchamp, Picabia, Tzara befand sich diese Kunsttheorie als Musiktheorie bei Adorno in einem anderen, vorläufigeren Aggregatzustand. Mindestens war sie der österreichischen, der Wiener Szene mehr, als sie wußte, verpflichtet. Adorno blieb auch in New York in Wien.

Besonders bekannt wurde die Kritische Theorie unter dem Stichwort „Positivismusstreit". Man muß hinzufügen, daß sich dieser Streit auf drei Ebenen differenzierte: a) im Widerstand gegen die Rezeption der analytischen Philosophie in Deutschland, b) im Postulat einer neuen Wissenschaft, c) im Entwurf einer neuen Gesellschaft. Die Punkte b und c markieren zudem die Kontroverse der Kritischen Theorie mit der Apo und bezeichnen den Exodus der neuen Linken aus dem Frankfurter Seminar. Denn die Apo folgte mindestens dem Mythos vom Generalstreik, der dadaistischen Aktion und dem universalistischen Konzept einer neuen Gesellschaft, Wissenschaft, also Tendenzen, die einander widersprechen.

a. In einem gewissen Sinne läßt sich sagen, daß die endgültige Bekanntkeit der Frankfurter Schule mit dem Widerstand zusammenhängt, den sie gegen die Etablierung der analytischen Philosophie in Deutschland geleistet hat. Dabei muß beachtet werden, daß es sich bei der Aufnahme der analytischen Philosophie aus den angelsächsischen Ländern um eine verspätete Reemigrierung des Wiener Kreises, sofern dieser durch den Faschismus aus Deutschland vertrieben worden war, handelt. Sieht man einmal von Details ab, dann interpretierten Habermas und Adorno diese Philosophie gemäß einem Diktum von Horkheimer als Ausdruck einer Instrumentalisierung der Vernunft. Eine derart kritisch vorgebrachte Charakterisierung lehnte es zu großen Teilen ab, jenes Instrumentarium analytischer Verfahren zu kritisieren, vielmehr verfolgte sie die Strategie aufzuzeigen, daß mit der Übernahme derartiger Verfahren eine *Ahistorisierung* der Vernunft unvermeidlich sei. Es komme, so die Generalkritik, zu einer Technisierung auch der Philosophie. Allerdings zeigte sich bald, daß eine derartige generelle Kritik auf eine Pauschalisierung hinauslief und in Wahrheit zu einer Immunisierung der Kritik führte. Deshalb haben Wellmer und Bulthaup Versuche unternommen, die historische und gesellschaftliche Dimension der analytischen Philosophie bzw. der Naturwissenschaften aufzuweisen, um auf diese Weise im Zuge einer immanenten Kritik dialektisch jene Gegenpositionen in Widersprüche zu verwickeln. Wellmer ging es darum, wenigstens auf der Ebene von Basissprachen gesellschaftshistorische Vermittlungen von Grundvorstellungen aufzuweisen; Bulthaup wollte einen Zusammenhang von gesellschaftlicher Arbeit und Wissenschaft plausibel machen. Allerdings ergab sich bereits früh innerhalb der Kritischen Theorie auch eine Grundlagenkrise; sie betraf gerade den Begriff der Dialektik. Entscheidend wurde hier – sozusagen extern – die enorme Argumentationsschärfe von W. Cramer. So führte Kulenkampff den Nachweis, daß das dialektische Verfahren der Frankfurter Intentionen mit den Mitteln der Analyse nicht sensu strictissimo erzwungen werden kann. Die Dialektik, so die These, wurde als mögliches, nicht aber notwendiges Verfahren expliziert. Insofern war eine Zwischenposition innerhalb der Kritischen Theorie bezogen. Schnädelbach entwickelte einen Begriff von Reflexion, der nicht in jeder Hinsicht den Desideraten einer orthodoxen Dialektikkonzeption entsprach. W. Becker unterwarf das gesamte Dialektikkonzept einer scharfen Kritik und bezog eine dezidiert antidialektische Position.

Überprüft man die Ergebnisse der Intentionen der Kritischen Theorie, so muß man heute feststellen, daß der Aufweis der historischen Dimension und deren Bedeutung für die Wissenschaftstheorie den Frankfurtern gerade nicht gelungen ist. Dieser Aufweis geschah extern durch die Arbeiten von Kuhn, Feyerabend mit einem folgenreichen Resultat: War nämlich gemäß den Intentionen der Kritischen Theorie die Relevanz der *Geschichte* für die analytische Philosophie durch Kuhn etc. erbracht, so blieb die Explikation der *gesellschaftlich* relevanten Intentionen aus. Genau dieser Umstand hat die kritische Konsequenz, daß jene von den Frankfurtern behauptete Einheit von Gesellschaft und Geschichte zerbrach und bis heute nicht wiederhergestellt werden konnte. Denn es war ja offensichtlich, daß eine Forschergesellschaft historisch gesehen ganz unterschiedliche Theorien für ihre Zwecke benutzen konnte, ohne selbst sich gezwungen zu sehen, sich als eine unter Gesetzen stehende, in eine größere Gesellschaft integrierte Gesellschaft zu betrachten. Die Soziologie des Wissens erreichte nicht mehr den von den Vertretern der Kritischen Theorie gewollten und angestrebten Begriff einer einheitlichen Gesellschaft mit historischen Dimensionen. An diesem Resultat ändert auch nichts die subtile Arbeit von Schnädelbach, die den Begriff der Instrumentalisierung, im Anschluß an Peircens Forschergemeinschaft und im Sinne einer Korrektur an Habermas, dahin differenzierte und präzisierte, daß zwischen einer technischen, experimentellen und kommunikativen Handlung unterschieden wird. Wenn man so will, war dem Widerstand der Frankfurter nur ein halber Erfolg beschieden.

b. Die Vorstellung von einer historischen Voraussetzung der Wissenschaft hatte aber noch eine ganz andere Dimension: sie betraf den Aspekt einer scienzia nuova. Es ist insbesondere Marcuse gewesen, der das Thema des wissenschaftlich technischen Fortschritts unter dem Gesichtspunkt der Ausbeutung anging. Sofern, so das kritische Potential mit Rekurs auf Geschichte qua Eschatologie, Technik als Ausbeutung bezeichnet wird, liege auf aller Technik und jeder Institution der Segen der Widerruflichkeit. Das Thema der Resurrektion der gefallenen Natur galt es daher im 20. Jahrhundert so zu verstehen, daß auch Wissenschaft und Technik insgesamt widerrufen werden können zugunsten einer scienzia nuova. Auf dieser Linie ergab sich des weiteren die Vorstellung von einer künstlerisch praktizierten, eben emanzipativen Sinnlichkeit, die den Destruktionsprozessen bisheriger Wissenschaft und Technik nicht verfallen sollte. Auch die dezidierte Betonung des Biologismus der Freudschen Trieblehre diente bei Marcuse diesem Ziel. Bei diesem Konzept blieb allerdings unbestimmt, ob der bisherige Verlauf der Geschichte von Wissenschaft widerrufen werden sollte oder die Wissenschaft selbst. Gerade der Begriff einer scienzia nuova macht beide Aspekte ununterscheidbar. Wenn man die mit jenem Programm verbundenen Intentionen heute verfolgt, so muß gesagt werden, daß sich aus derartigen Konzepten eine ordentliche Wissenschaft entwickelt hat: Die Wissenschaft von der eventuellen Lenkung der Wissenschaft. Damit stellte sich ein neuer Bezug zur Geschichte ein. Denn das Programm lautet nun, daß die Errungenschaften moderner Forschungsmethoden nicht aufgegeben werden, wohl aber eine Abänderung der *Richtung* des Fortschritts verlangt wird; insofern hat eine Historisierung der Wissenschaft statt.

c. Mit dem Positivismusstreit ständig verbunden war das Konzept vom Entwurf einer neuen Gesellschaft, in Wahrheit Versuche einer Reformulierung des Werkes von Marx. Es ist bereits auf eine Gemeinsamkeit jener Reformulierung hingewiesen worden: nämlich den Verzicht auf die Einbeziehung der politischen Ökonomie bei jener Konzipierung von Geschichte. Im übrigen hat sich an dieser Stelle eine Krise, um nicht zu sagen eine Selbstparalyse der Frankfurter ergeben. Während nämlich Habermas auch gegen weite Partien des Werkes von Marx den Vorwurf der Instrumentalisierung der Vernunft erhebt, indem er insbesondere von einer Zweiteilung Arbeit und Sprache ausgeht, versuchen Schmidt und Negt, sich der Tradition des klassischen Marxismus anzuschließen. Zu einer expliziten Kontroverse jener gerade für die Kritische Theorie enormen Grundlagenkrise ist es allerdings in der Spätphase nie gekommen. Daran ändert auch nichts die Arbeit von F. W. Schmidt (1971). Der Vorwurf, instrumentelle Vernunft zu sein, betraf damit einen wichtigen Bestandteil der Kritischen Theorie selbst, nämlich das Werk von Marx. Insofern ist er Teil eines Selbstvorwurfs, der destruktiv und fruchtbar zugleich war. Man darf sagen, daß durch die Tatsache der Selbstapplikation des Vorwurfs der Instrumentalisierung die Frankfurter eine Paralyse erlebt haben, die es unmöglich machte, Intentionen von Marcuse, A. Schmidt und Negt einerseits mit denen von Habermas andererseits zu vereinigen. Im Hintergrund stand u. a. jene nie ausgetragene Kontroverse zwischen Keynes und Marx. Spätestens bei der begrifflichen Aufarbeitung des kritischen Potentials der Marxschen Geschichtstheorie sind die Auflösungstendenzen der Frankfurter Schule unübersehbar. An dieser Stelle ergibt sich jene Grauzone, für die nicht mehr ausgemacht werden kann, ob sie bereits zur Wirkungsgeschichte gehört oder noch den ursprünglichen Intentionen der Kritischen Theorie sich verdankt. Man sieht jedenfalls sofort, daß das Ursprungstheorem von der inkonsequenten Inkonsequenz nicht mehr zureicht, jenen kritischen Aggregatzustand zu beschreiben oder zu erklären. Betrachtet man die Kritische Theorie unter diesen Aspekten einer historischen Bewegung und Reflexion, dann ergibt sich als Konsequenz, daß die historische Bewegung innerhalb der Theorie selbst auftauchte, anstatt daß die Theorie selber zu einer historischen Bewegung wurde. Insofern blieb die Frankfurter Schule seit jener Marxkontroverse gehälftet. Man kann auch sagen, daß der Gedanke der Emanzipation sich vom Gedanken des Marxismus distanzierte. Die Kritische Theorie blieb eine um ein einheitliches Marxkonzept verminderte Theorie der historischen Emanzipation; historischer Materialismus in diesem Sinne. Es ist klar, daß trotz jener partiellen Selbstdestruktion in der Marxismusdebatte für alle Frankfurter eine Konservierung des Altmarxismus unannehmbar blieb. Denn die Erfahrung der Produktivität dieser Destruktion erhielt sich als ein libidinös-nihilistisches Quale, welches die Dignität einer Novität und Fruchtbarkeit zugleich gewann. Die Aporie der Geschichte verhexte sich zu einer Aporie der Theorie.

Entwicklungstendenzen der Spätphase

Ich komme zum letzten Punkt und ziehe ein Fazit aus den bisherigen Betrachtungen, um jene Spätphase der Kritischen Theorie charakterisieren zu können. Denn soviel ist deutlich: Der Ansatz des Terminus Spätphase impliziert die Voraussetzung, daß das durch diesen Begriff Gekennzeichnete bereits ein Gebilde der Geschichte geworden ist.

Begonnen werden soll mit der Beobachtung, daß im Verlauf der *Geschichte* der Kritischen Theorie ein Prozeß der Verwissenschaftlichung zunehmend stattgefunden hat. Es ist jener Prozeß der Verwissenschaftlichung im Verlaufe der Geschichte der Kritischen Theorie, der möglicherweise die Intentionen, die die Begründer mit der Theorie verfolgten, in ihr Gegenteil verkehrt hat. Wenn man jenes Diktum von Adorno bedenkt, er habe stets versucht, in Gedanken wahrhaft frei zu sein (sein Verständnis von Dialektik), wenigstens in Gedanken frei zu sein, dann versteht man dessen Impetus, sich in Kunsttheorien, Musiktheorien etc. zu dokumentieren. In Feyerabends dadaistischer Maxime, lasset uns morgens das Märchen von Newton, mittags das Märchen der Bibel, abends das der Alchemie erzählen, gibt sich diese gemeinte Freiheit vom eisernen Lauf der Geschichte noch zu verstehen. Es war eine Freiheit speziell von der (etablierten) Wissenschaft, die sich ausdrückte in der *Dialektik der Aufklärung*, in den *Minima Moralia* etc. Man muß nun feststellen, daß die Kritische Theorie sich zunehmend den Methoden und Argumenten selber aussetzen mußte, gegen die sie angetreten war. Ihr Protest gegen Wissenschaft, Instrumentalisierung in diesem Sinne, schlug auf sie selbst zurück. Bei dem Versuch, einwandsimmuner zu werden, transformierte sich ihr ideologiekritisches, entzifferndes Denken zu Argumentationen. Des weiteren ist auch nicht zu verkennen, daß wenigstens in einem Fall – der Rezeption der ordinary language durch Habermas – nicht nur keine Distanzierung von der analytischen Philosophie stattgefunden hat, sondern in jener Spätphase sogar eine fruchtbare und offenbar weitreichende Übernahme erfolgte. Wenigstens die ordinary language der Oxford-Schule verfiel demnach nicht dem Verdikt der Instrumentalisierung. Allerdings wurde dadurch die Ursprungsintention, einen authentisch angebbaren Begriff von Geschichte anzugehen, in entscheidender Weise modifiziert, wie wir sofort sehen werden. Dadurch ist es zu einer beachtlichen Variante geschichtsphilosophischer Perspektiven gekommen.

Andererseits ist nicht zu verkennen, daß mit jenem Prozeß der Verwissenschaftlichung jener dadaistische, surrealistische Impuls, der sich wenigstens bei Benjamin so beredt zu Wort gemeldet hatte, endgültig negiert wurde. Man muß sogar feststellen, daß sich dieser Prozeß der Verdrängung von Chocks bereits in Adornos Musiktheorie durchgesetzt hatte; dessen Vorliebe für Musik im Schopenhauerschen Sinne hat bereits einen Zug von Konservativismus, der sich entscheidend in der Vernachlässigung der paraästhetischen Wahrnehmung von Photos und bildender Kunst ankündigte. Die Tendenz zu universalistischen Enwürfen, die sich wissenschaftlich geben, ist in diesen Zusammenhängen vorprogrammiert. Ich möchte abschließend diesen Prozeß der Verwissenschaftlichung an drei Entwicklungen der Spätphase, die Schlüsselcharakter besitzen, aufzeigen.

1. Zunächst geht es um Alfred Schmidts energische Auseinandersetzung mit dem französischen Strukturalismus marxistischer Provenienz. Worum handelt es sich? Man kann an dieser Kontroverse noch einmal sehr gut die Intentionen der Frankfurter überprüfen, zumal der marxistische französische Strukturalismus die einzige Variante im Neomarxismus ist, die neben der Kritischen Theorie für Westeuropa von Belang geblieben ist. Bei dieser Kontroverse geht es um einen unterschiedlichen Begriff von Wissenschaft und Geschichte zugleich. Während nämlich die Intentionen von A. Schmidt, der für die Konzeption des Neomarxismus die entscheidende Erstlingsarbeit (1971) herausbrachte, von einem Wissenschaftsbegriff ausging, der im Umfeld von Hegel und Marx (Fichte) lag – also der Dialektik bzw. den Aporien der Dialektik verpflichtet war – ergab sich für die marxistischen Strukturalisten (Althusser, Gordellier) der Sache nach ein Rekurs auf die Arbeiten von Saussure. Was diesen zweiten Begriff von Wissenschaftlichkeit angeht, so wird Wissenschaft als ein System bezeichnet, dessen Struktur dadurch beschreibbar wird, daß man Elemente und Klassen von Koordinationen angibt, um syntagmatische Relationen der Anordnung und paradigmatische Beziehung für mögliche Ersetzbarkeit der Elemente herauszustellen. Sollten Betrachtungen dieser Art für die Analyse des Kapitals von Marx von Belang sein, dann ist klar, daß mit jenem Strukturbegriff ein Begriff von Subjekt nicht mehr zu verbinden ist. In diesem Sinne versteht denn auch Althusser den Fortschritt bei Marx als Antihumanismus. Hatten Horkheimer und Adorno nur von einer Schwächung des Ichs gesprochen, so ist jetzt im Namen einer wissenschaftlichen Strukturtheorie das Subjekt eleminiert. Dabei hilft der neue Begriff von Geschichte sehr gut die Situation zu kennzeichnen. Mittels der Unterscheidung von Diachronie und Synchronie wird nämlich ein Begriff von Geschichte am Modell der Natur bzw. des Funktionierens dingfest gemacht. Denn eine synchrone Betrachtung kann Geschichte deshalb ausschließen, weil diese für die Einlösung des Terminus des *Funktionierens* eines Systems ohne Belang ist. Veränderungen der Struktur, Geschichte in diesem Sinne, geschieht damit über die Köpfe der Subjekte hinweg wie ein Naturgeschehen. Genau an dieser Stelle wird der Gegensatz zur Kritischen Theorie deutlich. Denn Schmidt versucht zu argumentieren, daß trotz aller Strukturverhaftung der Subjekte die Veränderung der Struktur wenigstens teilweise, wenn auch bezogen auf die jeweilige Struktur, durch die Subjekte selbst geschieht.

Das Subjekt wird damit zum Namen für die Instanz, in der sowohl Geschichte naturhaft verläuft als auch Geschichte autonom gestaltet wird. Dabei wird von Schmidt vor allen Dingen darauf abgehoben, daß die Geschichte nicht einfach der Struktur transzendent ist, sondern an den Randerscheinungen – vgl. die Geschichte der Irrenhäuser und Gefängnisse, wie sie von Foucault artikuliert wird – präsent bleibt. So wird die Intention von Schmidt deutlich, die historische Vermittlung des Begriffs Struktur aufzuweisen. Sein Forschungsprogramm zeigt er wie folgt an:

„Die Aufgabe marxistischer Theoretiker besteht jetzt darin, die strukturalistische Negation der Geschichte bestimmt zu negieren. Bloße Restauration eschatologischer Geschichtsphilosophie bliebe untriftig." (1971, 137)

Man sieht deutlich, daß diese Absage der Frankfurter an Bloch und Marcuse ein neues Stadium der Kritik beinhaltet. So viel ist klar: Die Kritische Theorie beharrt bei Schmidt auf einem wenn auch strukturverhafteten gesellschaftlichen Subjekt, das aber gemäß frühen Einsichten von Horkheimer einer radikalen Vergänglichkeit anheimfallen kann. Genau diese nihilistische Intention im Historischen Materialismus der Marx und Engels, wie sie Horkheimer gegen Bloch und Lukács betont hatte, mobilisiert Schmidt, um sein Einverständnis im Problembestand mit den Strukturalisten Althusser etc. herzustellen. Die Kontroverse lautet: Der Einbruch von Geschichte bedeutet ein Nicht-Funktionieren des Systems – der Einbruch von Geschichte bedeutet Funktionieren des Systems.

2. Um einen präziseren Begriff von Instrumentalisierung anzugeben, versuchte Habermas einen kritischen Gegenbegriff anzugehen und entwickelte diesen als Kommunikationstheorie. Was an dieser Explikation von Belang ist, ist aber die bereits erwähnte Tatsache, daß dabei positiv Bezug genommen wird auf einen Teil der analytischen Philosophie, nämlich der Oxford ordinary language. Insofern hat eine weitergehende Verwissenschaftlichung der Kritischen Theorie statt, die zu einer Veränderung des Themas Geschichte zwang. Was nämlich kommunikative Aktion von einer instrumentalen Aktion unterscheiden soll, sind u. a. jene Sprechakte, die durch fünf Momente gekennzeichnet sind: 1. durch die Tatsache, daß die Aktion sprachlicher Natur ist, 2. durch den Umstand, daß die sprachlich geäußerte Handlung im Bezug auf einen Sachverhalt erfolgt, 3. durch das Antreffen einer Redesituation, 4. durch den Bezug auf

ein alter Ego, 5. durch die Tatsache, daß die Aktion jene Kommunikation mit dem alter Ego beeinflußt. Besonders deutlich wird der Aktionsgrad von Sprache bei performativen Verben, deren Bedeutung geradezu die Sprechhandlungen darstellen.

Was Habermas mit jenem Rückgriff auf die ordinary language erreicht, ist eine Erweiterung der Bestimmung von Kommunikation, wie sie Peirce gegeben hatte. Man muß sogar feststellen, daß jene Kommunikationstheorie zu einem Modellfall für die Explikation von Gesellschaft wird, insofern diese außerhalb der Zwänge instrumentaler Aktion, wie technischer oder experimenteller Handlung, gedacht wird. Vergegenwärtigt man sich die dadurch gewonnene Situation, dann wird sofort deutlich, daß Geschichte mit jenen nun zugelassenen wissenschaftlichen Mitteln gerade noch nicht gewonnen ist. Denn die Explikation von Sprechakten erlaubt zwar eine Interaktionstheorie, nicht jedoch die Aufarbeitung von materialer Geschichte – z. B. des Faschismus. Es ergab sich lediglich die Skizze von einem transzendentalen Rahmen für mögliche Geschichte. Man fragt, wie nach diesem Vorgang der Explikation einer für die Gesellschaftstheorie relevanten Interaktionstheorie ein Begriff von Geschichte exponiert zu werden vermag.

Für die Beantwortung dieser Frage wird nun die Beobachtung entscheidend, daß sich Habermas (1976) vor die Notwendigkeit gestellt sah, sozusagen in einem zweiten Akt Rekurs zu nehmen auf das Thema Geschichtlichkeit der Geschichte, genauer der Struktur von Geschichte; er wählte für seine Explikation des historischen Materialismus als Modell den *genetischen* Strukturalismus von Piaget, Kohlberg. Dadurch wurde es möglich, jener Interaktionslehre Züge von evolutionären Kollektiv- und Individualidentitäten einzuzeichnen. Struktur bedeutet nun Struktur der Ichfindung. Neolithische Gesellschaften, staatlich organisierte Gesellschaften, Imperien, die Moderne wurden zu Gegenständen einer Topologie von Geschichte der Ichfindung. Der neue Gesichtspunkt der Evolution mit seinem Implikat von jeweiligen Systemkrisen ergab dabei die Feststellung, daß der historische Materialismus ein einheitliches Gattungssubjekt nicht länger zu supponieren brauche, eine Unilinearität des historischen Verlaufs abzulehnen sei, eine Komplexitätssteigerung in der Geschichte beobachtet werden könne. Es ist wichtig zu sehen, daß derartige Bestimmungen eines geschwächten historischen Materialismus sich einer Auseinandersetzung mit den Arbeiten von Luhmann verdanken. Insbesondere ist an dieser Stelle die Kritik von Giegel (1975) zu nennen.

Im Rückblick muß man feststellen, daß die kritische Gesellschaftstheorie in jener Spätphase auf eine Instanz traf, die den Terminus eines einheitlichen Gattungssubjekts kassierte. Die Vielzahl der Identifikationsmuster für eine Ichfindung erlaubte keine einfache Parallelisierung von Ontogenese und Gattungsgeschichte. Geschichte ist damit zu einer genetisch-evolutionären Strukturgeschichte geworden. Denn der Begriff der Kommunikation ist noch von einem Terminus gekennzeichnet, den man den Spielraum von Strukturbildung nennen muß; er erlaubt die Einführung des Begriffs der Evolution zu höherem, d. h. komplexerem Entwicklungsniveau. Dadurch wurde die Vorstellung von einer teleologischen Entwicklung der Gesellschaft und Geschichte aufgegeben. Es handelt sich um eine Kontamination von mindestens zwei Disziplinen: der ordinary language von Oxford mit dem Strukturalismus Piagets. Es ist interessant, daß auch der späte Habermas die dadaistischen Kurzgeschichten seinen wissenschaftlichen universalistischen Konzepten gegenüber — diese mögen so teleologielos und a-instrumental wie immer sein — ausgrenzt. Nur im Rahmen dieser Prämissen ist Wissenschaftskritik zugelassen; bereits für Adorno gab es Bazon Brock nicht und der Mataré-Schüler Beuys war damals noch keine Institution. Offensichtlich handelt es sich in unserem Fall um eine Fernwirkung der Musiktheorie Adornos und der damit verbindbaren Geschichtskonzeption.

3. Mein letztes Beispiel für die Entwicklung der Kritischen Theorie, das eine Schlüsselposition innehat und zugleich durch jenen Zug zur Verwissenschaftlichung gekennzeichnet ist, soll das Theorem von der psychoanalytischen Konzeption der Gesellschaft sein. Dieses Thema einer regressiven Subjektivität gehört sicher zum Grundbestand der Kritischen Theorie. Die eingangs geäußerte Maxime, jeder Gedanke, jede Emotion sei Ausdruck einer Verstümmelung, beinhaltet ja z. T. die theoretische Aufarbeitung jenes Themas der Regression. Gerade diesem Zusammenhang waren die Arbeiten über Wagner, über die *Minima Moralia* etc. verpflichtet. Bereits jene Kunstkritiken und Selbstprotokolle machten wie fraglos von der These Gebrauch, Individualpsychologie gehe kontinuierlich über in Sozialpsychologie und Gesellschaftskritik. Ja man kann sagen, die Kritische Theorie explizierte jenen kontinuierlichen Übergang ständig ad hoc. Ich erwähne nur die Faschismuserklärung von Adorno (1970), der zufolge die charismatische Figur

des Führers sich herstellt aus Identifikation und libidinösen Beziehungen der passiven Masse der Bevölkerung mit einer sichtbaren Figur; Adorno leitet aus dieser psychoanalytischen Erklärung die Theorielosigkeit des Fachismus ab, des weiteren die Tatsache, daß jene Manipulation der Masse die Negation des Geltungsbereichs von Psychologie als Wissenschaft bedeutet. Das pessimistische Theorem, Geschichte sei immer noch schlechter als vermutet, erhält hier ihr psychoanalytisches Pendant. Es ist im Zuge jener Entwicklung nicht verwunderlich gewesen, wenn Habermas und Marcuse den Vorschlag machten, Gesellschaft insgesamt auch als Ausdruck von Kräften zu betrachten, die nur psychoanalytisch verstanden werden können. Was Entsagung, Sublimierung, Wunschkompensation, Realitätsdruck heißen, ist Thema nun nicht nur der Individualpsychologie, sondern dezidiert einer zu explizierenden Soziologie. In diesem Zusammenhang sprach bereits Freud von der Diagnose einer Gemeinschaftsneurose derart, daß an Konstellationen gedacht ist, die das Einzelsubjekt in die Neurose treiben und zugleich die institutionellen Interaktionsmuster gestörter Kommunikation, Verhaltensschemata und Organschädigungen veranlassen. Das kritische Potential ist darin deutlich, daß eine Institutionenlehre angeboten wird, für die der Kontext von neurotisch erkrankten Einzelsubjekten und die Herstellung großer sozialer Institutionen obligatorisch wird. Genau hier liegt denn auch jener „psychoanalytische Schlüssel zu einer Gesellschaftstheorie, die einerseits mit der Marxschen Rekonstruktion der Gattungsgeschichte auf eine überraschende Weise konvergiert, in anderer Hinsicht freilich auch spezifisch neue Gesichtspunkte zur Geltung bringt" (Habermas 1973, 336). Gesellschaft und deren Geschichte insgesamt werden damit zum Ausdruck einer nur psychoanalytisch zu benennenden Beschädigung. Intentionen dieser Art werden heute zum Teil in der Medizinsoziologie verfolgt.

Für eine Beurteilung der These von der inkonsequenten Inkonsequenz der Kritischen Theorie ist an dieser Stelle der Hinweis auf die Arbeiten von E. Fromm von Belang. Denn es ist nicht zu übersehen, daß die psychoanalytischen Arbeiten von E. Fromm ganz dem Programm verpflichtet waren, den Zusammenhang von Gesellschaft und Individualgeschichte — etwa am Beispiel der Destruktivität — deutlich zu machen. Gleichwohl ist es zu einer stillen, verschwiegenen Exkommunikation von Fromm gekommen; und zwar deshalb, weil seine Arbeiten indirekt auf ein latentes Sachproblem innerhalb der Kritischen Theorie aufmerksam machten, das mit den Mitteln dieser Theorie gerade nicht immanent gelöst werden konnte: Gemeint ist einmal Fromms Rekurs auf den späten Freud, demzufolge von einer letzten Endes ahistorischen Dichotomie von Eros und Todestrieb gesprochen werden muß; sodann Fromms These von einem nichtsexuellen Eros, die eine positive Repristination von Ethik und Religion ermöglichte. Die Kritische Theorie geriet durch derartige Reflexionen an eine Grenze, die sie nicht überschreiten konnte. Deshalb die Exkommunikation.

Es ist daher nicht verwunderlich, wenn der ungelöste Konflikt innerhalb der Kritischen Theorie zu immer neuen Entwürfen Anlaß gab. Allerdings haben die neuesten Arbeiten auf diesem Gebiet zu einer Modifizierung des Themas Gesellschaft und damit der Geschichte geführt. Denn die Untersuchungen von Klaus Horn bezweifelten gerade die generelle Applikationsmöglichkeit der Superwissenschaft Psychoanalyse auf den Gegenstand Gesellschaft. Fragt man nämlich nach dem möglichen Gegenstand der Wissenschaft Soziologie, dann wird jene Ineinssetzung von Individualpsychologie, Sozialpsychologie und Soziologie auch in Frage gestellt. Es ist vor allen Dingen Klaus Horn gewesen, der Tobias Brocher bestritten hat, daß die Phänomene der Gruppendynamik mit ihren therapeutischen Diskussionsgruppen und Kommunikationsmöglichkeiten zu Modellen von Gesellschaft und Institutionen angeordnet werden können. Selbsterfahrungsgruppen, Lern- und Arbeitsgruppen stellten vielmehr nur eine familiare, nicht eine gesamt-gesellschaftliche Beziehung her. Klaus Horn wendet im Namen einer quasiautonomen Soziologie ein, daß jene Ineinssetzung „zum Ignorieren der Verselbständigung gesellschaftlicher Institutionen führt, die ihre Kraft erst durch ein Jenseits der unmittelbaren Aktion der Subjekte überhaupt gewinnt" (1969, 267). Ähnliches gilt dann natürlich auch für die Dimension der Geschichte. Man sieht sofort den in der Kritischen Theorie stattfindenden Verwissenschaftlichungsprozeß, wenn man sich in diesem Zusammenhang den Begriff der Szene vor Augen hält, den Lorenzer entwickelt hat. Szene bedeutet in erster Instanz Einzelszene und zugleich Explanationskategorie gesellschaftlich-familiarer Vorgänge im Rahmen der Psychoanalyse. Geschichte ist reduziert auf familiare Geschichte. Das bedeutet: Nur bestimmte Einzelphänomene von Gesellschaft, eben Szenen, werden psychoanalytisch Gegenstand wissenschaftlicher Betrachtung, mit dem Ergebnis, daß die Verhaltensmuster derartiger szenischer Situationen als gestört betrachtet werden können. Es kommt zu angebbaren aktualisierten Konfliktfiguren, die ihren Ort eben in szenisch angenommenen Situationen von Gesellschaft haben. Die Analyse jener Szene bietet die Chance zur Ausgestaltung gesellschaftspolitischer Selbstbestimmung.

Zieht man eine Konsequenz aus jenem neuerlichen Konzept psychoanalytisch verfaßter Gesellschaft, dann ergibt sich der Umstand, daß Gesellschaft nur in ihren pathogenen Auswirkungen Gegenstand von wissenschaftlicher Analyse wird. Sogleich erzwingt jener Begriff der Szene qua Einzelszene einer pathogenen Form die Negation möglicher Feststellung von Gesamtgesellschaft. Gesellschaft zerfällt vielmehr in eine Collage, Serie von Einzelszenen mit deren subkutaner pathogener Geschichte von wüsten familiaren Beziehungen. Szene wird zum Fokus von familiarer Geschichte. Die These von der Beschädigung des Lebens stellt sich in der Spätphase als eine Theorie heraus, der zufolge Geschichte zu pathologischen Einzelszenen zerfällt. Damit ist ein Selbstaufklärungsprozeß über ein Desiderat der Kritischen Theorie erreicht, der in seiner Relevanz sicher nicht unterschätzt werden sollte.

Zieht man ein Fazit aus den Betrachtungen der Entwicklungsphasen der Kritischen Theorie, dann muß man sagen, daß die Frankfurter bei dem Versuch, die Tendenzen der zweiten Hälfte des 20. Jahrhunderts auf den Begriff zu bringen, zu ganz unterschiedlichen Ergebnissen gelangt sind. Das gilt vor allen Dingen für ihre Konzepte von Gesellschaft und Geschichte. Es handelt sich um eine ganze Serie von Konzepten:

1. Konzept einer Jetztzeit surrealistischer, anarchistischer Tendenz
2. Gesamtgesellschaft
3. politisch ökonomische Irrationalität bei angebbarer Vernunft der Kunstgeschichte
4. transzendentaler Materialismus
5. Szenengeschichte
6. Auseinanderfall von Geschichte und Gesellschaft
7. Strukturbetrachtung von Geschichte
8. Momentangeschichten des Bewußtseins etc.

Ich schließe mit der Feststellung, daß sowohl gesamtgesellschaftliche Perspektiven als auch Detailgeschichte als Ausdruck für Gesamtgesellschaft (vgl. Szenenmontage) in mehrfacher Form angeboten wurden. Man hat den Eindruck von einer enormen Proliferation möglicher Theorien zur Gesellschaft und deren möglicher Beziehung zur Geschichte. Dieses Bündel, dieser Pluralismus von Theorien über die Geschichte wurde nicht ausschließlich erreicht durch einen Rekurs in die Geschichte, sondern auch durch konsequente Verfolgung der Intention, daß jeder Gedanke, jedes Konzept in sein Gegenteil treibt. Wenn es sich also um eine Proliferation von Theorien handelt, so ist diese das Ergebnis der Analyse von Situationen und Wahrnehmungen, die bisher im 20. Jahrhundert möglich waren. Man darf hinzufügen, daß diese Proliferation von Theorien zur Geschichte nicht unendlich, also willkürlich ist: Sie ist genau durch jene Grenze markiert, hinter der die Zone für die Produktion möglicher konservativer Theorien liegen mag. Denn die Kritische Theorie mag zwar konservativ im Bezug auf die Forderung unmittelbar politischer Praxis gewesen sein, als Theorie zerfiel sie in eine Proliferation möglicher Theorien emanzipativer Art von Geschichte. So erreichte sie, selbst konservativen Theorien noch eine Aura der Emanzipation abzugewinnen. Ich schließe mit der Vermutung, daß der Gedanke der Emanzipation, so wie er hier konzipiert ist, noch nicht zu Ende gedacht wurde. Abgesehen vom Neukantianismus und Neuhegelianismus stellt die Frankfurter Schule die wohl fruchtbarste, wenn auch relativ konsistenzloseste Theorie des 20. Jahrhunderts dar.

Anmerkung

* Aus: Rüsen, J./Süssmuth, H. (Hrsg.): Theorien in der Geschichtswissenschaft. (Geschichte und Sozialwissenschaften. Studientexte zur Lehrerbildung Bd. 2) Düsseldorf 1980. – Typographie und Zitationsweise wurden diesem Band angeglichen.

Literatur

Adorno, T. W.: Zur Metakritik der Erkenntnistheorie. Stuttgart 1956.
Adorno, T. W.: Jargon der Eigentlichkeit. Frankfurt/M 1964.
Adorno, T. W.: Die Freudsche Theorie und die Struktur der faschistischen Propaganda. In: Psyche 24 (1970) 7, 486ff.
Adorno, T. W.: Vorlesung zur Einleitung in die Erkenntnistheorie. Frankfurt/M o. J.
Améry, J.: Aufklärung als Philosophia perennis. In: Die Zeit 22. 20.5. 1977.

Becker, W.: Kritik der Marxschen Wertlehre. Hamburg 1972.
Becker, W.: Die Achillesferse des Marxismus. Der Widerspruch von Kapital und Arbeit. Hamburg 1974.
Giegel, H. J.: System und Krise. Kritik der Luhmannschen Gesellschaftstheorie (Theorien der Gesellschaft oder Sozialtechnologie). Frankfurt/M 1975.
Haag, K. H.: Kritik der neueren Ontologie. Stuttgart 1960.
Habermas, J.: Bewußtmachende oder rettende Kritik. In: Unseld 1972.
Habermas, J.: Erkenntnis und Interesse. Frankfurt/M erw. Ausg. 1973.
Habermas, J.: Zur Rekonstruktion des historischen Materialismus. Frankfurt/M 1976.
Horkheimer, M.: Anfänge der bürgerlichen Geschichtsphilosophie. Stuttgart 1930.
Horn, K.: Politische und methodologische Aspekte gruppendynamischer Verfahren. In: Das Argument 50/3. Berlin 1969.
Kracauer, S.: Die Angestellten. Frankfurt/M 1930/59.
Marcuse, H.: Hegels Ontologie und die Grundlegung einer Theorie der Geschichtlichkeit. Frankfurt/M 1932.
Marcuse, H.: Eros und Kultur. Stuttgart 1957.
Marcuse, H.: Psychoanalyse und Politik. Frankfurt/M 1968.
Schmidt, A.: Der Begriff der Natur in der Lehre von Marx. Frankfurt/M Neuausg. 1971.
Schmidt, A.: Geschichte und Struktur. München/Wien 1971.
Schmidt, A.: Der Übergang zur verwalteten Welt. In FAZ. 27.7.1978.
Schmidt, F. W.: Hegel in der Kritischen Theorie der „Frankfurter Schule". In: Negt, O. (Hrsg.): Zur Aktualität Hegels. Frankfurt/M 1971.
Unseld, S. (Hrsg.): Zur Aktualität Walter Benjamins. Frankfurt/M 1972.

II. Rekonstruktionen

Jürgen Naeher

„Unreduzierte Erfahrung" — „Verarmung der Erfahrung".
Die Einleitung der *Negativen Dialektik* (13 - 66)

> *„Eine veränderte" „Philosophie"*
> *„wäre nichts anderes als die volle,*
> *unreduzierte Erfahrung im Medium be-*
> *grifflicher Reflexion; . . . Was Philo-*
> *sophie zur riskierten Anstrengung*
> *ihrer eigenen Unendlichkeit veranlaßt,*
> *ist die unverbürgte Erwartung, jedes*
> *Einzelne und Partikulare, das sie*
> *enträtselt, stelle gleich der Leib-*
> *niz'schen Monade jenes Ganze in sich*
> *vor, das als solches stets wieder*
> *ihr entgleitet . . ." (25)*

Die Einleitung der *Negativen Dialektik,* welche diesen Gedanken formuliert, ist selbst Ausdruck dieses Gedankens, einer wesentlich inhaltlichen Einsicht: Kann die Einleitung doch die *Negative Dialektik* als „jenes Ganze . . ., das als solches stets wieder . . . entgleitet", gleichsam in der Figur einer „Monade" vor Augen führen — am „einzelnen und partikularen" Motiv „enträtseln". Bereits hier weiß sich die *Negative Dialektik* in der Tradition bedeutender Vorläufer, — berühmter Vorreden und Einleitungen. Die folgende Abhandlung kann es aufgrund dieses monadenhaften Charakters unternehmen, „Idee" und „inhaltliche Intention" (vgl. 10)[1] negativer Dialektik — innerhalb *der Negativen Dialektik* — in ersten Linien zu skizzieren, um eine erste Annäherung zu ermöglichen.

Dies geschieht vom Anfang der Einleitung aus (I), u. a. der Methode des ‚Zeilenkommentars' verpflichtet. Auf gleiche Weise wird dann, vertiefend, jenes begriffliche Zentrum beschrieben, das sich dabei herauskristallisiert: „Naivetät" — „Erfahrung" — usf. —, der Linienführung des Textes so weit als möglich folgend (II). Diese Vorarbeiten stellen die Voraussetzung dafür dar, daß schließlich die Fragestellung der von Adorno so genannten „geistigen Erfahrung" (21ff.) von der gesamten Einleitung her als für Idee und Intention negativer Dialektik strukturbildend aufgezeigt werden kann (III). Diese Fragestellung wiederum eröffnet die Möglichkeit, das Werk *Negative Dialektik* im ganzen am Leitfaden des Erfahrungsbegriffs zu erschließen; hierzu soll ein Exkurs (IV) erste Hinweise zu Ziel und Richtung geben.

I

„Philosophie, die einmal überholt schien, erhält sich am Leben, weil der Augenblick ihrer Verwirklichung versäumt ward. Das summarische Urteil, sie habe die Welt bloß interpretiert, sei durch Resignation vor der Realität verkrüppelt auch in sich, wird zum Defaitismus der Vernunft, nachdem die Veränderung der Welt mißlang. Sie gewährt keinen Ort, von dem aus Theorie als solche des Anachronistischen, dessen sie nach wie vor verdächtig ist, konkret zu überführen wäre. Vielleicht langte die Interpretation nicht zu, die den praktischen Übergang verhieß. Der Augenblick, an dem die Kritik der Theorie hing, läßt nicht theoretisch sich prolongieren. Praxis, auf unabsehbare Zeit vertagt, ist nicht mehr die Einspruchsinstanz gegen selbstzufriedene Spekulation, sondern meist der Vorwand, unter dem Exekutiven den kritischen Gedanken als eitel abwürgen, dessen verändernde Praxis bedürfte. Nachdem Philosophie das Versprechen, sie sei eins mit der Wirklichkeit oder stünde unmittelbar vor deren Herstellung, brach, ist sie genötigt, sich selber rücksichtslos zu kritisieren. Was einst, gegenüber dem Schein der Sinne und jeglicher nach außen gewandten Erfahrung, als das schlechthin Unnaive sich fühlte, ist seinerseits, objektiv, so naiv geworden, wie Goethe schon vor hundertfünfzig Jahren die kümmerlichen Kandidaten empfand, die subjektiv an der Spekulation sich gütlich taten. Der introvertierte Gedankenarchitekt wohnt hinter dem Mond, den die extrovertierten Techniker beschlagnahmen. Die begrifflichen Gehäuse, in denen, nach philosophischer Sitte, das Ganze sollte untergebracht werden können, gleichen angesichts der unermeßlich expandierten Gesellschaft und der Fortschritte positiver Naturerkenntnis Überbleibseln der einfachen Warenwirtschaft inmitten des industriellen Spätkapitalismus. So unmäßig ist das mittlerweile zum Topos herabgesunkene Mißverhältnis zwischen Macht und jeglichem Geist geworden, daß es die vom eigenen Begriff des Geistes inspirierten Versuche, das Übermächtige zu begreifen, mit Vergeblichkeit schlägt. Der Wille dazu bekundet einen Machtanspruch, den das zu Begreifende widerlegt. Die von den Einzelwissenschaften erzwungene Rückbildung der Philosophie zu einer Einzelwissenschaft ist der sinnfälligste Ausdruck ihres historischen Schicksals. Hatte Kant, nach seinen Worten, vom Schulbegriff der Philosophie zu deren Weltbegriff* sich befreit, so ist sie, unter Zwang, auf ihren Schulbegriff regrediert. Wo sie ihn mit dem Weltbegriff verwechselt, verfallen ihre Prätentionen der Lächerlichkeit. Hegel wußte, trotz der Lehre vom absoluten Geist, dem er die Philosophie zurechnete, diese als bloßes Moment in der Realität, als arbeitsteilige Tätigkeit, und schränkte sie damit ein. Daraus ist seitdem ihre eigene Beschränktheit, ihre Disproportion zur Realität geworden, und zwar desto mehr, je gründlicher sie jene Einschränkung vergaß und es als ein ihr Fremdes von sich wies, auf ihre eigene Stellung in einem Ganzen sich zu besinnen, das sie als ihr Objekt monopolisiert, anstatt zu erkennen, wie sehr sie bis in ihre inwendige Zusammensetzung, ihre immanente Wahrheit hinein davon abhängt. Nur Philosophie, die solcher Naivetät sich entledigt, ist irgend wert, weitergedacht zu werden. Ihre kritische Selbstreflexion darf aber nicht innehalten vor den höchsten Erhebungen ihrer Geschichte. An ihr wäre, zu fragen, ob und wie sie nach dem Sturz der Hegelschen überhaupt noch möglich sei, so wie Kant der Möglichkeit von Metaphysik nach der Kritik am Rationalismus nachfragte. Stellt die Hegelsche Lehre von der Dialektik den unerreichten Versuch dar, mit philosophischen Begriffen dem diesen Heterogenen gewachsen sich zu zeigen, so ist Rechenschaft vom fälligen Verhältnis zur Dialektik zu geben, wofern sein Versuch scheiterte." (15f.)

Die *Negative Dialektik* will, wie ihre Einleitung von Anfang an programmatisch exponiert, die besondere „Stellung" (16), den Status von Philosophie bestimmen, die aktuelle Lebensmöglichkeit von Philosophie als *Über*lebensmöglichkeit. *Ex negativo* soll die Tatsache, daß „der Augenblick" der „Verwirklichung" von Philosophie „versäumt ward", als Bedingung der Möglichkeit ihres Überlebens bestimmt werden können:

---

* Vgl. Kant, Kritik der reinen Vernunft, 2. Aufl., WW III, Akademie-Ausgabe (Drittes Hauptstück der Transzendentalen Methodenlehre).

„Philosophie, die einmal überholt schien, erhält sich am Leben, weil der Augenblick ihrer Verwirklichung versäumt ward. Das summarische Urteil, sie habe die Welt bloß interpretiert, sei durch Resignation vor der Realität verkrüppelt auch in sich, wird zum Defaitismus der Vernunft, nachdem die Veränderung der Welt mißlang." (15; vgl. dazu A. Schmidt 1971, 66; Künzli 1971, 123; Böckelmann 1972, 183f.)²

Daß eine solche historische Bestimmung die Reflexion auf den Zusammenhang von Philosophie und Einzelwissenschaften nicht nur nicht aussparen kann, sondern geradezu herbeizieht, wird spätestens mit jenem Gedanken der „von den Einzelwissenschaften erzwungenen Rückbildung der Philosophie zu einer Einzelwissenschaft" programmatisch anvisiert. Jene wesentlich systematisch gemeinte These stützt sich historisch, insbesondere philosophiegeschichtlich: Die neuere Entwicklung von Philosophie im Kontext der Einzelwissenschaften wird als Rückfall hinter Kant konstatiert, als Rückfall hinter dessen Intention auf Befreiung der Philosophie von ihrem bloßen „Schulbegriff" zum „Weltbegriff":

„Die von den Einzelwissenschaften erzwungene Rückbildung der Philosophie zu einer Einzelwissenschaft ist der sinnfälligste Ausdruck ihres historischen Schicksals. Hatte Kant, nach seinen Worten, vom Schulbegriff der Philosophie zu deren Weltbegriff sich befreit, so ist sie, unter Zwang, auf ihren Schulbegriff regrediert." (16)

Das meint nicht, die insistierende Reflexion, paradigmatisch die Reflexion auf Kant, vermöchte den *Rück*fall prinzipiell *rück*gängig zu machen — schon gar nicht die bloße Wiederaufnahme Kantischer Lehre:

„Wo" „Philosophie" „ihren Schulbegriff" „mit dem Weltbegriff verwechselt, verfallen ihre Prätentionen der Lächerlichkeit." (16)

So konstitutiv sich gerade für Adornos Philosophie der reflexive Rekurs auf Kant darstellt: Die Einsicht in die Unmöglichkeit, den historisch erzwungenen Regreß lediglich ‚zurückzurufen', muß *zugleich* dem Nachfolger Kants, Hegel, zum Teil recht geben:

„Hegel wußte, trotz der Lehre vom absoluten Geist, dem er die Philosophie zurechnete, diese als bloßes Moment in der Realität, als arbeitsteilige Tätigkeit, und schränkte sie damit ein." (16)

Adorno votiert gegen *schlecht* „arbeitsteilige" „Einschränkung", *kraft* der *Reflexion* auf solche Einschränkung, einer Reflexion, wie sie bereits Hegel inauguriert:

„Daraus ist seitdem ihre eigene Beschränktheit, ihre Disproportion zur Realität geworden, und zwar desto mehr, je gründlicher sie jene Einschränkung vergaß und es als ein ihr Fremdes von sich wies, auf ihre eigene Stellung in einem Ganzen sich zu besinnen, das sie als ihr Objekt monopolisiert, anstatt zu erkennen, wie sehr sie bis in ihre inwendige Zusammensetzung, ihre immanente Wahrheit hinein davon abhängt." (16; vgl. Böckelmann 1972, 135)

Will sich Philosophie dieser Einsicht versichern, so wird sie zugleich riskant in die Nähe von Dogmatik geführt; wenn es heißt:

„*Nur* Philosophie, die solcher *Naivetät* sich entledigt," — die sich des ‚Vergessens' jener „Einschränkung" „entledigt" —, „ist irgend wert, weitergedacht zu werden." (16)

Will die Interpretation jedoch eine solch dogmatische Dimension der *Negativen Dialektik* nicht von vornherein überbewerten, so muß vom Interpretierenden bereits von Anfang der Einleitung an jenes ‚methodische' Grundmotiv des *Denkens in „Konstellationen"* (vgl. 62, u. a., bes. 164ff.)[3] so ernst wie irgend möglich genommen werden. Gemeint ist jene grundlegende ‚methodische' Verfahrensweise, die Adorno erst im Zentrum, dem Zweiten Teil des Werkes, entfaltet das Prinzip einer Denkbewegung, welche Begriffen bis in die äußersten Ränder ihrer Bedeutungen, ihrer „Sach-" und „Wahrheitsgehalte" (vgl. 29, u. a.; dazu auch unten, 184f.), hinein folgt — dorthin, wo sie eine Konfiguration mit anderen be-deutenden Begriffen eingehen. Ein solches Denken will dogmatische Setzungen, Verhärtungen aufheben: Negative Dialektik will dies in dem selbstreflexiven Bewußtsein, daß es ihr zugleich mißlingen muß, zumindest partiell. Selbstreflexion soll der negativen Dialektik auch Reflexion ihres Scheiterns sein. M. a. W. wäre der Möglichkeit *reflexiver* ‚Setzung' einer nichtnaiven Philosophie nachzugehen; wäre auch dem Begriff der „Naivetät" dorthin nachzuspüren, wo er, in der Konstellation mit anderen, zumindest einen zweiten, weniger dogmatischen Sinn preisgeben könnte. Dies ist ein Stück weit vorzuführen als eine Denkbewegung, die von der Hegelschen „Bewegung der Begriffe"[4] nur ihren Ausgang nimmt.

Vom werkgeschichtlichen Zusammenhang, von Adornos Oeuvre her betrachtet: „Naivetät" kann in Adornos Denken auch jene Konnotation haben, welche Schillers Charakterisierung von „naiver" vs. „sentimentalischer" Dichtung diesem Begriff hinzufügte, bzw. welche Schiller aus diesem Begriff heraus zu entwickeln begann.[5] Dabei geht freilich der interpretierende Rück-Blick paradigmatisch durch den Surrealismus, die Moderne insgesamt, hindurch. Damit im Zusammenhang, kann „Naivetät" schließlich die Bedeutung einer ‚zweiten Naivetät' haben, bzw. mit-meinen, die sich der ‚ersten Naivetät', der Naivetät ‚unmittelbarer Erfahrung', überlegen zeigen soll, etwa, jedoch nicht nur, als die ‚authentisch' künstlerische Erfahrung. (Es kann im folgenden[6] auch, im Ansatz, geklärt werden, auf welche bestimmte Weise die Erfahrung negativer Dialektik mit der ästhetischen Erfahrung zusammenhängt.) Gerade im Kontext der reflexiven zweiten Naivetät weiß sich Adornos Werk immer wieder in der Nähe Goethes.

Die Einleitung zur *Negativen Dialektik* spielt auf diesen Zusammenhang nur an.[7] Sie grenzt eine *falsche* zweite Naivetät (vgl. auch 367, u. a.) von der zweiten Naivetät im Sinne *Goethes* ab; aktual gewendet:

„Was einst, gegenüber dem Schein der Sinne und jeglicher nach außen gewandten Erfahrung, als das schlechthin Unnaive sich fühlte, ist einerseits, objektiv, so naiv geworden, wie Goethe schon vor hundertfünfzig Jahren die kümmerlichen Kandidaten empfand, die subjektiv an der Spekulation sich gütlich taten." (15)

Zweite Naivetät muß sich demnach beständig darauf hin reflektieren, wo und wann sie in erste umschlägt. D. h. zunächst: Auch derjenige Rationalismus, welcher „gegenüber dem Schein der Sinne und jeglicher nach außen gewandten Erfahrung" — gegenüber einer Erfahrung empiristischer Prägung — lediglich eine cartesianische res cogitans oder das Bedingtsein empirischer Erkenntnis durch (u. a.) ein transzendentales Subjekt ansetzen würde, verfiele selber der bloßen, der ersten Naivetät — undurchschaut. So sehr dies auf die *aktuale* Situation der Philosophie bezogen ist: Für Adorno scheint der Streit zwischen Rationalismus und Empirismus nicht einmal gleichsam vorübergehend, auf der *zeitgenössischen* Stufe, zu schlichten, selbst durch *Kants* Lehre nicht. Kann auch hierfür *Hegel* einstehen, so kann er dies doch *zugleich nicht* (das Zugleich-Nicht ist beständige Gedankenfigur auch der *negativen* Dialektik, auf die Konstellation Kant-Hegel nicht beschränkt): Auch Hegels Versuch, den Streit zwischen Rationalismus und Empirismus zu schlichten, ihn dialektisch zu ‚versöhnen', ist letztlich zum Scheitern verurteilt. Dies verbindet ihn mit den Versuchen der ‚spekulativen' Nachfolger Kants (vgl. unten, 171f.). Will Philosophie nicht das „Ganze" „als ihr Objekt" monopolisieren; soll Philosophie auch „*solcher*", vermeintlichen zweiten „Naivetät sich entledigen", dann muß sie dies – an einem äußersten Rand – *zugleich* auch *gegen* Hegel.

Nur insoweit „Naivetät", „an der" „Philosophie" „krankt", ihr tatsächlich „*unabdingbar*" ist, insoweit ist sie nicht mehr nur „*solche* Naivetät":

„Ein wie immer fragwürdiges Vertrauen darauf, daß es der Philosophie *doch* möglich sei; daß der Begriff den Begriff, das Zurüstende und Abschneidende übersteigen und dadurch ans Begriffslose heranreichen könne, ist der Philosophie *unabdingbar* und damit etwas von der *Naivetät,* an der sie krankt. Sonst muß sie kapitulieren und mit ihr aller Geist." (21)

So sehr wir mit einem *solchen* Begriff des „Begriffs" bereits den Nerv negativer Dialektik anvisieren und der Einleitung zufolge anvisieren sollen – zugleich mit einem Begriff des „Begrifflosen", wie es gerade im *Begriff* der „Naivetät" auch festgehalten ist; so sehr solche ‚Sprünge' für negative Dialektik selber konstitutiv sind: Die „Bewegung der Begriffe" ist im folgenden von benachbarten Begriffen her noch einmal nachzuvollziehen. Diese sind behutsam aufzusammeln, lediglich austauschbar scheinen sie nicht.

Wenn „Naivetät", jener Begriff, von dem her wir in das komplexe Gewebe negativer Dialektik zu gelangen suchten, bereits in den beigezogenen Passagen immer wieder auf den Begriff der „Erfahrung" verwies, so kann dieser tatsächlich als ein ‚Zentralbegriff' der Einleitung, der *Negativen Dialektik* insgesamt, bezeichnet werden. Gegen seine Konstruktion als „Oberbegriff" allerdings würde sich die *Negative Dialektik* sträuben, will sie doch gerade „das Spezifische und mehr als das Spezifische" treffen, „ohne es in seinen allgemeineren Oberbegriff zu verflüchtigen" (39). „Die kleinsten innerweltlichen Züge hätten Relevanz fürs Absolute, denn der mikrologische Blick" negativer Dialektik „zertrümmert die Schalen des nach dem Maß des subsumierenden Oberbegriffs hilflos Vereinzelten und sprengt seine Identität, den Trug, es wäre bloß Exemplar." (400) Die *Bedeutung* einer solchen Programmatik wird *zentral* im Erfahrungsbegriff festgehalten.

II

„Naiv" in einem pejorativen Sinne wird „Erfahrung" zunächst als die „nach außen gewandte" genannt, als die dem bloßen „Schein der Sinne" verhaftete. „Was einst" sich dem „gegenüber" setzte, wird befunden als zumindest „objektiv" „naiv geworden". Wenigstens momenthafte Differenzierungen dessen, wie die Hegels, scheinen „seitdem" (15f.) vergessen – mehr oder minder. So wird „Erfahrung" innerhalb der Einleitung der *Negativen Dialektik* in einem umfassenden Sinne zum Stichwort und Movens einer „Philosophie, die solcher Naivetät sich entledigt". Auf diese Weise sahen wir jene zweite Naivetät ins Spiel gelangen, welche die je verschiedenen Konzeptionen von Erfahrung fallen lassen – gleichwohl an einem „unabdingbaren" Moment der „Naivetät" festhalten soll.

Festhalten muß negative Dialektik (u. a.) am *Anspruch* von Rationalismus, Empirismus, – Transzendentalphilosophie und Dialektik, weil der Anspruch dieser philosophischen Ansätze, das mit ihnen Versprochene, noch der Einlösung harrt. Aus dem gleichen Grund muß negative Dialektik diese *Ansätze* als ganze *fallenlassen:* Weil sich *mit* ihnen, *in* ihnen, Philosophie „einmal überholt" hatte, „weil der Augenblick" *auch* „*ihrer* Verwirklichung versäumt ward." Negative Dialektik weiß, daß sie mit dem Paradoxon von Festhalten und Fallenlassen leben muß, um irgend *über*leben zu können. So wenig es mithin Philosophie aufhilft, sich von vornherein *über* dem Streit der Richtungen zu glauben – etwa über dem Streit von Rationalismus und Empirismus:

Der „*Ort*" (15) von Philosophie kann imgrunde nicht einmal mehr, wie es noch Kant und Hegel intendierten, *inmitten* dieses Streites sein und auf diese Weise: auch über ihn *hinaus* (vgl. Adorno 1963a, bes. 71f; Naeher 1981, bes. 21-29). Ohne „Ort", bezieht negative Dialektik eine mehrfache ‚Frontstellung'[8] nur, indem sie sich gleichsam zersplittert; indem sie ins Innere jeder der ‚Fronten' zu dringen sucht: Das durch sämtliche zentralen Ansätze der Philosophie-, der Geistesgeschichte Nichteingelöste, das innerhalb der gesamten bisherigen Geschichte noch der „Verwirklichung" Harrende, legitimiert nicht nur – teils trotziges ‚Dennoch'[9] – die Daeins*berechtigung* von Philosophie, sondern auch die *Notwendigkeit*, da zu sein. Das macht ihr „Leben" (15) aus.

So sehr negative Dialektik dabei von ihrem ‚revolutionären' Moment her konzipiert wird: Selbst bei Marx, gerade beim Marx der *11. Feuerbachthese,* auf welchen die Rede vom „summarischen Urteil" anspielt, Philosophie „habe die Welt bloß interpretiert" (15; d. i.: anstatt sie zu verändern!), kann diese Philosophie „keinen Ort", nämlich *„keinen" „Standpunkt"* (17) finden. Was sie finden kann ist einzig, *ex negativo:* Rechtfertigung ihres Status qua „Theorie". Das Mißlingen jener Veränderung der Welt ist ihr zum Index falsi geworden, zur Falsifikation des allzu trotzigen Festhaltens am wie immer zunächst ‚richtigen' Bewußtsein von der Notwendigkeit solcher Veränderung. Wenn dies überhaupt Resignation[10] impliziert, dann nicht als Resignation vor der Philosophie.

Eben weil die „Veränderung der Welt mißlang", ist „sie", die *„Welt"* es, die „keinen Ort" mehr „gewährt", „von dem aus Theorie als solche des Anachronistischen ... konkret zu überführen wäre" (15). Doch — die Stelle scheint durchaus mehrdeutig — insofern ist es auch die ‚eingeschränkte' *„Philosophie",* inmitten dieser „Welt", welche diesen „Ort" als fixen Standpunkt verwehrt. Philosophie selbst ist nicht Standort *(topos)* oder gar Zufluchtsort, doch gewährt sie nicht weniger als den ‚Raum' *„kritischer Selbstreflexion"* (16).[11]

Was hier anvisiert wird, der Einsicht zufolge, daß „Praxis" („Realität", „Welt"; 15)[12] „nicht mehr" „Einspruchsinstanz" heißen kann, will nicht etwa „selbstzufriedener Spekulation" (15; vgl. A. Schmidt 1971, 66; Böckelmann 1972, 158f. vs. Grenz 1974, 290, Anm. 248) das Wort reden, — denn diese Einsicht wurde um der „Praxis" („Realität", „Welt") willen gewonnen. Selbst*reflexion* soll von Selbst*zufriedenheit* (der Reflexion als *„Spekulation") toto genere* verschieden sein. Polemisch verwendet wird der Begriff „Spekulation" freilich allenfalls innerhalb der Oberflächenstruktur des Textes, nicht in der Tiefe, in der die Einleitung mit dem gesamten Werk kommuniziert. Gemeint ist in diesem Sinne jene selbst-gewisse Philosophie, die sich spätestens seit Schelling von sich aus als „Spekulation"[13] bestimmte: So sehr sich negative Dialektik, qua „kritische Selbstreflexion", auch von ihr abgrenzen muß, so sehr muß sie ihr, gerade qua „kritische Selbstreflexion", folgen (vgl. 27; 29, u. a.). Doch nicht nur ihr: Metaphysik, Rationalismus, Empirismus, Idealismus, dialektischen Materialismus usf. nicht so sehr *hinter* sich lassend, als daß sie vielmehr „nicht innehalten" „darf" *„vor* den höchsten Erhebungen ihrer Geschichte" (16), soll sich diese mehrfache ‚Frontstellung', aus dem Verlust von „Praxis" als einer möglichen „Einspruchsinstanz" heraus, auf „*Theorie*",*ein*-greifend' (vgl. 1963 b) *ein*-lassen. Anders als in der „Spekulation" soll dies gerade nicht bedeuten, daß sich negative Dialektik *aus* der „*Realität*" und damit virtuell *aus* der „*Praxis*" zurückzöge, und sei es nur der Tendenz nach.

Man verlängert die Eingangspassagen wohl nur um ihre skizzenhaften Linien, wenn man den *Erfahrungs*begriff, bereits der Einleitung, und die um ihn sich behutsam kristallisierende Theorie der Erfahrung, als das Substitut für jene „Einspruchsinstanz" ansieht: Nicht so sehr als „Instanz" gedacht, formuliert sich der Erfahrungsbegriff in der Einleitung zur *Negativen Dialektik* doch zu etwas *wie* dem Standpunkt einer Philosophie ohne „vorweg" ‚bezogenen' „Standpunkt" (17).[14]

Um die Interpretation im Kernpunkt zu vertiefen:

„Dies Gesetz aber ist keines von Denken, sondern real. Wer der dialektischen Disziplin sich beugt, hat fraglos mit bitterem Opfer an der qualitativen Mannigfaltigkeit der Erfahrung zu zahlen. Die Verarmung der Erfahrung durch Dialektik jedoch ... erweist sich in der verwalteten Welt als deren abstraktem Einerlei angemessen." (18; vgl. Clemenz 1968, 32)

Es fragt sich, von welchem „Gesetz", — welches „keines von Denken, sondern *real*" sein soll, mithin nicht so sehr idealistisch, sondern eher *un*orthodox-*materialistisch* —, die Rede ist; einem Gesetz, das allenfalls ‚realistisch' heißen könnte, bestünde nicht die Möglichkeit der Verwechslung gerade mit dem, was die Einleitung später unter dem Titel einer „dogmatischen, gar naiv realistischen These" (23)[15] generell abweisen will. (Vgl. oben zu Dogmatik vs. „Bewegung der Begriffe" als „Konstellation"!) Es fragt sich des weiteren, wie ein Gesetz zu bestimmen wäre, nach dessen Maßgabe Erfahrung nicht so sehr, wie bei Kant, in ihrer „*Konstitution*" (vgl. 22; 57, u. a.) als vielmehr in ihrer „*Verarmung*" resultiert: in ihrem „Opfer an der qualitativen Mannigfaltigkeit der Erfahrung". Bei Kant sollte solches Opfer ja gerade nicht resultieren, vielmehr stellt „Qualität" in der *Kritik der reinen Vernunft* nicht weniger (freilich auch nicht mehr) als eine „Klasse" „reiner Verstandesbegriffe" dar, eine Klasse von „Kategorien",[16] mittels derer das transzendentale Subjekt a priori *Einheit* in die *Mannigfaltigkeit* einer gegebenen Anschauung bringen soll. Mannigfaltigkeit sollte damit u. a. durch „Qualität", als einer Bedingung der Möglichkeit von Erfahrung, bestimmt sein.

Nun scheint durchaus ein Strang von Adornos verwobener *Kritik* an *Kant* mitgemeint, wenn es bereits in der Einleitung, etwas später, heißt:

„Eine veränderte" „Philosophie", d. i.: negative Dialektik, „hätte" „ihren Gehalt ... in der von keinem Schema zugerichteten Mannigfaltigkeit der Gegenstände" (25).

Doch insoweit negative Dialektik zugleich den uneingelösten „Rechtsanspruch" „Kants" „gegen Hegel" (145) einlösen will, formuliert die *Negative Dialektik* gerade in Passagen wie diesen insistente *Kritik* auch an *Hegel*. Das Motiv dieser Kritik, „Kants Rechtsanspruch gegen Hegel" sollte *nicht* „*un*verjährt" bleiben, bedeutet spezifisch, daß selbst er verjähren muß. So ist nur mit *bedingt* Kantischen Mitteln auf Hegelsche Dialektik zu reflektieren. Gegen Hegel (aber nicht nur gegen ihn) sind auch genuin Hegelsche Motive zur Geltung zu bringen, vor allem die ‚Methode' der „immanenten Kritik".[17] Der „dialektische Immanenzzusammenhang" (145) ist allererst *immanent* zu reflektieren, gerade um das Recht Kants einlösen zu können. Das bedeutet, in der Durchführung auch diesen Rechtsanspruch einzuschränken, ihn womöglich ‚bestimmt' zu ‚negieren'. Der komplexe Zusammenhang solcher Intentionen geht davon aus, Kant wie Hegel hätten, jeder auf seine Weise, dem eigenen Anspruch auf eine Philosophie *qualitativer* Erfahrung auch zuwider gedacht. Wobei in eben solchen Widersprüchen eine Dialektik beschreibbar werde, die nur noch als negative Dialektik denk-möglich sei.

Der *Kantischen* Konzeption einer *qualitätslosen,* chaotischen Mannigfaltigkeit, in welche a priori (vor aller Erfahrung) Einheit (auch als „Qualität") gebracht werde, entspricht in der Konzeption der *Hegelschen* Dialektik, freilich auch *gegen Kant* gedacht: daß als das „Qualitative" jenes „Bestimmte" angesetzt wird, gegen welches sich das „unbestimmte", „*qualitätslose* Sein" „überhaupt", „an sich" (Hegel 1812 [1967], 66)[18] bestimmen soll. Selbst jene dialektisierte Deduktion zeigt die immanente Auflösung, zeigt die Selbstauflösung der Transzendentalphilosophie an, ihre ‚Vollendung' mit Hegel: Auch durch die Hegelsche Deduktion der ‚Realität' aus den — wie immer inhaltlich gemeinten — Formen eines ‚absoluten Geistes' war die Intention auf Einheit in der Natur nicht zu erfüllen. So ist dieser Einheitsgedanke, als „unverjährt" festzuhalten, zugleich gegen sich selber zu kehren.

Wenn es nun von jenem „Gesetz", das „keines von Denken, sondern real" sei, im Zusammenhang heißt, es sei ein „Gesetz, das auch das Nichtidentische affiziert" (18), so kann es zwar nur ein dialektisches sein, das Gesetz des „Widerspruchs" — Reflex der realen „Widersprüchlichkeit" (vgl. 17f.). Doch fragt sich dann, von welcher Dialektik an dieser Stelle gehandelt wird, *„durch"* die doch Erfahrung ‚verarmen' (vgl. 18) soll: von idealistischer oder negativer Dialektik (materialistischer usf.)? Nach dem zuvor Interpretierten legt sich der Gedanke nahe, es sei an solchen Stellen immer wieder die Dialektik Hegels gemeint, welche ihrerseits ‚Kant zu sich selber bringe'.[19] Dem entspricht durchaus, wenn die *Negative Dialektik* (etwas später) als „ihr wahres Interesse", als „ihr Thema", Hegels „Desinteressement" entgegen, „die ... als kontingent zur quantité négligeable degradierten Qualitäт*en*" (19f., vgl. Tichy 1977, 85) ansetzen will. Entsprechend hat ein Teil der Adorno-Rezeption, solchen *abstrakt*-kritisch anmutenden Passagen folgend, dahingehend gedeutet, daß hier (paradigmatisch) die Hegelsche Dialektik lediglich abgrenzend abgewiesen werde. (Vgl. hierzu auch die Stelle zu Hegel: 25, u. a.).

Doch kritische Abgrenzung will negative Dialektik nur als kritische *Selbst*reflexion leisten. Von „Verarmung der Erfahrung" kann sie sich gar nicht ohne weiteres befreien. Zumindest *insofern* negative Dialektik *„immanente Kritik"* zu sein beansprucht, die nicht zuletzt an der Dialektik Hegels durchgeführt wird, ist im Zusammenhang jenes „Gesetzes", das den Gedanken des „bitteren Opfers an der qualitativen Mannigfaltigkeit der Erfahrung", der „Verarmung der Erfahrung durch Dialektik", herbeizieht, bereits von *beiden* die Rede: von der *negativen* Dialektik, *insofern* sie aus der *idealistischen* hervorgetrieben werden soll. Zwar will sich auch Adornos Dialektik bestimmen an „dem in den Systemen" der „Nachfolger" „Kants" „Programmierten, aber nicht Geleisteten". Doch weiß sie sich dabei im Gegensatz zur insbes. Neukantianischen bzw. Neuhegelianischen „Version von Dialektik": „Zu leisten ist es nur negativ." (18) Damit wäre negative Dialektik „Verarmung" „qualitativer Erfahrung" in ihrer reflektierten, ihrer irgend reflektiertesten Gestalt. Dies wäre ihre Negativität.

Gegen eine *abstrakte Abgrenzung* von Hegel wird negative Dialektik zusätzlich motiviert durch die Einsicht in den formalistischen Charakter etlicher gängiger Hegel-Kritiken. Bei allem ‚Einstand' gegen Hegels Idealistische Dialektik wendet sich die

Negative Dialektik zugleich gegen die bloße Reduktion der Argumentation auf eine Kritik an der „Methode" von Dialektik; etwa, wenn diese in der Gestalt einer Kritik an der (Hegel unterstellten)· Ausklammerung „des nicht Kontradiktorischen, des einfach Unterschiedenen" (17) auftritt. Dialektik soll schon bei Hegel, gerade anders als es zum Beispiel bei positivistischen Ansätzen der Fall ist, *mehr* als Methode (und deren Methodologie)[20] sein. In diesem strikten Sinne sucht Adorno das *Wahrheits*moment in Hegel kritisch zu rekonstruieren:

„Das Differenzierte erscheint so lange divergent, dissonant, negativ, wie das Bewußtsein der eigenen Formation nach auf Einheit drängen muß: solange es, was nicht mit ihm identisch ist, an seinem Totalitätsanspruch mißt. Das hält Dialektik dem Bewußtsein als Widerspruch vor. Widersprüchlichkeit hat vermöge des immanenten Wesens von Bewußtsein selber den Charakter unausweichlicher und verhängnisvoller Gesetzmäßigkeit. . . . Widerspruch ist Nichtidentität im Bann des Gesetzes, das auch das Nichtidentische affiziert." (17ff.; vgl. Tichy 1977, 81; Kerkhoff 1974, 167)[21]

Insoweit die Dialektik, zunächst Hegels, ein „Bewußtsein" auf den Begriff bringt, dem „das Differenzierte" als „negativ" „erscheint", verbindet sie sich mit der philosophiegeschichtlichen Tradition der Metaphysik, wie immer kritisch intendiert. Gegen die Intention des „nach außen gewandten", des quasi-‚empiristischen' Bewußtseins, teilt Dialektik mit der Metaphysik immerhin das „Drängen" „auf Einheit". Zugleich sucht sie sich, bereits bei Hegel, von Metaphysik abzuheben, indem sie, der *Negativen Dialektik* zufolge, es unternimmt, die Differenz zwischen jener Einheit und jenem „Differenzierten" festzuhalten. Wobei, der Tradition der Metaphysik auch zugleich entgegen und eher ‚rationalistisch', eine Einheit des „Bewußtseins" angesetzt ist: Kraft dieses Drängens — auf Einheit, wie potentiell, auf Verschiedenheit — soll Hegels Dialektik selber in jene negative Dialektik übergehen, für welche, um der *Verschiedenheit* willen, auch *Einheit, kritisch,* festzuhalten ist. Diese Dialektik soll so wenig bloße Metaphysik sein wie deren abstrakte Negation. Negative Dialektik will mit der Einsicht ernst machen, daß qualitative Erfahrung der äußerst differenzierten Erkenntnis des Objekts bedarf, ohne deshalb etwa *Differenzierung* als unmittelbar zu setzen. Auf diese Weise soll möglich sein, daß „Widersprüchlichkeit" — über bloße „Methode" hinaus — den

Status, zumindest den (Geltungs-)Anspruch, eines Gesetzes erlangt, doch im Sinne „unausweichlicher und *verhängnisvoller* Gesetzmäßigkeit", als die sie tatsächlich erst für die Perspektive negativer Dialektik bestimmbar ist. Ihr erst soll „dies Gesetz" als „keines von Denken, sondern" als „real" legitimiert sein. Real sollte es zwar auch für die Hegelsche Dialektik sein, doch ‚aufgehoben', letztlich und vorab, im Denken. „Geistige Erfahrung" beansprucht als die Erfahrung negativer Dialektik *solche* Aufhebung im Denken nicht. (Dem wird noch nachgegangen; vgl. III.) Denn sie kann sich (nach der Einsicht im Anfang der Einleitung) nicht mehr ohne weiteres als „eins mit der Wirklichkeit" (15) sehen und ist doch mit der Intention einig, *genuin* schon Praxis[22] zu sein.

Hervorgehoben sei noch einmal, was jenen Preis ausmacht, jenes „bittere Opfer an der qualitativen Mannigfaltigkeit der Erfahrung", welches auch negative Dialektik auf ihre Weise entrichtet. Als *qualitative* Bestimmung dieses Opfers kommt in Betracht, daß es Tribut an „Angemessenheit" sei. Gerade dieser Tribut soll es sein, der „sich in der verwalteten Welt als deren abstraktem Einerlei angemessen" „erweist". Erfahrung ist weniger „durch" Dialektik verarmt, als daß diese – „reales Gesetz" – ihrer *realen* „Verarmung" Rechnung getragen, ihr Ausdruck verliehen hat – Adorno zufolge, tendenziell unkritisch in Hegels Dialektik. Angemessenheit kann nicht bedeuten, daß negative Dialektik sich nur gleichzumachen versucht.

Der „Verarmung der Erfahrung", die Dialektik vollzieht, kann negative Dialektik nicht weniger entgegensetzen, als sie *bewußter* zu vollziehen – nicht weniger als die Selbst-Reflexion dieser Verarmung, aber auch nicht mehr. Damit ist sie dieser Verarmung nicht nur entgegen; doch wird die Abstraktheit des „Einerlei" auch nicht nur noch einmal abgebildet, nicht lediglich verdoppelt. Im Gegenteil soll es den notwendig zu entrichtenden Preis ausmachen, daß in dieser opferbereiten qualitativen Erfahrung die Schmerzhaftigkeit Begriff werde.

Doch zunächst: Auch die negative Dialektik will demnach beides – Erfahrung und den Begriff. Hier fragt sich, worin diese Doppelung (paradigmatisch) über die Kantische Doppelung von (empirischer) Anschauung und (rationalem) Begriff, gewendet zu Bedingungen der Möglichkeit von Erfahrung, von „empirischer Erkenntnis", tatsächlich hinaus ist: Adorno will, durch Hegel hindurch, hinter Hegel auf Kant (und zum Teil vor Kant) zurück-

gehen, um gerade nicht auf beide, gar hinter beide zurückzu*fallen.*[23] Zumal aber hat sich die philosophisch reflektierte *Erfahrung* des Leidens, des „Schmerzes" (vgl. 202f., u. a.), durch Kierkegaard, durch Schopenhauer, doch auch, je anders, durch Nietzsche, durch Marx hindurchgegangen, bei Adorno tatsächlich auf eine *Erkenntnistheorie* zurückgebeugt, wie sie mit dem Rationalismus nur einsetzt: „Ihr Schmerzhaftes ist der Schmerz über jene" „verwaltete Welt", „zum Begriff erhoben" (18).

Hegels ‚Anstrengung des Begriffs' soll überhaupt erst ihre humane Dimension[24] zukommen. Zumindest wird der erkenntnistheoretischen zugleich eine gesellschaftstheoretisch-geschichtsphilosophische Dimension abgelesen; wobei die eine als derart durch die andere vermittelt gedacht ist, daß wenigstens an den *Anspruch* (paradigmatisch) Hegelscher Philosophie erinnert werden kann.[25]

Indem auf solche Weise das Leiden, „der Schmerz", in die Erkenntnistheorie einwandern soll, in den „Begriff", soll ein Begriff dieses Schmerzes entbunden werden, als einer, der nicht zuletzt auf das Nichtbegriffliche geht.

„Dialektik entfaltet die vom Allgemeinen diktierte Differenz des Besonderen vom Allgemeinen. Während sie, der ins Bewußtsein gedrungene Bruch von Subjekt und Objekt, dem Subjekt unentrinnbar ist, ... hätte sie ein Ende in der Versöhnung. Diese gäbe" – anders als die Hegelsche – „das Nichtidentische frei ..." (18; vgl. Tichy 1977, 84; Künzli 1971, 126 u. 135)

Auf diese „Versöhnung", auf Freigabe des „Nichtidentischen" statt auf das (wie immer: vermittelt) Identische, geht die *Negative Dialektik* von Anfang an. „Der Versöhnung dient Dialektik" (18) dann, um sich selber, als Ausdruck des Schmerzhaften, überflüssig zu machen. Im „Primat des Subjekts", in dem Hegels Konzeption „das einzelmenschliche Bewußtsein" wie „das Kantische und Fichtesche transzendentale" Subjekt „überflügelte" (18), scheint für negative Dialektik das Nichtidentische nicht zu entbinden, sondern allenfalls ‚aufzubewahren', letztlich in Positivität als Identität. Insofern ist das Nichtidentische nicht einmal ‚aufzubewahren'.

Zwar war die Konzeption Hegels ihrerseits der Preis für „Recht und Fähigkeit" der Philosophie, wieder „inhaltlich zu denken": Aber der Preis einer ‚Aufhebung' des Einzelnen in Geist, als „vom

Geist bestimmbar" (19), erscheint Adorno noch immer ungerechtfertigt hoch, weil in Wirklichkeit zugleich inhaltliche Erfahrungen mit im Geist aufgehen, zumindest: in „der idealistischen Apparatur" (19; vgl. Clemenz 1968 [1970], 32), der „Begriffsapparatur" (24). Das „Begriffslose, Einzelne und Besondere" (20), das, was im Begriff nicht als formalisierbar aufging, wird für negative Dialektik doch noch einmal zum — selber nur begrifflich benennbaren — Movens *inhaltlichen Denkens,* virtuell: zum Movens *inhaltlicher Erfahrung.*

Dem scheint zu widersprechen, daß sich Adorno im folgenden auf das Motiv der *„geistigen* Erfahrung" (bes. 21ff.) konzentriert (vgl. Adorno 1963a. — Auch dies ist eine Fragestellung, die im Anschluß, bes. in III, vertiefend zu behandeln ist). Die Problematik hängt damit zusammen, daß Adorno, seiner Hegel-Interpretation zufolge, auch nicht mehr ungebrochen an Hegels Begriff des „Inhalts" festhalten kann, an dessen Konzeption inhaltlicher Erfahrung wie inhaltlichen Denkens. Die Behandlung dieser Frage gilt es hier vorzubereiten. Um die zunehmende *Verflüchtigung* des *Inhalts* innerhalb der „Entwicklung der *Phänomenologie"* (19) (imgrunde: seit der *Phänomenologie des Geistes*) zu skizzieren, und zugleich jenem „zentralen Stück" Hegelscher „Methode" folgend, welchem Adorno auch in der *Negativen Dialektik* immerhin „Treue" hält, als negative Dialektik ‚durchzuführen' sucht: „dem Desiderat *immanenter Kritik"* (Adorno 1963a, 71), besinnt sich die Bestimmung „geistiger Erfahrung" in der Einleitung der *Negativen Dialektik* paradigmatisch auf die *Phänomenologie Husserls:*

„Ihm schwebte eine spezifische geistige Erfahrung vor, die das Wesen aus dem Besonderen sollte herausschauen können. Das Wesen indessen, dem sie galt, unterschied sich in nichts von den gängigen Allgemeinbegriffen." (21; vgl. auch Tichy 1977, 85)

Solch „immanente Kritik", hier nur vorbereitet (vgl. den Ersten Teil der *Negativen Dialektik*), wird, wie in der Kritik an Hegel, um des Gemeinsamen willen geübt. Sie folgt dem gemeinsamen Fluchtpunkt dorthin, wo er als perspektivische Linienverlängerung auseinanderstrebt:

„Gegen beide" — Bergson und Husserl — „wäre zu insistieren auf dem, was ihnen vergebens vorschwebt; . . . zu sagen, was nicht sich sagen läßt." (21)

Wenn das Nichtidentische demnach wesentlich dem entspricht,

was sich nicht sagen läßt, dann fragt sich, wie negative Dialektik ‚es' dennoch sagen will. Dabei gehört jedenfalls zu ihrem Spezifischen, daß sie sich des Widerstreits von ‚es nicht ohne weiteres sagen können' und ‚es dennoch sagen' von vornherein als einer „Paradoxie" (21) bewußt ist. Sie bewußt zu machen, soll „die Arbeit philosophischer Selbstreflexion" (21) ausmachen. In der Tradition der Philosophie geht jene Reflexion auf Wahrheit – und will doch weiter gehen:

„Was aber an Wahrheit durch die Begriffe über ihren abstrakten Umfang hinaus getroffen wird, kann keinen anderen Schauplatz haben als das von den Begriffen Unterdrückte, Mißachtete und Weggeworfene.[26] Die Utopie der Erkenntnis wäre, das Begriffslose mit Begriffen aufzutun, ohne es ihnen gleichzumachen." (21)

Macht solche „Utopie der Erkenntnis" gleichsam den *Leitfaden* für *geistige Erfahrung* aus, dann erneut einen Leitfaden, der sich zwischen Kants und Hegels Idealismus bereits bis zum Zerreißen spannt, – und der von seiten des phänomenologischen und materialistischen Pols erneut, mehrfach, gespannt wird: Dialektik wird gegen Kant gewendet, oder eher: in ihr wird Kant auf Hegel hin gewendet; damit auch vice versa: Nicht nur, aber auch mit Kantischen Mitteln will negative Dialektik über Hegels „Totalität des Geistes" hinaus, über die „Identitätsthese" (21).

Als „Motivation[27] und Richtung" der „dialektischen Schritte" ist negative Dialektik anders als idealistische Dialektik auf „das Objekt" (22) verwiesen, letztlich auf einen „Übergang zum Materialismus" (bes. 193ff.): Ein Nervpunkt der *Negativen Dialektik* ist denn auch die These, „das Subjekt" falle „ganz anders ins Objekt als dieses in jenes. Objekt kann nur durch Subjekt gedacht werden, erhält sich aber diesem gegenüber immer als Anderes; Subjekt jedoch ist der eigenen Beschaffenheit nach vorweg auch Objekt." (184). Diese Nahtstelle, an welcher „Dialektik materialistisch" werde (193), die These vom „Vorrang des Objekts" (bes. 184ff.; 193ff.), wird in der Einleitung als „höchst real" vorgedeutet, als genuin gesellschaftstheoretisch:

„Das Objekt der geistigen Erfahrung" bedürfe zwar zu seiner *Erkenntnis*, zur Erkenntnis seiner Widersprüchlichkeit, des Subjekts, es sei gleichwohl „an sich", und damit „höchst real, antagonistisches System . . ., nicht erst vermöge seiner Vermittlung zum erkennenden Subjekt, das darin sich wiederfindet. Die zwangshafte Verfassung der Realität, welche der Idealismus in die Region von Subjekt und Geist projiziert hatte, ist aus ihr zurückzuübersetzen." (22; vgl. Böckelmann 1972, 141)

Die Rede vom Prozeß des ‚Rückübersetzens'[28] wiederum kann noch einmal sinnfällig machen, was die Metapher von der „Achsendrehung der Kopernikanischen Wendung durch kritische Selbstreflexion" (10) in der *Vorrede* der *Negativen Dialektik,* im Vorgriff auf spätere Teile, ankündigte. Dies ‚Rückübersetzen' kann als die erneute ‚Kopernikanische Wende' der Philosophie interpretiert werden, wie sie negative Dialektik vollzöge, und welche die von Kant beanspruchte Wende zum Vorrang des Subjekts (gegenüber objektiven, metaphysischen Strukturen), zumindest im Sinne einer „Achsendrehung", korrigieren soll – ohne deshalb in die traditionelle Metaphysik zurückzufallen. Rückgängig wäre die Wende vielmehr mit Mitteln eben jener „kritischen Selbstreflexion" zu machen, welcher gerade die Kantische und dann, anders, die Hegelsche Philosophie bereits hohe Dignität zu verschaffen suchte. Dies aber heißt dann: auch in negativer Dialektik wesentlich mittels des Subjekts. Die These vom „Vorrang des Objekts" soll jenes „Subjekt" nicht ‚unkräftig' (vgl. 18, u. a.) machen, wie es die Realität, Adorno zufolge, ohnehin schon an ihm vollzieht. Im Gegenteil fordert negative Dialektik (in jenem mehrfachen Sinne des Postulats, welcher auch die *Anforderung* meint) ein höchst differenziertes Subjekt; ein auf das äußerste differenzierendes, hochbewußtes Subjekt.

Es fragt sich an dieser Stelle der Reflexion, unserer wie der Adornos, ob Adorno nicht emphatisch am *Subjekt*-Begriff festhält – festhalten muß –, weil einzig dies Subjekt Träger „geistiger Erfahrung" sein könnte. (Eine Frage, die von den vorausgehend explizierten Gedanken aus noch kaum zu beantworten ist, und der daher der folgende Abschnitt, III., ein Stück weit nachzugehen hat). Denn dies Festhalten am – obsoleten – Subjekt-Begriff nimmt, wie auch das Festhalten an einem „Vorrang des *Objekts*", immerhin in Kauf, den intendierten „Übergang zum *Materialismus*" gewissermaßen zu *idealisieren,* die ‚zweite Kopernikanische Wende' ein Stück weit wieder rückgängig zu machen.

Damit steht die Verwendung des Begriffs ‚Individuum' in Zusammenhang. Sie führt zur Annahme, daß Adornos negative Dialektik an keinem bloß *traditionellen* Begriff des *Individuums*[29] festhalten kann. Dies offensichtlich, erneut (zugleich: vorausgedeutet), insoweit in Begriffen wie ‚Subjekt' und ‚Individuum' zunächst relativ unvermittelt ein „Allgemeines", eine „Allgemeinheit" (vgl. 56f., u. a.) auf eine Weise mit festgehalten ist, die dem realen Vorrang des *schlecht* Allgemeinen, des *abstrakt* Allgemeinen (vgl. Tichy 1977), gerade unkritisch Vorschub leistet.[30] Die ‚Kraft', von der in dem Postulat die Rede ist, daß das Subjekt gerade nicht unkräftig gelassen werden dürfe, diese Kraft müßte mithin etwas wie die Fähigkeit des wesentlich *‚individuellen' Geistes* meinen, sich zugleich zu entäußern –, sich im Anderen *durchzuhalten,* ohne dies Andere sich nun seinerseits nur zu subsumieren. Auf diese Weise soll Erfahrung, qua negative Dialektik, das weitere Postulat begreifen: es sei ‚standzuhalten' (vgl. unten, 192), trotz eines „Vorrangs des Objekts". Negativ-dialektischer Erfahrung wird so eine Handlungsorientierung vermittelt, die nur *ex negativo* zu gewinnen ist. Dies vorzuführen, unternimmt die *Negative Dialektik.*[31]

An einem Gipfelpunkt der Einleitung wird jenes Postulat eines hochbewußten Subjekts unter der Kolumne „Privileg der Erfahrung" (50ff.) verhandelt, innerhalb einer Replik auf den möglichen, gravierenden Einwand, negative Dialektik[32] „sei elitär" (51): Die Fähigkeit, die von ihr gemeinte Erfahrung *nachvollziehen* zu können, erst recht die Fähigkeit, sie produktiv zu *vollziehen* – so interpretiere ich –, sei allenfalls einer Elite vorbehalten. Kann Adorno diesen Einwand gar nicht ohne weiteres entkräften, und zwar wesentlich namens des Postulats, daß „die Objektivität dialektischer Erkenntnis nicht eines Weniger sondern eines Mehr an Subjekt" (50; vgl. Tichy 1977, 107) bedürfe, so stellt sich in diesem Zentrum negativer Dialektik ein Stachel heraus. Bei demjenigen, der sie rezipiert, hinterläßt er unvermeidlich Spuren. Doch hat er die angemessene Rezeption auch behindert, wo sie nicht überhaupt verhindert wurde. Dies gilt es zu bedenken in jenen Wissenschaften, die es unternehmen, mit dieser Theorie zu arbeiten. Den zumindest partiellen Verzicht darauf, den Einwand des Elitären zu entkräften, übt negative Dialektik, um gerade nicht *jenes* Subjekt zu entkräften, das, wie alle Subjekte, zwar „entmächtigt" (22), doch vereinzelt „nicht *ganz* gemodelt" ist (51); jenes Subjekt, das sich offenbar einzig dem Antagonismus eines Systems gewachsen zeigen könnte, welches sich als „die objektive Determinante des Geistes", als „Gesellschaft" (22) darstellt.

Hegel vertrat den Optimismus, Philosophie könne legitim den

Anspruch auf „Verständlichkeit" erheben, als Verzicht auf „esoterisches Besitztum einiger Einzelner" (Hegel 1807 [⁶1952], 16f., vgl. Naeher 1981, 8). Dieser Optimismus ist für Adorno schon deshalb sehr weit dahin, weil sich „das System" zugleich als „Inbegriff" „des *allerbedingtesten*" Geistes „von Subjekten" so *total* in seiner *Realität* darstellt — allenfalls heute sichtbar —, wie es analog das Hegelsche „System" „des *absoluten* Geistes" (22) beanspruchte. Der sozusagen im schlechten Sinn subjektivsten „Determinante", dem „allerbedingtesten" Geist aber, dürfte Philosophie tatsächlich um einiges weniger zugänglich sein.

Nur in dieser, tieferen Weise interpretiert, wäre Adorno übrigens: ein ‚*hoffnungsloser Idealist'*, — als den ihn vielfach Kritiker polemisch-vorschnell etikettieren wollen. Um diese widersprüchliche Formulierung anders zu fassen, sie angemessen zu wenden: Nur insofern ist Adorno ein ‚*Materialist'*, der doch zugleich mit „*Metaphysik*" „solidarisch" (400) ist — als einer „Gestalt von *Hoffnung*" (398). Der Verzicht auf ein „*Prinzip* Hoffnung", zumindest in seiner Blochschen Fassung,[33] ist bei Adorno kein Verzicht auf das zu ‚Rettende'. Er wird im Gegenteil geleistet um eines durch die *Negation* von Metaphysik *hindurch* Gehenden, *zugleich* Festzuhaltenden willen.

Das „höchst reale" „System" *verweist* auf Metaphysik, doch ist es, aktual als „Gesellschaft" wie als „Inbegriff von Subjekten" gefaßt, das System jenes „allerbedingtesten" Geistes „derer, die darüber verfügen und nicht einmal *wissen* können, wie sehr es ihr eigener ist" (22).

Mit der Möglichkeit der wesentlich „philosophischen Erfahrung" (vgl. 21; 50ff.; 57, u. a.), dies selbstreflexiv zu „wissen",[34] soll auch jene erkenntnistheoretische Konstruktion einer „Konstitution" (22) von Erfahrung modifiziert oder gar hinfällig werden können, wie sie noch Kants *Kritik der reinen Vernunft* zentral stand.

Zumindest modifiziert, wird um einiges später entwickelt, „hinter dem *sogenannten* Konstitutionsproblem"[35] „birgt sich" die „*inhaltliche*" „Vermittlung ... durch die gesellschaftliche Totalität", durch die „Totalität" „des Tausches"; und zwar „die Vermittlung von beidem": des „Ganzen, das von der Theorie ausgedrückt wird", mit „dem zu analysierenden Einzelnen". Dies „Ganze" sei dabei „*objektiv* ...*,* nicht erst durchs erkennende *Subjekt*" in jenem „Einzelnen enthalten" (57).

Die *Negative Dialektik* gibt mithin der klassischen Dialektik von Einzelnem und Ganzem, aber auch der von Subjekt und Objekt, eine eigene Fassung, nämlich gemäß der zentralen These vom „Vorrang des Objekts": Was sich „hinter dem sogenannten Konstitutionsproblem" „birgt", in der Gestalt der „gesellschaftlichen Totalität" „des Tausches", wird zugleich als ein „Zwangsmechanismus" bestimmt, welcher „den Phänomenen" „widerfährt" (57). Faßt man das Moment des Zwanghaften auf diese Weise, so erscheint unter einem Vorrang des Objekts, der gesellschaftlichen Totalität, zunächst das Subjekt (die Subjekte) als derart ohnmächtig, daß eine letztlich subjektivistische Konstitutionstheorie dessen Leistungen kaum angemessen beschreiben kann. Allenfalls gegen den Strich gelesen, könnten dann die als zwanghaft erkannten Momente in Konstitutionstheorien zur Beschreibung jener Zwanghaftigkeit taugen, welche real auch vom Subjekt, von den Subjekten, ausgeht: Insoweit, als sie − selber zwar zum „Phänomen" geronnen − die „Phänomene" qua Objekte verzweifelt überwertig zu majorisieren, ‚Verfügungsgewalt' auszuüben suchen.[36] Noch als das unausweichliche Moment der *„subjektiven* Präformation" (22) geht dieser Zwang wesentlich von der *objektiven Vermittlung* aus: solch subjektiver Momente *durch* die gesellschaftliche Totalität. Erkenntnistheorie ist demnach auf Gesellschaftstheorie verwiesen, auf eine kritische Theorie (wie ich interpretiere) der Erkenntnis „des materiellen gesellschaftlichen Produktionsvorgangs" (22).

Partiell freizusetzen von jenem Zwangsmechanismus könnte der *Negativen Dialektik* zufolge allenfalls „philosophische Erfahrung" sein, die doch „dies Allgemeine", jenen Zwangsmechanismus, der sich als ein Allgemeines (als: „Vermittlung", „Totalität")[37] darstellt, gerade „nicht, unmittelbar, als Erscheinung" „hat". Erst „so abstrakt, wie es objektiv ist" (57), soll Erfahrung dem Allgemeinen das Seine geben können. *Verschlüsselt* erst kommt das Kantische transzendentale Ich und, anders, das Hegelsche absolute Subjekt zu höchster Dignität − nämlich in jener Abstraktheit, *als* jene Abstraktheit, welche, durch die zweite Reflexion, die Selbstreflexion negativer Dialektik hindurchgegangen, auch kritisiert werden soll: Soll das Subjekt zur zweiten, reflektierten Realität letztlich erst analog einem Subjekt philosophischer Erfahrung kommen, so war dies nach der Intention Kants und Hegels nicht völlig anders. Doch für die *Negative Dialektik* soll die philosophische Erfahrung eine Erfahrung durch Subjekte sein, denen „ihre eigene Vernunft" nicht mehr nur „inkommensurabel" „bleibt", nicht mehr nur „bewußtlos" wie „das Transzendentalsubjekt" (22). Negative Dialektik könnte dies nicht durchschauen, wenn Bewußtlosigkeit bleiben müßte — wiesehr diese auch den Charakter des allgemeinen, realen Gesetzes angenommen hat: Solches Durchschauenkönnen ist ihr „Privileg". Abstraktheit *als* Abstraktheit zu durchschauen, soll nicht im Irrationalismus münden. Abstraktheit *als* Abstraktheit zu erkennen, zu denken, versucht negative Dialektik, um mit Mitteln des Begriffs „über den Begriff" „hinauszugelangen" (27).

„Diese Richtung der Begrifflichkeit zu ändern, sie dem Nichtidentischen zuzukehren, ist das Scharnier negativer Dialektik." (24)

Im Bild des „Scharniers" bekennt sie selbst ihr Klapperndes, Mechanisches, nämlich: Brüchiges, zumindest als ein Moment ein, ihre Einsicht in die Notwendigkeit, auch ein Stück ‚Methode' sein zu sollen — der Intention nach aber als der *Inbegriff von Verfahren*.[38] So wenig es imgrunde die Methode, das Verfahren negativer Dialektik geben soll, so wenig kann an dieser Stelle eine Charakteristik solcher Methode stehen. So viel immerhin: Diesen Verfahren ist die „aufhaltende Reflexion" einbeschrieben, eine Reflexion, die sich dem „Identitätszwang" (24) entgegenzustellen sucht. Die „aufhaltende Reflexion" scheint dem zumindest verwandt, was W. Benjamin in der Figur des „Atemholens" als „Methode" (i. w. S.) beschrieben hat (Benjamin 1928 [1963], 8ff.; vgl. Naeher 1977, bes. 30ff.). Doch als „Methode", die, brüchig wie ihr Gegenstand,[39] gerade für negative Dialektik in der „Darstellung" (vgl. bes. 29f.), im „Inbegriff ihrer Methode" (Benjamin, ebd.), zugleich aufgehen soll:

„Was als" „Methode" „gesagt werden muß, ... legitimiert sich allein in der Durchführung, und dadurch wird Methode wiederum negiert." (58)

Aufhaltende, atemholende Reflexion: Solche Philosophie, wenn sie sich denn zur „Einzelwissenschaft" rückbilden muß, will zugleich ein zu eng ‚wissenschaftstheoretisches' Anspruchsniveau unterminieren. Sie sucht nicht, methodologisch *über* der ‚Methode' zu stehen, sondern mitten in ihr — und dies nur insofern sie sich damit in einem Bruch (vgl. 42, u. a.), inmitten von Brüchen befindet, innerhalb derer der Umschlag von Methode(n) in Inhalt(e) (vgl. 19, u. a.), letztlich in „Sachgehalte" (vgl. 29, u. a.) statthaben soll.

„Durchführung" reflektiert solche „Sachgehalte", um des „Wahrheitsgehaltes" willen (vgl. auch 157, u. a.).[40]

Dadurch kommuniziert negative Dialektik mit jenen einzel-, jenen fachwissenschaftlichen Strängen, welche den Sachgehalten immerhin nahe blieben. Dadurch genau würden solche fachwissenschaftlichen Stränge (etwa auch: solche fachdidaktischen, allgemeindidaktisch-pädagogischen Stränge) ihrerseits legitim mit negativer Dialektik kommunizieren.

Als Korrektiv „gegenüber der totalen Herrschaft von Methode" (25) wird durch jene Philosophie, wie die *Negative Dialektik* sie bestimmen will, und *als* die negative Dialektik *sich* bestimmen will, „das Moment des Spiels" (25f.; vgl. Künzli 1971, 151) angesetzt.

Ihm entsprechend „hätte Philosophie nicht sich auf Kategorien zu bringen sondern in gewissem Sinn (!) erst zu komponieren." (44; vgl. 167, u. a.)[41]

Inmitten der Konstellation: Methode – *Wissenschaft* vs. Spiel – *Kunst* betritt Philosophie jenes *Spiel*feld, dessen sehr ernste Spielregeln die *Negative Dialektik* zu beschreiben und vorzuführen unternimmt, und innerhalb dessen *Philosophie* der Status einer „erhobnen Mitte" (Benjamin 1928 [1963], 13; vgl. Naeher 1977, bes. 72ff.) zwischen Wissenschaft und Kunst zukommen könnte. Doch hier nur für einen knappen Moment (in der *Negativen Dialektik* ohnehin nur für knappe Momente).

Folgt man Adornos Gesamtwerk, so ist diese „Mitte" auch die *Kunst*.[42] Philosophie wird in dieser Konstellation auch zur *Kunst-Philosophie*, zumindest der Tendenz nach; der Philosoph dieser Auffassung ist zugleich: ‚Artist'. Wahrheit ist für ihn nichts, das unmittelbar zu haben wäre, wie es bestimmte Konzeptionen von *Wissenschaft* vertreten. Gerade dem, der sie ‚haben' will, entzieht sie sich. Adornos Philosophie und Soziologie setzt, mit Kant und Hegel, bei der Vermitteltheit der *Erfahrung* von Realität an, Korrelat der Vermitteltheit von *Realität* selber. Mit Nietzsche aber vertritt er – dies ist gerade der *Negativen Dialektik* unterlegt –, daß jene Vermitteltheit eine wesentlich *ästhetische* sei. Erst das Gesamtwerk Adornos steht dafür ein – die ästhetischen Schriften nicht zuletzt, doch auch nicht allein.

III

„So unmäßig ist das mittlerweile zum Topos herabgesunkene Mißverhältnis zwischen Macht und jeglichem Geist geworden, daß es die vom eigenen *Begriff* des *Geistes* inspirierten Versuche, das Übermächtige zu begreifen, mit Vergeblichkeit schlägt." (15f.)

Die bisherigen Überlegungen kristallisierten bereits die Fragestellung heraus, weshalb negative Dialektik gleichwohl am Begriff, am Theorem „*geistiger* Erfahrung" festhält, am „*Geist*"-Begriff.

„Gleichen" doch „die begrifflichen *Gehäuse,* in denen, nach philosophischer Sitte, das *Ganze* sollte untergebracht werden können", spätestens in der Situation um 1966, eher *Hülsen,* „Überbleibseln der einfachen Warenwirtschaft inmitten des industriellen Spätkapitalismus" (15).

Dies gilt auch und gerade für den Begriff des Geistes. Aber der Alternative, für das Gemeinte einen neuen Begriff einzuführen, verweigert sich Adorno so weit als irgend möglich. Dies hängt damit zusammen, daß er begrifflichen Neuschöpfungen insgesamt ein tiefes Mißtrauen entgegenbringt. Wenn Adorno, mit der Emphase eines W. Benjamin, ‚Neologismen' insbesondere dort eine Absage erteilt, wo sie ihm willkürliche Neuschöpfungen dünken,[43] dann — noch einmal —, weil das Festhalten *am* traditionellen, sogar obsoleten *Begriff* gerade erhalten soll, was einst *mit* ihm, was *in* ihm auch versprochen aber nicht eingelöst wurde. ‚Retten' soll dies Nichteingelöste, das sich unter dem Systemzwang verflüchtigte, ‚retten' soll dies „Nichtidentische", der *Negativen Dialektik* zufolge, gerade die ‚Komposition' der (je neuen) „*Konstellation", in* welche der Begriff anders als *unter* Oberbegriffe eintritt. Es ist dies *intuitive* wie *rationale* Komposition.[44]

„Der Schein von Identität wohnt . . . *dem Denken* selber seiner puren Form nach inne. Denken heißt identifizieren. Befriedigt schiebt begriffliche Ordnung sich vor das, was Denken *begreifen* will." (17; vgl. Tichy 1977, 78)

Als notwendiges Moment *des* „Denkens" bleibt das ‚identifizierende', ‚schein'-hafte Moment erhalten. Dies kann negative Dialektik nicht ohne weiteres ‚ändern'. Dem muß sie vielmehr zugleich Rechnung tragen. Sie muß es insofern nicht zu ‚ändern' suchen, als ihr das „Denken" auch — erneut werden Linien Hegelscher Philosophie verlängert — „an sich schon, vor allem besonderen Inhalt Negieren" „ist", „Resistenz gegen das ihm Aufgedrängte ..." (30).

Das kritische Moment negativer Dialektik dürfte dann darin bestehen, daß sich die ‚Konstellierung' der Begriffe dem „Fortschritt" (vgl. 15) nicht ohne weiteres *anpassen* will. „Prismatisches Denken" (vgl. 1955) ist jedenfalls kein bloßes Vexierspiel. Um dem Rückschritt gerade *im* Fortschritt Ausdruck zu geben, der „Dialektik der Aufklärung", muß *geistige* Erfahrung, auf das äußerste *vermittelt,* als anderes *bestimmt* werden als: Erfahrung durch *Geist* in seiner rationalistischen und idealistischen Fassung.

Soll nun geistige Erfahrung offenbar selber ‚Konstellierungen' vollziehen (analog künstlerischen), so treten an den Stellen, *in* denen das Theorem von der geistigen Erfahrung innerhalb der *Negativen Dialektik* sich *konfiguriert,* das Moment der Form (zunächst: der „puren Form") und das Moment des Inhalts, der Inhalte von Erfahrung zusammen. Sie verschränken sich: zu dem, was man *inhaltliche Prinzipien* nennen könnte, Prinzipien, die letztlich auf Sach- und Wahrheitsgehalte gehen. Die *Darstellung, wie* geistige Erfahrung dabei prozediert, geht zugleich auf das, *was* dabei erfahren werden soll. Theorien *formaler* ‚Bedingungen der Möglichkeit' von Erfahrung, bei Hegel bereits deutlicher „vom Bedürfnis nach *Inhalt* beseelt" (19), werden schließlich, im Zweiten Teil der *Negativen Dialektik,* dem Versuch, sie weiterzuentwickeln, unterzogen:

„Die" — bereits von Hegels *Phänomenologie des Geistes* — „postulierte Passivität des Subjekts mißt sich an der objektiven Bestimmtheit des Objekts. Aber sie bedarf nachhaltigerer subjektiver Reflexion als die Identifikationen, die das Bewußtsein bereits nach Kantischer Lehre gleichsam automatisch, bewußtlos vollzieht. Daß die Tätigkeit des Geistes, erst recht die, welche Kant dem Konstitutionsproblem zurechnet, ein anderes sei als jener Automatismus, dem er sie gleichsetzte, macht spezifisch die geistige Erfahrung aus, die von den Idealisten entdeckt, sofort freilich kastriert wurde." (189)

Um das, was weiterentwickelt werden soll, gleichfalls im Vorgriff auf den Zweiten Teil der *Negativen Dialektik,* nämlich auf jenes zentrale Verfahren negativer Dialektik zu präzisieren, von dem bereits mehrfach die Rede war: Die Weise, wie sich in geistiger

Erfahrung *Begriffe, hochbewußt,* zur Konstellation so kristallisieren, daß zugleich ihr Nichtbegriffliches gerettet werden soll, läßt sich auch an jener Weise ablesen, wie die *Negative Dialektik* selber zentrale Begriffe, zugleich wesentlich *intuitiv,* gleichsam sinnlich, konstelliert: zuallererst den Begriff der Erfahrung.

Mit dem *Begriff* geht negative Dialektik, zumindest tendenziell, auf „*Erfahrungen,* die, entgegen der Hegelschen Emphase, unabhängig sind von der idealistischen Apparatur". „Das bestimmte Einzelne war ihm *vom* Geist bestimmbar, weil seine immanente Bestimmung nichts anderes *als* Geist sein sollte." (19)

„Geistige Erfahrung" kann gerade nicht im Geist aufgehen, in der Bestimmung „*als* Geist" und *durch* „Geist". Adorno spricht daher auch immer wieder von „leibhafter", von „lebendiger Erfahrung", von der Erfahrung der „Lebendigen" (60, u. a.). Mit ihr *weiß* sich seine Philosophie und Soziologie, mit ihr *fühlt* er sich solidarisch. Wenn daher jene Erfahrung, die, als letztlich philosophische, der „lebendigen" auf besondere Weise Ausdruck verleihen soll, dennoch *geistige* Erfahrung genannt wird, dann doch gerade als ein Kürzel für die „volle, unreduzierte Erfahrung im Medium begrifflicher Reflexion" (25; vgl. Böckelmann 1972, 143; vgl. auch Kerkhoff 1974, 168). Mithin soll Erfahrung nicht auf bloß *geistige* Erfahrung „*reduziert*" werden; das Epitheton „geistig" soll offenbar wesentlich ausdrücken, daß sie sich notwendig „im Medium begrifflicher Reflexion" vollzieht.[45]

„. . . im Medium begrifflicher Reflexion . . .":

Darin genau soll, ausgehend von Hegel, ausgehend von dessen Intentionen, die spezifische Ausformung des Hegelschen Idealismus' überstiegen werden:

„. . . sogar die ‚Wissenschaft von der Erfahrung des Bewußtseins' ", die *Phänomenologie des Geistes,* „degradierte die Inhalte solcher Erfahrung zu Exempeln der Kategorien." (25)

„Begriffliche Reflexion", nicht mehr und nicht weniger als „Medium", sucht „die Inhalte" zu retten. In der Rettung solcher Inhalte wiederum soll sich geistige Erfahrung, als im Zweiten Teil postulierter spezifischer Übergang zur Erkenntnisweise des Materialismus, auf eine „unreduzierte" *Realität*[46] beziehen können, indem diese Erfahrung nach „mikrologischer Nähe" zu ihren Sachgehalten strebt, – um diese gerade nicht aufzusaugen.[47]

„Erkenntnis hat keinen ihrer Gegenstände ganz inne." (25)[48]

Auch dies Theorem kann negative Dialektik nur deshalb festhalten, weil sie noch den Begriff *geistiger Erfahrung* nicht hypostasieren will, nicht hypostasieren darf:

„Argument und Erfahrung" nämlich sind ihr die Pole, die durch einander vermittelt seien.

„Wann immer Philosophie substantiell war, traten beide Momente zusammen. ... Daß die beiden Momente nicht bruchlos verschmelzen, hat seinen Grund in der realen Macht des Systems", der „Wirklichkeit", „die einbezieht, auch was es potentiell übersteigt." (40)

Geistige Erfahrung ist daher der Totalität, als dem „System", *immanent* und soll dies totale System zugleich *transzendieren*. Hier nun läßt sich die besondere Weise präzisieren, in der Adorno am Begriff des „Subjekts" wie am Begriff des „Individuums" festhält: Gemäß dem Doppelcharakter von System-*Immanenz* und möglichem *Transcensus*, ist *individuelle* Erfahrung für Adorno auch *allgemeine* Erfahrung, mithin *nicht* so *zufällig* wie dies Hegel wolle.[49] In Adornos eigenen Worten:

„Individuelle Erfahrung" „hätte keine Kontinuität ohne die Begriffe. Durch ihre Teilhabe am diskursiven Medium ist sie der eigenen Bestimmung nach immer zugleich mehr als nur individuell. Zum Subjekt wird das Individuum, insofern es kraft seines individuellen Bewußtseins sich objektiviert, in der Einheit seiner selbst wie in der seiner Erfahrungen: Tieren dürfte beides versagt sein. Weil sie in sich allgemein ist, und soweit sie es ist, reicht individuelle Erfahrung auch ans Allgemeine heran. ... Durch Selbstbesinnung vermag das individuelle Bewußtsein davon sich zu befreien, sich zu erweitern. Dazu treibt es die Qual, daß jene Allgemeinheit die Tendenz hat, in der individuellen Erfahrung die Vorherrschaft zu erlangen. Als ‚Realitätsprüfung' verdoppelt Erfahrung nicht einfach die Regungen und Wünsche des Einzelnen, sondern negiert sie auch, damit er überlebe. Anders als in der Bewegung einzelmenschlichen Bewußtseins läßt Allgemeines vom Subjekt überhaupt nicht sich ergreifen. Würde das Indviduum coupiert, so spränge kein höheres, von den Schlacken der Zufälligkeit gereinigtes Subjekt heraus, sondern einzig ein bewußtlos nachvollziehendes." (56)

Solche „Regungen und Wünsche des Einzelnen" weiß Adorno von jener Ontologie aufgenommen, deren Kritik dann der Erste

Teil der *Negativen Dialektik* vorzuführen unternimmt.

Antwortet die neuontologische Theorie der Erfahrung (vgl. 129, u. a.) dem „Bedürfnis" „nach einem Festen" (100, u. a.; vgl. 48ff.), so der Einleitung zufolge, weil die „Richtungen, welche Derivate des lateinischen existere als Devisen tragen", „die Wirklichkeit leibhaftiger Erfahrung wider die entfremdete Einzelwissenschaft aufbieten" (60f.) wollen.

In dieser Intention ist die *Negative Dialektik* mit jenen „Richtungen" durchaus verwandt. Doch − die Einleitung der *Negativen Dialektik* schließt sich in ihrem Ende als Monade ab, indem sie mit ihrem Anfang korrespondiert − die Spezifikation der Philosophie zur Einzelwissenschaft kann gar nicht gewendet werden, erst recht nicht dort, wo, wie der *Negativen Dialektik* zufolge innerhalb der ‚neueren Ontologie', „aus Angst vor Verdinglichung ... vor dem Sachhaltigen zurück"gewichen wird (61).

IV

Der *Erste Teil* der *Negativen Dialektik* („Verhältnis zur Ontologie"; 67ff.)[50] führt dies aus: „Entmächtigung des Subjekts" werde in der Ontologie positiv sanktioniert. „Seinsgläubigkeit, trübes weltanschauliches Derivat kritischer Ahnung, artet wirklich zu dem aus, als was Heidegger unvorsichtig sie einmal definierte, zur Seinshörigkeit.[51] Sie fühlt sich dem All gegenüber, heftet aber ohne viel Umstände sich an jegliches Partikulare, wofern es nur das Subjekt der eigenen Schwäche energisch genug überführt. Dessen Bereitschaft, vor dem Unheil zu ducken, das im Zusammenhang der Subjekte selber entspringt, ist die Rache für deren vergeblichen Wunsch, aus dem Käfig ihrer Subjektivität herauszuspringen. Der philosophische Sprung, Kierkegaards Urgestus, ist selber die Willkür, welcher die Unterwerfung des Subjekts unters Sein zu entrinnen wähnt. Nur wo das Subjekt auch, nach Hegels Sprache, dabei ist, mindert sich sein Bann; er perpetuiert sich in dem, was zum Subjekt das schlechthin Andere wäre, so wie stets schon der deus absconditus Züge der Irrationalität mythischer Gottheiten trug. Licht fällt auf die restaurativen Philosophien von heutzutage vom kitschigen Exotismus kunstgewerblicher Weltanschauungen her, wie dem erstaunlich konsumfähigen Zen-Buddhismus. Gleich diesem simulieren jene eine Stellung des Gedankens, welche einzunehmen die in den Subjekten aufgespeicherte Geschichte unmöglich macht. Einschränkung des Geistes auf das seinem geschichtlichen *Erfahrungs*stand Offene und Erreichbare ist ein Element von Freiheit; das begriffslos Schweifende verkörpert deren Gegenteil. Doktrinen, die dem Subjekt unbekümmert in den Kosmos entlaufen, sind samt der Seinsphilosophie mit der verhärteten Verfassung der Welt, und den Erfolgschancen in ihr, leichter vereinbar als das kleinste Stück Selbstbesinnung des Subjekts auf sich und seine reale Gefangenschaft." (76) „Heideggers Kritik der Verdinglichung" lade „umstandslos dem nachdenkenden und nachvollziehenden Intellekt auf, was seinen Ursprung in der Realität hat, die jenen selber verdinglicht samt seiner *Erfahrungs*welt." (98)

Dem *Zweiten Teil* der *Negativen Dialektik* zufolge („Negative Dialektik. Begriff und Kategorien"; 137ff.)[52] macht es hingegen die „Dialektik als Verfahren" aus, „um des einmal an der Sache *erfahrenen* Widerspruchs willen und gegen ihn in Widersprüchen zu denken. Widerspruch in der Realität, ist sie Widerspruch gegen diese." (148) Erneut gegen Hegel (und Kant) gewendet, postuliert negative Dialektik dabei: „Das *erfahrende* Subjekt arbeitet darauf hin", in der „Nichtidentität" „zu verschwinden"; in der „Sache selbst", insofern sie „keineswegs Denkprodukt" sei, „vielmehr das Nichtidentische durch die Identität hindurch" (189f.).[53]

Der *Dritte Teil* der *Negativen Dialektik* schließlich stellt „Modelle" (209ff.) für dies Streben, diese Anstrengung, in der „Sache selbst" „zu verschwinden": indem diese Modelle „ins Sachhaltige geleiten" (10). Dem „Vorrang des Objekts" trägt auch das „Verfahren" Rechnung, „negative Dialektik" „ins reale Bereich" „hineinzutreiben", „nicht unähnlich der exemplarischen Methode" (10). In diesem Sinne hatte bereits die Einleitung im Zusammenhang geistiger Erfahrung hervorgehoben: „Das Modell trifft das Spezifische und mehr als das Spezifische, ohne es in seinen allgemeineren Oberbegriff zu verflüchtigen. Philosophisch denken ist soviel wie in Modellen denken; negative Dialektik ein Ensemble von Modellanalysen." (39; vgl. oben, 16ff.; 169)

So soll als *I.* Modell („Freiheit. Zur Metakritik der praktischen Vernunft"; 211ff.) „für die Philosophie der Moral" „eine Dialektik der Freiheit" „erörtert" (10) werden; soll, zum Beispiel, entwickelt werden, wie „Freiheit in die *Erfahrung* hinein" „reicht" (228); soll entfaltet werden, wie die „Selbst*erfahrung* von Freiheit und Unfreiheit" (259ff.; 294, u. a.) durch negative Dialektik gedacht werden kann.

So soll als *II.* Modell („Weltgeist und Naturgeschichte. Exkurs zu Hegel"; 295ff.), zum Beispiel, dieser Gedankengang entwickelt werden: „Der Hegelsche objektive und schließlich absolute Geist, das ohne Bewußtsein der Menschen sich durchsetzende Marxische Wertgesetz, ist der ungegängelten *Erfahrung* evidenter als die aufbereiteten Fakten des positivistischen Wissenschaftsbetriebs, der heute ins naive vorwissenschaftliche Bewußtsein hinein sich verlängert; nur gewöhnt dieser, zum höheren Ruhm von Objektivität der Erkenntnis, den Menschen die *Erfahrung* der realen Objektivität ab, der sie, auch in sich selbst, unterworfen sind." (295) „Wäre Philosophie, als was die Hegelsche Phänomenologie sie proklamierte, die Wissenschaft von der *Erfahrung* des Bewußtseins, dann könnte sie nicht, wie Hegel in fortschreitendem Maß, die individuelle *Erfahrung* des sich durchsetzenden Allgemeinen als eines unversöhnt Schlechten souverän abfertigen und zum Apologeten der Macht auf angeblich höherer Warte sich hergeben." (302) *Negative* Dialektik weiß: „Die *Erfahrung* jener dem Individuum und seinem Bewußtsein vorgeordneten Objektivität ist die der Einheit der total vergesellschafteten Gesellschaft." (309) Dies Modell gilt bereits zentral einer „Philosophie" „der Geschichte".

Und so soll schließlich als *III.* Modell („Meditationen zur Metaphysik"; 354ff.)[54] die „kritische Selbstreflexion" (10) negativer Dialektik, zum Beispiel die „geschichtsphilosophische" Fragestellung entwickelt werden, „ob metaphysische *Erfahrung* überhaupt noch möglich ist" (365). „Gelähmt ist die Fähigkeit zur Metaphysik, weil, was geschah, dem spekulativen metaphysischen Gedanken die Basis seiner Vereinbarkeit mit der *Erfahrung* zerschlug." (354) „Das Idol reiner U*erfahrung* äfft so sehr wie das kulturell Aufbereitete ... Sogar die *Erfahrung* des Todes reicht nicht hin als Letztes und Unbezweifeltes, als Metaphysik gleich der, welche einst Descartes aus dem hinfälligen ego cogitans deduzierte." (361) Ein zentrales Theorem, gleichsam ein *ethos* Adornoscher Dialektik: jenes ‚Dem-Grauen-Standhalten',[55] wird hier gewendet, bezogen auf die „bis heute fortdauernde Schwäche menschlichen Bewußtseins, der *Erfahrung* des Todes standzuhalten, vielleicht überhaupt sie in sich hineinzunehmen." (361f.) „Nach dem insgeheim längst ratifizierten Niedergang der objektiven Religionen, die verheißen hatten, dem Tod den Stachel zu nehmen, wird er heute vollends zu dem ganz Fremden durch den gesellschaftlich determinierten Niedergang kontinuierlicher *Erfahrung* überhaupt." (361) Noch einmal wird, wie in der Einleitung der *Negativen Dialektik,* kindliche „Naivetät" zum Modell: „Dem Kind ist selbstverständlich, daß, was es an seinem Lieblingsstädtchen entzückt, nur dort, ganz allein und nirgends sonst zu finden sei; es irrt, aber sein Irrtum stiftet das *Modell der Erfahrung,* eines Begriffs, welcher endlich der der Sache selbst wäre, nicht das Armselige von den Sachen Abgezogene." (366)

An all diesen exemplarisch ausgewählten Stellen suchen sich Postulate, Desiderata der Einleitung tatsächlich einzulösen.

Deutlicher als im zuletzt zitierten Gedanken kann der notwendige Zusammenhang von Erkenntnistheorie und einzelnen Wissenschaften (bzw. Disziplinen) kaum angesprochen werden. Wird in diesem Gedanken insbesondere der Zusammenhang mit Reflexionen berührt, die auch für eine ‚Kritische Pädagogik' von Bedeutung wären, so prinzipiell als ein Zusammenhang, der durch eine Theorie der Erfahrung allererst zu stiften ist. Zumindest formuliert die *Negative Dialektik,* hier wie immer wieder, ein Stück auch einer erkenntnistheoretisch reflektierten, negativen Psychologie und Anthropologie: „Glück, das einzige an metaphysischer *Erfahrung,* was mehr ist denn ohnmächtiges Verlangen, gewährt das Innere der Gegenstände als diesen zugleich Entrücktes." (367). Das *III.* Modell sieht sich dabei nicht nur mit dem *II.* (über die „geschichtsphilosophische" Fragestellung) sondern auch mit dem *I.* ethischen Modell verschränkt: „Eher ist die Möglichkeit metaphysischer *Erfahrung* verschwistert der von der *Freiheit,* und ihrer ist erst das entfaltete Subjekt fähig, das die als heilsam angepriesenen Bindungen zerrissen hat. . . . Subjektiv befreite und metaphysische *Erfahrung* konvergieren in Humanität. Jeglicher Ausdruck von Hoffnung, wie er von den großen Kunstwerken noch im Zeitalter ihres Verstummens mächtiger ausgeht als von den überlieferten theologischen Texten, ist konfiguriert mit dem des Menschlichen; . . ." (389)

Innerhalb der ‚Konfiguration', innerhalb der ‚Konstellation', welche die *Negative Dialektik* insgesamt ausmacht, kann deutlich werden: Diese ‚Ethik ohne Handlungs*anweisung*' (wie ich jene zentrale Dimension negativer Dialektik benennen möchte) ist doch nicht nur ohnmächtig: dort, wo sie sich als eine durchgebildete Erkenntnistheorie darstellt, welcher (paradigmatisch) Ästhetik und Geschichtsphilosophie inhäriert. Und sie sieht die Subjekte, die sie im Verhältnis zum Objektiven, zu den Objekten beschreibt, als nicht nur ohnmächtige. „... Denken, selber ein Verhalten, enthält das Bedürfnis — zunächst die Lebensnot — in sich. Aus dem Bedürfnis wird gedacht, auch, wo das wishful thinking verworfen ist. Der Motor des Bedürfnisses ist der der Anstrengung, die Denken als *Tun* involviert. Gegenstand von Kritik ist darum nicht das *Bedürfnis im Denken,* sondern das Verhältnis zwischen beiden." (399) Solches Denken, solche „Kritik" verwirft, tilgt *metaphysische Erfahrung* nicht, selbst wenn sie obsolet scheint. Denn, und damit schließt die *Negative Dialektik:* „Solches Denken ist solidarisch mit Metaphysik im Augenblick ihres Sturzes." (400)[5 6]

Anmerkungen

1 Die „*Idee* einer negativen Dialektik und ihre Stellung zu einigen Kategorien" wird im Zweiten Teil der *Negativen Dialektik* abgehandelt, die „*inhaltliche Intention* des zunächst ... allgemein Behandelten" (10) im Dritten Teil. (Alle *Hervorhebungen* in Adorno-Zitaten d. V.).
2 Auf eine Auseinandersetzung mit der quantitativ erheblichen Sekundärliteratur muß im Rahmen dieser Abhandlung verzichtet werden. Die Verweise *mußten* paradigmatisch ausfallen; sie *konnten* es, da eine konsistente, der Faktur des Textes folgende Interpretation der Einleitung zur *Negativen Dialektik* bislang nicht vorliegt. Zu möglichen Folgen einer Lektüre Adornos, die den „differenzierten Motivzusammenhang", letztlich „im Zusammenhang seines Werkes ignoriert", vgl. Schweppenhäuser 1973, 88f. — Die Verweise beziehen sich so auf einige, einander durchaus auch widersprechende, teils polemische (z. B.: Künzli 1971) Deutungen der jeweils direkt interpretierten Stelle, die ergänzend bzw. als Kontrast herangezogen werden können. — Deutungen zu Stellen aus der Einleitung, die hier nicht direkt kommentiert werden, finden sich für unseren Zusammenhang u. a. bei Mörchen 1980, 180; Mörchen 1981, bes. 187ff.; Plessner 1970, 511f.; Sonnemann 1969 [²1981], 177 bzw. 386; Sonnemann 1968, 123; als Deutungen aus pädagogischer Sicht: bei Herrmann 1978, 49; 50; 58; 59; 62; 63; 83; Wulf 1977, 147. — Zu Deutungen aus ästhetischer Sicht vgl. Anm. 42.

3 Eine sozialwissenschaftlich interpretierende Aufnahme findet dieses Motiv eines Zusammenhangs von Erfahrung (als ‚Stimmung', Trauer) und Konstellation z. B. in Lepenies 1969, 140. Adornos *Kierkegaard*-Buch (1933 [³1966]) beiziehend, kann von Lepenies der Gedanke einer „Konstellation der Sachgehalte" bereits in einer Weise aufgenommen werden, wie sie, entfaltet, die *Negative Dialektik* nahelegt.
4 Auch in der Formulierung: „Bewegung *des* Begriffs" u. ä.; vgl. Hegel, insbes. 1807 [⁶1952] (Vorr.), 31ff.; 40; 48ff.; 53. – Adorno zieht keine Hegelschen Konsequenzen aus jener „Bewegung", indem nämlich sein Werk eine Absage an den Oberbegriff erteilt – an jenen Oberbegriff, von dem Hegel letztlich doch ausgehe und daher bei ihm anlange, wenn nicht mit formallogischen so doch mit dialektischen Mitteln. Diese Mittel, das *methodos* einer dialektischen Bewegung, will Adorno auf eine Weise retten, auf die die bloße Methode in der „Durchführung" zugleich „negiert" wird – auch darin mit der Intention, gerade Hegelsche *Intentionen* ernst zu nehmen, die sich Adorno zufolge nicht einlösten; vgl. 58, u. a. und meine Interpretationen hierzu, 184f.
5 Vgl. Schiller 1795/96. Im übrigen steht Adornos Werk Schiller durchaus kontrovers gegenüber.
6 Vgl. unten, 185; 193 u. Anm. 42.
7 Vgl. auch die Konstellation Kind(lichkeit) – Spiel – Narr, wie sie der *Negatives Dialektik* insgesamt (aber auch, etwa, der *Ästhetischen Theorie*) unterlegt ist, und bes. zu Schluß explizit wird. Vgl. dazu den Beitrag von Zahn i. d. B., 275f., u. ö. (Die Querverweise erfolgen dem Stellenwert dieses Beitrages entsprechend vor allem als Verweise auf Beiträge innerhalb dieses Teiles, ganz besonders als Verweise auf den nächsten Beitrag).
8 Zum Begriff der Frontstellung, vgl. den folgenden Beitrag i. d. B.
9 Als geistesgeschichtliches Motiv findet es besonders bei Herder einen neuzeitlichen Kulminations- und zugleich Anfangspunkt.
10 Vgl. den Aufsatz *Resignation* (1969c). Adorno vertrat im ganzen keinen „Pessimismus". – Selbst der Ansatz eines O. Spengler hat sich angesichts der modisch-massenhaften Rezeption des *Untergangs des Abendlandes* (1918) gegen das Mißverständnis als ein kruder Kulturpessimismus abzugrenzen versucht (*Pessimismus?* 1921). Zur Kommensurabilität der Ansätze Adornos und Spenglers vgl. Adorno 1941, aber auch die Einleitung der Negativen Dialektik (46). Differenzierungen in der Relativismus-Kritik der Einleitung (bes. 45-47) vermögen sich entsprechend von *formalen* Kritiken wie den landläufigen an Spengler abzustoßen. – Zu diesem Zusammenhang insgesamt vgl. Naeher Ersch. 1984.

11 Solcher „Selbstreflexion" folgend, muß das „Denken" negativer Dialektik „auch gegen sich selbst denken" (358). „Dialektik, in eins Abdruck des universalen Verblendungszusammenhangs und dessen Kritik", muß sich schließlich, „in einer letzten Bewegung ... noch gegen sich selbst kehren" (397; vgl. den Beitrag von Zahn i. d. B.).

12 Wittgensteins Definition, die Welt sei „alles, was der Fall ist", hat Adorno (etwa innerhalb von Lehrveranstaltungen) unter den (i. w. S.) „neopositivistischen" Definitionen noch am ehesten akzeptiert. – Die Problematik einer ggf. zu großen Ausdehnung des Realitäts-Begriffs erhellt aus einem Einwand, wie ihn O. Pöggeler gegen J. Derbolavs „praxeologische" Umformulierung des „dialektischen Ansatzes der Pädagogik" (Pöggeler 1980, 193), gegen dessen Praxis-Begriff, vorgebracht hat. Will man diesem Einwand folgen, so hätte man wohl darauf zu achten, ob diese Problematik innerhalb einer negativen Dialektik zu lösen ist – etwa dadurch, daß sie ihre durchaus idealistische Tradition (bei der auch Derbolav anknüpft) immanent-*kritisch* zu wenden sucht.

13 Gemeint ist jene Wendung der Transzendentalphilosophie des deutschen Idealismus zum „reinen Denken", zur „reinen Vernunft" auch in einem Sinne, gegen den sich Kants Transzendentalphilosophie (die Philosophie der Bedingungen der Möglichkeit von Erfahrung) gewendet hatte. Hegels spezifisch dialektische „Spekulation" (vgl. 27, u. a.) versucht, auch diese Positionen miteinander zu vermitteln.

14 Vgl. den folgenden Beitrag i. d. B., bzw. bereits unten, 190 zum „Bedürfnis nach einem Festen". Die Betonung des eigenen Standpunkts gehört zu den Prinzipien jenes Kritischen Rationalismus (Popper, Albert), den Adorno immer wieder als einen „Positivismus" kritisiert hat (vgl. zuletzt Adorno, u. a. 1969d). Das von Albert so genannte „Münchhausen-Trilemma", in welches Albert imgrunde alle anderen Standpunkte als die des Kritischen Rationalismus kommen sieht, findet bereits in Adornos *Minima Moralia* (1951) und in den *Drei Studien zu Hegel* (1963a) seine spezifische Form, wenn es heißt, daß gerade heute „der Gestus Münchhausens, der sich an dem Zopf aus dem Sumpf zieht", geschichtlich notwendig „zum Schema einer *jeden Erkenntnis*" werden muß, „die mehr sein will als entweder Feststellung oder Entwurf" (1951 [³1969a], 91; vgl. Naeher 1981, 98). „Und dann kommen noch die angestellten Philosophen und machen uns zum Vorwurf, daß wir keinen *Standpunkt* hätten." (Adorno ebd.; zur Metapher Münchhausens bei Adorno und deren Tradition vgl. Rath 1982).

15 In Adornos Interpretation ist auch Kants Konzeption des Transzendentalen der Versuch, einen naiven Realismus abzuweisen, noch bis in seine empiristischen Abstraktionen hinein. Mit dieser Konzeption verknüpft sich für Adorno der Versuch, die Dimension eines absoluten Seins wiederzugewinnen; ihn muß Adorno seinerseits abzuweisen suchen — in der Kantischen, Hegelschen und auch Heideggerschen Form (vgl. den folgenden Beitrag i. d. B.).
16 Die Kategorien sind bei Kant Bedingung der Möglichkeit von Erfahrung. Vgl. 1781 [Ausg. B 1787], bes. 102ff.
17 Vgl. die folgenden Beiträge i. d. B.
18 Hervorhebung d. V.
19 Eine von Adorno, insbes. mündl., oft verwendete Formulierung.
20 Zum Zusammenhang von *Phänomenologie des Geistes* und *Wissenschaft der Logik* als Darstellungen einer *Methode* der Erkenntnis bzw. einer „Erkenntnis der Methode", gleichsam einer *Methodologie*, vgl. Naeher 1981, bes. 32. Insofern wäre Adornos Argument zum Zusammenhang der *Phänomenologie des Geistes* und ihrer *Vorrede*, zum „Mißverhältnis der Vorrede der Phänomenologie zu dieser" (58), zumindest zu ergänzen. Dies „Mißverhältnis" kann auch als Konvergenz gelesen werden.
21 Vgl. zu diesem Zusammenhang (i. w. S.) auch Kerkhoff 1974, 168f.
22 Diesen Gedanken verdeutlichen insbes. die *Marginalien zu Theorie und Praxis* (in: Adorno 1969b).
23 Vgl. den Beitrag von Grenz i. d. B., bes. 242f.
24 Zur „humanistischen" Dimension vgl. A. Schmidt 1971.
25 Habermas' Konzeption von *Erkenntnis und Interesse* (1968) ist in diesem Sinne Weiterführung der „Kritischen Theorie" *Adornos*.
26 Zum Versuch einer sozialwissenschaftlichen Fruktifizierung dieses Theorems vgl. Ritsert 1972, im Anschluß insbes. an Kracauer und Adorno.
27 Etwa Habermas' Theorem einer „rationalen Motivation", als der „‚Kraft des besseren Arguments'" (1973, 240), welches durch linguistische Theorien hindurchgegangen ist, aber auch etwa durch Piagets Ansatz, konnte auch hierin an die „Kritische Theorie" *Adornos* anknüpfen.
28 Auch diesem Prozeß des Rückübersetzens (man denke durchaus an Humboldts ‚Über - Setzen') scheint mir ein genuin pädagogisches bzw. didaktisches Moment der Adornoschen Philosophie inhärent —, welches allererst zu entfalten ist. Dies hieße: Gegen eingefahrene Denkgewohnheiten, Denkbahnen, wäre zu ‚übersetzen', in diesem Sinne ‚Transfer' zu leisten.
29 Vgl. den folgenden Beitrag i. d. B.

30 Zu simpel erschien Adorno die Kritik am Begriff des Individuums, derzufolge es das Individuum in dieser Welt zu nichts bringe (nach einer mündl. Mitteilung). Gerade deshalb hält er doch am Individuum-*Begriff* fest, sucht zugleich Momente von dessen einstiger Intention zu retten.
31 Gegen Hegels Dialektik als dem auch unkritischen Ausdruck eines ‚unkräftiger‘, eines ohnmächtiger werdenden Geistes, wäre „geistige Erfahrung" eine Erfahrung kraft solcher Fähigkeit, (sich) durchzuhalten; kraft einer Erfahrungs-Kompetenz, nämlich − wie es Adorno im Zusammenhang der Thematik *Erziehung − wozu?* formuliert −, einer „Erfahrungsfähigkeit" (1970, 115). Dies führt zu der Konsequenz, eine „Erziehung zur Erfahrung" (als: „geistige Erfahrungen") zu postulieren, „identisch" mit einer „Erziehung zur Mündigkeit" (ebd., 116). − Vgl. dazu Prange 1978, 202.
32 Gemeint ist durchaus: die „Frankfurter Schule" insgesamt.
33 Adorno nahm an, gegen Bloch, daß nur in der ‚äußerst gesteigerten Erkenntnis' dessen, was *ist, Anderes* auf-scheinen könnte; doch auf-scheinen, ohne sich dabei zu vergegenständlichen (nach einer mündl. Mitteilung; auffällig: das Goethesche Motiv der „Steigerung").
34 Sie ist auf Erkenntnistheorie nicht beschränkt, betrifft auch Wissenschaften, insgesamt: die Erziehungs- und Sozialwissenschaften, Didaktik nicht zuletzt.
35 Vgl. den Beitrag von Grenz i. d. B., 248.
36 Dies bedeutet die Rede vom „Mehr an Subjekt" (50) gerade nicht. Wiewohl auch jene „Objektivität dialektischer Erkenntnis", welche jenes „Mehr" bedürftig sei, von Majorisierung nicht frei sein kann. Vgl. dazu im folgenden.
37 Um nur ein Beispiel möglicher Auseinandersetzung mit der Sekundärliteratur zu geben: Von diesem Zusammenhang aus stellt sich die um einiges vor Erscheinen der *Negativen Dialektik* geübte Kritik von Müller-Strömsdörfer 1960 als zumindest fragwürdig, bzw. irreführend dar, Adorno entrichte den Preis des Einzelnen zugunsten der Totalität: „Indem aber der reale Lebensprozeß der Gesellschaft nicht nur als Übertragung auf andere philosophische Disziplinen, als bloße Zuordnung verstanden werden will, sondern als Kern des logischen Gehalts selber, wird der letzte Rest dialektischer Spannung, der zwischen gesellschaftlicher Totalität und Geist herrschen könnte, preisgegeben zugunsten von Identität, die Adorno gerade Husserl zum Vorwurf macht..." (1960 [1970], 63).
38 Zur (kritischen) Darstellung der Verfahren negativer Dialektik vgl. den Beitrag von Grenz i. d. B.; sowie den folgenden Beitrag

zum Verfahren immanenter Kritik im Ersten Teil der *Negativen Dialektik*.
39 Bei Benjamin insbes. die Allegorie.
40 „Durchführung" sucht auf diese Weise, dem „Vorrang des Objekts" jenseits von Verdinglichung seine sachliche wie seine Wahrheitsstruktur abzuringen.
41 Vgl. den Beitrag von Sziborsky i. d. B.
42 Um nur einige weiterführende Hinweise zu geben, die für unseren Zusammenhang von besonderer Bedeutung sein dürften: Bereits in den *Minima Moralia* schreibt Adorno: „Die großen *Kunstwerke* und *philosophischen Konstruktionen* sind nicht um ihrer allzu großen Distanz vom Kern der *menschlichen Erfahrung*, sondern um des Gegenteils willen unverstanden geblieben ..." (1951 [³1969a], 193; vgl. auch 194). – Außer der *Ästhetischen Theorie* ziehe man insbes. Adornos materiale Arbeiten heran, die musikkritischen (vgl. den Beitrag von Sziborsky i. d. B.), aber auch die *Noten zur Literatur* (1958ff.). Zur mögl. Weiterentwicklung in den Erziehungswissenschaften vgl. auch Mollenhauer 1978, 60f. – Neuere Bezüge zur Erkenntnistheorie: Oelmüller 1981 u. 1982. (In 1981 z. B. 213: Rath zum Bezug auf die *Negative Dialektik;* 47: Bürger zum Zusammenhang: Erfahrung bei Adorno und die Kritik der sinnlichen Gewißheit in der Hegelschen *Phänomenologie des Geistes;* vgl. dazu ausführlich Naeher 1981). – Zum nach wie vor bes. anregenden Konzept einer Adorno-Kritik, wie sie Bubner 1973 vorlegte, vgl. neuerdings Naeher 1982. – Schließlich sei exemplarisch auf eine Reihe von ästhetischen Deutungen hingewiesen, welche auf den Erfahrungsbegriff der Einleitung zur *Negativen Dialektik* wenigstens punktuell Bezug nehmen: außer auf den einschlägigen *Materialien*-Band *zur ästhetischen Theorie* (1980; darin etwa: Bubner, 135f.; Hörisch, 412f.; Lindner, 306f.; Lüdke, 443, 445f.), auf: Kaiser 1974, 94; 97; 102; 104-106; 108; 150f.; 155; Paetzold 1974, 16; 93.
43 Nicht zuletzt Neologismus bei Heidegger.
44 Bereits in der *Metakritik der Erkenntnistheorie* (1956) wird die Vermittlung von Intuition und rationaler Erkenntnis gegenüber der Phänomenologie eingeklagt. Diese Vermittlung will ganz offensichtlich der Begriff einer „geistigen Erfahrung" entfalten – gerade ohne daß er das Moment der „Naivetät" hypostasieren soll.
45 Das „Privileg" philosophischer Erfahrung als Erfahrung von *Philosophen* macht es, daß sie „im Medium begrifflicher Reflexion" unreduzierter, insistenter und zusammenhängiger vollzogen werden *kann*, zumal wenn äußere *Bedingungen* der *Möglichkeit*

dazu gegeben sind. Vgl. etwa auch Nietzsche: *Schopenhauer als Erzieher.*

46 Der Kern von Luhmanns Theorem einer ‚*Reduktion* von Komplexität' kann hierzu als — unausgesprochene — Antithese aufgefaßt werden. Luhmanns Kontroverse mit Habermas wäre von hier noch einmal zu durchdenken (vgl. Habermas/Luhmann 1971).

47 Zu methodischen Schwierigkeiten, dabei das Einzelne nicht zu reduzieren, vgl. den Beitrag von Uhle i. d. B. sowie Naeher 1977, bes. 211ff; 102ff. u. 1982.

48 Auch dies ist Benjaminisch, wie Adorno es von der Stelle zu den „Sachgehalten" weiß. Die Weise, wie hier der Erfahrungs-Begriff mit dem Begriff der Erkenntnis verschränkt ist, erinnert an Kant.

49 Gerade indem Erfahrung wesentlich das Bewußtsein der *Nichtidentität* von *Begriff* und *Sache* festhält, soll sich das *Subjekt* auf eine Weise *objektivieren* können, welche seine *Privatheit* übersteigt. Zum Problem der Privatheit der Erfahrung in empiristischen bzw. positivistischen Ansätzen vgl. Schnädelbach 1971. Dezidiert wollen die Ansätze etwa Apels und Habermas' die monologische Struktur von Erkennen und *Handeln* im Paradigma Kommunikation überwinden.

50 Vgl. den folgenden Beitrag.

51 Vgl. den folgenen Beitrag, bes. 224f.

52 Vgl. den Beitrag von Grenz i. d. B.

53 Vgl. zur Thematik Naeher 1981; zum Kontext der zitierten Stelle, bes. 104f. bzw. 180.

54 Vgl. den Beitrag von Zahn i. d. B.

55 Werkgeschichtlich gesehen: seit der *Dialektik der Aufklärung* (1947) besonders prägnant; philosophiegeschichtlich gesehen, findet sich dies Motiv in ähnlicher Formulierung bei Nietzsche.

56 Zu diesem Schlußsatz, aber auch zum Zusammenhang des vorigen, vgl. die Beiträge von Zahn und Sonnemann i. d. B.

Literatur

Adorno, T. W.: Gesammelte Schriften. Bde. 1ff. Hrsg. v. G. Adorno/R. Tiedemann. Frankfurt/M 1970ff.

Adorno, T. W.: Spengler Today. In: Studies in Philosophy and Social Science. Vol. 9. No. 2. 1941, 305-325 (Wieder in 1955, dt.).

Adorno, T. W. (zus. mit M. Horkheimer): Dialektik der Aufklärung. Philosophische Fragmente. Amsterdam 1947.

Adorno, T. W.: Prismen. Kulturkritik und Gesellschaft. Berlin/Frankfurt/M 1955.

Adorno, T. W.: Zur Metakritik der Erkenntnistheorie. Studien über Husserl und die phänomenologischen Antinomien. Stuttgart 1956.
Adorno, T. W.: Noten zur Literatur Iff. Berlin/Frankfurt/M 1958ff.
Adorno, T.W.: Drei Studien zu Hegel. Frankfurt/M 1963 (a).
Adorno, T. W.: Eingriffe. Neun kritische Modelle. Frankfurt/M 1963 (b).
Adorno, T. W.: Kierkegaard. Konstruktion des Ästhetischen. Tübingen 1933 [Mit zwei Beilagen Frankfurt/M ³1966].
Adorno, T. W.: Minima Moralia. Reflexionen aus dem beschädigten Leben. Berlin/Frankfurt/M 1951. [Frankfurt/M ³1969] (a).
Adorno, T. W.: Stichworte. Kritische Modelle 2. Frankfurt/M 1969 (b).
Adorno, T. W.: Resignation. In: Politik, Wissenschaft, Erziehung. Festschrift für E. Schütte, 62-65. Frankfurt/M 1969 (c).
Adorno, T. W., u. a.: Der Positivismusstreit in der deutschen Soziologie. Neuwied/Berlin 1969 (d).
Adorno, T. W.: Erziehung zur Mündigkeit. Vorträge und Gespräche mit Hellmut Becker 1959-1969. Hrsg. v. G. Kadelbach. Frankfurt/M 1970.
Benjamin, W.: Ursprung des deutschen Trauerspiels. Berlin 1928 [Frankfurt/M 1963].
Böckelmann, F.: Über Marx und Adorno. Schwierigkeiten der spätmarxistischen Theorie. Frankfurt/M 1972.
Bubner, R.: Über einige Bedingungen gegenwärtiger Ästhetik. In: Neue Hefte für Philosophie. H. 5 1973, 38-73.
Clemenz, M.: Theorie als Praxis? Zur Philosophie und Soziologie Theodor W. Adornos. In: neue politische literatur. H. 2 1968, 178-194.
Grenz, F.: Adornos Philosophie in Grundbegriffen. Auflösung einiger Deutungsprobleme. Frankfurt/M 1974.
Habermas, J.: Erkenntnis und Interesse. Frankfurt/M 1968.
Habermas, J./Luhmann, N.: Theorie der Gesellschaft oder Sozialtechnologie – Was leistet die Systemforschung? Frankfurt/M 1971.
Habermas, J.: Wahrheitstheorien. In: H. Fahrenbach (Hrsg.): Wirklichkeit und Reflexion. Pfullingen 1973, 211-265.
Hegel, G. W. F.: Phänomenologie des Geistes. System der Wissenschaft. Erster Teil (Wissenschaft der Erfahrung des Bewußtseins). Bamberg/Würzburg 1807 [Stuttgart ⁶1952].
Herrmann, B.: Theodor W. Adorno. Seine Gesellschaftstheorie als ungeschriebene Erziehungslehre. Bonn 1978.
Kaiser, G.: Benjamin. Adorno. Zwei Studien. Frankfurt/M 1974.
Kant, I.: Kritik der reinen Vernunft. Riga 1781 [Ausg. B Riga 1787].
Kerkhoff, M.: Die Rettung des Nichtidentischen. Zur Philosophie Th. W. Adornos. In: Philosophische Rundschau. 20 1973, 150-178; 21 1974, 56-74.
Künzli, A.: Linker Irrationalismus. Zur kritischen Theorie der „Frankfurter Schule". In: Künzli, A.: Aufklärung und Dialektik. Freiburg 1971, 110-156.
Lepenies, W.: Melancholie und Gesellschaft. Frankfurt/M 1969.
Materialien zur ästhetischen Theorie Theodor W. Adornos. Konstruktion der Moderne. Hrsg. v. B. Lindner/W. M. Lüdke. Frankfurt/M 1980.
Mörchen, H.: Macht und Herrschaft im Denken von Heidegger und Adorno. Stuttgart 1980.

Mörchen, H.: Adorno und Heidegger. Untersuchung einer philosophischen Kommunikationsverweigerung. Stuttgart 1981.
Mollenhauer, K., u. a.: Pädagogik der „Kritischen Theorie". Kurs-Text Feruniversität Hagen. Kurseinheit 2. Hagen 1978.
Müller-Strömsdörfer, I.: Die „helfende Kraft bestimmter Negation". Zum Werke Th. W. Adornos. In: Philosophische Rundschau. 8 1960, 81-105. [Wieder in: Kritik und Interpretation der Kritischen Theorie. Raubdr. o. O. 1970].
Naeher, J.: Walter Benjamins Allegorie-Begriff als Modell. Zur Konstitution philosophischer Literaturwissenschaft. Stuttgart 1977.
Naeher, J.: Einführung in die Idealistische Dialektik Hegels. Lehr-/Lerntext. Schriftenreihe: Dialog Philosophie. Grundlagen der Erziehungs- und Sozialwissenschaften. Hrsg. v. J. Naeher. Opladen 1981.
Naeher, J.: Philosophical Concepts in Literary Criticism. In: Literary Criticism and Philosophy. Yearbook of Comparative Criticism. Vol. X. Ed. by J. P. Strelka. Pennsylvania/London 1982, 89-112.
Naeher, J.: Oswald Spengler in Selbstzeugnissen und Bilddokumenten. Schriftenreihe roro-bildmonographien. Hrsg. v. K. Kusenberg. Ersch. Reinbek b. Hamburg 1984.
Oelmüller, W. (Hrsg.): Kolloqium Kunst und Philosophie Bd. 1 u. 2. Paderborn/München/Wien/Zürich 1981 u. 1982.
Paetzold, H. Neomarxistische Ästhetik. Bd. 2: Adorno-Marcuse. Düsseldorf 1974.
Plessner, H.: Adornos Negative Dialektik. Ihr Thema mit Variationen. In: Kant-Studien. 61 1970, 507-519.
Pöggeler, O.: Die Pädagogik und das Verhältnis der Generationen. In: J. Derbolav/C. Menze/F. Nicolin (Hrsg.): Sinn und Geschichtlichkeit. Werk und Wirkungen T. Litts. Stuttgart 1980, 171-193.
Prange, K.: Pädagogik als Erfahrungsprozeß. Bd. 1: Der pädagogische Aufbau der Erfahrung. Stuttgart 1978.
Rath, N.: Adornos Kritische Theorie – Vermittlungen und Vermittlungsschwierigkeiten. Paderborn 1982.
Ritsert, J.: Inhaltsanalyse und Ideologiekritik. Ein Versuch über kritische Sozialforschung. Frankfurt/M 1972.
Schiller, F.: Über naive und sentimentalische Dichtung. 1795/96.
Schnädelbach, H.: Erfahrung, Begründung und Reflexion. Versuch über den Positivismus. Frankfurt/M 1971.
Schmidt, A.: Adorno – ein Philosoph des realen Humanismus. In: Theodor W. Adorno zum Gedächtnis. Eine Sammlung. Hrsg. v. H. Schweppenhäuser. Frankfurt/M 1971, 52-75.
Schweppenhäuser, H.: Negativität und Intransigenz. Wider eine Reidealisierung Adornos. In: T. Koch/K.-M. Kodalle/H. Schweppenhäuser: Negative Dialektik und die Idee der Versöhnung. Eine Kontroverse über Theodor W. Adorno. Stuttgart/Berlin/Köln/Mainz 1973, 55-90.
Sonnemann, U.: Jenseits von Ruhe und Unordnung. Zur Negativen Dialektik Adornos. In: Über Theodor W. Adorno. Frankfurt/M 1968, 120-140.
Sonnemann, U.: Negative Anthropologie. Vorstudien zur Sabotage des Schicksals. Reinbek b. Hamburg 1969 [Frankfurt ²1981].
Spengler, O.: Der Untergang des Abendlandes. Umrisse einer Morphologie

der Weltgeschichte. Bd. 1: Gestalt und Wirklichkeit. Wien 1918.
Spengler, O.: Pessimismus? In: Preußische Jahrbücher. Bd. 184 1921, 73-84.
Tichy, M. Theodor W. Adorno. Das Verhältnis von Allgemeinem und Besonderem in seiner Philosophie. Bonn 1977.
Wulf, C.: Theorien und Konzepte der Erziehungswissenschaft. (Darin: 4. Kap.: Kritische Erziehungswissenschaft. 3. Negative Dialektik [Adorno]). München 1977.

Jürgen Naeher

Das ontologische „Bedürfnis im Denken".
Der Erste Teil der *Negativen Dialektik* (67 - 136):
Zum Verfahren der „immanenten Kritik"

Zur Intention auch der folgenden Abhandlung[1] muß es wesentlich gehören, Absichten Adornos zu verdeutlichen. Rekonstruktion ist hierbei deshalb dringlich, weil es Adornos zentrales Anliegen ist, mit seinen Intentionen als Autor gerade so weit als irgend möglich zurückzutreten. Er versucht, zurückzugehen hinter jene „Konstellation", welche die „Idee" dessen entwirft, „was außerhalb des Banns" von „Einheit wäre", also außerhalb der Zwanghaftigkeit „des Einheitsprinzips und der Allherrschaft des übergeordneten Begriffs" (10).

Kein Zweifel: Die reflektierte Hingabe an Sachgehalte, an jene Konstellation, welche sich analog Kunstwerken organisieren und erst *vermittelt* ihren Wahrheitsgehalt ausdrücken soll (vgl. bes. 164ff.), erschwert zugleich die Rezeption, das Lesen der *Negativen Dialektik*. Zumal demjenigen, der sich ihr zum allerersten Male nähert, tritt sie hermetisch entgegen. „Philosophisches Ideal wäre, daß die Rechenschaft über das, *was*[2] man tut, überflüssig wird, *indem* man es tut." (58) Adornos Versuch, diesem Ideal von Anfang an nahezukommen, macht auch in seiner Philosophie etwas von jenem „bacchantischen Taumel" aus, „an dem kein Glied nicht trunken ist" (Hegel 1807 [⁶1952], 39).[3] Versucht aber negative Dialektik, sich nach Maßgabe des „Ideals" einer *„Durchführung"* (vgl. 58, u. a.) von „Rechenschaft" zu ent-wickeln, so könnte in der Tat keinerlei *Absichtserklärung* die einläßliche Lektüre, das genaue *Nachvollziehen* der ‚komponierten' Gedanken (vgl. unten, 210ff.), verkürzen. Auch eine *Interpretation* des Textes könnte dies nicht; davon abgesehen, daß der Raum, der einem Aufsatz zur Verfügung steht, die durchgängige Interpretation ohnehin nicht zuläßt. Vielmehr ist jenes *Nachvollziehen* notwendige Bedingung von möglichen Interpretationen; notwendige Bedingung überdies, als Rezipient auch den Linien einer Interpretation nachfahren zu können. Die genaue Kenntnis des Textes aber wird im folgenden nicht vorausgesetzt. Vielmehr will diese Abhandlung, wie der Band im ganzen, auf diesen Text allererst hinführen, seinen Nachvollzug ermöglichen. So kann sie allenfalls systematisierende Hinweise geben, eine Interpretation, *wie zu lesen sei* (vgl. 1963b, 105-165), Orientierung, sich leichter im Text zurechtzufinden.

Zunächst werden solche systematisierenden Hinweise herausgearbeitet (I), wird ihre Überprüfung am Text ein Stück weit vorgeführt (II), bevor exemplarisch versucht werden kann, einigen besonders prägnanten Stellen entlang, vertiefende Annäherung an diesen Text insgesamt zu ermöglichen (III).[4]

I

Geht man davon aus, daß die *Einleitung* der *Negativen Dialektik* selbst schon sehr weit die „Durchführung" ist, so gibt „der Autor" (vgl. 11) etwas wie eine Absichtserklärung in der *Vorrede:* „... Der erste Teil geht vom Stand der in Deutschland dominierenden Ontologie aus. Über sie wird nicht von oben her geurteilt, sondern sie wird aus dem seinerseits problematischen *Bedürfnis* verstanden und *immanent kritisiert*. Von den Ergebnissen schreitet der zweite Teil fort zur Idee einer negativen Dialektik ..." (10). Daran soll gemessen werden.

Zur Verdeutlichung: Die Kritik der neueren Ontologie,[5] wie sie sich aus der Kritik an der Phänomenologie entfaltet (vgl. Adorno 1956),[6] motiviert Adornos Oeuvre von Anfang an. Wenn Adorno 1966 schließlich mit der *Negativen Dialektik* davon auszugehen scheint, die bereits früher kritisierte Ontologie, insbesondere Heideggers, nehme noch eine „dominierende" Stellung ein, zumindest „in Deutschland", so ist jedenfalls dieser Teil der Absichtserklärung mehrdeutig formuliert: Die „in Deutschland dominierende Ontologie" scheint Adorno offenbar als ‚dominant' für den „Stand" des um 1966 „in Deutschland" herrschenden *Bewußtseins* insgesamt anzusehen, sodaß von diesem kritisch ‚auszugehen' sei; doch zunächst erscheint sie als ‚dominant' allenfalls innerhalb der *Philosophie* (z. T. innerhalb der Einzelwissenschaften) *an der Universität*, „der mächtigsten Bildungsinstitution" (71). Spezifischer noch ist es die Ontologie *Heideggers,* welche die anderen Ontologien ‚dominiert'.

Wäre aber „Philosophie" tatsächlich, wie Hegel postuliert, „ihre Zeit, in Gedanken erfaßt" (1820f. [1970], 26),[7] wäre sie überdies Selbst-Reflexion (vgl. 16; 397ff., u. a.),[8] als Reflexion zumindest jener „Gedanken", so vermöchte der „Stand" dieser Ontologie für das damalige *Bewußtsein* immerhin *repräsentativ* zu sein. Dies führt auf die Annahme, daß es Adorno in der *Negativen Dialektik* nicht lediglich um Rancune mit dem Opponenten Heidegger geht. Wenn man zudem den Charakter eines *Ersten* Teils als *prinzipiell* nimmt und unterstellt, daß dieser Teil — so konstellativ sich auch immer die *Negative Dialektik* insgesamt organisiert — Bedingungen exponieren will, „von ... Ergebnissen" tatsächlich im Zweiten Teil weiter ‚fortschreiten' zu können „zur Idee einer negativen Dialektik", dann erscheint Heideggers Ontologie immerhin als eine Art *Paradigma.*[9] Dann geht von der Sache, die kritisch verhandelt wird, jener zusätzliche Zwang aus, „über sie ... nicht von oben her" zu ‚urteilen'; sie vielmehr *„aus* dem seinerseits problematischen Bedürfnis" zu ‚verstehen' „und immanent" zu „kritisieren". Diese Formulierung einer erklärten Absicht dürfte den Eindruck erzeugen, der Erste Teil der *Negativen Dialektik* sei von *Anfang* an (Kap. *I*) ‚immanente Kritik' an der neueren Ontologie. Dies gilt es zu erläutern und zu überprüfen.

Einer philosophischen Konzeption, deren „Ideal" es „wäre, daß die Rechenschaft über das, was man tut, überflüssig wird, indem man es tut", scheint jenes *„indem man es tut"* zentral zu sein: das *Vollziehen* des Verfahrens, der Verfahrensweisen (dessen, *„was man tut").* Faßt man nun ‚immanente Kritik' als ein solch prozessuales Vollziehen auf, so wird zwar ihr Charakter als Methode deutlich, zugleich aber die Weise, wie hier *Methode* gegenüber ihrem eigentlichen *Vollzug* zurücktreten soll, ohne dabei recht ablösbar zu sein. M. a. W. soll negative Dialektik gerade keine Methode *i. e. S.* bereitstellen; zumal auch keine, die von den jeweils zu reflektierenden *Inhalten* völlig ablösbar wäre. Diese besondere ‚Methode' soll sich, wiewohl auch sie *allgemeine* Geltung beanspruchen muß, modifizieren, indem sie sich am je neuen *einzelnen* Inhalt abarbeitet. Ihr allgemeiner Geltungsanspruch geht auf den Sach- und letztlich auf den Wahrheitsgehalt des Besonderen *als* Besonderes. Dies Besondere darf für jene ‚Methode' bei aller Repräsentativität prinzipiell nicht zum „Exemplar" (152; vgl. 25;

400, u. a.) werden, hier: zunächst die Sachgehalte der Heideggerschen Ontologie — und zwar um ihrer möglichen Wahrheit willen.

Soll deshalb im folgenden zunächst charakterisiert werden, was die Methode immanenter Kritik meint (insbes. im Anschluß an Hegel),[10] so ist die Fragestellung im Auge zu behalten, ob und ggf. wie Adorno eine mögliche Verabsolutierung der immanenten Kritik zur Methode i. e. S. *aus ihr selber heraus* zurücknimmt. Zu klären ist, ob und wie Adorno sie in diesem Sinne weiter entwickelt, und zwar dem Theorem von der *Konstellation* der Begriffe und Sachgehalte gemäß (vgl. unten, III, bes. den Schluß).[11] Zumindest dem Anspruch nach stellt sich im Adornoschen Denken *insgesamt* die eigene Stellung gegenüber Heidegger als keineswegs bloß abstrakter Gegensatz dar, ob im *Jargon der Eigentlichkeit* (1964a) oder zum Beispiel in dem Hölderlin-Aufsatz *Parataxis* (1964b). Ein besonders prägnanter Beleg dafür ist die Weise, wie sich dieser Gegensatz bereits in der *Dialektik der Aufklärung* (1947) zu artikulieren sucht, nämlich in jener besonderen Stellung zum Mythos („Wie die Mythen schon Aufklärung vollziehen, so verstrickt Aufklärung mit jedem ihrer Schritte tiefer sich in Mythologie."; 1947 [²1969a], 18), welche sich wesentlich von der Heideggerschen Stellung abgrenzt.[12] (Vgl. auch 104, u. a.). Geschieht dies hier ohnehin zwischen den Zeilen, so erheben die früheren Heidegger-Kritiken Adornos insgesamt auch nicht den Anspruch, *immanente* Kritik in einem strikten Sinne durchzuführen, weil es den Hauptthemen der betreffenden Schriften nicht angemessen schien.

Macht es die Besonderheit der immanenten Kritik aus, *in* den Kontext des zu kritisierenden „Standpunktes" (vgl. 17)[13] *einzugehen*, nicht allein *auf* diesen Standpunkt, so tritt mit dem Prozeß eines solchen Eingehens die Frage ins Zentrum der methodologischen Reflexion, *wie* denn *in* diesen Kontext allererst hinein zu gelangen sei. Dies gilt gerade dann, wenn sich jenes Eingehen nicht bloßer „methodischer" Tricks[14] bedienen will. Hegel hatte, indem er zusammen mit Schelling[15] „über das Wesen der philosophischen Kritik überhaupt" reflektierte, das Geschäft immanenter Kritik von dem Bilde her bestimmt, es sei notwendig, „die Schaale aufzureiben, die das innere Aufstreben noch hindert, den Tag zu sehen" (1802 [1968], 120). Immanente Kritik ist demnach eine *Doppelbewegung:* die Bewegung des *inneren* „Aufstrebens", welcher ein ‚Aufreiben' der „Schale" von *außen zugleich* entsprechen soll. Dies Aufreiben der Schale würde Hegels Konzeption einer kritischen dialektischen

‚Bewegung des Begriffs' zumindest der Intention nach interpretierbar machen als eine Bewegung, die auch von *außen* her kommt, und an deren *Reflexion* gerade festzuhalten ist, soll anders nicht ins *Innere,* in den Kern der anderen Position nur hineingeträumt werden, hineinprojiziert — womöglich hineingeschlichen, wie mit dem Trojanischen Pferd (vgl. Naeher 1981, 60ff.).

In Adornos Worten: „... immanent kritisieren heißt darum, paradox genug, auch ... von außen kritisieren" (149; vgl. 183).[16] *Immanente* Kritik, auf diese Weise per definitionem genommen, würde zwar „nicht von *oben* her" (10) erfolgen, doch käme sie gerade nicht ohne den *Impuls* aus, der gegenüber dem zu Kritisierenden von *außen* her stammt, ohne den Impuls, der den historisch, wie gesellschaftlich vermittelten Standort des Kritikers reflektiert. Für Adornosche immanente Kritik müßte diese Reflexion freilich ein konstellatives Umkreisen darstellen, insofern seine Philosophie den „Standpunkt", den „Ort" des kritischen Philosophen als einen Ort betrachtet, der sich der Fixierung entzieht.

Wer den Ersten Teil der *Negativen Dialektik* im ganzen nachvollzieht, dem wird sich der Eindruck eines ungleichgewichtigen Charakters der beiden Kapitel einstellen. Einer Konzeption immanenter Kritik gemäß, der der Impuls von außen konstitutiv ist, könnte der Erste Teil so zu lesen sein, daß *Kapitel I* eher jene *Außen*dimension perspektivisch zu artikulieren sucht, von der her dann erst in *Kapitel II* expliziter die Dimension des *Inneren* der Heideggerschen Ontologie entfaltet wird. Von jener Außendimension her sollte dann Kritik an der Ontologie als eine Kritik von innen her zu sich selber kommen. In dieser Weise der Kritik erst käme, „Hegels Desiderat" folgend, die „*eigene* Kraft" (104) des ‚Gegners', des Opponenten, auch der *kritischen* Kraft vollends zugute. So allenfalls würde die Ontologie mit der ganzen Wucht ihrer eigenen, vom Kritiker Adorno gar nicht zu leugnenden Kraft *von Innen her* aus den Angeln zu heben sein.

In dieser Doppelperspektive aber verlangt immanente Kritik, wenn sie gerade nicht bloße Methode sein will, daß die Doppelung von *Anfang* an auch *vollzogen* wird. Wenn Kapitel I exemplarisch den Begriff eines „falschen Bedürfnisses" (99f.)[17] einbringt, so hat dies tatsächlich zunächst mehr mit dem gegenüber der Ontologie außenstehenden, mit Adornos eigenem Ansatz zu tun, mit der durch Marx hindurchgegangenen Reflexion auf diesen Begriff. Zugleich kommt mit diesem einen Motiv, welches dem I. Kapitel insgesamt thematisch ist, zugleich kommt mit dem Reflex auf materialistische Bedürfniskritik von *außen* aus bereits ein *Inneres* der neueren Ontologie in den Blick: Das Movens Heideggerscher Fundamentalontologie, den philosophischen *Idealismus* (spätestens seit Plato und bis hin zu Hegel) begründet zu *kritisieren,* läßt eine Philosophie, die wie die *Negative Dialektik* desgleichen ihre *kritische* Selbstdefinition im Spannungsfeld des *Idealismus* umkreist, exakt an *diesem* Punkt Heideggerscher Philosophie anknüpfen. Dieser wesentlich auch *materialistischen* Selbstdefinition reicht dann der ‚Idealismus' mindestens bis hin zu Kierkegaard (vgl. 71, u. a., bes. 128).

Die Doppelperspektive immanenter Kritik wird von vornherein mehrfach in sich gebrochen, indem diese ‚*immanente* Kritik' schon früh das Feld der *Heidegger*-Kritik auch verläßt: Keineswegs mit dem martialischen Bild von den ‚Nebenkriegsschauplätzen', eher noch mit dem – nicht minder martialischen – Bild vom Kampf an mehreren Fronten,[18] kann dasjenige beschrieben werden, was gerade im Ersten Teil kritisches Geschäft der *Negativen Dialektik* ist. Der Akzent liegt in diesem Ersten Teil freilich auf der *exemplarischen* Kritik an der *Ontologie*. Geraten dabei auch Hegel, auch Kierkegaard ins Blickfeld, so von Anfang an in der Dimension einer *Idealismus-Kritik,* der zudem mit den Philosophien Kants einerseits und Marx' andererseits Horizonte, Sachgehalte aufscheinen, von denen her die Dimension des eigenen negativ-dialektischen Verfahrens sichtbar werden soll. Negative Dialektik muß in ihrer Durchführung zugleich erkenntniskritische, metaphysische und letztlich auch ideologiekritische Bahnen gehen: Das Aufreiben der Schale bis zum Kern ist Sysiphusarbeit (vgl. 114f.) nur insofern, als das, was dem kritischen Geschäft immer wieder wie ein Block entgegenrollt, an dem es sich und die Ansätze anderer reibt, als das, woran es sich entzündet, zugleich jeweils zu einem neuen Markstein werden kann. Dies ist namentlich dann der Fall, wenn negative Dialektik jene anderen Ansätze als versteinerte betrachtet.

Gerade insofern ist die *Negative Dialektik* noch einmal wie ein Prisma, in dem sich das gesamte Oeuvre Adornos bricht. Bereits die Habilitationsschrift über *Kierkegaard* (1933), welche in zeitlicher Nähe zu *Sein und Zeit* entsteht, präludiert Motive späterer *Heidegger*-Kritik Adornos. Dem Sachgehalt des Themas gemäß, allerdings auch hier nicht als eine *immanente* Kritik, nicht als eine Kritik welche sich im Innersten der zentralen Motive Heideggers festgemacht hätte. Von hier betrachtet scheint Adornos Programmatik in der Vorrede Raffinement ebenso wie Konsequenz, wenn sie konstatiert, die *Negative Dialektik* verhalte sich asketisch zur Ästhetik, hielte sich „von allen ästhetischen Themen ... fern" (10): von ästhetischen *Themen* wohl, nicht aber — erkenntnistheoretisch höchst folgenreich — etwa von Nietzsches Annahme einer ästhetischen Vermitteltheit der Realität.[19] Wenn Adorno mithin so offensichtlich darauf verzichtet, von seiner eigenen ästhetischen Domäne her Kritik, die seine Philosophie ausmacht, in Gang zu setzen, so dürfte dies im Falle Heidegger weniger den sowohl generösen als auch nach Kriterien immanenter Kritik konsequenten Grund haben, den Gegner nicht an seinem schwächsten Punkt, an dessen ästhethischen Schriften, messen zu wollen. Adorno dürfte Heidegger zumindest insofern *scheinbar* von den Stärken her kritisieren, als er auch dessen Erkenntnistheorie und Geschichtsphilosophie letztlich nicht als Stärken sehen kann. Einer Philosophie, der die Disziplinen ein *dialektischer* Zusammenhang sind, verschieden und doch eins, gilt dieser Zusammenhang ein Stück weit auch für den Opponenten — im Medium der (immanenten) Kritik. Geht man davon aus, daß nicht die *Ästhetische Theorie* das Hauptwerk Adornos[20] ist, nicht die materialen Arbeiten, auch die *Negative Dialektik* nicht, sondern daß erst die *Konstellation* es sein will — sowohl der einzelnen Werke zu einander als auch der Konstellationen innerhalb dieser Werke —, so ist die Askese, welche die *Negative Dialektik* gegenüber Ästhetik übt, ohnehin konsequent. Ästhetik ersetzt dann nicht die Philosophie Adornos, sie ist, anders als bei Heidegger, in demjenigen Sinne die Philosophie Adornos, daß noch dort von ihr die Rede ist, zwischen den Zeilen, wo sie nicht zum Inhalt wird. Allein dies, so ist schließlich anzunehmen, macht ihren wesentlich lebens- und werkgeschichtlich[21] begründeten Vorrang innerhalb dieser Konstellation aus, — wie gerade die *Negative Dialektik* verdeutlichen kann.

II

„Wir ‚Erkennenden' sind nachgerade mißtrauisch gegen alle Art Gläubige, unser Mißtrauen hat uns allmählich

> *darauf eingeübt, umgekehrt zu schließen, als man ehedem schloß: nämlich überall, wo die Stärke eines Glaubens sehr in den Vordergrund tritt, auf eine gewisse Schwäche der Beweisbarkeit, auf Unwahrscheinlichkeit selbst des Geglaubten zu schließen. Aber wir leugnen nicht, daß der Glaube ‚selig macht': eben deshalb leugnen wir, daß der Glaube etwas beweist – ein starker Glaube, der selig macht, ist ein Verdacht gegen das, woran er glaubt, er begründet nicht ‚Wahrheit', er begründet eine gewisse Wahrscheinlichkeit – der Täuschung."*
>
> *(Nietzsche 1887 [1980], 888f.)*
>
> *„Die starke Hoffnung ist ein viel größeres* Stimulans *des Lebens, als irgendein einzelnes wirklich eintretendes Glück. Man muß Leidende durch eine Hoffnung aufrecht erhalten, welcher durch keine Wirklichkeit widersprochen werden kann – welche nicht durch eine Erfüllung abgetan wird: eine Jenseits-Hoffnung. (Gerade wegen dieser Fähigkeit, den Unglücklichen hinzuhalten, galt die Hoffnung bei den Griechen als Übel der Übel...). –"*
>
> *Nietzsche 1888 [1980], 1183)* [22]

„Zum falschen Bedürfnis rechnet hinzu, daß es Unerfüllbares als erfüllbar sich vorgaukelt, komplementär zur möglichen Erfüllung von Bedürfnissen, die ihm versagt wird. Zugleich zeigt vergeistigt noch in derlei verkehrten Bedürfnissen sich das seiner selbst unbewußte Leiden an der materiellen Versagung." (99f.)

Adornos Heidegger-Kritik ist eine durch Nietzsches und Marx' Religions- bzw. Ideologiekritik hindurchgegangene Bedürfnis-Kritik. So sehr ihre Intention mit jenem Theorem vom „falschen Bedürfnis", Kulminationspunkt des I. Kapitels, bezeichnet ist und in der Konstellation mit unseren Motti aus Nietzsches *Genealogie der Moral* und dem *Antichrist* prägnant erhellt, so sehr ist doch der Impuls, den diese Kritik von außen erfährt, auf ein mit Heidegger

Gemeinsames verwiesen. Das *Aus*gehen und *Weg*gehen vom Idealismus, die gegenüber dem Idealismus totalere Hinwendung auf *Bedürfnisse* nach dem Wesentlichen, bringen Heideggers und Adornos Ansätze für einen Moment lang zur Berührung: Einig mit der phänomenologischen Intention auf die „*Sachen*" (69, u. a.) *selber*, meinen sie zugleich eine deutlichere Abkehr von bloßen *methodischen Vor*fragen. Die Tendenz zu solcher Abkehr drückt sich für die *Negative Dialektik* wesentlich im „ontologischen *Bedürfnis*" aus.

Doch nicht als ein *index verum*, vielmehr als „Index eines Versäumten, die Sehnsucht, beim Kantischen Verdikt übers Wissen des Absoluten solle es nicht sein Bewenden haben. Als man in der Frühzeit der neu-ontologischen Richtungen mit theologischer Sympathie von Auferstehung der Metaphysik redete, lag das noch krud, aber offen zutage." (69) Es ist Bedürfnis der „Menschen", im *Ansatz* von Phänomenologie und Ontologie ausgeprägt als „der Wille, das Ganze ohne seiner Erkenntnis diktierte Grenzen zu ergreifen" (69f.). „Das Bewußtsein davon, daß die als Sparte betriebene Philosophie mit den Menschen nichts mehr zu tun hat, denen sie die Fragen als eitel abgewöhnt, um deretwillen sie einzig mit ihr sich befassen, rumort schon im deutschen Idealismus; ohne kollegiale Vorsicht ist es ausgesprochen von Schopenhauer und Kierkegaard, und Nietzsche hat jegliches Einverständnis mit dem akademischen Wesen aufgesagt." (70)

Auf diesen *Unterstrom* will negative Dialektik die Philosophie verpflichten. Adorno reklamiert gegenüber der Phänomenologie und Ontologie, sich tatsächlich auf anfängliche Intentionen zu besinnen; noch einmal[23] in der Sprache der Einleitung: „die Wirklichkeit leibhaftiger Erfahrung wider die entfremdete Einzelwissenschaft" „auf"zu„bieten" (60f.), „nicht länger ... mit dem *Hauptstrom* der neueren" und teils traditionellen „Philosophie — das Wort klingt schmählich — mitzuschwimmen." (63)

Zugleich mit der Tatsache, daß sich in den „gegenwärtigen Ontologien ... das Pathos des Unakademischen akademisch etabliert" (70f.), vollzieht sich demgemäß für den Ersten Teil der *Negativen Dialektik*, daß „aus der Gesamtbewegung ... das Gegenteil dessen" wurde, was ihr *innerster* Ansatz, „was ihre Anfänge zu verheißen schienen. Die Befassung mit Relevantem schlug in eine Abstraktheit zurück, die von keiner neukantischen Methodologie übertrumpft wird. Diese Entwicklung ist von der Problematik des Bedürfnisses selber nicht zu trennen. So wenig ist es durch jene Philosophie zu stillen wie einst durchs transzendentale System" (71) — von Kant bis Hegel.

Adorno hält der neueren Phänomenologie, vor allem aber der Ontologie, vor, daß sie dies Bedürfnis noch zu befriedigen suchen, anstatt es als einen Verweis auf ein Fehlendes, auf Negatives zu lesen und reflexiv festzuhalten. Er meint, dabei zu entschleiern, daß diese Befriedigung nicht gelingen *kann*. Wenn sie überhaupt je gelingen könnte, dann wären die ontologischen *Mittel* dazu schon deshalb untauglich, weil Ontologie aus dem doch auch „falschen" Bedürfnis bereits das Kriterium ihrer eigenen ,*Wahrheit*', den *Zweck* der *Befriedigung* herausliest. — Letztlich ,gelingen' könnte diese Befriedigung einzig in einer veränderten, „befriedeten" (7, 386) Realität, — die keine Fortsetzung „absoluter Naturbeherrschung" (242) wäre, wie es Adorno zufolge partiell noch bei Marx impliziert sei (vgl. unten, 221f.). —

„Das ontologische Bedürfnis garantiert so wenig, was es will, wie die Qual der Verhungernden die Speise." (73)

Dies wäre das eigentliche Skandalon, wenn man der *Negativen Dialektik* folgt: Dem ,*notwendig* falschen Bewußtsein' (Marx) jenes Bedürfnisses würde als *wesentlich* falsches dessen *Schein*-Befriedigung, paradigmatisch durch Ontologie, zuteil: ,Befriedigung' mit den falschen, mit philosophisch-geistigen Mitteln. Philosophie kann für Adorno das Ersehnte gar nicht geben. Muß sie es vielmehr als Mangel (vgl. 84, u. a.), negativ, festhalten, so wird Befriedigung, die Heideggers Philosophie geben wolle, zum Gegenteil ihrer Absicht. Herausragende Produkte der „Kulturindustrie" (vgl. 100f., dazu unten, 219ff.; vgl. 128; u. bes. 1947 [²1969a], 128-176) könnten solche Befriedigung zumindest ,perfekter' suggerieren.[24] Nicht *toto genere* verschieden von ,avancierter Kunst' (vgl. bes. 1963a, 9-45), bleiben sie Adorno doch deren Zerrbild, zumindest dort, wo sie *wesentlich* „Effekt" sind, „Wirkung ohne Ursache" (7, 324). Kunst, für Adorno „begriffsähnlich ohne Begriff" (7, 148) und auf diese Weise nicht mehr und nicht weniger als „partial" in den „totalen" „Schuld"-Zusammenhang verstrickt (vgl. 7, 217), vermag demgegenüber in ihren authentischsten Werken, diese Schuld *vermittelt* ,einzubekennen', ihren eigenen Schein. Dies macht sie zumindest gegen die Intention auf Scheinbefriedigung widerstandsfähiger als andere Objektivationen. Gerade deshalb soll Philosophie lernen, auch von der Kunst her zu denken, wie immer auf eigenständige Weise.

Hier ist der Punkt erreicht, wo der ‚Argumentationsgang', eher die ‚Argumentations*figur*', vom Bedürfniskapitel her ein Stück weit zu *rekonstruieren* ist, – stellt sich dies Kapitel doch, wie imgrunde die *Negative Dialektik* insgesamt, als eher nicht-‚argumentativ' konzipiert dar (vgl. auch unten, III, Schluß): In der Bedürfnis-Kritik setzt das I. Kapitel noch nicht primär mit der Wucht der *„eigenen* Kraft" des *Gegners,* des Opponenten an, obwohl dies ja „Hegels Desiderat" zufolge naheläge. Vielmehr wird mit der Kraft der *Wirkung* dieses Gegners angesetzt, mit der Kraft der *Rezeption*. Insofern aber kommt Kritik auf eine Weise von *außen* her in Gang, auf das *Innere* von Anfang an verwiesen, welche im Zusammenhang mit Hegel/Schellings Programm einer Kritischen Philosophie folgerichtig scheint; wenn auch der Akzent gravierender wohl auf das ‚Aufreiben der Schale' fällt, als dies vom Programm einer immanenten Kritik her erwartet werden dürfte. Eine Interpretation, die der Intention der *Negativen Dialektik* im ganzen folgen mag, kann diese Akzentsetzung ohnehin einschränken: Dann, wenn sie dies Aus-Gehen von der Außenperspektive, welches beständig mit Motiven aus dem Inneren des anderen Ansatzes vermittelt ist, als ein Resultat der Einsicht liest, ohne den Impuls von außen nicht auszukommen. Auch eine Philosophie, die sich als Ineinander von Außen und Innen ‚komponiert', kommt dabei um das Zerlegen in ein zeitliches Kontinuum nicht herum. Gerade Adorno hat dies aus dem Scheitern der Hegelschen Dialektik gelernt. So könnte Kap. I, das Zuvorlaufen des Außen (vermittelt mit dem Innen), als ein eher zeitliches Prius *(tempore prius)* denn als ein logisches Prius *(logice prius)* gelesen werden. Dem *konzeptionellen Prius* eines *Inneren* folgt zumal das Ansetzen bei den Momenten der *Legitimität* des anderen Ansatzes, wie immer diese Momente aus dessen Rezeption erhellen:

Entsprechend sucht das I. Kapitel des Ersten Teiles, das *Richtige* im Falschen jenes Bedürfnisses zu entwickeln. Das II. Kapitel kann daran messen. Es sucht eher, dies *Falsche* zu entwickeln; dasjenige *in* der Ontologie, was nicht an das legitime Moment jenes Bedürfnisses heranreicht. Insofern wird das ontologische Bedürfnis bereits vom I. Kapitel, recht bald, zum *„enttäuschten* Bedürfnis" (80ff.) erklärt. Um die Bedürfnisanalyse des I. Kapitels soweit einzufangen:

Enttäuscht wird dies Bedürfnis Adorno zufolge vom ontologischen „Tribut an die Spielregeln der Positivität, über welche das Bedürfnis hinauswill." (81) Es „will" „hinaus": auf das Wesentliche zu, auf jenen „Gehalt der Erfahrung" (80), auf welchen auch die anfänglichen Intentionen von Phänomenologie und Ontologie tendierten.

Stellt sich damit die Frage, was genauer jener „Tribut an die Spielregeln der Positivität" meint, so mag ein werkgeschichtlich-systematischer Hinweis dies verdeutlichen: Adorno sieht spätestens seit der *Metakritik* (insbes. dem Kap. „Preisgabe der Empirie") an diesem Punkte keinen Unterschied zwischen Husserl und Heidegger: Deren Ansätze spannen Adorno zufolge den Anspruch, der auf das der Erfahrung Zuvor-, Zugrundeliegende geht, den Anspruch des *Apriorischen,* (zunehmend) so weit ins *Abstrakte,* daß man sich, davon abgehoben, innerhalb der *Empirie* durchaus nach den „Spielregeln" empirischer Wissenschaften verhalten könne. Diese Philosophie muß m. a. W. aus jenen Regeln keine Konsequenz ziehen, wie dies Hegels ‚Vermittlung' der Bereiche des Apriorischen und des Empirischen wenigstens noch implizierte. Um Heidegger (und auch Husserl) geht es der *Negativen Dialektik* mithin, insoweit an Ansätzen wie diesen besonders sinnfällig wird, was *negative* Dialektik ihrerseits als ‚Nötigung (vgl. 141) zur *Dialektik'* begreift: als Notwendigkeit, die *Hegelsche* Philosophie in ihren *Intentionen* mindestens so ernst zu nehmen wie das *innerste* Motiv von *Phänomenologie* und *Ontologie,* den *Anspruch,* „aus dem Idealismus" kritisch ‚auszubrechen' (vgl. 94, u. a.).

Um die ‚Argumentationsfigur' schließlich in einem weiteren Schritt zu rekonstruieren, vom Anfang des Textes her:

„Die Ontologien in Deutschland, zumal die Heideggersche, wirken stets noch weiter, ohne daß die Spuren der politischen Vergangenheit schreckten." (69)

Bereits der erste Gedanke formuliert sich doppeldeutiger als es sich dem ersten Lesen erschließen dürfte: Er stellt die Weichen zur Erkenntnis einer Duplizität, welche sich in der Zweiteilung des Ersten Teiles niederschlägt, Ausdruck eines Dilemmas, von dem negative Dialektik meint, es zunächst am ehesten an der neueren Ontologie erläutern zu können: Was nämlich ist es, das hier „stets noch weiter" „wirkt"? Tatsächlich „die Ontologien" selber, indem sie sich auch reproduzieren, weiterentwickeln, oder bereits ihre stete Wirkung, zumal sich solche Wirkung von Anfang an auch verselbständigt?

„Stillschweigend wird Ontologie verstanden als Bereitschaft, eine heteronome, der Rechtfertigung vorm Bewußtsein enthobene Ordnung zu sanktionieren." (69)

Der sich anschließende Gedanke ist bereits zutiefst von solcher Doppelperspektive geprägt: Von wem „wird Ontologie" „stillschweigend" „verstanden als Bereitschaft, eine heteronome, der Rechtfertigung vorm Bewußtsein enthobene Ordnung zu sanktionieren"? Bereits von den Ontologen selber,[25] „zumal ... Heidegger", oder, eher dem Buchstaben des Gedankens entsprechend, von deren Rezeption? Derlei Fragen müssen, interpretierend, aufkommen, angesichts eines Ansatzes, der sich als dialektischer begreift, dem mithin auch authentische Ansätze und deren Wirkungen irgend als Zusammenhang zu denken sind.

Der Zusammenhang ist wesentlich der von Innen und Außen: *So weit* das I. Kapitel zentral vom *„Wirken"* ausgeht, *so weit* setzt es, wie wir wissen, zentral von *außen* her an, wobei solche Wirkung zugleich die auf den Rezipienten Adorno ist, dessen ‚Intentionen' für uns in Kapitel I daher eher greifbar sind. (Weshalb sich diese Abhandlung auf Kap. I *konzentrieren* kann.) Das heißt aber, daß das I. Kapitel an der Wirkung von Heidegger insgesamt jene *gesellschaftlich* vermittelten *Bedürfnisse* zu dechiffrieren sucht, welchen die Ontologien ihrerseits offensichtlich in so hohem Maße entgegen kamen. Negative Dialektik weiß, daß sie von gesellschaftlich vermittelten Bedürfnissen nicht frei sein kann. Sie weiß sie als „Bedürfnisse", die auch „im Denken" sind und versucht, sie denkend festzuhalten; das bedeutet, zugleich *gegen* deren falsches Moment zu denken, anstatt deren Befriedigung zu versuchen. Damit muß Denken, auch und gerade negativ-dialektisches, zugleich *gegen* sich selber denken (vgl. 397): Zum Geschäft negativer Dialektik wird die Selbstreflexion des Bewußtseins (Hegel; Kant) als eines notwendig falschen Bewußtseins (Marx; Nietzsche). Negative Dialektik versichert sich eines Wissens, das kein absolutes Wissen mehr zu sein beansprucht – darin Kant weit näher als Hegel. Dem entspricht, daß negative Dialektik gerade nicht, wie es oft unterstellt wird, analog der Wissenssoziologie eines K. Mannheim, ‚totalen Ideologieverdacht'[26] hegen will. Denn, wo alles Ideologie sein soll, ist Adorno zufolge imgrunde nichts Ideologie. Solcher Ideologiebegriff scheint Adorno ein schlechter Ersatz für einen „Standpunkt" des Denkens. Der „Standpunkt" negativer Dialektik ist außen wie innen; er ist kein als sicher, als gewiß geglaubter *topos*. Gerade indem negative Dialektik vorführt, wie sehr sie eines *Standorts* auch *außerhalb* des Kritisierten bedarf, befindet sie sich bereits ‚nah' zum kritisierten ontologischen „Bedürfnis nach einem *Festen*" (100; vgl. unten, 219ff.)[27] – in *reflektierter* Nähe zur Ontologie. Diese Nähe läßt die einen als Motiv solcher Kritik sogar Koketterie annehmen; andere von einer geheimen, letztlich undurchschauten Nähe ausgehen, innerhalb des Gestus von „philosophischer Kommunikationsverweigerung" (vgl. Mörchen 1980 u. insbes. 1981).[28]

Der *Negativen Dialektik* wohl eher angemessen, muß dieser Sachverhalt *prozessual* beschrieben werden: Negative Dialektik *bewegt sich in* jene *Nähe,* indem sie ihr von außen, ihr von der gesellschaftlichen Wirkung her gewonnenes Wissen (vgl. auch 183) reflexiv an den jeweiligen Ansatz heranträgt, exemplarisch an den Ansatz Heideggerscher Ontologie; indem sie versucht, dies Wissen in die Bewegung der ‚Beweisführung' eingehen zu lassen. Darin ist sie jenen hermeneutischen Verfahren bei aller Differenz tatsächlich ‚nahe',[29] denen gerade Heidegger ihre ontologische Be-Gründung[30] geben will; negative Dialektik sucht deren Durchführung zu Ende zu denken.[31] Sie unternimmt es, dasjenige, *was* sie ohnehin heranträgt, wenn auch als Negation eines „Standpunkts" konzipiert, tatsächlich zu einem reflektierten, zugleich sich selber reflektierenden *Bewußtsein* zu bringen – doch um der *Sachen* willen.

Gerade von der Rezeption der Ontologie her, von einer sachhaltigen Theorie dieser Rezeption, will die *Negative Dialektik* die „Bereitschaft, eine *heteronome,* der Rechtfertigung vorm Bewußtsein enthobene Ordnung zu sanktionieren", auch unterlaufen, indem sie „Rechtfertigung" der Ontologie zunächst vor einer impliziten Theorie des zugleich *autonomen* Bewußtseins erzwingt (wie sie aus der *Dialektik der Aufklärung* resultiert); und dann „Rechtfertigung" vor der Ontologie selber, und zwar mittels einer um Genauigkeit bemühten Analyse der Heideggerschen Begriffe „Sein und Existenz" (Kap. II). Das aber meint: Um das *ontologische Interesse* Heideggers so ernst wie möglich zu nehmen, nämlich das Interesse am *Sein,* kann sich das II. Kapitel auf jene Begriffe konzentrieren, kann es, anders als Rezeption dies tat, die ‚Daseinsanalyse' (vgl. 131) in *Sein und Zeit* gerade vernachlässigen. Adorno vollzieht hier m. a. W. ein Resultat seiner erkenntnistheoretischen Kritik, wonach

Heideggers Ontologie eben jenes Einzelne, Konkrete (vgl. 82ff., u. a.) verfehle, auf das sie doch zu gehen verheiße.³²

Heidegger folge „dabei seinem Hang zur Hypostasis: Befunden aus der Sphäre des Bedingten verleiht er durch den Modus ihres Ausdrucks den Schein der Unbedingtheit. Möglich wird das durch das Schillernde des Wortes Sein." (94) „Die Dialektik von Sein und Seiendem: daß kein Sein gedacht werden kann ohne Seiendes und kein Seiendes ohne Vermittlung, wird von Heidegger unterdrückt: die Momente, die nicht sind, ohne daß das eine vermittelt wäre durch das andere, sind ihm unvermittelt das Eine, und dies Eine positives Sein." (121, u. a.)

Zusammenfassend: Das I. Kapitel ist tatsächlich als Vor-Bereitung gedacht; es sucht, jenem II. Kapitel gleichsam auf die Sprünge zu helfen, welches seinerseits Ontologie — im zweifachen Sinne des Begriffs — auf die ‚Sprünge' helfen will. Eben in dieser *Doppel*perspektive immanenter Kritik macht sich bei Adorno Philosophie, auch als Erkenntnistheorie (und Geschichtsphilosophie), noch einmal der *Kunst* ähnlich, „an der" „*gesellschaftlich*" „ihre *immanente* Bewegung *gegen* die *Gesellschaft*" (7, 336; vgl. 7, 368) sei. Philosophie unternimmt es, am anderen, ‚gegnerischen' System zu reflektieren, über dieses hinaus, was sie auch selber ist: ein *Autonomes* (*immanent* zu vollziehen) *und* ein *Gesellschaftliches*, etwa als ‚Antwort' auf Bedürfnisse (*von außen* zu vollziehen). Beide Momente sind Adorno zufolge durch einander vermittelt. Die Programmatik und die Resultate von Adornos materialen ästhetischen Analysen wie der *Ästhetischen Theorie* sind daher der *Negativen Dialektik* nicht nur legitimerweise, sie sind ihr notwendigerweise hinzuzudenken.

III

Konfrontiert mit einer Textstelle zunächst zum „falschen Bedürfnis", die bereits an der Schwelle zum II. Kapitel steht, soll die Intention des Ersten Teiles in ihrer Doppelstruktur noch einmal systematisiert und interpretiert werden.

„Der Gedanke ohne Bedürfnis, der nichts will, wäre nichtig; aber Denken aus dem Bedürfnis verwirrt sich, wenn das Bedürfnis bloß subjektiv vorgestellt ist. Bedürfnisse sind ein Konglomerat des Wahren und Falschen; wahr wäre der Gedanke, der Richtiges wünscht. Trifft die Lehre zu, der zufolge die Bedürfnisse an keinem Naturzustand sondern am sogenannten kulturellen Standard abzulesen seien, so stecken in diesem auch die Verhältnisse der gesellschaftlichen Produktion samt ihrer schlechten Irrationalität. Sie ist rücksichtlos an den geistigen Bedürfnissen zu kritisieren, dem Ersatz für Vorenthaltenes. Ersatz ist die neue Ontologie in sich: was sich als jenseits des idealistischen Ansatzes verspricht, bleibt latent Idealismus und verhindert dessen einschneidende Kritik. Generell sind Ersatz nicht nur die primitiven Wunscherfüllungen, mit denen die Kulturindustrie die Massen füttert, ohne daß diese recht daran glaubten. Verblendung hat keine Grenze dort, wo der offizielle Kulturkanon seine Güter placiert, im vermeintlich Sublimen der Philosophie. Das dringlichste ihrer Bedürfnisse heute scheint das nach einem Festen. Es inspiriert die Ontologien; ihm messen sie sich an. Sein Recht hat es darin, daß man Sekurität will, nicht von einer historischen Dynamik begraben werden, gegen die man sich ohnmächtig fühlt. Das Unverrückbare möchte das verurteilte Alte konservieren. Je hoffnungsloser die bestehenden gesellschaftlichen Formen diese Sehnsucht blockieren, desto unwiderstehlicher wird die verzweifelte Selbsterhaltung in eine Philosophie gestoßen, die beides sein soll in einem, verzweifelt und Selbsterhaltung." (100; vgl. dazu auch oben, 213; 217)

Der Kreis der Darstellung schließt sich; nicht so sehr in einem weiteren Schritt als in einem Vollziehen des zuvor Entwickelten. Auch dort, wo Philosophie Aufklärung sein will, dies wußte, wie Adorno weiß, bereits Voltaire, ist sie Antwort auf Bedürfnisse. ‚Notwendig falsches Bewußtsein' zu reflektieren, meint für negative Dialektik, daß, wie hier an den „Ontologien", der falsche Schein darzutun ist, der kein ‚richtiges' Leben zuläßt: „Es gibt kein richtiges Leben im falschen" (Adorno 1951 [^{3} 1969]; 42). Spätestens seit diesem zentralen Aphorismus wurde Adornos Denken immer wieder mit jenem berühmten ‚totalen Ideologieverdacht' identifiziert (vgl. 197f.; vgl. 1953; vgl. oben, 216f.). Gemeint scheint jedoch, in den *Minima Moralia* von 1951 wie ‚systematischer' hier, in der *Negativen Dialektik* von 1966 (vgl. auch 388): Gerade am total gewordenen „Verblendungs"-Zusammenhang ist transparent, ist zunehmend luzider geworden, was einst ein aufklärerisches *lumen rationale* verhieß: das „Wahre" als „Richtiges". Doch tritt es nun, − so ‚klar und deutlich', wie der Rationalismus seine Wahrheit, seine Gewißheit, zu fassen suchte −, als ein wesentlich Negatives hervor. Entsprechend entschlüsselt negative Dialektik, daß „Bedürfnisse" „ein Konglomerat des Wahren und Falschen" seien (vgl. 1951 [³1969b], 7f., u. a.). „*Konglomerat*" ist hier offensichtlich ein Name für den Verblendungszusammenhang, der sich als „*Konstellation*" im Kunstwerk, in Philosophie, darstellen kann. Kunst und Philosophie vermögen potentiell, auf das „Richtige" im Bedürfnis der „Massen" zu reflektieren, auf welches Produkte der „Kulturindustrie" allenfalls spekulieren. Gibt es zwar kein richtiges *Leben* im falschen, so soll aber gerade das Kehrbild von falschem Leben, von falscher Realität („Welt" „Praxis"; vgl. 15ff.),³³ soll die *Erfahrung* des ‚Wünschens', der „Sehnsucht", „Richtigem" zumindest nahe sein. Doch auch sie nicht als Positivität; legitimiert ist sie letztlich erst als jene „geistige Erfahrung", von der die Einleitung der *Negativen Dialektik* handelt − legitimiert letztlich erst als jene „Selbstreflexion", welche die *Negativität festhält*, − auch als ihre eigene. In dem zu unserer Interpretation herangezogenen Zentralsatz der *Minima Moralia*, − welche, nicht einmal mehr als System *konzipierbar,* exemplarisch den Aristotelischen *Magna Moralia* gegenübergestellt werden könnten −, formuliert sich zugleich ein Kernsatz Adornoscher ‚Ethik'; desgleichen in der Weiterführung durch die *Negative Dialektik:*

„. . . wahr *wäre* der Gedanke, der Richtiges wünscht."

Es gehört zum Un-Befriedigenden, zum Nicht-Befriedigenden, weil Ruhelosen solchen Denkens, daß der Nachhall von Gedanken wie diesen noch einmal aufstört und dem „Bedürfnis nach einem Festen" dessen eigenen Stachel zukehrt. Mit keiner bloßen Umformulierung Hegelschen absoluten Geistes, dessen „Dialektik" lediglich durch „Abbruch" (vgl. 328ff.) zur Ruhe komme, kann die als negative Dialektik konzipierte geistige Erfahrung gedeckt werden: Es ist der bacchantische Taumel des Konjunktivs, der den Adornoschen Gedanken wie seinen Rezipienten erzittern macht, Ausdruck formulierter Angst. Als Ungefähres oft gerügt, provoziert Adornos Konjunktiv das Trägheitsmoment des Denkens. Die Frage, ob dieser Konjunktiv ein Irrealis ist oder ein Potentialis, treibt den

Rezipienten um — im besten Fall, wie mir scheint.

„... wahr *wäre* der Gedanke, der Richtiges wünscht."

Das kann zunächst heißen: ... sofern dieser Gedanke wenigstens ‚gefaßt', eingestanden würde, einem *ethos* verwandt. Adorno verbindet sich mit Goethe auch über einen Sprachgestus, wie er exemplarisch in dem Imperativ „Wer ewig strebend sich bemüht ..." zum Ausdruck kommt. *Nur,* wer ewig strebend sich bemüht, darf *überhaupt* hoffen. *Wenn* überhaupt: Zumindest von negativer Dialektik her betrachtet, offenbart sich auch in Goethes: „ ... den *können* wir erlösen" eine beunruhigende Vieldeutigkeit, zumindest ein weiterer Sinn: *Sicher* ist Erlösung selbst dann nicht; weder vom Jenseits noch vom Diesseits her gedacht. Wenn man aus der *Negativen Dialektik* etwas wie ein ethisches Postulat ableiten wollte, dann könnte es heißen: In einem durch den Mythos von Sysiphos, Herders ‚Dennoch',[34] Becketts ‚Ewiges Sterben' hindurchgegangenen Sinne an der Möglichkeit des Irrealis festhalten, gleichsam als an einem gegenwärtig einzig noch möglichen Potentialis. In der Dimension eines Denkens, das bereit ist, letztlich gegen sich selber zu denken, erscheint, wenn nicht Erlösung, so doch Veränderung wenigstens als denk-möglich (vgl. 400, u. a.). Nur insofern ‚rechtfertigt' negative Dialektik nicht allein sich selbst sondern auch die Ontologie (vgl. 128, u. a.), als sie an ihr gerade zu zeigen sucht, wie wenig *zufällig* deren Schein ist; wie sehr er *notwendig* mit dem Falschen vermittelt ist, mit dem, was auf diese bestimmte Weise das „Richtige" heißen kann:

„Sein Recht hat" das „Bedürfnis" „nach einem Festen" „darin, daß man Sekurität will, nicht von einer historischen Dynamik begraben werden, gegen die man sich ohnmächtig fühlt."

Von diesem Bedürfnis nach „Sekurität" sind für Adorno selbst zentrale Momente der Marxschen Philosophie[35] geprägt. Wo sie den Verzicht auf ihre kritische Selbstreflexion implizieren (vgl. 242, u. a.; dazu oben, 213), gelten Adorno solche Momente als ‚Ontologisierungen', als ‚Hypostasierung'[36] eines falsch-utopischen Zustandes zum richtigen. Die insistente Kritik (paradigmatisch) an der Religion, so konsequent sie bei Marx (wie bei Nietzsche) das Bedürfnis der Menschen zugleich legitimiert, darf Adorno zufolge nicht zum Postulat einer Art von Religionsersatz führen, das noch immer Ver-Tröstung bedeuten würde. Darin will Adorno weniger idealistisch sein als noch Marx. Gerade weil negativer Dialektik kein „Reich der Freiheit" mehr vor Augen steht, reflektiert sie sich als trost- und rat-los. Auch darin *weiß* sie sich in prekärer ‚Nähe' zum Opponenten Heidegger: indem die Heidegger-Kritik der *Negativen Dialektik* dessen Philosophie als ähnlich „verzweifelt", ähnlich ratlos aufzuweisen sucht, wie es die Menschen geworden sind, denen Heidegger so ‚konsequent' wie ideologisch ‚Orientierung' geben wolle. Heideggers Verheißung, man könne gleichsam *außerhalb* der Geschichte stehend ‚Ent-scheidungen' treffen, wie zu handeln sei,[37] scheint, Adorno zufolge, allenfalls als die halbe Wahrheit interpretierbar. Zumindest insofern diese Verheißung Heideggers das Subjekt im Unklaren über seine reale Ohnmacht lasse, mache sie dies Subjekt noch ohnmächtiger als es ohnehin schon geworden sei (vgl. 74ff., u. a.).

Solche Kritik gilt zentral dem Charakteristikum der bürgerlichen Gesellschaft, imgrunde seit deren Anbeginn: der Verschränkung von ontologischen mit kritischen Momenten, jener Verschränkung, die in Kants Transzendentalphilosophie prägnantere Gestalt anzunehmen beginne. Ontologie und Phänomenologie sieht negative Dialektik gerade dort als legitime Nachfolger Kants,[38] wo sie im ‚Transzendentalen' dessen *kritische* und zugleich *restaurative* Tendenz noch erkennen lassen. Sie sind es der negativen Dialektik dort nicht, wo die kritische Dimension auf die restaurativ-ontologische reduziert werde. Das *kritische* Moment scheint demzufolge in Heidegger zwar kaum noch zu greifen, doch scheint wenigstens Erinnerung daran festgehalten: an jenen prägnanten Einlaßstellen, die, fern von ‚Trost' und ‚Rat', auf das ontologische Bedürfnis tatsächlich zu ‚antworten' suchen. Es sind jene Nahtstellen, an denen Heideggers Werk mit dem Wahrheitsmoment dieses Bedürfnisses am nachhaltigsten kommuniziert — im Übergang zur Rezeption, der auf diese Rezeption nicht unbedingt vorweg schielt. Diese fast flüchtigen Stellen zur Geltung zu bringen, hat die immanente Kritik Adornos sich nicht zuletzt vorgenommen.

Durch ihre doppelte Perspektivierung rückt sie Heideggers Ansatz und seine Wirkung in eine gesamte Konstellation ein. Interpretierbar wird solche Konstellation, wenn der *Negativen Dialektik* abgelesen wird, daß ihre Gedanken sich noch stärker gegenseitig durchdringen als dies bei einem ‚System' der Fall wäre. So ist zunächst erforderlich, besonders verdichtete Stellen beständig zu konfrontieren. Um es exemplarisch vorzuführen: Adornos Interpretation der „Bereitschaft, eine *heteronome*, der Rechtfertigung vorm Bewußtsein enthobene Ordnung zu sanktionieren", eine Interpretation, die vorweg bereits dem ontologischen Bedürfnis gilt und die dechiffriert, wie sehr es *gegen aufklärerische Autonomie* gerichtet ist, tritt an späteren Stellen die Erkenntnis zur Seite, daß dieser gegenaufklärerischen Gerichtetheit zugleich eine kritische, eine gleichsam *aufklärerische* innewohnt. Erneut von Kant her perspektiviert − und bereits gegen Kant:

„Der Hohn des Amphiboliekapitels[39] gegen die Vermessenheit, das Innere der Dinge erkennen zu wollen, die selbstzufrieden männliche Resignation, mit der Philosophie im mundus sensibilis als einem Auswendigen sich niederläßt, ist nicht bloß die aufklärerische Absage an jene Metaphysik, die den Begriff mit seiner eigenen Wirklichkeit verwechselt, sondern auch die obskurantistische an die, welche vor der Fassade nicht kapitulieren. Etwas vom Eingedenken an dies Beste, das die kritische Philosophie nicht sowohl vergaß, als zu Ehren der Wissenschaft, die sie begründen wollte, eifernd ausschaltete, überlebt in dem ontologischen Bedürfnis; der Wille, den Geanken nicht um das bringen zu lassen, weswegen er gedacht wird." (80f.; vgl. 73; 118f., u. a.; vgl. 7, 166)

Daß dem Gegen„aufklärerischen" am „ontologischen Bedürfnis" ein Kritisches immanent ist, offenbart sich in der Dimension erkenntnistheoretischer wie geschichtsphilosophischer Reflexion. Der Zusammenhang von „Begriff" und „Wirklichkeit", wie er in ihr beigezogen wird, ist auch der traditionelle Zusammenhang von Wesen und Erscheinung (vgl. auch 169ff.). Das „Interesse der Erkenntnis" (81),[40] „das Innere der Dinge erkennen zu wollen", als das Wesen der Erscheinungen, dies Interesse, von dem „etwas" „in dem ontologischen Bedürfnis" „überlebt", scheint negativer Dialektik der „selbstzufrieden männlichen Resignation" durchaus entgegengesetzt, dem ‚Niederlassen' im Äußeren. Das ontologische Interesse ist jenem „obskurantistischen" Moment (vgl. 134, u. a.) auch entgegen, das sich in Konzeptionen von Kant bis Heidegger finde, und durch welches sie sich als keineswegs „bloß" „aufklärerische Absage an ... Metaphysik" darstellen sollen; nicht allein als aufgeklärten Verzicht auf die metaphysische Verwechslung von Begriff und Erscheinung.

An Stellen wie diesen wird, gegen eine Traditionslinie, wie sie in Schopenhauer und Nietzsche nur kulminierte, eine zugleich gegen-

„männliche", eine wesentlich weibliche Erkenntnistheorie entworfen, die der ästhetischen Erfahrung auf besondere Weise nahe ist. Der Verzicht auf das *Innere* der Dinge, der, in ethische Kategorien übersetzt, etwa als ‚Pflicht' (vgl. 231, u. a.), ‚Entsagung', ‚Askese' figurieren kann, gilt dieser ästhetischen Erkenntnistheorie keineswegs als dasselbe wie der Verzicht darauf, die Dinge mit einem Blick (vgl. auch 1947 [1969], 15, u. a.). zu betrachten und zu be-handeln, der sie sich fungibel macht. Vielmehr gilt ihr jener Verzicht als mit diesem Blick tendenziell einig: Gerade die Ver*äußerlichung* der Dinge, der Natur (i. w. S.) erscheint als eine Bedingung der Möglichkeit, sie zu beherrschen. Solche Herrschaft als ‚Gewalt' ist bereits der *Dialektik der Aufklärung* zufolge auch Gewalt des Begriffs (vgl. 1947 [²1969a], 44ff., u. a.; vgl. 7, 148; 173, u. a.) – des identifizierenden Denkens. Nur insofern „überlebt" noch und gerade in der Irrationalität des „ontologischen Bedürfnisses" „etwas vom Eingedenken an dies Beste", an dies Gegen-„Obskurantistische", an das „Vor der Fassade nicht Kapitulieren". Es ist das Eingedenken an „den Gehalt der Erfahrung" (80), an „das, ..., weswegen" „der Gedanke" „gedacht wird." –

Formulieren wir abschließend die Interpretation jener zentralen Gedanken nachdrücklich aus der Perspektive der *beiden* Kapitel des Ersten Teils:

Zum Falschen gerate Ontologie erst an dem Punkt, an dem das *Denken* an sich selber zum *Nichtdenken hypostasiert* werde („Denken ohne Begriff ist keines"; 105) und damit die *kritische* Differenz von *Wesen und Erscheinung*, welche einzig *Denken* festhalten könnte. Das I. Kapitel nimmt den Befund auch vorweg:

„Heidegger" „hat aber dabei das rationale Moment weggeworfen, das Husserl hütete, und, darin eher Bergson verwandt, *stillschweigend* ein Verfahren praktiziert, das die Beziehung auf den diskursiven Begriff, unabdingbares Moment von Denken, opfert." (77)

Dualismen, wie sie etwa in dem von Kant benannten Konflikt zwischen Pflicht und Neigung immerhin zum *Ausdruck* kommen, wurden im bürgerlichen Bewußtsein tendenziell zugunsten eines *sese conservare* (vgl. auch 7, 14) ‚geschlichtet': zugunsten eines stationären Moments an diesem Bewußtsein, – das mit dem legitimen „Interesse der Erkenntnis" unlöslich verschränkt ist. Es ist ein zentrales Theorem: der Gedanke, daß Heideggers Ontologie diesem Bewußtsein wesentlich bewußtlos Ausdruck gebe; daß diese Ontologie die „Ohnmacht" der „Menschen" allenfalls auf den „unvorsichtigen", weil verräterischen Begriff der „Seinshörigkeit" bringe, zu welcher „Seinsgläubigkeit" als „trübes weltanschauliches Derivat kritischer Ahnung" letztlich „aus","arte" (76). In den Worten des II. Kapitels:

„Löst Subjektivität, durch ihr von Kant als funktional bezeichnetes Wesen, die festen vorgeordneten Substanzen auf, so beschwichtigt ihre ontologische Affirmation die Angst davor. Subjektivität, der Funktionsbegriff χατ' ἐξοχήν, wird zum absolut Festen, wie es übrigens schon in Kants Lehre von der transzendentalen Einheit angelegt war." (133)

Wäre dem so, wie die Heidegger-Kritik Adornos will, so würde solche Ontologie einen unnötig weit gehenden Verzicht darauf leisten, die unlösliche Verschränkung von legitimen und falschen Momenten im Bewußtsein der Subjekte und der eigenen Theorie dieser Subjektivität reflektieren zu können.

Kehrt sich negative Dialektik dabei jedoch dagegen, daß die Ontologie (Heideggers) „stillschweigend ein Verfahren praktiziert, das die Beziehung auf den diskursiven Begriff, unabdingbares Moment von Denken, opfert", so ist Heidegger, selbst in diesem ‚Opfer', von Adornos Philosophie nicht wie durch Welten getrennt. Weiß negative Dialektik dies prinzipiell als ein gemeinsames, *kommensurables* Moment,[41] das *immanente* Kritik allererst *motivieren* kann, so gilt die Kommensurabilität von Ontologie und negativer Dialektik, welche nicht ihrerseits zur Identität verklärt werden darf, auf eine besondere Weise, die mit den Inhalten so gut wie mit der Form der Ontologie-Kritik in der *Negativen Dialektik* zusammenhängt.

Unsere zentrale Ausgangsfrage (vgl. oben, 207) läßt sich von hier beantworten: Die immanente Kritik an Heidegger, wie sie der gesamte Erste Teil vorführen will, vermag ein ganzes Stück weit die Gefahr der Verschmelzung mit dem ‚Gegner' innerhalb jener Dimension der *Immanenz* von *außen* her zu bannen. Entsprechend kann die *Konstellation* von *Begriffen* und *Sachgehalten,* welche ‚immanente Kritik' dabei darstellt, — und die im übrigen zum weitgehenden Verzicht auf ein Sich-Abarbeiten an Texten führt —, entsprechend kann die *Konstellation,* welche diese Idealismus-Kritik (i. w. S.) darstellt, kein „stillschweigendes" ‚Praktizieren' „eines Verfahrens" sein, „das die Beziehung auf den diskursiven Begriff

... opfert". — Und doch leistet diese immanente Kritik als Konstellation den Verzicht auf ein *strikt diskursiv-argumentatives* Verfahren der Kritik. Daß dieser Verzicht seinerseits die Tendenz befördern könnte, die Kraft des *Begriffs* innerhalb negativer Dialektik auszuhöhlen, wiewohl als ein *Ausdruck* dessen, was *real* geworden ist, muß Adorno gerade an jener programmatischen Stelle der Vorrede zumindest geahnt haben, an der er versichert, die *Negative Dialektik* „trachte" „*mit konsequenzlogischen Mitteln*", „anstelle des *Einheits*prinzips und der Allherrschaft des *übergeordneten Begriffs* die Idee dessen zu rücken, was außerhalb des Banns solcher Einheit wäre." (10) An dieser Intention konnten wir messen.

Doch nur, solange die Mittel immanenter Kritik nicht aber „konsequenzlogische Mittel" unterstellt wurden. D. h., daß diese Stelle zugleich riskiert, die Konzeption der *Negativen Dialektik* insgesamt, gerade ihren Ersten Teil, in erhebliche Schwierigkeiten zu bringen, zumal in solcher Programmatik formuliert. Die Stelle überrascht; sie kann den Rezipienten in die Irre leiten, namentlich denjenigen, der sich der *Negativen Dialektik* zum ersten Male nähert. Noch dem mehrfachen Rezipieren, dem mehrfachen Durchdenken, muß sie rästelhaft erscheinen oder gar als eine Schwachstelle:[42] Nicht nur, daß negative Dialektik dieser Intention vielfach *zuwider verfährt*, dort zumeist hochbewußt. Sie *muß* dies auch, indem sie nicht so sehr mit *konsequenzlogischen* als vielmehr mit *dialektischen* Mitteln zu verfahren hat, — indem sie wenigstens als ein Versuch zu konzipieren ist, der diese Mittel negativ-dialektisch zur Konstellation mit Sachgehalten bringt, und der damit, wie die Einleitung es will, Verfahrensweise, „Methode", in ihre „Durchführung" *als* Methode hineinnimmt. Dann erst wäre, zumindest tendenziell, jenem „Ideal" nachzukommen, wonach „die Rechenschaft über das, was man tut, überflüssig wird, indem man es tut" (58). Heidegger wäre innerhalb einer solchen immanenten Kritik zugleich mit „eigenen", mit *Heideggerschen* Mitteln[43] zu kritisieren, wie dies zum Teil geschieht. Mit *konsequenzlogischen* Mitteln doch nur, insofern noch die *Negative Dialektik* der konsequenzlogischen Tradition verpflichtet ist, wie sie im Rationalismus zu einem Höhepunkt gelangt. Vor allem aber: nur insoweit Heideggers System zur Konsequenzlogik als einem Zwanghaften tatsächlich *analog* ist, wie nach Adorno, paradigmatisch, aller Idealismus, vor allem dort, wo er sich absolut setzt (vgl. 162; 283; 398, u. a.).

So scheint mir bereits an *dieser Stelle* innerhalb der Vorrede negative Dialektik zugleich gegen sich selber zu kehren, so, wie sie es, dezidiert in ihrem *Schluß*, durchzuführen sucht. Gerade diesem Ende zu finden sich entsprechend luzide Verdichtungsstellen, die mit der Vorrede kommunizieren können, — die eine Konstellation mit ihr eingehen:

„Diese Antinomik ist nicht dem Philosophen aufzubürden: die *reine* Konsequenzlogik, willfährig der Selbsterhaltung ohne Selbstbesinnung, ist an sich verblendet, unvernünftig." (258; vgl. auch 162; 283; 375, u. a.). *Reine* Konsequenzlogik wird innerhalb der Konstellation der *Negativen Dialektik* insgesamt abgewiesen. So gelangt das äußerste Ende der *Negativen Dialektik* inmitten ihrer „Selbstreflexion" zu einer ‚Konsequenz', die schon der Anfang mit-*meinen* dürfte: „Negation der Negation, welche nicht in Position übergeht. Dialektik ist das *Selbstbewußtsein des objektiven Verblendungszusammenhangs,* nicht bereits diesem entronnen. Aus ihm *von innen her auszubrechen,* ist objektiv ihr *Ziel.* Die Kraft zum Ausbruch wächst ihr aus dem Immanenzzusammenhang zu; auf sie wäre, noch einmal, Hegels Diktum anzuwenden, Dialektik absorbiere die Kraft des Gegners, wende sie gegen ihn; nicht nur im dialektisch Einzelnen sondern am Ende im Ganzen. Sie faßt mit den Mitteln von *Logik* deren *Zwangscharakter,* hoffend, daß er weiche." (398)

Gerade vor dieser ‚Hoffnung', vor diesem „Ziel" negativer Dialektik, „von innen her" aus dem „objektiven Verblendungszusammenhang" *„auszubrechen",* in der Sprache der Vorrede: aus dem „Bann" der „Einheit" — vor jener „geistigen Erfahrung", welche negative Dialektik „im Medium begrifflicher Reflexion" (25)[44] darzustellen sucht, muß die Wahl „*konsequenzlogischer* Mittel" zugleich kritisch eingeschränkt werden.

Anmerkungen

1 Dieser zweite Beitrag innerhalb des II. Teiles „Rekonstruktionen" ist zwar als selbständige Abhandlung zu sehen, doch können zusätzliche Rekonstruktionslinien dann verfolgt werden, wenn die Lektüre des ersten Beitrages tatsächlich vorausgeht. In einer ganzen Reihe von Motiven — zuallererst: im Verhältnis „geistige

Erfahrung"-„Bedürfnis im Denken" — kommunizieren diese beiden Beiträge miteinander, wie die Beiträge gerade dieses Teiles i. d. B. insgesamt. Nicht auf diesen Teil beschränkt, trägt dies dem Dialog der Teile der *Negativen Dialektik*, dem Dialog ihrer Motive miteinander, Rechnung. Querverweise können im folgenden nur an besonders prägnanten Stellen gegeben werden.

2 Hervorhebungen in Zitaten, sofern nicht anders vermerkt, d. V.

3 Adorno betonte immer wieder den Zusammenhang zwischen der Programmatik einer *Durchführung* von — negativer — Dialektik (des „indem man es tut") und der Hegelschen „Bewegung des Begriffs": das Weitergetriebenwerden, welches das Erkennen des Erkennenden erfährt. Zur Differenzierung vgl. den vorigen Beitrag, Anm. 4.

4 Systematische Interpretationen nicht nur dieses Ersten Teiles sondern der *Negativen Dialektik* insgesamt sind bislang weitgehend Desiderat, gänzlich als Interpretation, die nicht von vornherein aspektualisiert ist. Die sowohl aktuellste als auch insbes. umfänglichste Interpretation von Adornos Heidegger-Kritik, des zentralen Themas des Ersten Teiles der *Negativen Dialektik*, gibt Mörchen 1980 u. insbes. 1981, bezogen auf das gesamte Werk Adornos im posthumen Dialog mit dem gesamten Werk Heideggers. (Kritisch dazu unten, Anm. 28). Weiterführende Literatur, insbes. zu Heidegger, s. dort. — Insofern kann in diesem Beitrag der weitere Hinweis auf Sekundärliteratur entfallen. Insbes. auch deshalb, weil das primäre Interesse dieses Beitrages die Orientierung über die *Struktur* des Ersten Teiles ist, zu welchem Thema bislang nichts vorliegt.

5 Vgl. Haag 1960. Adorno nimmt in der *Negativen Dialektik* nicht nur auf Haags Habilitationsschrift Bezug, er erhielt insgesamt von Haag mannigfaltige Anregung (vgl. auch die Widmung von Adorno 1963 b). — Zu Haags Heidegger-Interpretation vgl. kritisch Mörchen 1981, bes. 95; 112; 115; 127; 341.

6 Dieser zentrale Aspekt kann inhaltlich vor dem Hintergrund des Beitrages von Eley i. d. B. vertieft und zur Kritik auch an Adorno verlängert werden.

7 Zur kritischen Rezeption dieses Postulats vgl. Bubner 1970.

8 Vgl. den vorigen Beitrag i. d. B.

9 Zunächst: im Sinne von „paradigmatisch"; doch von der zeitweisen Dominanz der Heideggerschen Ontologie her, kommt sie auch als „Paradigma" im Sinne etwa der Definition von Kuhn 1962 in Betracht: Dieser bestimmt als „ ‚Paradigmata' " wissenschaftliche „Leistungen", „Werke", die „eine Zeitlang dazu" „dienten", „für nachfolgende Generationen von Fachleuten die anerkannten Probleme und Methoden eines Forschungsgebietes

zu bestimmen. Sie vermochten dies, da sie zwei wesentliche Eigenschaften gemeinsam hatten. Ihre Leistung war beispiellos genug, um eine beständige Gruppe von Anhängern anzuziehen, ..., und gleichzeitig war sie noch offen genug, um der neubestimmten Gruppe von Fachleuten alle möglichen Probleme zur Lösung zu überlassen." (1962 [1973], 28). Den Charakter einer „wissenschaftlichen Revolution" (i. S. einer „Kopernikanischen Wende") spricht Adorno freilich der Heideggerschen Ontologie gerade ab, das völlige oder teilweise Ersetztwerden eines älteren Paradigmas durch ein neues (vgl. ebd., 128, u. a.). Adorno bestreitet m. a. W. den Charakter eines *tatsächlichen „qualitativen Sprunges"* (vgl. allg. Schnädelbach 1974, 164f.; Kuhn ebd., 25, u. a.).

10 Daß die Methode immanenter Kritik nicht auf Hegel zurückgeht, illustriert etwa der Gedanke Kants, man müsse den Gegner „besser ... verstehen, als er sich selbst" (1787, 370). Ist diese Methode weit älter als die Kantische Philosophie, so gilt doch, daß Hegel auch diesen Aspekt der Tradition *systematisiert* hat: Dialektik konvergiert insgesamt mit immanenter Kritik.

11 Zum Vorstehenden vgl. auch den vorigen Beitrag i. d. B.

12 Für Adorno reflektiert die Verschränkung von Mythos (etwa: im „Ursprung"-Begriff) und Aufklärung bei Heidegger diese Dialektik nicht. Darin sei die Fundamentalontologie „gleich der Phänomenologie wider Willen Erbin des Positivismus" (86). Es ist *hier* jeweils nicht von Belang, jedenfalls nicht primär, ob Adorno Heidegger dabei „richtig" interpretiert. Vielmehr geht es allererst um die Möglichkeit, Adornos verwobene Gedanken-Konstellationen nachvollziehen zu können. — Für Adornos *Selbst*interpretation im Bezug auf Heidegger dürfte ein Gedanke aus der *Ästhetischen Theorie* gültig sein, dort als Interpretation Beethovens im Bezug auf Bach: „Die Frage, wer von beiden höher rangierte, ist müßig; nicht die Einsicht, daß die Stimme der Mündigkeit des Subjekts, Emanzipation vom Mythos und Versöhnung mit diesem, also der Wahrheitsgehalt, bei Beethoven weiter gedieh als bei Bach. Dies Kriterium überflügelt jegliches andere." (7, 316) Dieser Hinweis soll allerdings allenfalls einer *analogen,* keiner *identischen* Struktur gelten.

13 Vgl. den vorigen Beitrag, bes. 170ff.

14 Inwiefern auch in der Philosophie nicht gänzlich ohne „Tricks" auszukommen ist, zeigt Adornos Bild vom der Erkenntnis(theorie) notwendigen „Münchhausen"-Trick (vgl. den vorigen Beitrag, Anm. 14).

15 Zur *Differenz* Hegel-Schelling in der Interpretation der *Negativen Dialektik* vgl. 81, u. a.

16 Vgl. zu diesem Theorem im Zusammenhang von Adornos materialen Arbeiten, als spezifisch werk*immanenten* Analysen und Deutungen, den Beitrag von Sziborsky i. d. B., Anm. 40.
17 „Falsches Bedürfnis" ist ein Zentralbegriff Adornos, nicht nur der Heidegger-Kritik, auch insbes. der ästhetischen Arbeiten.
18 Vgl. den vorigen Beitrag, 170.
19 Vgl. den vorigen Beitrag, 185.
20 Vgl. die Einleitung i. d. B., 12f.
21 Vgl. den Beitrag von Sziborsky i. d. B.
22 Hervorhebung Nietzsche.
23 Vgl. den vorigen Beitrag i. d. B.
24 Daß dies durch die „Kulturindustrie" geschehe, „ohne daß" „die Massen" „recht daran glaubten" (100), scheint zweifelhaft. In dieser Absolutheit formuliert, unterschätzt die These sowohl die Möglichkeit des verführerischen Raffinements von Produkten der Kulturindustrie als auch die Möglichkeit, daß diese Produkte Distanz, das Nicht-„daran-glauben", geradezu einkalkulieren können bzw. zur Distanzierung − mit evtl. gleichem Raffinement − auffordern. Diese Einsicht ist Adornos Gesamtwerk durchaus bewußt. − Zum folgenden vgl. Naeher 1977, 44ff.; 102ff., u. a.
25 So interpretiert Mörchen 1981 tatsächlich: „ ‚Stillschweigend' verstehe *Ontologie* sich als Bereitschaft, eine heteronome Ordnung zu sanktionieren . . ." (189; Hervorhebung d. V.).
26 Vgl. auch den Beitrag von Grenz i. d. B., 239. − Zur Wissenssoziologie vgl. bereits Adorno 1953.
27 Vgl. den vorigen Beitrag, 190. − Auf der Stufe der Hegelschen Philosophie wird das „Bedürfnis nach dem Festen" als das nach dem „Standort" der Philosophie ganz zu Anfang der *Wissenschaft der Logik* in der folgenden Weise kritisch reflektiert: „Womit muß der Anfang der Wissenschaft" − d. i. der Philosophie − „gemacht werden? ... Das Anfangen als solches ... bleibt als ein Subjektives, in dem Sinne einer zufälligen Art und Weise, den Vortrag einzuleiten, unbeachtet und gleichgültig, somit auch das *Bedürfnis* der Frage, womit anzufangen sei, unbedeutend gegen das Bedürfnis des Prinzips, als in welchem allein das Interesse *der Sache* zu liegen scheint, das Interesse, was das *Wahre*, was der *absolute Grund* von allem sei." (1812f. [^{3} 1967], 51. Erste Hervorhebung d. V.).
28 Von einer „Kommunikationsverweigerung" seitens Adornos kann m. E. allenfalls bedingt gesprochen werden. Der Ansatz Mörchens, posthum „Kommunikation" zwischen Heidegger und Adorno zu stiften, ignoriert, zunächst einmal, daß und *warum* Adorno Begriff und Sache der „Kommunikation" (im

schon seinerzeit aktuellen Sinne) zutiefst suspekt waren. (Vgl. 339, u. a.; 7, 360, u. a.; zur Differenz zwischen Adorno und Habermas, bei welchem das Paradigma „Kommunikation" zentral steht, vgl. bereits F. W. Schmidt 1970 u. den Beitrag von Sonnemann i. d. B.). Zumindest eine *immanente* Kritik an Adorno, auch wenn sie vom Heideggerschen Ansatz aus geübt würde, hätte Adornos tiefes Mißtrauen zu respektieren, das er insgesamt Neologismen (wie „Kommunikation") gegenüber hegte (vgl. den vorigen Beitrag, 186), nicht zu reden von den inhaltlich-ideologiekritischen Gründen im Zusammenhang „Kommunikation"- „Kommunikationstheorien". — Des weiteren, bedeutsamer, hat Adorno durchaus mit Heidegger *verwandte* Momente *gesehen,* sie in diesem Sinne wie immer versteckt „kommuniziert". Bereits deutlich geworden, ist dies weiter zu verfolgen. Das Verdienst von Mörchens Arbeit scheint mir vor allem, eine ganze Reihe solcher Momente *expliziter* gemacht zu haben als Adorno dies schlechterdings tun konnte, um nicht die Identität der eigenen Theorie zu gefährden. Insbes. zum Schluß dieser Abhandlung wird der Frage nachgegangen, welche Auswirkung das zentrale Prinzip dieser Theorie eines *konstellativen* Umkreisens der Gedanken (auch der des „Gegners") auf die Kritik an Heidegger hat. Den mit Heidegger verwandten, den *kommensurablen* Momenten (vgl. Anm. 41), soll innerhalb dieser Kritik gewissermaßen abgepreßt werden, wo die *Differenz,* der „Unterschied ums Ganze" zwischen beiden Ansätzen liegt (wie es Adorno häufig nannte). Das heißt nicht, daß dies durchweg gelingt. In der Tat gilt festzuhalten, daß manches von Adorno gegen Heidegger (u. a.) Gewendete schlichtweg Polemik ist. — Schließlich ist für diese These einer „philosophischen Kommunikationsverweigerung" zwischen Adorno und Heidegger von Bedeutung, daß Heidegger auf Adorno imgrunde nie antwortete.

29 Vgl. Bubner 1973; dazu Naeher 1982.
30 Paradigmatisch als „Hermeneutik des Daseins".
31 Hier ist der Ort, sich noch einmal unserer einleitenden Frage nach dem Stellenwert der Heidegger-Kritik innerhalb der *Negativen Dialektik,* der These vom paradigmatischen Charakter dieser Kritik zu versichern: Der Erste Teil der *Negativen Dialektik* soll (wie die Einleitung) den Zugang zu den Verfahren negativer Dialektik ermöglichen. Immanente Kritik ist offenbar das grundsätzlichste dieser Verfahren, der Erste Teil versucht vor allem dessen Durchführung: An Heidegger wird es nicht kontingenterweise sondern aus wesentlich inhaltlichen Gründen ‚erprobt' —, eben um „von den Ergebnissen" im Zweiten Teil „fort" „schreiten" zu können „zur Idee einer negativen Dialektik" (10). Ob dies

tatsächlich stringent geschieht oder nicht: Der als immanente Kritik an Phänomenologie und Ontologie konzipierte Erste Teil — mehr als eine Kritik an Verfahren, aber immerhin auch Kritik an Verfahren — soll im Zweiten Teil „Begriff und Kategorien" negativer Dialektik gleichsam herausspringen lassen; doch nicht einzig als Begriff und Kategorien, jedenfalls nicht im traditionellen Sinne, vielmehr als zugleich „mikrologische Schritte", zumindest als die Bedingungen, die sie ermöglichen. Indem die ‚Nötigung zur Dialektik' zunächst an Heidegger, schließlich vor allem an Hegel dargetan wird, sollen als mikrologische Schritte (u. a.) leitende Begriffe und Kategorien ein „Vorrang des Objekts" genauso begründet werden wie eine „Logik des Zerfalls".

32 Mehr zum Zusammenhang mit *Konkretem,* mit gesellschaftlichen Zuständen u. ä., will hierzu Adorno 1964 a kritisch aussagen, welches Werk Adorno als ein „Prolegomenon" zur *Negativen Dialektik* betrachtete.

33 Vgl. den vorigen Beitrag i. d. B.

34 Vgl. den vorigen Beitrag i. d. B.

35 Weit eher noch gilt Adorno dies für „eine Verkehrung der Marxischen Motive wie die des Diamat, der das Reich der Notwendigkeit prolongiert mit der Beteuerung, es wäre das der Freiheit"; „erst" diese „Verkehrung" „konnte darauf verfallen, den polemischen Marxischen Begriff der Naturgesetzlichkeit aus einer Konstruktion der Naturgeschichte in eine szientifische Invariantenlehre umzufälschen." (348)

36 Ontologisierung und Hypostasierung, schlechterdings nicht dasselbe, sollen offenbar unter dem Aspekt der schlechten (undialektischen) *Unmittelbarkeit* zusammenkommen. Solche Begrifflichkeit ist an Adorno häufig als sozusagen „laxer" Sprachgebrauch kritisiert worden. (Auch etwa die disparate Verwendung seines „Nominalismus"-Begriffs). Es ist aber zu berücksichtigen, daß Adorno auf diese Weise *Analogien* der zunächst verschiedensten Momente sichtbar machen will, die er in der Durchbildung seiner Theorie immer wieder zugleich als *Differenzen* dieser Momente insistent zu reflektieren sucht. Die Analogien sind (als die der Begriffe und Phänomene) *durch* diese Differenzen hindurch zu denken. Auf die klassischen Nomenklaturen der Begriffe verzichtet Adorno dabei nicht, weil sich die Begriffe innerhalb der Konstellation, die sie eingehen, verändern. Dies verwirrt zunächst und immer wieder neu.

37 An diesem Punkt sah Adorno einen Zusammenhang zwischen Heidegger und Dilthey (nach einer mündl. Mitteilung). — Zum Aspekt einer Steigerung des Relativismus und Historismus des

19. Jahrhunderts durch Heideggers Philosophie vgl. immer wieder K. Löwith.
38 Vgl. den Beitrag von Eley i. d. B.
39 Vgl. Kant 1787.
40 In Zusammenhängen wie diesen stimmte Adorno Habermas 1968 zu (nach einer mündl. Mitteilung).
41 Vgl. prinzipiell Theunissen 1969, 2.
42 Der Versicherung Adornos, in der *Negativen Dialektik* konsequenzlogisch zu verfahren, folgt noch etwa Grenz 1977, 125; sowie i. d. B., 253. Eine Anwendung durchaus konsequenzlogischer Mittel auf Adorno versucht die Kritik von Braun 1981, bes. 51f. — Den Status des konsequenzlogischen Arguments, welcher innerhalb der *Negativen Dialektik* nicht hinreichend expliziert wird, bestimmt deutlicher Adorno 1956. In einer Weiterführung der oben angestellten Überlegungen wäre eben die *Metakritik der Erkenntnistheorie* heranzuziehen.
43 Vgl. kritisch dazu Grenz i. d. B., Anm. 35, im Bezug auf Mörchen 1980 u. 1981.
44 Vgl. den vorigen Beitrag, 188.

Literatur

Adorno, T. W.: Gesammelte Schriften. Bde. 1ff. Hrsg. v. G. Adorno/R. Tiedemann. Frankfurt/M 1970ff.
Adorno, T. W.: Kierkegaard. Konstruktion des Ästhetischen. Tübingen 1933.
Adorno, T. W.: Über Mannheims Wissenssoziologie. In: Aufklärung. H. 4/6 1952/*53*, 224-236.
Adorno, T. W.: Zur Metakritik der Erkenntnistheorie. Studien über Husserl und die phänomenologischen Antinomien. Stuttgart 1956.
Adorno, T. W.: Dissonanzen. Musik in der verwalteten Welt. Göttingen 1956 [1963] (a).
Adorno, T. W.: Drei Studien zu Hegel. Darin: *Skoteinos oder Wie zu lesen sei.* Frankfurt/M 1963 (b).
Adorno, T. W.: Jargon der Eigentlichkeit. Zur deutschen Ideologie. Frankfurt/M 1964 (a).
Adorno, T. W.: Parataxis. Zur späten Lyrik Hölderlins. In: Neue Rundschau. H. 4, 15-46. 1964 (b).
Adorno, T. W. (zus. mit M. Horkheimer): Dialektik der Aufklärung. Philosophische Fragmente. Amsterdam 1947 [Frankfurt/M ^{2}1969] (a).
Adorno, T. W.: Minima Moralia. Reflexionen aus dem beschädigten Leben. Berlin/Frankfurt/M 1951 [Frankfurt/M ^{3}1969] (b).
Braun, C.: Kritische Theorie versus Kritizismus. Zur Kant-Kritik Theodor W. Adornos. Diss. Bonn 1981.

Bubner, R.: Philosophie ist ihre Zeit, in Gedanken erfaßt." In: Hermeneutik und Dialektik I. Festschrift für H.-G. Gadamer. Hrsg. v. R. Bubner/K. Cràmer/R. Wiehl. Tübingen 1970, 73-104.

Bubner, R.: Über einige Bedingungen gegenwärtiger Ästhetik. In: Neue Hefte für Philosophie. H. 5 1973, 38-73.

Grenz, F.: Zur architektonischen Stellung der Ästhetik in der Philosophie Adornos. In: Text und Kritik. Sonderband Theodor W. Adorno. Hrsg. v. H. L. Arnold. München 1977, 119-129.

Haag, K. H.: Kritik der neueren Ontologie. Stuttgart 1960.

Habermas, J.: Erkenntnis und Interesse. Frankfurt/M 1968.

Hegel, G. W. F.: Phänomenologie des Geistes. System der Wissenschaft. Erster Teil (Wissenschaft der Erfahrung des Bewußtseins). Bamberg/Würzburg 1807 [Stuttgart ^{6}1952].

Hegel, G. W. F.: Wissenschaft der Logik. Erster Band. Die objektive Logik. Nürnberg 1812f. [Stuttgart ^{3}1967].

Hegel, G. W. F.: Gesammelte Werke. Hg. im Auftrag der Deutschen Forschungsgemeinschaft von der Rheinisch-Westfälischen Akademie der Wissenschaften. Bd. 4. Jenaer kritische Schriften. Hg. v. H. Buchner/O. Pöggeler. Hamburg 1968. (Darin: Schelling/Hegel: Über das Wesen der philosophischen Kritik überhaupt ... Einleitung zu: Kritisches Journal der Philosophie 1.1.1802.)

Hegel, G. W. F.: Grundlinien der Philosophie des Rechts oder Naturrecht und Staatswissenschaft im Grundrisse. Berlin 1820f. [Frankfurt/M 1970].

Kant, I.: Kritik der reinen Vernunft. Ausg. B. Riga 1787.

Kuhn, T. S.: The Structure of Scientific Revolutions. Chicago 1962. [Die Struktur wissenschaftlicher Revolutionen. Frankfurt/M 1973].

Mörchen, H.: Macht und Herrschaft im Denken von Heidegger und Adorno. Stuttgart 1980.

Mörchen, H.: Adorno und Heidegger. Untersuchung einer philosophischen Kommunikationsverweigerung. Stuttgart 1981.

Naeher, J.: Walter Benjamins Allegorie-Begriff als Modell. Zur Konstitution philosophischer Literaturwissenschaft. Stuttgart 1977.

Naeher, J.: Einführung in die Idealistische Dialektik Hegels. Lehr-/Lerntext. Schriftenreihe: Dialog Philosophie. Grundlagen der Erziehungs- und Sozialwissenschaften. Hrsg. v. J. Naeher. Opladen 1981.

Naeher, J.: Philosophical Concepts in Literary Criticism. In: Literary Criticism. Vol. X. Ed. by J. P. Strelka. Pennsylvania/London 1982, 89-112.

Nietzsche, F.: Werke in sechs Bänden. Hrsg. v. K. Schlechta. Bd. 4. München 1980. (Darin: Zur Genealogie der Moral. 1887. Der Antichrist. 1888.)

Schmidt, F. W.: Hegel in der Kritischen Theorie der ‚Frankfurter Schule'. In: Negt, O. (Hrsg.): Aktualität und Folgen der Philosophie Hegels. Frankfurt/M 1970, 21-61.

Schnädelbach, H.: Geschichtsphilosophie nach Hegel. Die Probleme des Historismus. Freiburg/München 1974.

Theunissen, M.: Gesellschaft und Geschichte. Zur Kritik der kritischen Theorie. Berlin 1969.

Friedemann Grenz

Negative Dialektik mit offenen Karten: Der Zweite Teil der *Negativen Dialektik* **(137-207)**

Schon früher habe ich einmal versucht, den Begriff der negativen Dialektik auszulegen.[1] Der Herausgeber erwog, dies hier mit zugänglich zu machen. Die damals vorgelegte Interpretation steht aber in einem so engen Zusammenhang mit ihrem Kontext, daß sie sich nicht zum Herauslösen und Verselbständigen schickt. Daher hier ein neuer und hoffentlich fortgeschrittener Versuch, die Eigenart des negativ dialektischen Denkens vorzuführen. Überschneidungen mit dem früheren Befund ließen sich freilich nicht vermeiden.

Kutscherskat

In der Vorrede zur *Negativen Dialektik* schreibt Adorno: „Der Autor legt, soweit er es vermag, die Karten auf den Tisch; das ist keineswegs dasselbe wie das Spiel." (9) Die Stelle, an der er die Karten auf den Tisch legt, ist der Zweite Teil: „Negative Dialektik. Begriff und Kategorien" (137-207). Wenn Adorno meint, das sei nicht „dasselbe wie das Spiel", so soll das wohl bedeuten, daß er seine Karten nicht aufgebend wegwirft. Denn was der Text bietet, ist dasselbe wie *im* Spiel; ob es sich aber um einen *Null ouvert* oder einen *Grand ouvert* handelt, ist erst auszumachen. Hintergründig bleibt der Umstand, daß es noch ein drittes offenes Spiel gibt im Skat: *Revolution*. Im folgenden wird der Nachweis versucht, daß die negative Dialektik die vierte Revolution der Denkungsart im Abendland ist. Wer den Zweiten Teil der *Negativen Dialektik* aufmerksam liest, kann mit Adorno Kutscherskat spielen.[2] Das haben schon viele getan. Die sagen, sie hätten dabei gewonnen, haben geschummelt.

Das negativ dialektische Denken enthält zwei Lehren: den gegen Hegel und Marx gerichteten Gedanken, *daß Dialektik negativ sei;* das ist das kritische Geschäft des Textes. Darüber hinaus enthält es die Lehre, *daß die Negativität dialektisch sei;* das ist sein dogmatisches Geschäft. Im Text selbst sind diese Argumentationen ineinander verschlungen. Dadurch entstehen die sprachlichen Schwierigkeiten und auch die Merkwürdigkeiten, die Rainer Hoffmann an Adorno-Texten festgestellt hat[3] und wie Ungereimtheiten aussehen. Dies Ineinander beider Lehren deutet darauf, daß Adorno sie nicht scheiden wollte. Sachlich liegt die Ursache für diese Einheit darin, daß Adornos Philosophie immer Geschichtsphilosophie ist, auch wo er Hölderlin interpretiert (11, 447-491) oder erkenntnistheoretisch argumentiert, wie auf weiten Strecken unseres Textes, so gleich am Anfang.

Die Negativität der Dialektik

Methode

Aus mehreren Richtungen führt Adorno zu dem Begriff der negativen Dialektik hin. Der Ausdruck erscheint in unserem Text zuerst Seite 145, in dem Satz „Solche Dialektik ist negativ." Ein erster Schritt der Verständigung darüber, was das heißen soll, ist die Rekonstruktion des Weges, der zu diesem Satz führt. Die genaue Analyse der Stelle selbst soll den Begriff der negativen Dialektik freilegen. Ich bespreche zunächst die einzelnen Abschnitte der Reihe nach.

„Unauflöslichkeit des Etwas" (139f.): *Stellung zum Universalienproblem*

Der Erste Teil der *Negativen Dialektik,* die Abkanzelung der Ontologie,[4] endet mit dem Abschnitt „ ‚Geschichtlichkeit' " (134-136). Schon die distanzierenden Anführungszeichen sagen, daß Adorno Heideggers Begriff ‚Geschichtlichkeit' als Entgeschichtlichung der Geschichte versteht: „Geschichtlichkeit stellt die Geschichte still

negative Dialektik 2

nein
nein?
nein nein
nein nein?
nein nein nein
nein nein nein?
nein nein nein nein
nein nein nein nein?
nein nein nein nein nein
nein nein nein nein nein?
nein nein nein nein nein nein
nein nein nein nein nein nein?
nein nein nein nein nein nein nein
nein nein nein nein nein nein nein?
nein nein nein nein nein nein nein nein
nein nein nein nein nein nein nein nein?
nein nein nein nein nein nein nein nein nein
nein nein nein nein nein nein nein nein nein?
nein nein nein nein nein nein nein nein nein nein
nein nein nein nein nein nein nein nein nein nein?
nein nein nein nein nein nein nein nein nein nein nein
nein nein nein nein nein nein nein nein nein nein nein?
nein nein nein nein nein nein nein nein nein nein nein nein
nein nein nein nein nein nein nein nein nein nein nein nein?

naja

(H. Heissenbüttel) [3a]

ins Ungeschichtliche" (135). Unser Text knüpft im ersten Abschnitt an diese Argumentation gegen die Fundamentalontologie an, indem er Heideggers Vokabular verwendet: „Kein Sein ohne Seiendes." (139) Der Abschnitt folgt vier Themen. Dabei mischen sich die Positionen, die den Universalienstreit überlebt haben, auf eine verquere Weise.[5] 1. Im Nachweis, daß Begriffe auf Sachen verweisen, schimmert die realistische oder platonische Position durch: Begriffen soll Wirklichkeit entsprechen.[6] 2. Der Idealismus wird dargestellt, als habe er die realistische und die nominalistische Position vereinigt, aber falsch: er sei daran gescheitert, daß er die realistische Position theoretisch behauptet, in praxi aber nur den flatus vocis hat.[7] Das Argument lautet, daß, wer die Möglichkeit absoluten Denkens einräumt, Ursache und Folge verwechsle („ὕστερον πρότερον", 139). 3. Das historische Argument sagt, der Idealismus habe nach einer Weile den Nominalismus in sich entdeckt und dem Rechnung getragen: zuerst quasi von außen durch Hegel, später auf Kants Wegen bei Husserl.[8] Dadurch aber werden Hegels und Husserls Dialektik im traditionellen Sinne nominalistisch: ihre Begriffe sind nur noch Schall und Hauch. 4. Die Selbstbescheidung der Philosophie, die in der nun folgenden Kritik der Ontologie verfochten wird, entspricht der konzeptualistischen Lösung des Universalienproblems, die von Stegmüller (1965) im Anschluß an Hao Wang/ McNaughton (1953) vorgeschlagen wird.[9] Aber Adorno erweitert diese Position entscheidend: Während Hao Wang/McNaughton mit dem Konzeptualismus die Geltung der Begriffe sichern wollen, indem sie sie, ähnlich Poppers Hypothesenlehre, einschränken — indem sie den Geltungsanspruch der Begriffe mildern —, ist Adorno darauf aus, diesen Geltungsanspruch ganz zu verwerfen, um sie dadurch erst ganz gültig zu machen. Demnach ist Adornos Konzeptualismus *nominalistisch* belastet, wenn man seinem Selbstverständnis folgt. Nach der traditionellen Sprachregelung jedoch ist er gerade *realistisch* belastet.[10] Das bleibt hier freilich alles Programm. Erst die „Modelle" führen das vor, und außerhalb der *Negativen Dialektik* vor allem die Arbeiten zu Musik und Literatur. Hier bleibt es bei dem Versuch, eine Synthese von Konzeptualismus und Nominalismus zu schaffen, und das ist der erste Baustein zum Begriff der negativen Dialektik.

„Nötigung zum Sachhaltigen" (140-142):
Erkenntnistheorie als Geschichtsphilosophie

Hier präzisiert Adorno einen Schritt lang, was er mit der „Sache", dem „Etwas" meint, auf welches die Begriffe verweisen. Diese Sache ist die Geschichte.[11] Die Argumentation ist äußerst verwegen: Adorno führt den Beweis, daß Sachhaltigkeit Geschichtshaltigkeit ist, indem er von der schärfsten Gegenposition ausgeht, nämlich von Kants Lehre vom transzendentalen Subjekt. In dieser Lehre selbst entdeckt er die Nötigung zu geschichtlichem Gehalt.[12] Er setzt ein mit der üblichen Kantkritik, das transzendentale Subjekt sei abgeleitet vom empirischen: daher gelte die ganze Konzeption nichts. Und selbst, wäre der Begriff des transzendentalen Subjekts sinnvoll, so bliebe es doch gebunden an sein Äußeres, nämlich mittels der Empfindungen an das Ding an sich. So werden die Empfindungen zur Materie. Das ist der Boden der Widerlegung Kants: weil das Ding an sich, an dessen Problematik sich die nach-kantische Philosophie abarbeitet,[13] die Ursache der Empfindungen bleibt, werden die Empfindungen auch von ihm affiziert. Das habe Kant nicht bedacht, und das sei der Fehler von Erkenntnistheorie insgesamt: sie selbst, obwohl — nein, *weil* verpflichtet auf das *zu* Erkennende ebenso wie auf das Erkennende, treibt zur ‚Sachhaltigkeit'. Wieder folgt ein historisches Argument. Nämlich daß selbst Plato, der Erfinder des Dualismus, eine πολιτεία schrieb,[14] fungiert als Beleg dafür, daß Philosophie es *immer* mit Geschichtlichem zu tun hat. Sich in der philosophischen Landschaft von 1965 umsehend befindet Adorno, daß die Verbindung von Philosophie und Geschichte abgewertet, sogar ausgeklammert wird. Das ist dreifach unrecht: Ideologiekritik ist *nicht* unphilosophisch.[15]

Philosophie verliert durch Entgeschichtlichung ihre Substanz, denn die Begriffe verweisen von sich aus auf Ontisches, in Adornos Denken stets je aufs Hiesige, Heurige, geschichtlich Gegenwärtige, oder auf das jeweils Bestimmte, sprich Bestehende. — Diese Kopplung ans Geschichtliche darf nicht überlesen werden. Sie ist die Schale vom Kern der negativen Dialektik, nicht nur ein Baustein. Darum auch ist jeder Begriff von Sein vom Übel. Der ganze Abschnitt ist darauf aus, Geschichte als die Materie von Philosophie zu identifizieren.

„‚Guckkastenmetaphysik'" (142-144): *Metaphysik als Keil zwischen Subjekt und Geschichte*

Daß Prinzipienphilosophie — oft auch System genannt — in sich zusammenfallen muß, ist die erste Hauptthese des dritten Abschnitts. Damit ist gemeint, daß, wer sich einen Apparat baut, immer herausbekommt, was er hineingesteckt hat. Die zweite Hauptthese präzisiert die Geschichtlichkeit der Philosophie weiter. Auch hier vier Argumente. 1. Prinzipien und Dualismus sind untrennbar. Heidegger wird als Beispiel nur genannt. Historisch belegt Adorno seine These wiederum an Kant: Das transzendentale Subjekt (die synthetische Einheit der Apperzeption) ist so leer wie das Ding an sich bestimmungslos. Streng genommen ist es nichts: nur die sinnlose, in der Luft hängende Widerspruchslosigkeit. 2. Dieses Beispiel wird dann verallgemeinert: für *alle* Prinzipienphilosophie soll gelten, daß sie in diesem Sinne an dem sie notwendig begleitenden Dualismus scheitern muß. Damit wird die Uminterpretation Kants vorbereitet: 3. Streicht man konsequent die Annahme, daß das Subjekt sinnvoll ein Erstes sein kann, so folgt, daß Geschichte nicht mehr sekundär ist, sondern primär wird. Daher ist Kants erkenntnistheoretische Tat für Adorno in Wahrheit eine geschichtsphilosophische. Indem Kant in Strenge entdeckt, daß das Objekt vom Subjekt mitgeformt wird, hat er die Idee der Vermittlung beider gefunden, ohne es aber zu merken, wie Freud später übersah, daß er im Überich die Sozialpsychologie entdeckt hatte.[16] Daher die Nähe Kants zur Metaphysik, die er doch bekämpfte. Denn die Lehre vom Subjekt baut genau so ein Gefängnis um die lebenden Subjekte, wie die Metaphysik, die von Geschichte trennt, auch von ihrer eigenen, und die Subjekte mit vorgeblich reinen Begriffen und Ideen abspeist.

Aus diesem Gefängnis muß die Philosophie ausbrechen, gegen die Philosophie und auch gegen Kant. Sonst bleibt sie arm und leer. Es folgt eine Zusammenfassung dessen, was nun über Kant ausgemacht ist. 4. Kant zeigt richtig, daß das Absolute unerkennbar ist, aber er denkt dabei ein Modell des Subjekts, das insofern weiterhin metaphysisch ist, als die Trennung von der Geschichte fortbesteht.

„Widerspruchslosigkeit nicht hypostasierbar" (144-146):
Begriff negativer Dialektik

Dieser Abschnitt enthält die beiden zentralen Elemente der Negativität der Dialektik, die Lehre vom sich widersprechenden Denken und die vom dialektischen Immanenzzusammenhang. Zu ihm lenkt eine komplexe Gedankenführung, die mit einem rhetorischen Selbsteinwand beginnt, nämlich dem Paradoxievorwurf. Adorno hat in unserem Zusammenhang bis hierher gelehrt, daß die Begriffe auf Faktisches verweisen und daß ihnen das nicht gleichgültig bleiben darf, während doch das Faktische immer nur fürs Denken, also fürs Subjekt faktisch ist: mittels Begriffen. Der Einwand, da stimme etwas nicht, denn die eine Behauptung schließe die andere aus, wird nicht etwa zurückgewiesen, sondern akzeptiert. Was Adorno ablehnt, ist die ganze logische Matrix, auf der seine Gedanken als Paradox erscheinen: das hier ‚Cartesianisch' genannte Gesetz, das die

Figur des ὕστερονπρότερον verbietet. Dieses Gesetz muß, wie alle Denkgesetze, überwunden werden.[17] Adorno sucht also eine Denkweise, in welcher der Paradoxievorwurf prinzipiell kein Recht mehr haben kann.[18] Diese Revolution der Denkungsart wird in zwei Schritten vollzogen: mit der Behauptung, Widerspruchslosigkeit sei ein ungerechtfertigtes Dogma und mit einer dem Kantischen Kritizismus verwandten These zu den Grenzen der Vernunft. Im einzelnen geschieht das so: Die Widerspruchslosigkeit wohnt, als Denkregel, im Subjekt. Auch von den zu erkennenden Sachen Widerspruchslosigkeit zu erwarten oder gar zu verlangen, ist eine schlecht rationalistische μετάβασις εἰς ἄλλο γένος und daher unerlaubt und aufzugeben. Die beiden folgenden Argumente, die Dialektik achte die Sachen positivistischer als der Positivismus,[19] ferner müsse die Analyse der Sache die Denkregeln modifizieren dürfen, unterstellen die – in diesem Zusammenhang noch nicht nachgewiesene – Überzeugung, die Sachen seien tatsächlich in sich widersprüchlich. Die Bestimmung der Grenzen der Vernunft lautet: „Denken braucht nicht an seiner eigenen Gesetzlichkeit sich genug sein zu lassen; es vermag gegen sich selbst zu denken, ohne sich preiszugeben" (144). Es kann seinen Anspruch auf unverrückbare Geltung nach Prinzipien als „Verblendung" (144) durchschauen. Das Verfahren dazu ist die Dialektik, und sie ist die listige[20] Auflösung des ordentlichen Denkens, in welchem es Paradoxien nicht geben darf. Damit ist die vierte Revolution der Denkungsart vollzogen[21]: Dialektik gibt den Herrschaftsanspruch der Begriffe über die Sachen auf, nicht aber den Erkenntnisanspruch. – Nunmehr hat Adorno den Angriff auf Idealismus, Erkenntnistheorie und Ontologie so weit getrieben, daß er mit dem Beweis der Widersprüchlichkeit der Sachen beginnen kann. Dazu präzisiert er weiter, was zuerst als „Seiendes" und „Etwas" auftrat und genauer mit „Geschichte" benannt wurde. Das führt zur Lehre vom Immanenzzusammenhang. Ging die Analyse bisher abschnittweise, d. h. summarisch vor, so muß sie sich jetzt Satz für Satz auf den Text einlassen. Folgende Passage wird interpretiert:

„Auch ihr [der Dialektik] eigenes Wesen ist geworden und vergänglich, wie die antagonistische Gesellschaft. Freilich hat der Antagonismus so wenig seine Grenze an der Gesellschaft wie das Leiden. So wenig Dialektik auf Natur als universales Erklärungsprinzip auszudehnen ist, so wenig doch sind zweierlei Wahrheiten nebeneinander aufzurichten, die dialektische innergesellschaftlich und eine gegen sie indifferente. Die an der Einteilung der Wissenschaften orientierte Trennung von gesellschaftlichem und außergesellschaftlichem Sein täuscht darüber, daß in der heteronomen Geschichte blinde Naturwüchsigkeit sich perpetuiert. Nichts führt aus dem dialektischen Immanenzzusammenhang hinaus als er selber. Dialektik besinnt kritisch sich auf ihn, reflektiert seine eigene Bewegung; sonst bliebe Kants Rechtsanspruch gegen Hegel unverjährt. Solche Dialektik ist negativ. Ihre Idee nennt die Differenz von Hegel. Bei diesem koinzidierten Identität und Positivität; der Einschluß alles Nichtidentischen und Objektiven in die zum absoluten Geist erweiterte und erhöhte Subjektivität sollte die Versöhnung leisten. Demgegenüber ist die in jeglicher einzelnen Bestimmung wirkende Kraft des Ganzen nicht nur deren Negation sondern selbst auch das Negative, Unwahre. Die Philosophie des absoluten, totalen Subjekts ist partikular." (145)

„Auch ihr eigenes Wesen ist geworden und vergänglich, wie die antagonistische Gesellschaft":
Sozialcharakter von Dialektik

Das ist ein Trick. Denn hier geht Adorno einfach davon aus, daß Gesellschaft und Dialektik ebenso verbunden sind, wie Subjekt und Objekt aufeinander verweisen. Die Erlaubnis für diesen Trick hat sich Adorno in seiner Sprachphilosophie geschaffen.[22] Die darin enthaltene Abschaffung des Unterschieds von These und Argument ist ihrseits ein Derivat der in unserem Text vorgebrachten Kritik der Begriffe. Sie impliziert das Recht auf den autoritären Ton in den Schriften Adornos[23]: Wer sich, mit Gründen, von Begriffssystemen und Kategorientafeln nicht vorschreiben lassen will, was er zu denken hat und was womit zu begründen ist, darf nicht nur Paradoxien begehen, ohne daß sein Denken dadurch an Erkenntniswert verliert; er darf den geschichtlichen Gehalt seines Denkens einfach *setzen*. Wer es dann nicht glauben will, dem ist von dieser Philosophie her nicht zu helfen. Solche Setzung geschieht hier: Gesellschaft ist antagonistisch, basta. Zweifler mögen zunächst bei Marx nachlesen. Demnach, und darum der Gedanke der Vergänglichkeit, ist Dialektik *die Denkweise des antagonistischen Zeitalters*[24]: sie begann mit ihm und wird mit ihm enden. Damit ergibt sich ein Problem: wann hat es begonnen? Viel weiter zurück als zu Kant wird man nicht gehen dürfen. Doch enthält Adornos Geschichtsphilosophie die Lehre, daß noch kein Fortschritt geschehen sei. Und wenige Sätze nach unserer Stelle schreibt er, daß „in der heteronomen Geschichte blinde Naturwüchsigkeit sich perpetuiert" (145). Wenn noch nichts geschehen ist, Gesellschaft jetzt aber antagonistisch, dann war sie es offenbar immer? Ja und nein. Ja, denn anders als bei Lukács und Marx entspringt Verdinglichung für Adorno im Anfang der Anthropogenese, der Urgeschichte der Subjektivität: ein statisches Geschichtsbild herrscht vor – sein Recht hat es daran, daß von den Ideen Freiheit, Gleichheit, Solidarität noch nichts verwirklicht ist; – nein, denn der Antagonismus meint Spezifischeres als nur die allgemeine Defizienz der Wirklichkeit vor der Utopie. Denn in all der Immergleichheit des Fortbestands überflüssiger Herrschaft gab es um 1850 einen Kulminationspunkt: die bürgerliche Klasse versäumte ihre welthistorische Stunde. Bis dahin verlief die europäische Geschichte in den regulären Klassenkämpfen.

Seither schwindet die Möglichkeit, die Immergleichheit von Unterdrückung und Leid wenigstens noch zu *erhalten* und *wahrzunehmen*.[25] Die antagonistische Gesellschaft ist also die falsche, verwaltete Welt, in der selbst der Gedanke an verändernde Praxis nur zum Unheil beiträgt.[26] Das ist der falsche Zustand, von dem die negative Dialektik das Selbstbewußtsein und die Ontologie ist – wobei der Ausdruck Ontologie cum grano salis zu lesen ist.

„Freilich hat der Antagonismus so wenig seine Grenze an der Gesellschaft wie das Leiden":
Natur antagonistisch

Antagonismus und Leiden gehen über die Gesellschaft hinaus. Der Satz ist zunächst rätselhaft und führt leicht auf eine falsche Fährte. ‚Gesellschaft' steht hier anscheinend im Gegensatz zu ‚Subjekt', denn dieses ist der Träger von Leiden. Dann bedeutet der Satz, daß der Antagonismus (das Zerfallen der Menschheit mit dem ordentlichen Ablauf der Klassenkämpfe) in die Menschen eingewandert ist. So argumentiert Adorno in seiner *Theorie der Halbbildung* (8, 83-121). Doch zeigt der folgende Satz, daß hier nicht ‚Subjekt', sondern ‚Natur' das ist, was neben der Gesellschaft vom Antagonismus getroffen wird. Im Grunde sind das gar keine widersprechenden Interpretationen, denn Adorno bestimmt das Subjekt wesentlich als Natur, wo er dem Vorrang des Objekts nachspürt:

„Objekt kann nur durch Subjekt gedacht werden, erhält sich aber diesem gegenüber immer als Anderes; Subjekt jedoch ist der eigenen Beschaffenheit nach vorweg auch Objekt." (184) Auch wo der „vor-ichliche Impuls" besprochen wird, ist Subjekt vor allem Natur (221f). Gesellschaft ist, wie Subjekt, beides: als Einheit − oder Zwangseinheit − von Subjekten ist sie Objekt gegenüber dem Einzelnen, während er ihr Teil gerade als Subjekt ist, nicht nur als Körper. Umgekehrt steht er der Gesellschaft als Objekt − als anzupassendes Individuum − gegenüber. Natur also, die zur Gesellschaft in einem ähnlichen Verhältnis steht wie Objekt zu Subjekt, ist dem Satz zufolge auch antagonistisch. Das ist ein ungeheurer Satz: Natur galt der Philosophie von Anfang an als Heiles. Dagegen opponiert Adorno hier, wie übrigens auch schon in einer sehr frühen Schrift.[27] Die folgenden Sätze präzisieren, wie es mit dem Antagonismus in der Natur gemeint ist.

„So wenig Dialektik auf Natur als universales Erklärungsprinzip auszudehnen ist, so wenig doch sind zweierlei Wahrheiten nebeneinander aufzurichten, die dialektische innergesellschaftlich und eine gegen sie indifferente":
Keine Dialektik der Natur

Trotz des Antagonismus der Natur soll es keine Naturdialektik geben. Dann würde ja auch wieder der Begriff die Herrschaft über das Objekt beanspruchen. Das richtet sich wohl gegen Engels. Aber eine dialektische Theorie für die Gesellschaft und eine andere für die Natur, das geht auch nicht. Hier bereitet Adorno den Rückgriff auf seinen frühen Begriff der Naturgeschichte vor (vgl. 1, 345-365), der am Ende des zweiten Kapitels der „Modelle" der *Negativen Dialektik* erscheint (347-351). Warum darf es die Trennung der Theorien der Gesellschaft und Natur nicht geben? Die Antwort gibt der folgende Satz.

„Die an der Einteilung der Wissenschaften orientierte Trennung von gesellschaftlichem und außergesellschaftlichem Sein täuscht darüber, daß in der heteronomen Geschichte blinde Naturwüchsigkeit sich perpetuiert":
Naturverfallenheit der Gesellschaft als Antagonismus der Natur

Hier springt das Argument um. Für die Natur soll es keine eigene Theorie geben. Aber nicht, weil sie wie die Gesellschaft von sich aus antagonistisch wäre, sondern weil Gesellschaft noch Natur ist: noch nicht von autonomen, mündigen Subjekten gehandhabt wird. Nur gut, daß Adorno uns auf Paradoxe vorbereitet hat, denn nach traditionellem Denken haben wir hier ein ὕστερον πρότερον: als müßten die Eltern von Kriminellen stets mit ins Gefängnis. Aber wie das bei einigen Eltern sicher keine absurde Idee wäre, so auch hier: Antagonismus der Gesellschaft meint längst nicht mehr nur den Klassengegensatz. Es geht auch darum, daß die Menschen ihr Verhältnis zur Natur nicht beherrschen lernten. Wie in vorgeschichtlichen Zeiten beuten sie die Natur noch aus und zerstören sie. Sie sind nicht ihr Partner oder gar ihr Hirt. Das affiziert die Natur nicht nur als ökologische Krise. Sondern indem Gesellschaft als heteronome noch gar nicht sie selber ist, ist sie noch Natur. Und Natur kann das, als was das traditionelle Bild sie malt, erst werden, wenn Gesellschaft autonom geworden ist. Wir leben in Vorgeschichte. Gesellschaft ist Natur *und* antagonistisch. Darum ist Natur insgesamt es auch. Das ist der Immanenzzusammenhang, von dem der folgende Satz redet.

„Nichts führt aus dem dialektischen Immanenzzusammenhang hinaus als er selber":
Immanenz und Identität

Dieser Satz postuliert den Zusammenhang von Gesellschaft und Natur als dialektischen. Er muß mit der Fußnote über die Mehrdeutigkeit des Identitätsbegriffs zusammengelesen werden; diese Fußnote steht ihrerseits in Zusammenhang mit einer Bemerkung über die Dreisinnigkeit von Immanenz in Adornos Vorlesung zur Einleitung in die Erkenntnistheorie. Ich stelle das hier nebeneinander:

„Einmal designierte es [das Wort Identität] die Einheit persönlichen Bewußtseins: daß ein Ich in all seinen Erfahrungen als dasselbe sich erhalte. Das meinte das Kantische ‚Ich denke, das alle meine Vorstellungen soll begleiten können'. (145 Fußn.) .

„Die zweite Bedeutung des Ausdrucks ‚immanent' bezieht sich auf die Bewußtseinsimmanenz. Immanent in diesem Sinn sind alle die Tatsachen, die ich als Tatsachen meines Bewußtseins, d. h. des je eigenen Bewußtseins individueller Subjekte bestimmen kann [...]" (VE, 132).

Diese Gegenüberstellung zeigt zunächst, daß es sich bei der Kritik des Transzententalsubjekts, es sei nur das schlecht abstrakte empirische, um einen Adornischen Topos handelt. Sie gibt aber auch Anlaß zu weiteren Klärungen. Sie betreffen Adornos Verhältnis zu Marx. Adorno hat Alfred Schmidts Buch über Marxens Naturbegriff geschätzt und weist Seite 179 auf es hin.²⁸ Das berechtigt dazu, es hier zu Interpretation unserer Stelle heranzuziehen. — Das Subjekt der Erkenntnistheorie ist für Adorno dem empirischen gegenüber nur eine Konstruktion.

Im empirischen Subjekt waltet Natur vor, solange Vorgeschichte ist. Zugleich steht das Subjekt aber der Natur gegenüber im Stoffwechselprozeß der Gesellschaft mit der Natur (vgl. Schmidt 1962, 51ff). Der dialektische Materialismus hat als seine Substanz „das Konkretum gesellschaftlicher Praxis" (ebd., 30). Das Verhältnis von Gesellschaft und Natur wird als „Naturprozeß" begriffen (ebd., 23) und ist dennoch Grundlage des Begriffs von Gesellschaft. So koinzidieren Gesellschaft und Natur schon bei Marx. Deshalb kann Adorno dies Verhältnis ‚Immanenzzusammenhang' nennen: Marx legitimiert das für ihn. Dazu notiert Schmidt: „Marx hat die aus der perennierenden ‚Vorgeschichte'²⁹ gewonnene Erfahrung im Sinn, daß trotz aller technischen Triumphe im Grund noch immer die Natur und nicht der Mensch triumphiert" (Schmidt ebd., 33f). Darauf käme es aber an: die Menschen *sollen* hier triumphieren, also die Gesellschaft, die Subjekte. Das erst wäre die Versöhnung der Gesellschaft mit der Natur. Wenn Gesellschaft sich richtig von Natur emanzipieren könnte, die Menschen das Verhältnis von Gesellschaft und Natur *perspektivisch* beherrschen könnten, das wäre ihr Triumph, zugleich die Utopie, die auch Benjamin anvisierte.³⁰ Dazu kann von außen keine Hilfe erwartet werden. Die gesellschaftliche Praxis muß es selber machen. Geschichte ist aber noch Naturgeschichte, und keine Ontologie, keine Metaphysik und kein Messias wird helfen. Gesellschaftliche Praxis ist Naturimmanenz. Das bedeutet, Geschichte ist selber noch nicht dialektisch geworden. Darum muß die Theorie der Geschichte (oder Gesellschaft oder Natur) *antizipierend* dialektisch sein, und weil die Realität Dialektik (*sinnvolle* Gegensätzlichkeit im Verhältnis von Gesellschaft und Natur) noch *nicht* aufweist, muß die Theorie der Wirklichkeit — damit Theorie überhaupt, jetzt — *negative* Dialektik sein: der Immanenzzusammenhang ist selber negativ, solange er einer bleibt.

„Dialektik besinnt kritisch sich auf ihn, reflektiert seine eigene Bewegung":
Reflexion als Nichtidentität in der gesellschaftlichen Identität und ihre Rektion

Die Dialektik reflektiert den Immanenzzusammenhang. Wenn

ihr das gelingt, ist die vierte Revolution der Denkungsart die erste wahrhaft wichtige. Denn Reflexion heißt nicht, daß der Immanenzzusammenhang sich ins Denken hineinspiegelt und dort ein Abbild seiner selbst erzeugt. Das wäre passive Spekulation: bloßes Wiedergeben, Verdoppeln. Reflektieren heißt zurückwerfen. Gelingt dem Denken — dem Subjekt — dies, so ist zum ersten Mal in dem Immanenzzusammenhang eine Heterodoxie entstanden: das Subjekt antitestiert stringent gegen seine Genese, wirft seine Naturbindung der Gesellschaft vor die Füße. Damit verändert es die gesellschaftliche Praxis: es wird das Nichtidentische im Identischen, im Immanenzzusammenhang selber. Insofern führt nur ‚er selbst' über sich hinaus. — Diese Argumentation ist sekundär gegen den Lukács von *Geschichte und Klassenbewußtsein* gerichtet. Lukács hatte dort den Begriff des Klassenbewußtseins des Proletariats so konstruiert, daß das Klassenbewußtsein des Proletariats als der archimedische Punkt innerhalb der verdinglichten kapitalistischen Gesellschaft erscheint. Denn das Klassenbewußtsein sei das „Selbstbewußtsein der Ware" (Lukács 1923, 185), und als solches „Praxis" (ebd.). Dieser Ansicht hat Adorno stets widersprochen. Darum auch hat er den Begriff der Verdinglichung extrem erweitert, bis in die Anthropogenese hinein. Die Rolle, die bei Lukács das ‚Selbstbewußtsein der Ware' spielt, wird von Adorno für die Dialektik als das Selbstbewußtsein des falschen Zustands reserviert. Auch das ist Praxis, aber noch nicht verändernde, während für Lukács das Entstehen des proletarischen Klassenbewußtseins nicht nur Praxis, sondern *verändernde* Praxis war.

„sonst bliebe Kants Rechtsanspruch gegen Hegel unverjährt":
Verhältnis der Negativität der Dialektik zu Kant und Hegel

Der Rechtsanspruch Kants gegen Hegel besteht nach einer anderen Stelle der *Negativen Dialektik* darin, daß Kant „durchs Medium der erkenntnistheoretischen Besinnung den sogenannten metaphysischen Fragen die metaphysisch keineswegs neutrale Antwort (erteilt), jene dürften eigentlich nicht gefragt werden" (372). Diese Negation der Möglichkeit von Metaphysik ist Kants Recht gegen Hegel. Demnach kritisiert Adorno nun Hegel mit Kant: jener sei hinter diesen zurückgefallen. Aber dieser Rückfall ist selbst eine Konsequenz der erkenntnistheoretischen Vernunftkritik:

„Insofern präformiert die Kritik der reinen Vernunft ebenso die Hegelsche Lehre, Logik und Metaphysik seien dasselbe, wie die positivistische, welche die Fragen, an denen alles hinge, umgeht durch ihre Abschaffung, und sie mittelbar negativ entscheidet. Aus dem Fundamentalanspruch der Erkenntnistheorie, die das Ganze zu tragen sich anheischig macht, hat der deutsche Idealismus seine Metaphysik extrapoliert. Zuende gedacht, urteilt die Vernunftkritik, welche objektiv gültige Erkenntnis des Absoluten bestreitet, eben damit selber Absolutes. Das hat der Idealismus hervorgekehrt." (372f.)

Dann ist Hegels Seinslogik eine konsequente, wenngleich falsche Verlängerung der Lehre von der subjektiven Konstitution. Doch widerruft Adorno diese Hegelkritik im gleichen Atemzug. Denn der Rechtsanspruch Kants gegen Hegel soll ja ‚verjährt' sein. Das bedeutet, er gilt nicht mehr für die *negative* Dialektik, denn diese macht Ernst mit der Abschaffung der Metaphysik. Der dialektische Immanenzzusammenhang, von Marx schon beschrieben, wird erst in der negativen Dialektik theoretisch begriffen. Er ist bei Adorno doppelt gefaßt: er heißt dialektisch *heteronom* als Naturgeschichte (Naturwüchsigkeit perpetuiert sich in der Geschichte) und dialektisch *autonom* als das aus sich selbst Hinausführende, oder doch als der erste Schritt zur Schaffung der Möglichkeit davon: die negative Dialektik ist die erste historisch manifeste Gestalt von Autonomie.

„Solche Dialektik ist negativ. Ihre Idee nennt die Differenz zu Hegel":

Verhältnis zur Metaphysik

In einer Darstellung des Begriffs der Negativität von Dialektik sind diese beiden Sätze nicht im einzelnen zu analysieren: der ganze Aufsatz soll diese Analyse leisten. Doch dürfte die Behauptung im vorigen Absatz, daß die negative Dialektik Ernst mache mit der Abschaffung von Metaphysik, zu dem Einwand führen, der letzte Satz der *Negativen Dialektik* („Solches Denken ist solidarisch mit Metaphysik im Augenblick ihres Sturzes", 400) widerspreche oder relativiere die Geltung dieser Behauptung. Dem ist nicht so. Die Metaphysik war die Kodifizierung oder Systematisierung der Utopie im Zeitalter der Unmöglichkeit der Utopie und der Unmöglichkeit der Erkenntnis der Unmöglichkeit der Utopie. Unter diesen ungünstigen Vorzeichen hat die Metaphysik den Versuch unternommen, die Kriterien des richtigen Lebens zu sammeln und zu ordnen. Man kann sie aber nicht ordnen, ohne sie aus Befreiungs- in Unterdrückungsinstrumente zu verwandeln. Indem die Metaphysik die Idee der Autonomie im Zeitalter der Heteronomie entwickelte, mußte das Bild von Autonomie, das herauskam, falsch werden. Das Bild also, oder die Bilder, sind zu kritisieren. Das ist der Sturz der Metaphysik. Doch bleibt Autonomie das Desiderat auch der negativen Dialektik, und darin besteht ihre Solidarität mit Metaphysik.

„Bei diesem koinzidierten Identität und Positivität; der Einschluß alles Nichtidentischen und Objektiven in die zum absoluten Geist erweiterte und erhöhte Subjektivität sollte die Versöhnung leisten": *Teleologische Dialektik ist keine*

Der Abschnitt „Kritik der positiven Negation" (161-163) bietet eine detaillierte Erläuterung dieses Satzes. Er beginnt mit der These, daß Negation nicht Affirmation sein darf. Wo bei Hegel die Negation der Negation in Positivität umschlägt, wird seine Dialektik undialektisch. Adorno behauptet also, erst die negative Dialektik sei überhaupt Dialektik. Zur Demonstration führt er an, die Positivität bei Hegel mache aus dem dialektisch denkenden wieder ein Transzendentalsubjekt: die Positivität der Dialektik komme aus „der Methode, nicht, wie sie nach Hegel es müßte, der Sache" (162). Das ist wieder die Herrschaft des Begriffs über das Seiende und auch der Rechtsanspruch Kants. Die Bemerkung, die „Negation der Negation macht diese [die Negation] nicht rückgängig, sondern erweist, daß sie nicht negativ genug war" (162), führt wieder darauf, daß mit dem zu erkennenden Etwas Geschichte gemeint ist. Diese erscheint dabei als eine Abfolge von antagonistischen Zuständen. Erst der Zustand *ohne* Antagonismus, das richtige Leben also, wäre eine Negation des vorigen Zustands, die negativ genug wäre: „Das Negierte ist negativ, bis es verging." (162) Daß Hegel den Fehler, den er in Kant bekämpft, selber macht, zeigt Adorno an dem Zitat: das Systematische an Hegel trennt seine Dialektik von den Objekten. In der Identität des Wissens mit sich selbst steht das Transzendentalsubjekt wieder auf: Ek bün al hier. Dann ist in der Tat erst die negative Dialektik das, als was auch die Marxsche sich mißverstand. Denn Marxens historisch-dialektische Geschichtstheorie rechnet mit *Fortschritten* durch Klassenkämpfe. Damit bleibt sie *teleologisch* und übernimmt also von Hegel so viel, daß vom Auf-die-Füße-Stellen keine Rede sein kann. Das vollzieht erst Adorno. Er beharrt darauf: solange Antagonismen und Leid bestehen, darf *nichts* positiv genannt werden.[31] Die negative Dialektik ist eine Geschichtsphilosophie sub specie redemptionis. Deshalb sagt Adorno, Hegel traue dem dialektisch denkenden Subjekt das Erfassen des absoluten Geistes und damit die Kraft zu einer Versöhnung zu, die es noch gar nicht leisten darf, solange real noch gelitten wird. Deshalb darf die Dialektik nur Negationen durchführen und sie nicht nachträglich als Setzungen anerkennen. Das ist Adornos Begriff der bestimmten Negation.[32]

„Demgegenüber ist die in jeglicher einzelnen Bestimmung wirkende Kraft des Ganzen nicht nur deren Negation sondern selber auch das Negative, Unwahre":
Solidarität mit und Differenz zu Kant und Hegel

Die Kraft des Ganzen wirkt in jeder Bestimmung. Zugleich ist sie das Unwahre. Daher ist sie auch nicht nur die Kraft der Bestimmung, sondern vor allem ihre Negation. Also ist jede Bestimmung unwahr? — Bestimmungen werden, als Erkenntnisse, von Subjekten vollzogen. Subjekte aber sind vom Antagonismus affiziert. Sie tragen ihn in sich. Auch die Bestimmungen der negativen Dialektik sind keine Ausnahme. Ist die negative Dialektik die Differenz im Bestehenden, so ist sie es gerade *vermöge* ihrer Identität mit dem Ganzen. Das ist der Sinn des Satzes, sie bleibe „selber das, wogegen sie gedacht wird" (150). Das ‚Ganze', das ist die Vorgeschichte, die noch nicht Geschichte wurde und die das Denken der Menschen auf Metaphysik und Allgemeinbegriffe festlegte. Darum bleibt sie „das Unwahre" (4, 55). Das geht wieder auf die Solidarität mit der Metaphysik, hier als Solidarität mit Kant und Hegel: mit Kant, indem die negative Dialektik der Beschaffenheit des Subjekts nachspürt und damit Metaphysik abschaffen möchte, die sich in Kant aber noch durch die Hintertür der Verabsolutierung des Subjekts wieder einschlich; mit Hegel, der dies erkannte und sein Leben darauf verwandte, Kant dies nachzuweisen, indem er die Widersprüchlichkeit des Seienden wie seiner Erkenntnis aufdeckte, wobei er aber die Dialektik verabsolutierte. Das möchte Adorno vermeiden. Demnach faßt Adorno sein Denken auf als die Vollstreckung der Testamente Kants und Hegels, und das ist es auch. Der ‚Augenblick des Sturzes' von Metaphysik ist das Differential des Übergangs von begrifflicher Erkenntnis der Welt zur Erkenntnis, daß der Begriff des Begriffs selbst vom Weltlauf so verbogen wurde, daß er nunmehr zu den verbotenen gehört. Das verbindet Adorno mit Kant und Hegel und trennt ihn zugleich von ihnen, daß er das Transzendentalsubjekt transzendentaler faßt als Kant und die Dialektik dialektischer als Hegel. Beide werden angesprochen im folgenden Satz:

„Die Philosophie des absoluten, totalen Subjekts ist partikular":
Kant und Hegel Metaphysiker

Nach Adorno wäre umzuformulieren: *war* partikular. Folgt man der Fußnote dazu, die wir schon angezogen haben, so bezieht sich der Vorwurf vor allem auf Kant. Doch ist auch Hegel gemeint. Der Satz fällt der Analyse in den Schoß: er wiederholt den Adornischen Topos, daß bei Kant und Hegel das Subjekt so vergötzt wird, daß Metaphysik resultiert, trotz der antimetaphysischen Intention beider. Das Prädikat ‚partikular' rechnet Kant wie Hegel ihre Nähe zur Metaphysik vor. Der Rest des Abschnitts führt das aus.

Damit dürfte der Begriff der Negativität der Dialektik in seiner Eigenart ausreichend dargestellt sein. Die nicht im einzelnen besprochenen Abschnitte des Zweiten Teils sollten keine entscheidenden Schwierigkeiten mehr bieten: sie entfalten den Begriff der negativen Dialektik an verschiedenen Motiven. Das nennt Adorno die Kategorienlehre der *Negativen Dialektik*.

Die Dialektik der Negativität

negative Dialektik 1

im nein das ja
im ja im nein das nein
im nein im ja im nein das ja
im ja im nein im ja im nein das nein
im nein im ja im nein im ja im nein das ja
im ja im nein im ja im nein im ja im nein das nein

ach wie kanns möglich sein
(H. Heissenbüttel)[32a]

„Daß" vs. „Wie" der Negativität

Unter den Kategorien, die Adorno bespricht, fehlt freilich die wichtigste, die der *bestimmten Negation*. Deren kategoriale Bedeutung hat Adorno in den bisher veröffentlichten Texten an keiner Stelle ausreichend deutlich gemacht. Sie geht beiher. Was er in den ‚Hegelstudien' (5, 247-381, bes. 318) dazu ausführte, wird der zentralen Stellung dieses Begriffs in seiner Philosophie nicht gerecht. Das hat — die Formulierung mag befremdlich klingen — *systematische* Gründe. Denn die ausgeführte Lehre von der bestimmten Negation hätte in einem neuen Dualismus geendet, vor dem Adorno vermutlich ideosynkratisch zurückschreckte. Diesen Dualismus habe ich früher den zwischen bestimmender und physiognomischer Negation genannt.[33] Die Lehre, *daß* Dialektik negativ sei, ist das Zentrum der *Negativen Dialektik*. Sie verlangt notwendig nach einer Klärung der Frage, *wie* Dialektik negativ ist. Davon ist Adornos Philosophie nur die Demonstration, nicht die Theorie. Ich möchte im folgenden versuchen, die ersten Schritte zu einer solchen Theorie nachzutragen. Das führt zu einem Widerspruch zu entscheidenden Kategorien vor allem der Sprachphilosophie Adornos und muß daher als der Punkt angesehen werden, an dem zur Kritik an Adorno überzugehen ist. Doch ist nicht alle Dialektik der Negativität von Adorno vernachlässigt worden: seine Schriften enthalten ein gut Teil davon. Deshalb zerfällt dieses Kapitel in zwei Teile: Die deskriptive Dialektik der Negativität bei Adorno und Die theoretische Dialektik der Negativität.

Die deskriptive Dialektik der Negativität bei Adorno

Negativität und Gesellschaft am Beispiel Fichte

Die Autonomie des philosophischen Gedankens war eine conditio sine qua non der Philosophie. Das nennt Adorno ‚philosophischen Subjektivismus' (190). Über ihn heißt es:

„Seine zähe Kraft zieht er aus fehlgeleiteter Opposition gegen das Bestehende: gegen seine Dinghaftigkeit. Indem Philosophie diese relativiert oder verflüssigt [indem sie die Autonomie der Philosophie behauptet], glaubt sie, über der Vormacht der Waren zu sein und über ihrer subjektiven Reflexionsform, dem verdinglichten Bewußtsein." (190)

Daran[34] steht festzuhalten, daß Adorno hier ein sprechendes Beispiel gibt für seine These, Philosophie sei immer voll Geschichte. Denn Verdinglichung ist ein von Marx entwickelter, von Lukács benannter und von Adorno am avanciertesten durchdachter kritischer Begriff der *beschreibenden Soziologie:* ein gesellschaftliches Faktum. Adorno meint hier Fichtes Lehre, daß das Subjekt nicht nur die Welt, sondern auch sich selbst ‚setze'. Darin liest Adorno eine krampfhafte Verleugnung des Faktischen: gegen Verdinglichung wird antitestiert durch Verdinglichung. Doch ist das noch nicht wirklich die Kritik an Fichte. Denn Adorno führt denselben Kampf: gegen Verdinglichung durch Verdinglichung. Der Gang der *Negativen Dialektik* betreibt das Sprengen der philosophischen Begriffe mit „konsequenzlogischen Mitteln" (10), also traditionellen. Fichte am Schwanz der Verabsolutierung des Subjekts zu pakken ist die Absicht. Das bedeutet, die negative Dialektik bleibt standpunktlos, rechnet Fichte aber den gesellschaftlichen Hintergrund seiner Philosophie vor, als sei Fichte für ihn verantwortlich, obwohl er ihn nicht erkannte. Fichte ist demnach, Adorno zufolge, in eben die Grube gefallen, die er der Verdinglichung grub. Die *Negative Dialektik* selbst weiß, daß auch sie solche Fehler nicht vermeiden kann. Nur darin, daß sie selber nicht in sich konsequent bleibt, indem sie gegen Fichte fichtisch, gegen Kant kantisch, gegen Hegel hegelisch usw. argumentiert,[35] hat sie eine eigene Konsequenz. Radermacher (1980, 38 — vgl. 130-159, bes. 134f. in diesem Band) nennt die negative Dialektik einen „Negativkommentar für sämtliche relevanten Theorien seit dem 18. Jahrhundert". Er kommt darauf durch eben das Spiel mit dem Begriff der notwendig inkonsequenten Inkonsequenz, nach welcher die Inkonsequenz „zuweilen Konsequenz (verlangt)" (ebd.), denn „würde man lediglich konsequent inkonsequent sein, so wäre man wegen jener Konsequenz nicht inkonsequent" (ebd.). Er faßt das auf als eine „Metaformel, die geschichtsphilosophisch relevant ist" (ebd.). Aber als Formel ist die Inkonsequenz der negativen Dialektik mißverstanden: sie tritt jeweils als Konsequenz des Analysierten auf; an anderer Stelle und in anderem Zusammenhang haben Adorno und Horkheimer das Wesentliche dazu so formuliert: es „hält unsere Analyse sich an den objektiv den Produkten innewohnenden Anspruch, ästhetische Gebilde und damit gestaltete Wahrheit zu sein. Sie erweist das gesellschaftliche Unwesen an der Nichtigkeit jenes Anspruchs" (3, 17).

Das bezieht sich dort auf die Erzeugnisse der Kulturindustrie, die Bedeutung dieses Programms zielt aber weiter und umfaßt die ganze Kritik der älteren Philosophie mit. Die Konsequenz, die die Inkonsequenz der Inkonsequenz sichern soll, ist also nicht beliebig oder eine Metaformel, wie Radermacher nahelegt, sondern wächst aus dem historisch Vorhandenen hervor. Diese Konsequenz auf dem Boden des Analysierten betrifft jedoch nicht das material über die Geschichte Gesagte in der analysierten Philosophie, sondern die methodische Ebene der Reflexion über die Möglichkeit von Philosophie selbst. Die *Negative Dialektik* steht in ihrer Kategorienlehre anscheinend zur vergangenen Philosophie wie die *relativistische Ausprägung des Methodenpluralismus* in der Literaturwissenschaft zu den Dichtern.[36] — Selbst Fichte also erliegt der Verdinglichung. Daß die negative Dialektik auf Standpunkte verzichten muß, vollzieht *davon* die Konsequenz: erst dasjenige Denken, das sich nicht mehr an durchgehende Regeln hält (sondern nur an ad-hoc-Regeln der zu analysierenden Sache), entgeht der konsequenzlogischen Selbstvernichtung. Darin liegt der *pädagogische Impetus* der Philosophie Adornos. Wenn er schreibt:

„Worunter die Menschen leiden, darüber geht mittlerweile das Lamento über Verdinglichung eher hinweg, als es zu denunzieren. Das Unheil liegt in den Verhältnissen, welche die Menschen zur Ohnmacht und Apathie verdammen und doch von ihnen zu ändern wären; nicht primär in den Menschen und der Weise, wie die Verhältnisse ihnen erscheinen" (191),

so hebt er damit wieder ab auf Lukács und die Lehre vom Selbstbewußtsein der Ware im Klassenbewußtsein des Proletariats. Daß die Proletarier so die Verdinglichung ihres Bewußtseins durchstoßen könnten, glaubt Adorno nicht mehr. Er möchte nicht nur Fichte mit Fichte konfrontieren: das ist nur ein historisches Argument über die vornegative Philosophie. Das wahre Ziel dieser Veranstaltung ist es, die Zeitgenossen mit dem Gegenwärtigen so zu konfrontieren, daß ihnen die Verhältnisse in der Schärfe ihrer Ausweglosigkeit aufgehen. Wenn die negative Dialektik voll antiquarischer Geschichte ist, so nur, um den Weg freizulegen für eine geschichtlich inhaltsvolle Kategorie der *Gegenwart*.

Gegenwärtiger geschichtlicher Gehalt

Der Abschnitt „Leid physisch" (202-204) führt das weiter:

„Die kleinste Spur sinnlosen Leidens in der erfahrenen Welt straft die gesamte Identitätsphilosophie Lügen, die es der Erfahrung ausreden möchte [. . .]; darum ist die Identitätsphilosophie Mythologie als Gedanke." (203)

Wirklichkeit entlarvt Philosophie. Mehr Wirklichkeit: „Die Unmündigkeit [selbst in den Oststaaten] ist nicht so, wie Kant es dachte, von der Menschheit³⁷ selbst verschuldet. Mittlerweile zumindest wird sie planvoll reproduziert von den Machthabern." (204) Wer, wie ich, in einem stark verwalteten Staat als Fremdling lebt, dem sind solche Worte eine Bestätigung des täglich Erfahrenen. Man sieht jedenfalls: die Argumente gegen die kanonifizierte Philosophie nähren sich aus Anschauung gesellschaftlicher Wirklichkeit und sind darauf aus, diese Wirklichkeit so in die Bewußtseine zu bringen, wie Adorno sie erfährt. Das ist eine entscheidende Pointe: der Leser negativ dialektischer Philosophie wird dazu verhalten, die vergangene Philosophie durch einen quasi Carrollschen Spiegel zu betrachten, nämlich durch eine Analyse der Gegenwart hindurch.³⁸ Das bedeutet: die Negativität des Bestehenden ist, wenn von ihm her aufs Vergangene geblickt wird, in dem Sinne dialektisch, daß sie die Wahrheit und Unwahrheit der vergangenen Philosophie aufdeckt und erfahrbar macht. Daraus folgt Hoffnung. Nämlich die, daß innerhalb der bestehenden gesellschaftlichen und philosophischen Negativität die Erkenntnis dieser Negativität der erste Schritt aus ihr hinaus sein könnte. Die negative Dialektik wird zu dem, was bei Lukács das Klassenbewußtsein war: inmitten des Bestehenden dessen Transzendierung, zum ersten Mal, notwendig scheiternd auch, aber doch: Dialektik der Negativität.

Die theoretische Dialektik der Negativität

Übergang zur Theorie der bestimmten Negation: Vorstellung des Problems

In Adorno bleibt die Dialektik der Negativität des Gesellschaftlichen teils Befund, teils Deklaration, deskriptiv, allenfalls synsemantisch. Die Theorie dieser Dialektik fehlt, denn der Begriff der bestimmten Negation, den Adorno doch ständig in den Vordergrund stellt, bleibt letztlich undiskutiert und bloß Spielmarke, als sei dieser Ausdruck gefeit gegen den Bann der gesellschaftlichen Negativität, die sonst alles, was gut und teuer ist, verdirbt. Die Entwicklung dieser Theorie habe ich an anderer Stelle vorbereitet. Deshalb genügen hier einige zusammenfassende Thesen zur Einleitung, die wie Setzungen aussehen mögen, aber keine sind.³⁹ — Lenin zufolge kommt das Prädikat „Bestimmtheit' nur Negationen von Negationen zu: Positionen also. Nur was das, was vor ihm war, aufhebt im Sinne von tollere und conservare zugleich, also im Sinne von *besser ersetzen,* ist ‚bestimmte Negation'. So ist der bürgerliche Kapitalismus die bestimmte Negation des feudalen Absolutismus, wenn man Marx folgt.⁴⁰ Philosophie kann daher, als Reflexion, Gesellschaftszustände nie bestimmt negieren, es sei denn, die in der elften Feuerbachthese enthaltene Forderung wäre erfüllt. Daß diese Erfüllung ausbleibt, ist bis zuletzt eins der Haupterkenntnisse der negativen Dialektik.⁴¹ *Dann aber ist die Negativität nicht dialektisch und die negative Dialektik nicht die Differenz im Identischen der Gesellschaft, denn die Negativität des Bestehenden verging noch nicht,* ja ihre Ersetzung durch Besseres ist nicht absehbar, gerade *zufolge* der negativen Dialektik. Jedoch *verkauft sich die negative Dialektik als bestimmte Negation des Bestehenden. Das ist nicht nur keine der erlaubten Paradoxien, nämlich ein glatter Widerspruch, sondern implizit die Wiederherstellung der Positivität der Negation.* Damit fiele die negative Dialektik in sich zusammen, wenn es nicht gelingt, den Begriff der bestimmten Negation anders zu fassen.⁴²

Petitio principii

Folgende Unterscheidung, die man der Ästhetik Adornos nachweisen kann, möchte ich als Grundlage der Lösung des Problems heranziehen:

a) Kunstwerke negieren andere Kunstwerke *bestimmt;*
b) Kunstwerke negieren Gesellschaftszustände nicht bestimmt, sondern *physiognomisch.*⁴³

Die negativ dialektische Philosophie kann gerettet werden, wenn es gelingt, diese Bestimmungen über Kunstwerke zu übersetzen in Bestimmungen über philosophische Sätze. Das könnte dann etwa folgende Gestalt annehmen: es gibt in Adorno

a) philosophische Sätze, die *andere philosophische Sätze* besser ersetzen, indem sie sie *bestimmt negieren;*
b) philosophische Sätze, die *die Gesellschaft des 20. Jh.s* negieren, aber nicht bestimmt, sondern *physiognomisch.*

Dem muß sofort hinzugefügt werden: es gibt natürlich auch Sätze, die beides zugleich tun; sie negieren sowohl die Gegenwart physiognomisch als auch andere Sätze bestimmt. Ein Beispiel wäre der Aphorismus „Das Ganze ist das Unwahre" (4, 55). Und es ergibt sich eine Zusatzaufgabe: es wäre wünschenswert, zu prüfen, ob *Bestimmungen* physiognomische oder bestimmte Negationen sind oder beides sein können. Das könnte dazu führen, daß eine der beiden Negationsarten — oder eine neue — *bestimmende* Negation heißen muß, aber anders als Spinoza es meinte („omnis determinatio est negatio", *Ethik* I Anhang; II prop. 13), dem es nur auf die begrenzende Funktion aller Urteile ankam, also auf die Wirkung des Satzes vom ausgeschlossenen Dritten in der praktischen urteilenden Tätigkeit.

in spe: captatio benevolentiae

In diesen Fragen verbirgt sich ein ganzer Knoten von Problemen, die bloß aufzulisten diesen Aufsatz sprengen würde. Daher nun ein wenig kurz und rigide. Nicht das geringste Problem ist, daß man auf der Suche nach philosophischen Sätzen in Adorno, die als direkte physiognomische Negationen anzusehen wären, zugleich ins Leere stößt und die Gewißheit erfährt, daß sie da sind: sie sind da, aber man kann den Finger nicht auf sie legen. Bei den bestimmten Negationen wird man leichter, aber auch irriger fündig: die erwähnten Argumentationen gegen Kant, Fichte, Hegel sind ebenso klassische Belege wie Kants Widerlegung des ontologischen Gottesbeweises. Doch so wenig Kants Widerlegung die Gottesbeweis-Problematik durch einen besseren Vorschlag voranbringt, so wenig helfen die Denunziationen Adornos, die Probleme des Idealismus besser zu lösen. Wo Adorno vergangene Philosopheme verurteilt, vollzieht er also gar keine bestimmten Negationen (es fehlt das Element des Ersetzens). Dann sind diese Negationen, dem Kriterium der Unterscheidung zufolge (bestimmte Negationen haben den Etwas-Charakter des bestimmten Nichts, d. h. sie ersetzen das Negierte tatsächlich, während physiognomische Negationen nur zersetzende Kritik bieten und das bestimmte Nichts demnach Nichts-Charakter aufweist)[44], keine bestimmten, sondern physiognomische. Als solche aber können sie sich nicht beziehen auf den Wahrheitsgehalt der Bestimmungen von Kant, Fichte, Hegel, sondern nur auf die gesellschaftliche Wirklichkeit von um 1965. Adorno haut den Esel und meint den Sack: die Urteile über 1965 sind verkleidet in gelehrte Spitzfindigkeiten über die Philosophen des 18. und 19. Jh.s.

Die fehlenden physiognomischen Negationen und ihre Gestalt

Auch eine wahrhaft physiognomische Negation der Gesellschaft des 20. Jh.s in Gestalt eines philosophischen Satzes wäre eine *bessere Ersetzung* zumindest eines Stücks gesellschaftlicher Wirklichkeit. Das kann ein philosophischer Satz nur sein, wenn philosophische Sätze, die in der Gesellschaft des 20. Jh.s anerkannt sind, durch neue Sätze ersetzt werden, welche die früheren besser ersetzen. D. h. dann aber, daß die negierende Kraft auf der Ebene der Erkenntnis verbleibt, ja auf der Ebene der Erkenntnis*theorie*. Denn Sätze gegen Sätze zu stellen ist nur dann wirksam, wenn außer dem neuen Satz auch ein theoretischer Grund der besseren Geltung des neuen Satzes gegeben wird, wie es bei Kants Widerlegung des ontologischen Gottesbeweises die Argumentation war, daß die Existenz einer Summe Geldes diese Summe weder größer noch kleiner machen kann.

Aus dieser Bindung an Erkenntnistheorie hat die negative Dialektik insofern auszubrechen, als sie dem Nachweis, daß Erkenntnistheorie zum Sachhaltigen nötige, folgen muß. Ihre Sätze dürfen also keine Sätze über Sätze sein, sondern müssen Wirklichkeit formulieren. Das tun Adornos Sätze nicht, wenn man unter „Satz" versteht, was sich grammatisch zwischen zwei Punkte bringen läßt. Sondern erst die Zusammenstellung mehrerer solcher einfachen Sätze ergeben physiognomische Negationen. In Adornos Schriften hält man sich zur Identifizierung solcher physiognomischer Negationen am besten an die durch die „headings" abgegrenzten Textstücke als Ganze. Die im ersten Kapitel dieses Aufsatzes analysierten Abschnitte aus dem Zweiten Teil der *Negativen Dialektik* sind gute Beispiele. Der erste von ihnen, „Unauflöslichkeit des Etwas" (139f.), der Adornos Stellung zum Universalienproblem enthält, vernichtet dieses Problem, indem er in der Ambivalenz der Formulierungen zwischen Realismus und Nominalismus schillert. Beide Positionen werden sowohl verneint als bekräftigt. Damit wird über das Universalienproblem bündig gesagt, es sei keines. Das aber ist gesellschaftlich nicht irrelevant, so wenig Kants Verneinung der Möglichkeit von Metaphysik metaphysisch irrelevant war. Denn die Gesellschaft des 20. Jh.s lebt von der Dichotomie, daß die wissenschaftliche Grundlage der zwischen Konzeptualismus und Nominalismus schwankende Positivismus ist, während die technische Sicherung der Lebensmittel darauf basiert, daß die vom vorsichtigen Positivismus formulierten Hypothesen so gelten, als seien sie platonistische Realien. Das steht im Text der *Negativen Dialektik* nun freilich nicht drin, aber das ist gemeint, wenn Adorno formuliert, daß in einem philosophischen Text alle Sätze gleich nah zum Mittelpunkt zu stehen haben (4, 78). Die negative Dialektik *zerdenkt* das Universalienproblem, und sie beschränkt sich darauf. Die Brücke zum gesellschaftlich Wirklichen zu schlagen ist Sache des Lesers. Dann aber ist die *„ästhetische* Dignität der Worte" (1, 370) *nicht* das Kriterium für die Wahrheit von Philosophie, sondern ihr gesellschaftlicher Gehalt, der also zu trennen ist von dem ästhetischen Wert. Darin ist Adornos Sprachphilosophie also zu kritisieren, daß sie den ästhetischen Wert der Worte mißversteht als den Ausdruck des gesellschaftlichen Gehalts von Philosophie. Dieser liegt vielmehr direkter zur Gesellschaft, als Adorno dachte. Das zeigt sich nicht zuletzt an dem Abschnitt „Zur Dialektik von Identität" (149-151), wo Adorno den philosophischen Gedanken, daß Identität die „Urform von Ideologie" sei, aus der Marxschen Analyse des Warentauschs ableitet. Damit macht Adorno eine sozioökonomische Kategorie der beschreibenden Soziologie zur Grundlage einer erkenntnistheoretischen Argumentation, er vollzieht also, wovon hier behauptet wurde, daß seine Philosophie es unerkannt mitschleppe: die direkte Bezüglichkeit des philosophischen Gedankens zur gegenwärtigen gesellschaftlichen Wirklichkeit.

Auch diese Aufklärung ein Mythos?

Demnach versteckt sich in aller noch so spezialisierten philosophischen Argumentation der negativen Dialektik als Hauptmotiv die Aufklärung über das Bestehende. Diese Aufklärung nimmt jedoch aus der Tradition des 18. Jh.s nur die Richtung, nicht die Mittel, denn nicht länger sind es nur Vorurteile und unerkannte Autoritätsstrukturen, wogegen gedacht wird, sondern die Form der modernen Vernunft selbst ist das zu Entlarvende. Die ältere Aufklärung hatte den gesunden Menschenverstand. Auf ihn konnte sie zurückfallen als auf die letzte Verteidigungslinie. Er aber ist gerade nun das Falsche geworden. Wie ist doch alles Seiende so krank. Es ist nicht nur fast, sondern buchstäblich ein Axiom der negativen Dialektik, daß Aufklärung in Mythos zurückfällt. Zu prüfen bleibt, ob auch die negativ dialektische Aufklärung diesem

Schicksal unterliegt. Diese Frage ist verhältnismäßig leicht zu entscheiden, doch von der Entscheidung zu überzeugen ist ein anderes. Denn das Kriterium des Mythologischen ist weitgehend undefiniert.

Mythos ist gebunden an Rechthaberei, insofern das Mythische stets mit Immunisierungsstrategien einhergeht, die die Geltung des Mythos sichern sollen. Solche Immunisierungsstrategien fehlen in Adornos Schriften. Im Gegenteil: er gibt ja zu, daß auch die negative Dialektik ist, „wogegen sie gedacht wird" (150). Aber ist das nicht nur eine besonders sublime Form der Immunisierungsstrategie? Das ist nicht bündig zu erweisen, sondern wird von jedem Leser dezisionistisch entschieden.

Wer sich der negativen Dialektik ergibt, hat das in all den einzelnen Abschnitten physiognomisch enthaltene Urteil über den Lauf der Welt, er sei bisher immer noch das Unheil, zu teilen. Und wer es nicht teilen mag, wird Immunisierungsstrategie vermuten. Diese Alternative, vor die sich der einzelne Leser gestellt sieht, fungiert in dieser Weise praktisch. Das ist jedoch nicht ihre Relevanz. Die wohnt ganz woanders, nämlich dort, wo deutlich wird, daß die Entscheidung über die Wahrheit oder Unwahrheit dieser Philosophie dem Einzelnen gar nicht zukommen kann, wenn die Philosophie wahr ist. Die bestehenden Reaktionen auf die negative Dialektik geben ihr allesamt recht, mit einer einzigen Ausnahme: wo sich Schulen von Jüngern bilden, die ans Nachplappern gehen, da gilt es, die negative Dialektik gegen ihre Freunde zu verteidigen.

Anmerkungen

1 Vgl. Grenz 1974a, 117-141 und 290-295.
2 Es ist ein wohl kaum beabsichtigter, aber doch amüsanter Umstand, daß dieser Zweite Teil der *Negativen Dialektik* 32 Abschnitte umfaßt, exakt so viele, wie das Skatspiel Karten hat.
3 Vgl. Hoffmann 1980.
3a Nach Conrady, K. O. (Hrsg.): Das große deutsche Gedichtbuch. Kronberg/Ts. 1977, 971.
4 Ob diese Attacke gegen Heidegger und ihre äußere Form – auch im *Jargon der Eigentlichkeit* – zu rechtfertigen sind, daran läßt das Buch von Hermann Mörchen zweifeln. Vgl. Mörchen 1980. Es verweist auf eine zuweilen frappierende Ähnlichkeit in der Substanz des von beiden Philosophen Gedachten.

5 Zum Universalienproblem vgl. Stegmüller 1965 und Hao Wang/ McNaughton 1953.
6 Doch zielt das Argument gerade auf das Gegenteil: die Begriffe der Ontologie sind ja gerade darum leer, weil „der Fundamentalcharakter jeglichen Allgemeinbegriffs vor dem bestimmten Sein zergeht [...]" (140).
7 Diese Kritik des Idealismus benutzt jenes Gesetz von Ursache und Folge, das im vierten Abschnitt als obsolet hingestellt wird. Vgl. Anm. 18.
8 Es lohnt sich, dem Hinweis auf das ‚*Husserl*-Buch' nachzugehen. Da heißt es, Husserls Denken *gravitiere,* komme also naturgesetzlich zur Dialektik (5, 57).
9 Vgl. Hao Wang/McNaughton 1953, deren Bedeutung für die Erlanger Sprachphilosophie noch nicht entdeckt zu sein scheint.
10 Das ist ein wenig verwirrend, zugegeben. Nominalismus ist bei Adorno vorwiegend ein positiver Begriff, weil die Lehre, die Allgemeinbegriffe seien nur ein flatus vocis, seiner Intention entgegenkommt, die Begriffe zu kritisieren, weil sie immer über die Sachen hinaus sind. Sie sollen ihnen entsprechen, unverzerrt sie nachmachen. Das aber gilt der Tradition als realistische Position. Nur sind die Begriffe, die Adorno möchte, gewiß keine klassifizierenden Allgemeinbegriffe.
11 Nur selten darf man Adornos Titeln für die Abschnitte glauben. Sie gehören zur pädagogischen Schicht seiner Schreibe und lenken gewöhnlich von dem, was tatsächlich verhandelt wird, ab. So geht es in den ersten Abschnitten unseres Textes viel intensiver um das transzendentale Subjekt als in den Abschnitten „Zur Interpretation des Transzendentalen" und „‚Transzendentaler Schein'" (180-184).
12 Später wagt sich Adorno gar an die formale Logik, mit welcher er dann ebenso verfährt, wie hier mit Kant (185 Fußn.).
13 Vgl. Adornos Antrittsvorlesung (1, 325-344).
14 Kants politische Schriften hätten demselben Argument Beweise liefern können.
15 Hier wird Wissenssoziologie noch der Ideologiekritik formal gleichgesetzt. Doch der Abschnitt 28 („Dialektik keine Wissenssoziologie", 197f.) macht ihr ebenso den Garaus wie der Aufsatz über Mannheim (19, 31-46), denn an der Wissenssoziologie ist dasselbe Über den Sachen wie an der Ontologie.
16 Vgl. 8, 87.
17 Erstaunlich, oder gerade nicht, ist es, daß Wolfgang Schirmacher von Heidegger her auf seinem eigenen Weg zu praktisch demselben Ergebnis kommt und abrechnet mit all den schönen, großen Sätzen der Philosophie wie dem Satz der Identität, dem vom Wi-

derspruch und dem vom ausgeschlossenen Dritten. Vgl. Schirmacher 1980.

18 Man erinnert, daß Adorno im ersten Abschnitt selbst mit dem Paradoxie-Argument gegen den Idealismus kämpft. Ja, die ganze Argumentation zugunsten der Sachen gegen die Begriffe *benutzt* den Paradoxievorwurf. Nun soll er nicht mehr gelten. Reimt sich das? Darf Adorno mit einem Instrument arbeiten, das abzuschaffen er operiert? Dieser Einwand wiegt wesentlich schwerer als der, den Adorno gegen sich selbst zu machen vorgibt. Dennoch sticht er nicht. Denn die Positionen, die er mit dem Paradoxie-Vorwurf ad absurdum führt, gehorchen von sich aus dem Paradoxieverbot programmatisch. Der Vorwurf gegen den Idealismus, er begehe ein ὕστερον πρότερον, ist der Vorwurf der Inkonsequenz nach dem eigenen Maß. Vgl. 3,17.

19 Das dürfte eine Ungenauigkeit sein. Der Positivismus zeichnet sich gerade dadurch aus, daß er Bewußtsein und Sache trennt. Adorno unterstellt ihm hier die Behauptung, in den Sinnesdaten habe er die Sachen selbst. Davon ist jeder nicht gänzlich vulgäre Positivismus weit entfernt.

20 Mit dem Ausdruck „List" (145) bekennt sich Adornos Philosophie als bürgerliche. Denn List ist selbst das Bürgerliche, wie das Odysseus-Kapitel der *Dialektik der Aufklärung* nachzuweisen sucht. Vgl. 3, 61-99.

21 Exkurs zur Zählung der Revolutionen der Denkungsart. Es geht dabei nicht um Paradigmawechsel und dergleichen kleine Schritte. Die erste Revolution ist, u. a. Hebbel zufolge (Vorwort zur *Maria Magdalene*), die Problematisierung der naiven Weltsicht bei den Griechen. Sie bringt die Philosophie hervor und die Tragödie. Die zweite ist die Entdeckung des Individuums im Zeitalter der Reformation: das heliozentrische Weltbild ersetzt das geozentrische, Luther untergräbt die Autorität der kirchlichen Interpretation der Bibel, Shakespeare entdeckt den Charakter und kann die drei Einheiten fahren lassen, die Philosophie löst sich von der Theologie. Die dritte Revolution ist Kants Vernunftkritik, das Zur-Ordnung-Rufen des Denkens als Abschaffung von Metaphysik. Hegels Dialektik ist demgegenüber keine Revolution, sondern nur ein Paradigmawechsel, denn sie war nicht dialektisch genug. Sie wird erst in Adorno, was sie als Revolution qualifiziert. Adorno ist das wichtigste philosophische Ereignis seit Kant. Ihm gegenüber sind Erscheinungen wie Feyerabend, dessen dadaistische Revolte in der Wissenschaftstheorie zwar den Positivisten diese vierte Revolution ins Haus trägt, epigonal. Doch kam die vierte Revolution zu spät: ihr Zeitpunkt hätte die Mitte des 19. Jh.s sein sollen. So erfolgt sie zu einer

Zeit, in der sich alles gegen sie sperrt. Darum ist sie so schwierig zu verstehen. Rosenkranz und Hotho hätten sie flüssig gelesen und eine Erklärung nicht nötig gehabt.

22 Deren Gestalt habe ich an anderer Stelle dargestellt. Vgl. Grenz 1974a, 211-221 und 309-311. Vgl. besonders ÜB 46, 157 und 1, 366-371.

23 Vgl. Sommer 1977, 19: „noch im Konjunktiv schreibt er autoritär."

24 Sie ist außerdem die „Ontologie des falschen Zustands" (20) und „das Selbstbewußtsein des objektiven Verblendungszusammenhangs, nicht bereits diesem entronnen" (396). Der Nachsatz ist gegen Lukács' Lehre gerichtet, das Proletariat habe im Klassenbewußtsein das Selbstbewußtsein der Ware und stehe deshalb außerhalb des Verblendungszusammenhangs von Verdinglichung. Vgl. dazu im einzelnen Grenz 1980.

25 Das klingt hier alles ein bißchen vom Himmel heruntergelogen. Ich habe diese Auffassung von Adornos Geschichtsphilosophie philologisch nachgewiesen in Grenz 1974a, 160-181 und 300-303. Diese Zeitenwende ist ästhetisch markiert durch Wagners *Tristan,* in welchem zum ersten Mal die Tonalität verlassen wird, und durch Baudelaires Lasterlyrik. Man hat dem entgegengehalten, daß die Hitlerzeit, nicht 1850, für Adorno der Beweis des Verfalls war (Puder 1976). Die Erfahrung des Faschismus, in dem Adorno es ja recht lange ausgehalten hat, hat sicher zum historischen Pessimismus beigetragen; das ist jedoch kein Argument dafür, daß das Unheil für Adorno erst 1933 begonnen hat. Wer die Interpretation, 1850 sei der Punkt, an dem für Adorno die Kultur mißlang, bestreiten möchte, möge mit Textstellen kommen. Ein ceterum censeo vermag mich nicht zu überzeugen.

26 Vgl. Adornos Aufsatz *Resignation,* in Schweppenhäuser 1971, 9-13.

27 Vgl. Grenz, 1973. Die *Negative Dialektik* nimmt diese Thematik 347-351 wieder auf.

28 Die folgenden Überlegungen überschneiden sich weitgehend mit Grenz 1974a, 124-134.

29 Vgl. noch einmal Adornos fast gleichlautende Formulierung, daß „in der heterogenen Geschichte blinde Naturwüchsigkeit sich perpetuiert" (145).

30 Vgl. Benjamin: „Naturbeherrschung, so lehren die Imperialisten, ist Sinn aller Technik. Wer möchte aber einem Prügelmeister trauen, der Beherrschung der Kinder durch die Erwachsenen für den Sinn der Erziehung erklären würde? Ist nicht Erziehung vor allem die unerläßliche Ordnung des Verhältnisses zwischen den Generationen und also wenn man von Beherrschung reden will,

Beherrschung der Generationsverhältnisse und nicht der Kinder? Und so auch Technik nicht Naturbeherrschung: Beherrschung vom Verhältnis von Natur und Menschheit." *Gesammelte Schriften.* Hrsg. v. T. W. Adorno/G. Adorno unter Mitwirkung v. F. Podszus. 2 Bde, Bd 1. Frankfurt/M 1955, 580f. Auf dieses perspektivische Verhältnis ist auch Schirmacher 1980 aus. Vgl. auch Schirmacher 1975, 1976, 1977a und b, 1978, 1979a-d und 1981.

31 Daraus ist keine Inkonsistenz mit der Theorie der Kulmination der Realmöglichkeit von Versöhnung um 1850 zu ziehen: die Realmöglichkeit der Versöhnung war zwar 1850 am größten, aber nicht groß genug, den Übergang von Philosophie zu Praxis zu leisten. Adornos historischer Pessimismus („nichts als nur Verzweiflung kann uns retten", Adorno, Grabbe zitierend, in Grenz 1974a, 251) entzündet sich am Verfall der Möglichkeit des Besseren. Damit folgt er Leibnizschen Gedanken.

32 Darauf gehe ich im folgenden Kapitel ein.

32a Anm. 3a.

33 Grenz 1974a, 77-116 und 1974b.

34 Auf die Geschichte des Begriffs des verdinglichten Bewußtseins kann hier ebensowenig eingegangen werden wie auf die besondere Adornische Auffassung von Verdinglichung. Vgl. dazu Grenz 1980.

35 Ausnahme: Heidegger. Gegen ihn wird nicht heideggerisch, sondern bloß polemisch argumentiert. Vgl. dazu Mörchen 1981.

36 Damit ist derjenige Methodenpluralismus gemeint, der die Methode jeweils vom Objekt der Untersuchung diktieren lassen möchte: Brecht soziologisch, Frisch psychologisch, Kafka je nach Geschmack interpretieren. Die Geschichte gerade der Kafka-Forschung führt diese Position ad absurdum. Denn das ergibt eine Feyerabendliche Beliebigkeit: solcher Pluralismus ist gar keiner. Demgegenüber hält Adorno sich nicht an fremde methodische Prämissen, die er zufällig assoziierte, sondern an den Geist dessen, was er analysiert.

37 „Menschheit" heißt zu Kants Zeiten noch „Wesen des Menschen", nicht das weltbürgerliche Ganze.

38 Über die dem zugrundeliegende These Adornos von der rückwirkenden Kraft von Geschichte und Erkenntnis vgl. Grenz 1980.

39 Vgl. Grenz 1974a, 75-116 und 1974b.

40 Diese Formulierung ist eine kleine Falle, aufgestellt für Günter Rohrmoser und Ernst Topitsch.

41 Vgl. Adornos Aufsatz *Resignation* in Schweppenhäuser 1971, 9-13.

42 Exkurs zur Verwendung des Begriffs der bestimmten Negation

in der *Ästhetischen Theorie.* Wo Adorno dort diesen Begriff verwendet, geht es nicht immer um dasselbe. 1. „Bestimmte Negation" taucht auf als *Kern des Ästhetischen;* das lenkt die Aufmerksamkeit auf den Begriff. 2. Die bestimmte Negation hat den Gestus des Polemischen gegenüber Realität und Geschichte. 3. Einige Stellen lassen das Problem entstehen, ob die bestimmte Negation ihre Eigenart eher darin hat, daß Kunstwerke das Gesellschaftliche, das sie negieren, zugleich *erhalten* oder eher *eingreifend verändern*. 4. Die Mehrheit der Stellen spricht vom Erhalten. 5. Es gibt jedoch auch einige Stellen, die das Eingreifen betonen. 6. Diese Ambivalenz, deren Wünschbarkeit zu bezweifeln ist, erhält sich in einem problematischen Satz über das Ende der Kunst.

ad 1. „Keine Wahrheit der Kunstwerke ohne bestimmte Negation; Ästhetik heute hat diese zu exponieren." (7, 195) Demnach ist es eine conditio sine qua non, daß Kunstwerke bestimmte Negationen vollziehen müssen. Zugleich rückt der Begriff in den Mittelpunkt der Ästhetischen Theorie: ihre Aufgabe ist es, zu zeigen, wie Kunstwerke bestimmte Negationen sind und wovon. Dem entsprechen zwei Stellen, die im Zusammenhang mit der ‚Kritik der positiven Negation' (161-163) gelesen werden müssen:

„Kunst ist die Probe auf das Verbot positiver Negation: daß die Negation des Negativen nicht das Positive, nicht die Versöhnung mit einem selber unversöhnten Objekt sei." (7, 478)
„So wenig in der Realität gilt, daß die Negation des Negativen Position sei, im ästhetischen Bereich ist es nicht ohne alle Wahrheit: im subjektiven künstlerischen Produktionsprozeß ist die Kraft zur immanenten Negation nicht ebenso gefesselt wie draußen." (7, 60)

Zwar fällt in beiden Stellen der Begriff der bestimmten Negation nicht wörtlich, aber sie sagen, daß Kunst die Realität, das Bestehende, schärfer kritisieren kann als der Gedanke. Sie soll, dem ersten Zitat zufolge, sich ebenso bescheiden wie der Gedanke. Der zweite Satz aber sagt, daß sie mehr Kraft hat als jener. Das kann man noch zusammenbringen, wenn man sich die Bestimmung vor Augen hält, daß Kunst, als Produkt von Phantasie, nur „das Differential von Freiheit inmitten der Determination" ist (7, 260), also das Kunststück Münchhausens vollbringt, inmitten von Unfreiheit einen archimedischen Punkt zu finden (vgl. 4, 82). Solches Zusammendenken der Alternativen Selbstbescheidung und Eingriff (mehr Kraft) kehrt wieder in einer anderen Stelle, die zeigt, daß in der modernen Kunst zwei Bewegungen korrelativ geschehen: Kunst vergeistigt sich und zieht zugleich immer profaneres Material an sich. Das sind „zwei Seiten des gleichen Sachverhalts" (7, 144). Dieser Sachverhalt ist das Eintreten der Kunst für das Nichtidentische, hier genannt das ‚nicht bereits gesellschaftlich Approbierte und Vorgeformte'. Somit wird die Kunst insgesamt zu einem „gesellschaftlichen Verhältnis bestimmter Negation" (7, 144). — Das zeigt nur, wie zentral der Begriff der bestimmten Negation in der ästhetischen Theorie Adornos ist; er wird noch nicht näher bestimmt. Die einfachsten Bestimmungen sind zunächst die, die den Gestus der bestimmten Negation als einen polemischen spezifizieren.

ad 2. „Nur als Geist ist Kunst der Widerspruch zur empirischen Realität, der zur bestimmten Negation der bestehenden Welteinrichtung sich bewegt." (7; 137 u. 511f.) Dieser in der *Ästhetischen Theorie* gleich zweimal, wenngleich in ähnlichen Zusammenhängen gedruckte Satz formuliert eine Bewegung, nach welcher Widerspruch bestimmte Negation *werden soll,* wobei diese offenbar stärker ist als der Widerspruch allein. Das belegt Adorno mit einem Beispiel: „Noch bei [...] Mozart ist [...] das polemische Moment zentral, die Gewalt der Distanzierung, die wortlos das Armselige und Falsche dessen verurteilt, wovon sie sich distanziert. Ihre Gewalt gewinnt die Form bei ihm als bestimmte Negation; die Versöhnung, welche sie vergegenwärtigt, hat ihre schmerzhafte Süße, weil die Realität sie bis heute verweigerte." (7, 264) Darin geschieht zweierlei: der polemische Charakter der bestimmten Negation wird beim Namen genannt; zugleich aber tritt Mozarts Musik in den Horizont *positiver* Negation, als Vergegenwärtigung von Versöhnung. Die Pointe davon ist geschichtsphilosophisch: Erst seit 1850 wird positive Kunst dem „Kanon der Verbote" unterstellt (7, 60-62). Dabei schillert die Stelle zwischen Selbstbescheidung und Eingriff: Mozart erscheint als Modell des zugleich positiv *und* bestimmt Negierenden, ein krasser Widerspruch zu der Bestimmung, die bestimmte Negation dürfe nicht zur positiven werden. Die Ambivalenz findet sich auch an anderer Stelle.

ad 3. Erhaltung oder eingreifende Veränderung? — „Noch die reinste ästhetische Bestimmung, das Erscheinen, ist zur Realität vermittelt als deren bestimmte Negation. Die Differenz der Kunstwerke von der Empirie, ihr Scheincharakter, konstituiert sich an jener [der Empirie] und in der Tendenz gegen sie." (7, 158) Wo Kunst ganz sie selbst ist, ist sie bestimmte Negation der Gesellschaft nur vermöge ihrer Identität mit der Gesellschaft. Daß die bestimmte Negation das Negierte nicht nur vernichtet, sondern auch bewahrt, ist ihre *Aporie*. Sie ist mitzulesen in Bestimmungen wie dieser: „Das Asoziale der Kunst ist bestimmte Negation der bestimmten Gesellschaft." (7, 335) Die Rede ist hier von der modernen Kunst in der Tauschgesellschaft, die kraft des Tauschgesetzes keine qualitativen Erscheinungen mehr kennt. Darum muß die Asozialität der Kunst aber gerade eine abstrakte sein: die Kunst muß sich dem Negandum gleichmachen, wie Odysseus bei Polyphem sich in Mimikry verleugnen (vgl. 3, 75). Kritik durch Anpassung und Imitation? (Vgl. noch 7, 58-60).

ad 4. So sieht es in den meisten Stellen in der Tat aus: „Inhalt prägt den Gebilden sich ein, die von ihm sich entfernen. Künstlerischer Fortschritt [...] ist der Inbegriff dieser Bewegung. Am Inhalt gewinnt sie Anteil durch dessen bestimmte Negation. Je energischer sie stattfindet, desto mehr organisieren sich die Kunstwerke nach immanenter Zweckmäßigkeit, und eben dadurch bilden sie zunehmend dem von ihnen Negierten sich an." (7, 210)

Die Bewegung zur Inhaltslosigkeit wird selber Inhalt, *kraft*, nicht etwa *trotz* Bestimmtheit der Negation. Die Bewahrung des Negierten wird oberstes Gesetz der bestimmten Negation. Es ist „in der Negation das Negierte enthalten" (7, 223). Das kann ja zwei Aspekte haben: die Kunst kann die Versöhnung versprochen haben, und im negativen Festhalten an der Möglichkeit von Glück inmitten des Unheils kann das gebrochene Versprechen negativ bewahrt werden, aber es hat bei Adorno auch den Aspekt der Bewahrung des Unwahren, Negativen: Brechts „Allergie gegen Ausdrucksvaleurs [...] ist selber eine Gestalt des Ausdrucks, beredt nur als dessen bestimmte Negation." (7, 55) „In der bestimmten Negation der Wirklichkeit des Geistes jedoch bleiben [die Werke] auf ihn bezogen: sie spiegeln ihn nicht vor, aber die Kraft, die sie gegen ihn mobilisieren, ist eine Allgegenwart" (7, 136); diese Allgegenwart des Geistes ist aber gerade die Gegenwart des Ungeistes, also erhält sich auch hier das Negative in der Negation. Ebenso 7, 30: „Das sensuelle Tabu greift am Ende noch auf das Gegenteil des Wohlgefälligen über, weil es, sei es auch aus äußerster Ferne, in seiner spezifischen Negation mitgefühlt wird" und „Vielmehr rückt Phantasie, was immer die Kunstwerke an Daseiendem absorbieren, in Konstellationen, durch welche sie zum Anderen des Daseins werden, sei es auch allein durch dessen bestimmte Negation." (7, 259) Auch hier wird das Daseiende *erhalten*. Eine weitere Stelle in dieser Richtung: „Was in den heroischen Zeiten der neuen Kunst als deren Sinn wahrgenommen wurde, hielt die Ordnungsmomente als bestimmt negierte fest; ihre Liquidation läuft im Effekt auf reibungslose und leere Identität hinaus." (7, 238) Es geht an der Stelle um Picasso, Schönberg und Stockhausen. Sie hielten Ordnung fest als negierte, anders als die neue positive Kunst nach dem Zweiten Weltkrieg: eine Ordnung, die doch ihrerseits das Falsche, Unwahre war. Oder nicht? Mit der falschen die ganze Ordnung überhaupt, sei es die des Fluchtpunkts der Perspektive oder die des Grundtons in der Musik zu verwerfen, hieße vielleicht das Kind mit dem Bade ausschütten; darum hier die Rettung der alten Ordnung als der schlechten Stellvertreterin einer besseren. Dieses positive Moment im Festhalten am alten Schlechten geben zwei weitere Stellen deutlicher:

„Je verbindlicher Kunst sich selbst ist, je reicher, dichter, geschlossener ihre Gebilde gestaltet sind, desto mehr tendiert sie zur Affirmation [zur Erhaltung des Schlechten], indem sie, gleichgültig in welcher Gesinnung, suggeriert, es seien ihre eigenen Qualitäten die des Ansichseienden jenseits von Kunst. Die Apriorität des Affirmativen ist ihre idelogische Nachtseite. Sie lenkt den Widerschein der Möglichkeit [des Besseren] auf das Existierende noch in dessen bestimmter Negation." (7, 239f.)

„Auch die sogenannte absurde Literatur hat in ihren obersten Repräsentanten teil an der Dialektik, daß sie als Sinnzusammenhang, in sich teleologisch organisiert, ausdrückt, daß kein Sinn sei, und dadurch in bestimmter Negation die Kategorie des Sinns bewahrt" (7, 235).

So dreht sich inmitten der Sätze vom Erhalten des Negativen in der bestimmten Negation diese zu einer Spur von Positivität: der Positivität der negativ festgehaltenen Möglichkeiten des Besseren.

ad 5. Das tritt nun aber auch krasser in Erscheinung. Freilich nicht so kraß, wie es die von Ilse Müller-Strömsdörfer 1960 angezogene Stelle macht:

„Der Nerv der Dialektik als Methode ist die bestimmte Negation. Sie basiert auf der Erfahrung der Ohnmacht von Kritik, solange sie im Allgemeinen sich hält, etwa den kritisierten Gegenstand erledigt, indem sie ihn von oben her einem Begriff als dessen bloßen Repräsentanten subsumiert. Fruchtbar ist nur der kritische Gedanke, der die in seinem eigenen Gegenstand aufgespeicherte Kraft entbindet; für ihn zugleich, indem sie ihn zu sich selber bringt, und gegen ihn, insofern sie ihn daran mahnt, daß er noch gar nicht er selber sei." (5, 318)

„Mit dem Begriff der bestimmten Negation [. . .] wendet [Hegel] sich nicht nur gegen die abstrakten Oberbegriffe, auch den der Negation selber. Sondern die Negation greift zugleich in jene Realität ein, in welcher der sich selbst kritisierende Begriff überhaupt erst seinen Gehalt hat, die Gesellschaft." (5, 316)

Das stammt aus einer der drei ‚*Hegelstudien*‘, nicht aus der *Ästhetischen Theorie*, und man möchte vermuten, daß solches Vertrauen auf die Kraft der bestimmten Negation im Bereich des Denkens vielleicht postuliert werden darf, schwerlich jedoch im ästhetischen. Doch finden sich auch dort verwandte Formulierungen.

,,Schönheit, ohnmächtig zur Bestimmung ihrer selbst, die sie nur an ihrem Anderen gewönne, eine Luftwurzel gleichsam, wird verstrickt ins Schicksal des erfundenen Ornaments. Beschränkt ist diese Idee des Schönen, weil sie in unmittelbare Antithese zur als häßlich verstoßenen Gesellschaft sich begibt, anstatt, wie noch Baudelaire und Rimbaud, ihre Antithese aus dem Inhalt — bei Baudelaire der imagerie von Paris — zu ziehen und zu erproben: so allein würde die Distanz zum Eingriff bestimmter Negation." (7, 352)

Also auch Kunst, nicht nur der Gedanke soll eingreifen können. Dann muß sie aber doch das Negative aufhören machen können, negativ zu sein, dann muß sie im Sinne Marcuses schon gelingende Praxis sein, und dann ist sie nicht mehr negativ, dann gewinnt sie die zusätzliche Kraft, die aber im vorletzten Zitat gerade nicht der Kunst, sondern dem Gedanken zugesprochen wurde, aber als positive, nicht als bestimmte Negation. (Übrigens ist Adornos Stellung zu Baudelaire nicht überall so positiv wie hier. 30 Seiten weiter wirft Adorno ihm vor, er lasse ,,wie alle abstrakte Negation dem Negierten sich integrieren": 7, 382).

Den Ausweg aus der nun entstandenen Interpretationsschwierigkeit bietet möglicherweise folgende Stelle:

,,Das Endspiel ist weder ein Atomstück noch inhaltslos: die bestimmte Negation seines Inhalts wird zum Formprinzip und zur Negation von Inhalt überhaupt." (7, 371)

Das kann nämlich nicht mehr reduziert werden auf die bisher verwendete Alternative: Eingriff oder Bewahrung des Schlechten, sei es auch als Möglichkeit des Besseren. Das zu zeigen, bedarf es einer Zerlegung der Stelle in ihre Einzelheiten:

1. ‚kein Atomstück‘: es geht nicht objektsprachlich um die Schrecken des Atomkriegs, sondern um die Verfassung der Menschen hier und jetzt.
2. ‚nicht inhaltslos‘: dies Hier und Jetzt ist der Inhalt.
3. ‚dieser Inhalt wird bestimmt negiert‘: die Handlung suggeriert

Atomkrieg. Indem aber der Inhalt nicht Atomkrieg oder das Nachher ist, sondern das Jetzt, wird der Atom-Stoff zur Negation von Handlung im Jetzt, denn im Stück wird nicht gehandelt. Also Handlungslosigkeit im Jetzt ist die bestimmte Negation von nach-atomarem Inhalt. Dann ist das Stück u. a. die Lehre davon, daß der Schrecken, der zur Zeit die Europäer gegen die atomare Rüstung Europas antitestieren läßt, schon in Becketts Jetzt und in Adornos Jetzt von 1969 die Wirklichkeit ist.

4. ‚bestimmt zu negieren wird Formprinzip': Solche Bezüglichkeit der Gegenwart zur negativen Utopie ist das Signum der modernen Kunst.

5. ‚bestimmte Negation von Inhalt ist Negation von Inhalt überhaupt': nicht ‚bestimmte' Negation von Inhalt überhaupt, sondern nur die Feststellung, es gebe keinen Inhalt mehr, denn wir können sehen, daß Subjekte noch nicht entstanden sind. Wer könnte dann handeln? Und wenn niemand handeln kann, wie könnte es dann Inhalt geben? Inhalt ‚überhaupt' heißt: auch die diachronische Dimension der Vergangenheit ist gemeint: es hätte Inhaltskunst nie geben dürfen, sie war immer ideologisch und mythisch.

Demnach geht hier die bestimmte Negation in die physiognomische über: sie verwandelt sich aus einer kunstinternen Negation des Vergangenen in ein Negativurteil über das Bestehende, freilich nicht über es allein in seiner Synchronität, sondern über dies und über alle Geschichte, die es hervorbrachte.

43 Indem sie zeigen, wozu bestehende Techniken bei *interesseloser* Anwendung imstande sind. Man beachte die kopernikanische Wendung, daß hier der Begriff der Interesselosigkeit aus der Rezeptionsästhetik in die Werkästhetik transplantiert wird.

44 Vgl. Grenz 1974a, 75-116.

Literatur

Adorno, T. W.: Gesammelte Schriften. Bde. 1ff. Hrsg. v. G. Adorno/R. Tiedemann. Frankfurt/M 1970ff.

Adorno, T. W.: Über Walter Benjamin. Hrsg. v. R. Tiedemann. Frankfurt/M 1970. (ÜB)

Adorno, T. W.: Vorlesung zur Einleitung in die Erkenntnistheorie. Frankfurt/M o. J. (VE)

Benjamin, W.: Gesammelte Schriften. Hrsg. v. T. W. Adorno/G. Adorno unter Mitwirkung v. F. Podszus. 2 Bde. Frankfurt/M 1955.

Grenz, F.: „Die Idee der Naturgeschichte". Zu einem frühen, unbekannten Text Adornos. In: Hübner, K./Menne, A. 1973, 344-350.

Grenz, F.: Adornos Philosophie in Grundbegriffen. Auflösung einiger Deutungsprobleme. Frankfurt/M 1974. (a)

Grenz, F.: Differenzierungen im Begriff der dialektischen Negation. In: Hegel-Jahrbuch 1974. Hrsg. v. W. R. Beyer (Köln 1975), 257-262. (b)

Grenz, F.: Lukács' concept of reification; u. The crisis of the concept of reification in Adorno. Part 2 of Alienation in Marxist theories. By J. Krüger/F. Grenz. In: Macnamara 1980, 218-254.

Hao Wang/McNaughton, R.: Les systèmes axiomatiques de la théorie des ensembles. Paris 1953.

Hoffmann, R.: Verfall eines Idioms. Bemerkung zum Sprachbild und zur Denkform Theodor W. Adornos. In: Wirkendes Wort 1980, H. 3 u. 4.

Hübner, K./Menne, A. (Hrsg.): Natur und Geschichte. X. Deutscher Kongreß für Philosophie, Kiel 8.-12. Oktober 1972. Hamburg 1973.

Macnamara, M. (Hrsg.): World views. Pretoria 1980.

Mörchen, H.: Macht und Herrschaft im Denken von Heidegger und Adorno. Stuttgart 1980.

Mörchen, H.: Adorno und Heidegger. Untersuchung einer philosophischen Kommunikationsverweigerung. Stuttgart 1981.

Müller-Strömsdörfer, I.: Die „helfende Kraft bestimmter Negation". Zum Werke Th. W. Adornos. In: Philos. Rds. 8 (1960/61), H. 2/3, 81-105.

Puder, M.: Adornos Philosophie und die gegenwärtige Erfahrung. In: Neue Deutsche Hefte 149 (23, 1976, H. 1), 3-21.

Radermacher, H.: Kritische Theorie und Geschichte. In: Rüsen, J./Süssmuth, H. (Hrsg.): Theorien in der Geschichtswissenschaft. Düsseldorf 1980.

Schirmacher, W.: Phänomenologische Bestimmung der Dialektik. In: ZphF. 29 (1975), 118-124.

Schirmacher, W.: Sein Denken wird seinen Tod überdauern. Was Martin Heidegger uns heute lehren könnte. In: Mannheimer Morgen 29./30.5.1976, 58.

Schirmacher, W.: Ontologie und Ethik bei Spinoza. In: Akten des II. Internationalen Leibniz-Kongresses in Hannover 1977. Bd. 3. (Wiesbaden 1981) (a).

Schirmacher, W.: Vordenker einer ökologischen Moral. Zu Spinoza und Leibniz. In: Frankfurter Rds. 15.12.1977, 8. (b)

Schirmacher, W.: Am Tor zur neuen Wirklichkeit. Gedenken an Theodor W.

Adorno. In: Nürnberger Ztg. 9.9.1978, 20.
Schirmacher, W.: Der Erbe der kritischen Theorie: ein Philosoph oder ein Sophist? Zu Jürgen Habermas. In: Deutsches Allgemeines Sonntagsblatt 17.6.1979, 12. (a)
Schirmacher, W.: Aus Hegels Logik folgt Freiheit statt Herrschaft. In: Bremer Nachrichten 5.9.1979, 12. (b)
Schirmacher, W.: Der Entzweiung des Menschen nachgedacht. Über Hegel heute. In: Nürnberger Ztg. 8.9.1979, 10. (c)
Schirmacher, W.: Über das Elend hinaus zu einem anderen Anfang. Die zukunftsweisende Bedeutung des Philosophen Heidegger. In: Mannheimer Morgen 28.9.1979, 38. (d)
Schirmacher, W.: Ereignis Technik. Heidegger und die Frage nach der Technik. Diss. Phil. Hamburg 1980.
Schirmacher, W.: Der Philosoph auf dem Theater. Friedrich Dürrenmatt wird 60. In: Saarbrücker Ztg. 3. 4.1981, 10.
Schmidt, A.: Der Begriff der Natur in der Lehre von Marx. Frankfurt/M 1962.
Schweppenhäuser, H. (Hrsg.): Theodor W. Adorno zum Gedächtnis. Eine Sammlung. Frankfurt/M 1971.
Sommer, M.: Die Selbsterhaltung der Vernunft. Stuttgart/Bad Cannstadt 1977.
Stegmüller, W.: Das Universalienproblem einst und jetzt. In: Stegmüller, W.: Glauben, Wissen und Erkennen. Darmstadt ^{2}1965, 48-118.

Lothar Zahn

Der Ausklang der *Negativen Dialektik*.
Adornos Variationen zur ‚Metaphysik' nach Kant, Hegel und Nietzsche.
Zum Dritten Teil der *Negativen Dialektik* (354–400)

I

„Klangfiguren" überschrieb Adorno eine Sammlung seiner musikalischen Schriften, die kaum nur *neben* seine philosophischen zu stellen sind, sondern in diesen wider-, an- und ausklingen. Wer sich in der Welt so ausgiebig von früh auf an Klängen erfuhr, vermittelt sich zu dem eigenen und fremden Sein in einer Weise, die von diesem Medium nicht unbetroffen bleibt. Hegel hat diese Eigenart der Vermittlung des Geistes durch Ton, Takt, Rhythmus und Melodie in seiner noch immer unentdeckten Ästhetik eindringlich beschrieben. Der im Erklingen auch schon verklingende Ton repräsentiere einen Seinsbezug, der dem „Äußeren nicht gestattet, als Äußeres sich uns gegenüber ein festes Dasein anzueignen" (15, 133). Der Adornos Denken bestimmende Widerstand gegen Verdinglichung und Warenfetischismus teilte sich ihm vor aller besonderen Reflexion des Systems der Beschränkungen durch die transzendierende Kraft des Tons mit, der gerade dadurch, daß er nicht begrenzend vor uns stehen bleibt und stets aufs neue versucht werden muß, uns die offene, durch und durch zeitliche Erfahrung unserer Möglichkeit und Freiheit vermittelt: Im Ausklang wird die Lösung von der Gewalt des endlich Gesetzten und Komponierten erfahren, ohne doch bei einem Absoluten anzukommen.

Aber wenn sich der Geist von der vom Subjekt selbst erzeugten flüchtigen Materiatur des Tones her versteht, so lauert darin die zur Verdinglichung komplementäre Gefahr des Spiritualismus, die Adorno vor allem auch bei sich selber bekämpfte. Aus dem schon sinnlich schwebend gewordenen subjektivierten Sein stilisiert das Denken nochmals in der Abstraktion die Idee heraus, daß letztlich alles ein von uns progressiv Erzeugtes sei. Die von der Materialität entschwerte, logische Komposition des Geistes wird nun, wie Adorno mit Marxens Augen vor allem bei Hegel es sich ereignen sah, zur Melodie des Absoluten als der „deutschen Ideologie". Indem diese

Geschichte im Schlußakkord des absoluten Wissens nach Durchlaufen all ihrer Variationen und Verwandlungen sich vollenden läßt, verklärt sie nach dem Verblassen der alten Theologien nun die Immanenz des aus sich und durch sich gewordenen Subjektes selbst zur Metaphysik. Diese läuft aber, ohne daß sie es wüßte, parallel zu der Entwicklung der bürgerlichen Gesellschaft in einen Widerspruch aus, wie er zerreißender kaum gedacht werden kann: Das anfänglich dem revolutionären Impetus folgende Programm, das Denken zu verflüssigen, verkehrt sich nach Erlangung von Macht und geistigem Selbstbewußtsein in das Gegenteil einer systematisch-statuarischen Verabsolutierung der vom bürgerlichen Subjekt organisierten Verhältnisse. Der aufs höchste gesteigerte Spiritualismus schlägt in einen Positivismus um, der, indem ihm seine Setzungen für das Ganze gelten, diesem verfällt und so paradoxerweise durch seine eigene thetische Aktivität wieder und erst recht in jenen dogmatisch verdinglichten Schematismus zurücksinkt, dem er in seiner Kritik der verknöcherten Tradition und Individualität einst zu entgehen trachtete. Subjektzentrierte Spiritualität und Verdinglichung, so gegensätzlich sie auf den ersten Blick scheinen, sind die beiden zusammengehörigen Seiten *eines* Bewußtseins, für welches die heutige Musik wiederum Gleichnis sein kann. In ihren von der Kulturindustrie produzierten, die Subjektivität monoman aufpeitschenden Maschinentakten marschiert der monotone Konformismus einer in der Immanenz gefesselten Transzendenz.

Solche an der Musik gewonnenen Überlegungen mögen an das Problem der Metaphysik heranführen, wie es Adorno im letzten Teil der *Negativen Dialektik* in 12 Variationen meditiert. Unter mehreren Hinsichten läßt sich verfolgen, wie sein geschichtlich vor Verdinglichung wie Spiritualisierung gleichermaßen gewarntes Bewußtsein zwischen ihnen oszilliert und eine humane Mitte zu finden versucht, in der Seiendes zwar transzendiert, aber doch nicht zu einem selbstherrlichen Himmel des Menschen verklärt wird, in dessen einförmigem „Ich denke" alles Andere, das Ding sowohl wie der Mitmensch, zu Konstruktionen verdunstet, in deren Leere das ans Empfangen geknüpfte Glück vernichtet, der Tod zur Quantität banalisiert und die Kultur wie bei Beckett zu Müll, zum „Deckel überm Unrat" (361) entwertet wird. Dieses meditierende Kreisen Adornos, nach Auschwitz, um den metaphysischen Ort des Humanen zwischen Immanenz und Transzendenz, Identität und Nichtidentität, Spiritualität und Materialität, läßt sich, wie das

Atom das Universum spiegelt, sowohl unter dem „mikrologischen Blick" als auch dem makrologischen sowie den Vermittlungen zwischen beiden verfolgen. Den größten, präzise faßbaren Raum der Meditation bildet das tief in die soziale Geschichte verwobene Schicksal der Metaphysik in dem Jahrhundert zwischen Kants Kritiken und Nietzsches Entdeckung der zivilisatorischen Wüste, wie sie dann in den Todeslagern zu grausiger Wirklichkeit wurde. Diese geschichtliche Verwandlung des Bewußtseins, die zunächst skizziert werden soll, umschreibt im Ganzen eine Figur, welche nach einem noch verhaltenen Einsatz bei Kant immer schneller und ungehemmter ansteigt, bei Hegel in einem ebenso konsequenten wie hybriden *forte* die Peripetie erreicht, dann schnell in ihrem Glanze zu Schein zerbricht und in der Kälte des ertötenden Betriebes verweht, die bange Frage zurücklassend, ob es nach diesem Erlöschen der Metaphysik noch in einem neuen Satz eine Auferstehung des Menschen aus dem selbst produzierten Unheil geben könne.

Diese große geschichtliche Kadenz spiegelt sich aber auch im Kleinsten, in der stilistischen Intonation, in der einzelnen Aussage, im Auf- und Ausklingen des Satzes wider, wie an dem Schlußsatz der *Negativen Dialektik* gezeigt werden soll, in welchem sich, wie in einem Schlußakkord, das Form gewordene Bewußtsein zu einer exemplarischen, ins Offene weisenden Gebärde zusammenfaßt. Die Melodie des Weltlaufes, wie sie sich durch das *ceterum censeo* Adornos in Jahrzehnten seinem Bewußtsein einprägte, bestimmt, an der Sprache faßbar, dessen Habitus so sehr, daß sie sich zum individuierten Schema verallgemeinert, unter dem sich ihm alle Erfahrung vermittelt. Der monologisch-hermetische Stil, der dem Ausdruck gibt und immer von der Gefahr des Prätentiös-Exklusiven bedroht ist, demonstriert an sich selbst Adornos Kantkritik, daß die Gegenständlichkeit nur höchst unzureichend oder abstrakt als durch die formalen Akte der Vernunft konstituiert erfaßt sei, da die Erscheinungen stets auch auf geschichtlich-individuierte Erfahrungen als ihr materiales Apriori zurückgingen. Die Kultivierung dieser Individuation bringt freilich auch das hervor, was man ihren „Fluch" genannt hat und was auch bei Adorno der Schatten ist, den ein durch ästhetischen Formwillen zu reflektierter Kontur gelangtes, individuiertes Sein wirft: das Heimweh nach der von keiner Reflexion erreichbaren Unmittelbarkeit eines Anderen, sei es der Liebe, der Kindheit oder der Natur, kurz, des Nichtidentischen, das die Quelle des Begehrens gerade für ein Denken wird, das, seinen auf

Identität gerichteten Narzißmus fühlend, auch noch aus diesem sich zu erlösen sucht. Hier kehrt der zunächst zu verfolgende aporetische Ausklang der Geschichte in der individuierten Intellektualität Adornos wieder, in ihrer begrifflichen Anspannung, die eine insbesondere an Marcel Proust genährte metaphysische Poesie des Heimwehs nach kindlichem Glück durchschwingt. Philosoph und doch nur Nietzsches „Narr und Dichter" (vgl. 396), um Wahrheit als etwas Unaufgebbares bemüht und doch vom Leben als undurchdringlichem Schein überzeugt — in diesem auch persönlich klagenden Halbton, das wird zu zeigen sein, klingt Adornos Meditation über die Metaphysik zwischen Kant, Hegel und Nietzsche aus.

II

Unter der in der 4. Meditation direkt ausgesprochenen Einsicht Adornos, daß metaphysische Erfahrung als solche in einem weit über Kants transzendentale Dialektik hinausgehenden Sinne antinomisch sei und einen Status zwischen Fetischisierung einerseits und „Verflüssigung alles Dinghaften ohne Rest" im reinen Akt des Subjektes andererseits habe, unter dieser in den beiden ersten Abschnitten umrissenen Perspektive nimmt Adornos Verhältnis zu allen Denkern der Vergangenheit, auf die er blickt, den Charakter einer jeweils spezifischen Zweideutigkeit an, darin sich Bejahung und Verneinung in der Schwebe halten. Diese Relativierung des Anspruches der Denker auf Gültigkeit erfolgt vor allem durch den Hinweis auf ihre unreflektierte Bindung an ein sozialgeschichtliches Bewußtsein, durch die Wahrheit immer nur in unzulänglich-endlicher Gestalt manifest werden könne. Die Meditationen der *Negativen Dialektik* suchen die Zeitgestalt der Konzepte durch den Aufweis zu enthüllen, daß sich einerseits in ihrer Beschränkung ebenso Borniertheit wie Wahrheit verbergen, wie denn andererseits der unbeschränkte Anspruch als ebenso konsequent wie hybride erscheinen muß.

Während nach Adorno die zweite Konstellation vor allem das Werk Hegels belastet, wie in unserem nächsten Abschnitt erläutert werden soll, ist dasjenige von *Kant* durch die erste charakterisiert. Wie der Kleinbürger sich einen gesicherten Besitz zu erwerben und zu erhalten suchte, so sei Kant ausgezogen, vor dem offenen

Ozean einer aus dogmatischen Traditionen dynamisch sich lösenden Geschichte das Wissen auf ein gesichertes, von der formalen Vernunft befestigtes Eiland zu beschränken. Wenngleich dieses Mißtrauen gegen einen hemmungslosen zivilisatorischen Prozeß, wie es insbesondere in der späten Geschichtsphilosophie Kants hervortritt, in Adornos Retrospektive sich als nur allzu gerechtfertigt erwiesen hat, so hat das „intellektuelle Glück im Winkel als Robinsonade" (376) doch unvermerkt selbst an der fatalen Entwicklung teil. Die hausbackene Mentalität einer überall um die formalen Grenzen besorgten Ratio eliminiert aus dieser die Phantasie als den progressiv-antezipierenden Teil derselben und biegt eine derart ausgetrocknete revolutionär-bürgerliche Vernunft auf die Erkenntnis des gegenständlichen Seins zurück, d. h.: dieses Werk signalisiert bereits den Übergang zu einem konservativen Positivismus, dem es vor allem anderen um die Wahrung und den Ausbau des Besitzstandes geht.

Die geschichtlich-materiale Antinomie in Kants Denken besteht nach Adorno nun allerdings darin, daß er diese restriktive Haltung auf dem Felde der theoretischen Vernunft durch das Pathos einer freien, dem unendlichen Sollen verpflichteten praktischen Vernunft gleichsam kompensiert. Die dort zertrümmerte Metaphysik schlägt hier in der moralischen Gläubigkeit an Gott, Freiheit und Unsterblichkeit wieder voll durch und bereitet, wie sich schon an Kants Schüler Fichte zeigt, jener anderen, das System der Beschränkungen wieder überspringenden hypertrophen Auffassung des Geistes die Bahn, wonach alles erscheinende Sein als auf ihn zurückgehende Tat-Sache zu verstehen sei. Das „Ding an sich", welches Kant noch mit Adornos dringlichster Zustimmung vor dem sich zum Absoluten aufblähenden Vernunftsanspruch retten wollte, verflüchtigte sich so in der Selbstherrlichkeit eines Bewußtseins, dem alles als machbar galt und das sich immer mehr in seine eigene monomane Betriebsamkeit verschloß.

Das Werk Kants ist, über seine eigene Formulierung der Antinomien hinaus, in diesem von ihm nicht wißbaren Sinne geschichtlich-metaphysisch von „großartiger Zweideutigkeit" (378). Kant verbot in seiner Kritik des ontologischen Gottesbeweises den Schluß, daß das gedache Absolute auch ein wirkliches sei, wandte sich also gegen die Spekulation, die die Grenzen gegenständlicher Erfahrung übersprang, wollte aber den Menschen andererseits auch nicht auf diese Faktizität festlegen, sondern ihn, durch den Verweis auf die metaphysischen Ideen, seiner unendlichen Aufgabe öffnen. Der seit Hegel oft vermerkte Dualismus Kants zwischen Sein und Sollen, der uns stets beschränkenden anthropologischen Vernunftsform und einer sich stets überholenden, ins Offene weisenden materialen Erfahrung der Geschichte, grenzt so für Adorno im ungelösten Nebeneinander den zu suchenden Ort der Metaphysik zwischen spekulativer Verstiegenheit und empirischer Borniertheit näher ein.

Hegel ist gegenüber Kant in der dialektischen Betrachtung Adornos gleichsam die reziproke Verfehlung des humanen Ortes der Metaphysik. Legte die transzendentale Erkenntniskritik, als „System . . . von Haltesignalen" (380), den Akzent auf die dem kleinbürgerlichen Eigentum entsprechende Beschränkung und Absicherung des Wissens und wurde sie „terroristisch mit dem Verbot, das Absolute zu denken" (381), so vergeht sich Hegel in seiner Steigerung des stets begrenzten zum unumschränkt-absoluten Wissen „gegen den metaphysischen Vorbehalt Kants" (375). Während bei diesem die Zweideutigkeit darin bestand, daß sich die theoretische Beschränkung durch niemals zur Erscheinung kommende praktische Ideen kompensierte, wird bei Hegel die Ambivalenz vom anderen Ende her sichtbar: Indem er die Folge der Erscheinungen zum Absoluten, zum Gang Gottes auf Erden (vgl. Hegel 12, 540) verklärt, schlägt der Anspruch des Unbeschränkten nun gerade in die Beschränkung um, da der Geist nichts außer sich selbst mehr duldet und das Denken sich für das Ganze hält. Das „totum" wird hier, wie Adorno wortspielerisch schreibt, zum „Totem" (370), die das Denken verabsolutierende dialektische Logik zum Mythos. Hatte die im Denken sich spiegelnde kleinbürgerliche Perspektive des 18. Jahrhunderts noch die weltumgestaltende Dynamik des Eigentums unterschätzt, so tritt nun im 19. auch im Reich des Gedankens der Imperialismus der im Besitzstreben entfesselten Produktivkräfte hervor: Die Welt soll ganz und gar als ein Konstrukt des Denkens begriffen werden.

So sehr auch dieses Selbstverständnis für Adorno zu der verhängnisvollen „Gefangenschaft in der Immanenz" (381) führt und letztlich „verkehrt" (381) ist, so hat es doch auch gegenüber Kant sein befreiendes Recht und läßt dessen Werk nach rückwärts in seiner eigentlichen Unzulänglichkeit sehen. Dieses kann gerade das nicht „leisten, was es sich vorsetzt, nämlich Erfahrung zu begründen" (380), da diese als ein jeweils sich selbst überholender Prozeß der Erkenntnis durch den starren Formalismus stillgestellt wird und im übrigen das Alter-Ego, das allein das Subjekt zu sich in neuer Weise vermitteln kann, in der transzendentalen Reduktion auf die Subjektivität eingeklammert wird bzw. nur als das leere X des „Dinges an sich" stehen bleibt. Demgegenüber wollen die Idealisten „Erfahrung Lebendiger" (381) denken, indem sie sich Bewußtsein als einen Prozeß zu rekonstruieren suchen, in welchem sich das Selbstbewußtsein und die erscheinende Welt wechselseitig vermitteln.

Aber dieser Versuch, auf verschiedenen Stufen die „Einheit seiner selbst mit seinem Nichtidentischen zu explizieren" (382), kann die verflüssigende, stets transitorische Vermittlung nicht durchhalten, sondern das Denken insbesondere des späten Hegel wird durch seine Konsequenz dazu getrieben, seinerseits auf einem „jenseitigen Festen" (368) als der unmittelbaren Bedingung der Möglichkeit aller Vermittlung zu bestehen. Schon Platon hatte in seiner höchsten Schau das Absolute als jenes Zusammenhang überhaupt gewährende „Gute" bestimmt, welches zwischen dem, was erkennt, und dem, was erkannt wird, ein Joch oder Band spannt (Politeia 6. Buch, 508). Thronte für ihn dieses intelligible Gute an einem alle Sichtbarkeit übersteigenden „überhimmlischen Ort" (Phaidon 247c), so zieht es Hegel „unaufhaltsam" (358) mit dem Argument in das Denken hinein, daß, was gedacht werde, schon der Behauptung der Jenseitigkeit widerspreche. Da alles, was begegnet, „für uns", also im weitesten Sinne ein Gedachtes (Vorgestelltes) ist und das Denken in sich keine Halt gebietende Grenze findet, avanciert es selber zum Statthalter des Absoluten und vergeht sich gerade „durch seine Konsequenz gegen den metaphysischen Vorbehalt Kants" (375). Wie materialistische Kritik erwies, besteht die metaphysische Verfehlung des Idealismus darin, daß er seine Beschränkung in der Auffassung einer unbeschränkten Spiritualität nicht durchschaute, die eine Verflüssigung des Dinghaften ohne Rest bedeutete. Hier entschwindet dem die Komposition seines Werdens durchschauenden Geist das Bewußtsein davon, daß die Töne, aus denen seine Melodie besteht, nicht ausschließlich sein Werk sind, da die erzitternde Materie die andere, unaufhebbare Bedingung ihres Erklingens bleibt, an die die menschliche Erfahrung nicht nur gefesselt ist, sondern die auch der Grund ihrer Möglichkeit und ihres Glücks ist.

Letzteres hatte Hegel selbst in seinen „Vorlesungen über die Philosophie der Geschichte" aus seinem auf das Allgemeine gerichteten Werk mit der Feststellung verbannt, daß „die Weltgeschichte nicht der Boden des Glückes" sei (12, 42), da dieses stets an partikuläre, individuelle Zwecke geknüpft wäre. In dieser geistigen „Elevation" (357) über das Individuelle, wie es sich, im Denken uneinholbar, im Glück, Leiden und Sterben bekundet, in dieser Abstraktion sieht Adorno, von Kierkegaard früh darauf hingewiesen, den bis zu Auschwitz führenden Frevel. Wenngleich Hegel vor dem leeren oder schlechten Allgemeinen warnte, hat er doch seinerseits an der Geschichte des Unterganges des Individuellen teil, wie er sich im kalten Inferno des allgemeinen Vernichtens dann grausig vollendet. Gegen das unter der Perspektive des Allgemeinen „gleichgültig gewordene Selbst" (355), aus dem uns mit Nietzsche die Kälte oder der leere Raum des Daseins anhaucht, gilt es, das unverlierbar Besondere zu retten, wie es die Kindheit vor dieser Verirrung in die erdferne Abstraktion entdeckt. Glück ist nämlich wie alle konkreten Selbst-Erfahrungen, so hatte es Adorno bei Proust und Benjamin ausgesprochen gefunden, an die individuierte Verortung unseres Geistes geknüpft. Die Faszination, die für das Kind von der Zone der Verwesung ausgeht oder von der glücklichen Verheißung eines Ortes, daß etwas für es „nur dort, ganz allein und nirgends sonst zu finden sei" (366), stiftet für Adorno das Modell einer wahren Erfahrung selbst dann, wenn die kindliche Verklärung des Ortes Irrtum und Schein ist; denn hier wird der Blick nicht von den Sachen in die Leere des Allgemeinen abgezogen, hier werden diese vielmehr selbst als individuiert und doch auch als das Andere, Fremde erfahren, und der Geist hält sich zwischen Identität und Nichtidentität, Besonderem und Allgemeinem in einer offenen, lebendigen, metaphysischen Schwebe. Wem deshalb „gelänge, auf das sich zu besinnen, was ihn einmal aus den Worten Luderbach und Schweinstiege ansprang, wäre wohl näher am absoluten Wissen als das Hegelsche Kapitel, das es dem Leser verspricht, um es ihm überlegen zu versagen." (359)

Der Konjunktiv dieses Satzes, der auf die mikrologische Struktur des Stiles hinüberweist, ist selbst Ausdruck der ambivalenten Schwebe. Er ist nämlich einerseits als ein Irrealis aufzufassen, denn es kann nicht nur, sondern darf auch nicht das uns anspringende Andere in der Erfahrung eingeholt werden, weil es dann selbst der Identität einverleibt und zum festgenagelten Toten wird. Andererseits ist dieser Konjunktiv doch der der Möglichkeit: Die damals aufgenommene Fühlung zum metaphysisch Anderen, Fremden und doch wieder Eigenen stiftet, in der Erinnerung als Vor-Schein auf jegliche Erfüllung wachgehalten, das Motiv für alles Mögen und Streben nach glücklicher Selbstgegenwart in einem Anderen. Dieser individuell erfahrene doppelsinnige Schein, der uns sowohl verblendet wie als Wahrheit vorausleuchtet, bildet, wie Adorno, nun ganz in Nietzsches Nähe, an Hegel und dem logischen Denken überhaupt kritisiert, den bleibenden, uneingestandenen individuierten Grund seines Denkens, das sich seinem eigenen, eben verkehrten Selbstverständnis nach aus dem Besonderen in das Allgemeine entkommen wähnt. Das als partikulär verleumdete Glück geht auch, durch die Kindheit vermittelt, in die Idee einer erkennenden Versöhnung mit allem, was lebt, ein, denn hier sucht das Denken „in der Elevation sein Glück" (357), von dem es sich allerdings gerade dadurch entfernt. In dem Denken nämlich, wie es von Hegel nach einer langen Tradition der Aufklärung auf den Begriff gebracht wurde, geht das besondere Andere oder Individuierte im Allgemeinen, in der dialektischen Programmatik einer „Identität der Identität und der Nichtidentität" (Werke 2, 96) unter. Negative Dialektik hat so in einer kritischen Selbstreflexion des Denkens das Äußerste, was „dem Begriff entflieht" (358), vor dessen ins Allgemeine einwalzenden Zugriff zu bewahren und muß damit, „um wahr zu sein, heute jedenfalls, auch gegen sich selbst denken" (358).

Bewegte sich die geschichtlich-metaphysische Erörterung zwischen Kant und Hegel im dialektischen Spannungsfeld von Beschränkung und Verabsolutierung, wobei die Selbstbegrenzung des Wissens sich als Insel im Ozean ebensowenig halten ließ, wie sich der allumfassende Geist gerade als die totale, unglückliche Beschränkung in der Immanenz erwies, so führt Adorno mit *Nietzsche* ein neues kontrapunktisches Motiv in seine variationsreiche Komposition der Geschichte der Metaphysik ein. Faßte Hegel im rückschauenden Flug der Eule der Minerva den Geist als das substantielle Ganze, das *hen kai pan,* so zeichnet sich für den bang in die Zukunft schauenden Nietzsche das Nichtige als der Fluchtpunkt ab, zu dem die auf das Positiv-Allgemeine gerichtete abendländische Ratio wider ihr Wissen gerade dort tendiert, wo sie sich getragen wähnt durch ihre herkömmlichen religiösen Werte, die wissenschaftlich festgestellte Objektivität, ihre ins Werk gesetzte Technik oder das die Existenz sichernde Eigentum. Nach dem Vorgange Kierkegaards bezeichnet Nietzsches Werk also den Punkt, wo die Entwicklung zu dem zum All verklärten Geist in das Gegenteil umkippt:„ Im Nichts kulminiert die Abstraktion, und das Abstrakte ist das Verworfene." (373)

Jedoch auch das Nichts, wie es in dem Begriff „Nihilismus" (370ff.) dingfest gemacht wurde, auch es enthält eine metaphysische Zweideutigkeit, die Adorno gegenüber Nietzsche mit dem Blick auf das vorangegangene Denken dort, wo sie zur nun negativen Eindeutigkeit gerinnt, wieder in der musikalischen Schwebe zur Geltung bringen möchte. Mit einer für die tonale Interpretation der Welt sehr bezeichnenden und später noch aufzunehmenden Wendung möchte er sein dialektisches Denken in dem „Niemandsland zwischen den Grenzpfählen von Sein und Nichts" (374) ansiedeln. Diese zwischen beiden vermittelnde Zone ist für ihn der ästhetische Schein, dem er „unvergleichliche metaphysische Relevanz" (386) nachsagt, und den vor der positivistischen Ratio zu retten er gleich Nietzsche ausgezogen ist. Sein Verhältnis zu dem „denkenden Künstler", der „die ungedachte Kunst" „verstand" (396), ist wegen dieser Affinität im Ästhetischen subtiler, verschwiegener, vorsichtig-distanzierter, als das zu den unter der Dominanz des Allgemein-Begrifflichen stehenden Konzepten. Schon Nietzsches perspektivischer, in der lichten Leichtigkeit die dunkle Tiefe wahrender Schreib- und Denkstil, in dem die Phänomene zwischen Sinnlichkeit und Verstand oszillieren und sich eben damit an der Grenzscheide zwischen Bestand und Entzug nur als Erscheinungen zu erkennen geben, schon dieser Adorno so gemäße fließende Übergang der Philosophie in die Kunst bildet für eine bestimmtere Abgrenzung kaum einen Umriß, und der Versuch einer Skizzierung von Adornos Verhältnis zur Artistenmetaphysik Nietzsches muß deshalb mit dem Eingeständnis des in der Art der Beziehung liegenden Ungefähren beginnen.

Adorno nimmt zunächst Nietzsches kulturkritische Diagnose des geschichtlichen Nihilismus vor jenem allzu eindeutigen, nachfolgenden Gerede in Schutz, wonach dieses Wort „zum Inbegriff eines als nichtig verklagten oder sich selbst verklagenden Zustands" (372) wird. Dieser Auffassung liegt ein ebenso primitives wie gefährliches politisch-ideologisches Motiv zugrunde, das in die „Gegenrichtung zu Nietzsche" (372) weist: „Nihilist" wird zum „Hetz"-Wort (372), gerade gegenüber dem kritischen Intellektuellen als dem „Prinzen Vogelfrei" der „fröhlichen Wissenschaft" Nietzsches, „der die abendländische Erbschaft von Positivität anzutreten sich weigert" (373). Nietzsche sieht umgekehrt das Nichtige gerade in den Werten, die es nach Ansicht dieser modernen Panikmacher im Dienste der Affirmation zur Abwehr des Nihilismus zu reaktivieren gilt: in den die Natur reglementierenden Vorstellungen, wie sie sich geschichtlich in Gestalt leibfeindlicher Religion, rigoroser moralischer Normen, abstrakter Ideen und allgemeiner Begriffe durchsetzten. Sein vorausschauendes Urteil über den zum Nichts tendierenden, das Individuum kassierenden Terrorismus der abstrakten Ideen ist nach Adorno an den Massenopfern unseres Jahrhunderts bestätigt und vollstreckt worden.

Obwohl also der Autor der „Lieder des Prinzen Vogelfrei", der auf die reflektierte nördliche Kälte und Leere des „Nichts" das südliche Spiel des „Lichts" (Nietzsche Werke 2, 271) reimt, das uns selbst in Sein und Schein hineinmischt, mit Nihilismus eine ambivalente Erfahrung verbindet, darin das Nichtige der Nacht in Freiheit und Glück einer Morgenröte überschwingt, kann er, der mit seiner Philosophie des Vormittags zu früh kommt, sich doch noch nicht im Gleichgewicht des großen Mittags halten, wo die Welt bei der Flöte des Pan zu schweben beginnt, ohne sich doch in ein abstraktes Sein zu verflüchtigen. Allzu tief ist Nietzsche in die sokratische Aufklärung verstrickt, gegen die er reflektierend im Namen der Unschuld auch in sich selber streiten muß. Hinter der von ihm einerseits geforderten und geübten „intellektuellen Redlichkeit" (376) lauert andererseits „der Selbsthaß des Geistes, die verinnerlichte Protestantenwut auf die Hure Vernunft" (376), die alle Unmittelbarkeit, Unschuld und Gläubigkeit in ihrer reflektierenden Geschäftigkeit analytisch zersetzt und damit die Substanz des Lebens selbst angreift. Denn dieses bedarf, wie auch Adorno weiß, eines Minimums solcher spontanen Bezüge, um nicht der alle Überzeugung zermahlenden Übermacht relativierender Vermittlungen total zu verfallen und, derart desillusioniert an die Profanität des festgestellten Seins gekettet, jede das Werden tragende und treibende Hoffnung zu verlieren. Unter dieser Perspektive behält die Metaphysik ihr Recht und ist „wahrer" als der Positivismus selbst dann, wenn sie objektiv als Schein, Irrtum oder Illusion nicht bestehen kann; denn während sie das Dasein zum Humanen als einer neuen Möglichkeit öffnet, wird es von dem nur feststellenden Geist in die dumpfe Seinsform des Herumtreibens in der Ausweglosigkeit in sich kreisender Funktionalität verbannt.

Diese Sicht, obwohl von Nietzsche eröffnet, setzt sich bei ihm, wie Adorno an anderen Stellen andeutet, nicht in aller Entschiedenheit durch und gerät dadurch ihrerseits in ein Zwielicht. Diese antiplatonische Philosophie versteht sich selbst in ihrem Affekt gegen das „Hinterweltlerische" (vgl. *Zarathustra*) der Transzendenz als Antimetaphysik und spricht in ihrer Bejahung des uns hinaufpflanzenden Scheins doch ganz aus dem Geiste der Metaphysik, so daß sich an ihm der von Hegel weit entfaltete Satz bewahrheitet, daß der Feind an das gebunden bleibt, was er bekämpft. Nietzsches Befangenbleiben in der Tradition zeigt sich auch in seinem Versuch einer ‚Überwindung des Nihilismus' durch den Übermenschen, dem das nichtende Prinzip doch letztlich als etwas Negatives gilt und der über Welle und Spiel hinaus ebenfalls noch auf ein Positives als ein endlich erreichbares Ufer spekuliert. Für Adorno, den späteren Autor der *Negativen Dialektik*, ist diese „Überwindung" allemal „schlimmer als das Überwundene" (373), denn sie verfehlt den bestimmten Ort unseres Da-seins durch einen gefährlichen Purzelbaum der Abstraktion: Das Etwas, das zunächst in einem nicht vorstellbaren Nichts eliminiert wurde, schlägt in das damit selbst produzierte Verlangen nach einem ebenso abstrakten Sein um, in welchem das Nichtige als insgesamt überwunden erscheint, in Wahrheit aber alles konkrete Leben getilgt und stillgelegt ist.

Adorno setzt so seine „Ehre daran, zu verteidigen, was Nihilismus gescholten wird" (374), denn für ihn ist „der Zustand, in dem man an nichts mehr sich halten könnte, erst der menschenwürdige" (373), da erst in ihm das Etwas in dem erstrebten freien, autonomen Spielraum des Nichts begegnete. Indem Nietzsche dem Gedanken einer Überwindung des Nihilismus verfällt und dem braunen Totalitarismus damit ungewollt die Parolen für ein antiintellektuelles „Aufräumen" in der Welt von Grund auf liefert, bleibt er hinter der Konsequenz seines eigenen Denkens zurück, wie sie die Formel des Zarathustra „Nur Narr, Nur Dichter" (396) als die wahre Einsicht in die geschichtliche conditio humana umschreibt: Wo der Geist um seine Ohnmacht vor der Macht des Faktischen weiß, sich selbst jede Hoffnung auf Positivität als einen Rückfall in das, was er kritisiert, verbieten muß und sich doch nicht dazu bereit finden kann, abzudanken und damit sein Verlangen nach Transzendenz der Verhältnisse zu verraten, da bleibt ihm allein noch die spielerisch-kritische Gebärde des Narren, der zwischen Realität und unabsehbarer Zukunft schwebende Schein des Dichters, durch den das meta-physische Licht wenigstens nicht erlischt. Die Nietzsche gewidmete vorletzte Meditation Adornos, in welcher sich der Ausklang seines eigenen metaphysischen Bekenntnisses vorbereitet, schließt mit dem dialektisch-bedeutungsvollen Satz:

„Im Schein verspricht sich das Scheinlose." (397) Er führt uns im nächsten Abschnitt von der geistesgeschichtlichen Perspektive hinüber zu der im Satz sich bekundenden Perspektive des mikrologisch-musikalischen Denkstils.

III

In seiner 12. Meditation über die Möglichkeit der Metaphysik, dem Finale, faßt Adorno zu Beginn selbst das Ergebnis seiner Reflexionen auf die historischen Gestalten der Metaphysik zusammen. Sämtlich sei es ihnen verwehrt geblieben, aus dem unserem Denken selbst innewohnenden Ausschließlichkeits- oder Identitätsanspruch herauszutreten und zum Anderen, als „einem ihm schlechthin Inkommensurablen" (397) „ohne Erschleichung" (397) oder Rückgriff auf dogmatische Theologie auszubrechen. Zuletzt hatte Nietzsche dieses Nichtidentische, auf das Metaphysik wahrhaft gerichtet ist, derart verfehlt, daß er zwar den zum Nichtigen, weil nur Identischen führenden negativen Charakter des begrifflichen Denkens erkannte, aber im eigenen Denken die Negation dieser Negation im Sinne von „Überwindung" selbst doch wieder als etwas Positives, vom Denken Gesetztes anvisierte. Demgegenüber will die *Negative Dialektik* „in einer letzten Bewegung sich noch gegen sich selbst kehren" (397), sich als endlich durchschauen, ohne sich doch im Endlichen zu verfestigen und damit dieses zu verabsolutieren, wie andererseits sich auch den Sprung aus den denkenden Vermittlungen in den Glauben an das unmittelbar Absolute versagen. Erst in dieser doppelseitigen Negation eines Sichverlierens an das Endliche oder Unendliche, welcher Versuchung die skizzierten Gestalten der Metaphysik jeweils in verschiedenen Konstellationen verfielen, wird Adornos neue, ihrer eigenen Vorläufigkeit eingedenke, „negative Dialektik" in ihrem geschichtlichen Ort einsichtig. In ihr artikuliert sich ein durch Erfahrung gewitztes aporetisches Bewußtsein, das weder mehr ‚*an etwas*' glauben kann, noch auf ein Minimum an *Glauben* als das die Welt Transzendierende, die dem Denken selbst innewohnende Hoffnung, zu verzichten bereit ist, sondern reflektierend-wartend im „Niemandsland zwischen . . . Sein und Nichts"' (374) in einer offenen Schwebe sich zu halten versucht.

Ist so das Selbstverständnis gespannt zwischen die Unmöglichkeit einer das Ganze begrifflich fassenden Metaphysik und zugleich ihrer Notwendigkeit in Hinsicht auf die meta-physische Befreiung von einer sonst hermetischen Positivität des Seienden, so fahndet es in seiner Selbstreflexion zuletzt nach einem Modell, daran es sich als einer adäquaten oder analogen Erscheinung bestätigt sehen darf und so auch das eigene Mißtrauen vor haltloser Spekulation sich beruhigen kann. Dieser Spiegel, der dem Menschengeist sein aporetisches unendlich-endliches Bild zurückwirft und als seine wahrhafte Existenzform bestätigt, ist für Adorno, wie schon für Hegel, die *Schrift*. Faßte letzterer sie in seiner Theorie des spekulativen Satzes als den Logos auf, darin sich die erscheinende und über das Gesetzte wieder hinausdrängende Bewegungsform des Absoluten manifestiert, so ist Schrift für Adorno ohne diesen Hintergrund einer säkularisierten Theologie eine „lesbare Konstellation von Seiendem" (399). In der Art und Weise, wie die Zeichen der Schrift als die Repräsentationen von Seiendem in Konstellationen gesetzt oder komponiert werden, wird die disparate Gegenständlichkeit des Einzelnen zu einem nicht mehr stofflichen meta-physischen Zusammenhang einer sinntragenden „Konfiguration" (399) transzendiert, die allerdings nicht von ihrer endlichen Erscheinung abgelöst und „vergottet" (399) werden darf. In der Zeichenfolge der Schrift, in welcher sich immer ganz und gar zeitliches Dasein artikuliert, weist demnach nicht jedes Zeichen nur auf das nächste, sondern sie im ganzen bildet gleichsam eine über das Feststellbare ins Offene ausgreifende Gebärde, die, wie die Momente des Schweigens zwischen den Markierungen andeuten, auf ein von diesen unerreicht Anderes verweisen. Die Schrift, sei es die der Worte oder die der Noten, ist Urbild einer dialektisch ambivalenten Metaphysik, in welcher sich das Absolute in dem doppelten Sinne „verspricht", daß es in ihren Zeichen stets nur unzulänglich zur Erscheinung kommt und doch in diesem Versprechen das Versprechen oder die Verheißung des noch unerhört Anderen ständig erneuert.

Je mehr allerdings durch die definitorische Stereotypie der Formulierungen die allgemeinen Konturen festgeschrieben werden, umso mehr wird die Intention eines Stiles unverständlich, die im Gegenzug dazu gerade auf die Präsenz des Offenen gerichtet ist und im Blick auf den Leser sogar bewußt bemüht ist, sich einem einebnenden fixierten Verstehen zu verweigern. Wo die große Landkarte der Welt durch vom Menschen festgelegte lineare Systeme vermessen und begrenzt wurde und Denken sowohl als auch Sprechen wie der Verkehr über ein immer dichter werdendes Netz asphaltierter Straßen rollen, wird Transzendenz nur mehr an den durch die Maschen dieses Netzwerkes schlüpfenden besonderen Phänomenen erfahrbar. Dieses in der Geschichte der Neuzeit stattfindende immer dichtere Einkreisen des „transzendenten Dinges" (398), wie es als Erfahrung im Werk des Freundes Walter Benjamin unvergleichlichen Ausdruck findet, sieht Adorno in Goethes Parabel von den ineinander gestapelten, immer kleineren chinesischen Kästchen ausgesagt. Diese schieben dasjenige, was sie als ihren Gehalt zu fassen versuchen, stets nur auf immer engerem Raum bis in die mikrologische Struktur vor sich her, ohne es doch jemals durch solche verräumlichenden Feststellungen einfangen zu können. Ja, solches Bemühen schlägt geradezu in das spiegelbildliche Gegenteil dessen um, was es erstrebt: Statt das erstrebte Andere in die Eindeutigkeit der Umgrenzung zu bannen, verflüchtigt sich dieses und der „Erkenntnisprozeß ... entfernt es von dem Bewußtsein" (398). Die Art der auf Festlegung gerichteten Suche widerspricht nämlich dem, wonach gesucht wird, denn „Sinn ist beim Offenen" (379). Der ihm entsprechende „Gestus der Hoffnung", der sich in der musikalisch stilisierten, den besonderen Phänomenen zugewandten Schrift manifestiert, „ist der, nichts zu halten von dem, woran das Subjekt sich halten will, wovon es sich verspricht, daß es dauere" (384). Das in das unscheinbare einzelne Phänomen verstoßene Metaphysische kann demnach die Schrift nicht dadurch zum lebendigen Scheinen bringen, daß sie in einer immer präziseren Beschreibung die Gehalte durch explizite Begrifflichkeit festzuschreiben versucht. Vielmehr hätte der Stil, der Satz, in der mikrologischen Struktur seiner Bewegung implizite gerade die dem fixierenden Zugriff sich verweigernde Erfahrung des Phänomens abzubilden. Das Metaphysische, wie es für Adorno nach allem noch existent ist, kann nicht mehr in Urteilen „über" es zum Vorschein gebracht werden, sondern ist an der Inhalt und Form zur Gestalt vermittelnden Figur seiner Sätze selbst abzulesen: Die denkgeschichtliche Betrachtung schlägt in stilistische Vergegenwärtigung um.

Diese soll abschließend an dem Satze versucht werden, mit dem die *Negative Dialektik* endgültig ausklingt. In seiner von Musikalität geprägten mikrologischen Struktur faßt sich die Denkfigur, unter der bei Adorno die Geschichte der neueren Metaphysik begegnete, wie in einem ins Schweigen auslaufenden Schlußakkord zusammen.

Er ist nach allem die kürzest mögliche Formel, der knappste Gestus für das eigene Bekenntnis, umfaßt er doch in der Elevation und Kadenz seines artikulierten Erklingens nur diese zehn Worte: „Solches Denken ist solidarisch mit Metaphysik im Augenblick ihres Sturzes." (400) Parallel zu dem umrissenen geschichtlich-makrologischen Prozeß, der sich von Kant zum Absoluten Hegels erhob und zum Nichtigen Nietzsches abfiel, ertönt der Satz in einer steigenden Bewegung, die in „Metaphysik" kulminiert. Ehe sie abstürzt, schwebt, – wie das Arietta-Motiv Beethovens, das Thomas Mann nach Adornos Vermittlung beschrieb –, die Wendung: „im Augenblick" über dem Abgrund zwischen Schöpfung und Untergang im „Niemandsland zwischen ... Sein und Nichts". Auf diese Erfahrung der flüchtigen Präsenz des Absoluten im Phänomen kommt alles an: Aus ihm tönt uns mit dem Eigenen das „Meta" des Anderen als der Bedingung der Möglichkeit von Hoffnung, von Glück als der Erlösung aus dem Identitätszwang kategorialen Denkens entgegen. Wir werden des Absoluten nur in seinem Entzug inne, in dem, was es in der flüchtigen Gegenwärtigkeit seines Erscheinens und Erklingens als Vergangenheit zurückläßt. In dieser sich in dem Satze abbildenden, das Gegenwärtige des Augenblicks als ein Vergangenes transzendierenden Bewegung wird immer wieder der Blick für das Offene der Zukunft frei, wie in jenem Leit-Bild Walter Benjamins, dem metaphysischen *Angelus Novus* Paul Klees, das ersterer in der *IX.* seiner geschichtsphilosophischen *Thesen* selber in diesem Sinne beschreibt: Der Engel der Geschichte starrt aufgerissenen Auges und Mundes auf die unablässig sich vor ihm häufenden Trümmer, „als wäre er im Begriff, sich von etwas zu entfernen", denn der Sturm, der vom Paradiese her weht, hat sich in seinen zerzausten, das Unheil transzendierenden Flügeln verfangen und treibt ihn, sich von dem Elend abstoßend, mit dem Rücken nach vorn „unaufhaltsam in die Zukunft." (Schriften 1.2, 697f.)

In der mikrologischen Artikulation des Schlußsatzes also wird diese Melodie des Weltlaufes vor dem Verstummen für einen konzentrierten Augenblick präsent. Nochmals „huscht", wie Benjamin in der *V.* seiner *Thesen* sagt, „das wahre Bild der Vergangenheit" (1.2, 695), das hier Adorno von der Metaphysik explizite entwarf, implizite in seinem eigenen Sagen vorbei als das Absolute, „das auf Nimmerwiedersehen im Augenblick seiner Erkennbarkeit eben aufblitzt" (1.2, 695). Metaphysik verwandelt sich unter dieser Figur für den philosophischen Schrift-Steller und Komponisten Adorno von der anmaßenden, weil festlegenden Aussage *über* das All-Gemeine des Seienden in die Erfahrung des Sagens selbst: Sie ist der Akt des Schreibens, der nicht beim Beschreiben des endlich Zustandegekommenen stehen bleibt, sondern sich, solange die Welt in der Agonie des Fatums liegt, im Augenblicklichen dadurch in einen Raum der Freiheit zu erlösen sucht, daß er sich in radikaler Negativität von allem als einem nur Vorläufigen losschreibt. Das Metaphysische, wie es die Philosophie und Kunst nach Auschwitz gleichermaßen noch trägt, ist ihre Negativität, ihr Widerspruch aus dem Sturz in das Leiden in dem Ruf nach Erlösung. Der Schlußsatz der *Negativen Dialektik,* der mit seinem letzten Wort wie ein Klageruf in die Stille abstürzt, ist kein Ende, sondern ein Ausklang in dem Sinne, daß er in seiner Figur die metaphysische Bewegung aussagt, der *alle* Sätze seiner Schrift folgen. Auf der Suche nach dem Anderen in dem gleichförmig-dumpfen, den Geist auf Physik reduzierenden Maschinentakt der Zivilisation, nehmen alle seine Worte einen Anlauf zum Sprung in das „Meta", das sie aber der eigenen Einsicht nach nie erreichen können und dürfen, so daß sie bei jedem Satz unterwegs abstürzen und in dem bedrängenden Dunkel des Ungesagten zu einer neuen sprachlichen Erleuchtung des Seins ansetzen. Metaphysik wird im musikalischen Duktus der Schrift zu dieser einen, variationsreich sich erneuernden Gebärde, mit der das Werk als seinem endlosen Ende ausklingt.

In einem anderen Finale, dem der *Minima Moralia,* hat Adorno dieses ihn bestimmende Verständnis des Metaphysischen ausführlicher aufklingen lassen. Was seiner Philosophie nach den im Zweifel und Identitätszwang zergangenen Offenbarungsreligionen vorschwebt, kann als die Utopie eines humanistischen Messianismus charakterisiert werden. Er hat des Unbedingten als eines jenseits des Bedingten zu Begreifenden entsagt, aber gerade dieses Unmögliche zu begreifen, hält er für geboten, da es den unbegrenzten Raum der eigenen Möglichkeiten frei hält. Wenn der Mensch dieser Forderung nach möglicher Selbstdarstellung folge, werde „die Frage nach der Wirklichkeit oder Unwirklichkeit der Erlösung selber fast gleichgültig" (4, 281), denn die Erkenntnis selbst ist diese Lösung von den endlichen Setzungen oder den eigenen schematisierenden Zwängen. Sie ist „das Licht . . ., das von der Erlösung her auf die Welt scheint: alles andere erschöpft sich in der Nachkonstruktion und bleibt ein Stück Technik" (4, 281). Auch hier verdeutlicht sich die Erkenntnis ihren neuen metaphysischen Sinn nach dem Vergehen der dogmatischen Theologie an der Schrift: Sie soll in ihrer die „Risse und Schründe" der Welt offenbarenden „Negativität, einmal ganz ins Auge gefaßt, zur Spiegelschrift ihres Gegenteils" werden, nämlich des erleuchteten Seins, in welchem wir „ohne Willkür und Gewalt, ganz aus der Fühlung mit den Gegenständen heraus" (4, 281) denken. Aber dies bleibt unabsehbar den Gedanken antreibende Verheißung, der in all seinen Manifestationen seiner Bedürftigkeit und Bedingtheit geständig bleiben muß und das Metaphysische stets nur in gebrochener Vollendung zur Erscheinung zu bringen vermag. „Solches Denken ist solidarisch mit Metaphysik im Augenblick ihres Sturzes."

Literatur

Adorno, T. W.: Gesammelte Schriften. Bde. 1ff. Hrsg. v. G. Adorno/R. Tiedemann. Frankfurt/M 1970ff.
Benjamin, W.: Gesammelte Schriften. Bd. 1.2. Hrsg. v. R. Tiedemann/H. Schweppenhäuser. Frankfurt/M 1974.
Hegel, G. W. F.: Werke in zwanzig Bänden. Hrsg. v. E. Moldenhauer/K. M. Michel, Frankfurt/M 1969ff.
Nietzsche, F.: Werke in drei Bänden. Hrsg. v. K. Schlechta. München 1956.

III. Linienverlängerungen

Ulrich Sonnemann

Metaphysische Bestürzung und stürzende Metaphysik. Anmerkungen über ein Denken, das dem Schlußsatz der *Negativen Dialektik* genügen könnte

I

Ein Buch, das mit den Jahren, ohne darüber seine Anziehung einzubüßen, zu einem nahen Vertrauten wurde, kann zuletzt mit dem eigenen Leben in einer Korrespondenz stehen, als wohnten sie ineinander. Bei der Sorglosigkeit solchen Wohnens, das als Gleichnis eines der menschlichsten Verhältnisse frei beweglich ist, keine apriorische Verwachsenheit wie in Schneckenwelten, liegt es lediglich nahe, daß dann das Buch wie von selber eines Tages auch rückwärts gelesen wird. Solche Lektüre bietet den Vorteil, die in Umkehrung durchmessenen Positionen aus dem unvermeidbaren Schatten herauszurücken, den ihre Zuordnung zur Zielstrebigkeit des Diskurses auf sie gelegt hatte.

Die Schlußbestimmung der *Negativen Dialektik* wird dann zu ihrer ersten: daß „solches Denken" „solidarisch mit Metaphysik im Augenblick ihres Sturzes" sei. Das *solches* faßt zusammen, was unmittelbar vorher als in seiner Negation durch das Denken überdauerndes Bedürfnis bestimmt ist, das, da es „im Denken verschwinden" „muß", „wenn es real sich befriedigen soll", „in der innersten Zelle des Gedankens" „vertritt", „was nicht seinesgleichen ist": die „Relevanz", die „die kleinsten innerweltlichen Züge" „fürs Absolute" „hätten", der Zugang zu welcher Relevanz dann in dem entscheidenden Passus erhellt wird: „. . . denn der mikrologische Blick zertrümmert die Schalen des nach dem Maß des subsumierenden Oberbegriffs hilflos Vereinzelten und sprengt seine Identität, den Trug, es wäre bloß Exemplar" (400). Damit vollendet sich, antezipatorisch, nicht nur der Aufstand des Rechtes, den das Nichtidentische, jeweils von seiner genotypischen Norm Weichende, gegen seine Einordnung unter die Gewalt von Begriffen hat, deren identifizierender Anspruch es wegzaubert – und in der Tat, wo sie am stringentesten *aufräumen* konnte, nicht einmal nur (da sie dieser

Aufstand *ist*) Adornos Philosophie überhaupt; sondern auch eine Besinnung, die im Interesse ihres eigenen Nichtidentischen fällig wurde, ihrer retrospektiven Einordnung unter den Oberbegriff einer nicht länger mehr Kritischen Theorie widerspricht, auf die deren Name sich forterbte. Während Wahrheit bei Adorno nur im Prozeß einer unabschließbaren Annäherung sich herausstellt, deren Weg sich mit jedem Einspruch des Gedachten, von ihm selbst her zu Denkenden, wenden muß, das sich von seiner unerschlossenen Möglichkeit her bestimmen will, wird Dialektik bei Habermas im Kommunikationsmodell eines Diskurses sistiert, der seine vielzitierte Herrschaftsfreiheit nur durch Wiederherstellung just von Herrschaft zu sichern weiß: der einer, hegelisch, auf ihr Ichhaftes, ihren logischen Anspruch gestellten, vermöge ihres Vermögens (nämlich eine reflektierende zu sein) autonomen Begrifflichkeit, welche Herrschaft, wie im zwanzigsten Jahrhundert jede, sich explizit als Kontrolle versteht, als diese noch die Gewalt über postulierte Sublimierungen an sich reißt, wie Habermas solche, wenn auch irrig, am psychoanalytischen Diskursmodell abliest: als welche „nicht nur vermittels des Ich, sondern unter Kontrolle des Ich" (Habermas, 1973, 300) — aber wer kontrolliert dann den Kontrolleur? Und wer verbürgt der Kontrolle selbst, die als theoriesprachliche kantisch ablösbar von der Sprech-Empirie der Subjekte entworfen wird, die sie zu üben hätten, eine *Phantasie*, wie sie ihr Habermas offenbar als Vorbeugung (also kompensatorische Gegenkontrolle) gegen die Gefahren privilegistischer Gängelungen verordnet, die in ihr schlummern? Jedes Gefüge sprachlogischer Bestimmungen, das über die Reichweite einer deskriptiven Grammatik hinaus, die als logisch ordnende immer nur eine tautologische, ob auch hermeneutisch darin zu rechtfertigende, sein kann, von der Spezifizität der Geschichtswurzel losgerissen wird, die es hervorbrachte — da aus ihr heraus das reale Sprechen sich erst ereignete, wovon es die Abstraktion ist — muß als Dehydrat von vermeinter Wiederverflüssigbarkeit in den Magazinen der Kybernetik enden. Früher oder später von deren Computern ergriffen, die konstitutionell nicht bis drei, ob auch bis zwei mit um so fabulöserer Geschwindigkeit zählen können, läuft aufs traurigste dann auch bloß in Automatik aus, was als Träger von Autonomieverheißung begonnen hatte. (Soviel von dieser.)

II

Wo Denken welches ist, ereignet es sich; läßt nicht sich veranstalten. Als Unverfügbares per se hat es am Geschehenden in der Welt teil, ist bei aller Homologie mit dessen sonstigen Teilen so wenig seine Inventur oder Widerspiegelung wie Instrument eines vorentschiedenen Eingreifens, das dann nicht seiner eigenen Bestimmung entspränge, gar es selber schon *wäre*. Mag der Planung eines Diskurses dieser aufs wohlmeinendste als herrschaftsfrei vorschweben, das Planen selber ist schon Machtanspruch, scheitert also unweigerlich – wo es ihn für einen Inhalt erhebt, der ihn so ausschließt wie er ihn, was ein Verhältnis wechselseitiger Annullationen ergibt – an sich selber. Als Verfügung übers schlechthin Unverfügbare, ehe dasselbe noch in die Welt trat, denaturiert sie es vorab, hat es zu reinem Ablauf schon gezähmt, wenn sich sein Autonomie-Gestus regt. Eine solche Konstellation erinnert nicht nur an die, die dem importierten Impetus der westeuropäischen Aufklärung durch Kants Uminterpretationen für die deutsche Szene bereitet wurde, sondern erweist sich als deren Erbe und Fortsetzung in direktester Nachfolge. Wie dort die Montesquieuschen Kategorien des Öffentlichen und des Privaten in ihrer Anwendung einerseits auf Staatsämter, andererseits auf eine dem Herrschaftsgeschehen entzogene, von ihm *übriggelassene* Sphäre freien Ideenverkehrs (zu dem sogar der Beamte berechtigt sei) schlicht verkehrt wurden, wird abermals eine solche Zone vom Bereich von Herrschaft idealiter abgespalten, die Ohnmacht des selbstgenügsamen Bildungsbürgers, seiner sich bewußtseinsphilosophisch begründenden Abgewandtheit vom situativ Seienden (jeweils dem der eigenen Zeitgeschichte) erneuert sich. Mag *Diskurs* anderwärts auf Erden das probateste Mittel zur Anbahnung des Sturzes von Herrschaft sein, im Rückgriff auf seine traditionellen Ressourcen, Autonomie-Privilegien, pervertiert das deutsche Bewußtsein, altgeübt im Verkehren gerade der verfänglichsten Kategorien, auch das; kann es doch, als fichteanisch setzendes, Herrschaftsfreiheit, Ziel von Diskurs, von diesem selbst sich schon einfach so voraus-setzen lassen, daß es sich ihre Erzielung dann schenkt.

So katapultiert ein Bedenken, dem die letzten Sätze in Adornos Buch unabsehbare Perspektiven eröffnet haben, uns in großem Bogen über vierhundert Seiten zunächst auf deren erste zurück, wo vom Monde die Rede geht. „Der introvertierte Gedankenarchitekt" wohne hinter ihm, den „die extrovertierten Techniker" beschlagnahmten – das zeigte Adorno das „unmäßig" gewordene „Mißverhältnis zwischen Macht und jeglichem Geist" (15) an, und zwar wurde es drei Jahre geschrieben, ehe, ein paar Wochen vor seinem Tod, sich diese Beschlagnahme mit der berühmten Landung vollendete, aber nur zwei, ehe sich in seiner Umgebung ein Wohnungnehmen des bezeichneten Typus vollzogen hatte, das als Wiederauftreten jener introversiven Gedankenarchitektonik ihn dann wachsend beunruhigte. Zwar ihr Idealismus, den sie doch nicht verleugnen kann, da ihn zitiertes Beharren auf gedoppelter Ich-Kontrolle in wie immer geschrumpfter Erscheinung schon eingesteht, dürfte nur noch der Schornstein sein, durch den ihre ontologisierende Tendenz in den Himmel steigt, umgekehrt aber auch ins Haus fällt, was sich als positivistischer Umgang mit Deskriptionsbegriffen schon in den Sechzigern abzeichnete: Auch mit seinen Begriffsverfestigungen folgt der introversive „Gedankenarchitekt" jener Tradition der eklektischen Halbheiten, die Yorck von Wartenburg Dilthey als Konzession an „okulare" Befangenheit vorhielt. Je objektivierender szientifisch die Kategorien, unter denen sich deren Protagonisten, gegen alle Zeugnisse ihrer Zerrissenheiten, die Welt ordnet, desto weniger konsequent ist in ihrem Denken eine überfällige Ablösung idealistischer Autonomievorstellungen durch Dialektik als potentielle Bewegungsfigur seiner selbst geglückt, und um so einschlägiger wird für einen solchen Fall, was im Zweiten Teil der *Negativen Dialektik,* wo sie den *Transzendentalen Schein* behandelt, wie folgt expliziert ist: „Dem Idealismus ist, dem Wort von Marx zufolge, seine ‚eigene Melodie' vorzuspielen. Das Nichtidentische, das ihn von innen her, nach dem Kriterium von Identität, determiniert, ist zugleich das seinem Prinzip Entgegengesetzte, das zu beherrschen er vergebens beteuert. Ganz ohne Wissen von außen freilich, wenn man will ohne ein Moment von Unmittelbarkeit, eine Dreingabe des subjektiven Gedankens, der übers Gefüge von Dialektik hinausblickt, ist keine immanente Kritik fähig zu ihrem Zweck. Gerade der Idealismus kann jenes Moment, das der Spontaneität, nicht verpönen, weil er selber ohne es nicht wäre. Den Idealismus, dessen Innerstes Spontaneität heißt, durchbricht Spontaneität. – Das Subjekt als Ideologie ist auf den Namen der Subjektivität verzaubert wie Hauffs Zwerg Nase auf das Kräutlein Nießmitlust. Ihm wurde dies Kräutlein geheimgehalten; niemals hat er darum die Pastete Souzeraine, die den Namen von Oberherrlichkeit im Verfall trägt, bereiten gelernt. Keine Introspektion allein brächte ihn auf die Regel seiner deformierten Gestalt wie seiner Arbeit. Es bedarf des Anstoßes von außen, der Weisheit der Gans Mimi. Solcher Anstoß ist der Philosophie, und der Hegelschen am meisten, Ketzerei. Immanente Kritik hat ihre Grenze daran, daß schließlich das Gesetz des Immanenzzusammenhanges eines ist mit der Verblendung, die zu durchschlagen wäre. Aber dieser Augenblick, wahrhaft erst der qualitative Sprung, stellt einzig im Vollzug der immanenten Dialektik sich ein, die den Zug hat, sich zu transzendieren" (183). Da ich die Implikate dieses Durchblicks Adornos — worin die vielen Linien seines Werkes in solcher Dichte miteinander verknotet erscheinen, daß, von diesem Punkt her es neu zu durchdenken, jeder einzelnen von ihnen zu folgen erleichtern kann — für eben jene Konstellation schon in einem früher veröffentlichten Text untersucht habe, die das heutige deutsche Bewußtsein dem kritischen Impetus gerade so drastisch — und so wiedererkennbar — beschert wie das damalige es im achtzehnten Jahrhundert tat — und die damals wie heute gerade zitiertem *qualitativen Sprung* wenig günstig ist — wird dieser Studie das Wort genau an der Stelle gegeben, wo sie ihrerseits an das Adorno-Zitat, das soeben rekapituliert wurde, anknüpft: „Transzendenz nach dieser Bestimmung — insofern welche von Theorie selbst in sie weder voraussetzende noch präjudizierende, sondern spontan schon von *ihr* durchdrungene und sie in unprogrammierbar sie mit *sich* durchdringenden neuen Aha-Schüben aus sich heraustreibende Praxis — muß in Bewahrheitung eines humanen Zorns, aus welchem die Kritische Theorie gegen den traditionellen Theoriebegriff einschließlich seiner marxistischen Spielarten in die Welt trat, also jene strikte *Verteuerung* des gesellschaftlichen Praxisbegriffs fordern, mit der Adorno sich in seiner letzten Polemik, *Zu Theorie und Praxis,* 1969 verabschiedete: gegen dessen Fetischisierung durch Aktionisten, deren Aktionen auf gar keine Praxis, sondern die scheinhafte Vindizierung zweier falscher Theorien hinausliefen, ihrer eigenen und der offiziellen über sie, in deren Diffamation dann die Tendenzwende ihren kaum damals begriffenen Anfang hatte. Daß dieser Text mit einer Widmung an mich erschien, bezeichnet ihn nicht nur als Frucht ihm vorausgegangener Verständigung, auch als Auftrag für Klärung nach mehreren Seiten hin, deren Dringlichkeit wächst. An Adornos Stellung im Dreifrontenkrieg gegen jenen phantasielos phantastischen Aktionismus, die gleich sture

Begriffsstutzigkeit, die im Positivismus zur Methode geronnen ist, schließlich die Eigentlichen, die schon damals mit linken Konventikeln übers Alles-oder-nichts des existenzialistischen Gestus vermittelt waren, sind späte Umdispositionen in der zweiten Frontstellung, die ihn in zunehmendem Widerstand gegen sich abzeichnende theoretische Kompromisse zeigten – und das heißt gegen faule; wie es in der Tat deren Rechenschaft (welcher unphilosophische Zug an ihnen sie eben zu Kompromissen bestimmen mußte) denn an Offenheit der Artikulierung schon damals fehlte – zu wenig bekanntgeworden. Anders und direkter gesagt, zum Austrag keimender Differenzen mit Habermas, an denen unser letztes Gespräch, das um diese kreiste, seinen Einspruch verdeutlichte, keinen Zweifel ließ, ist Adorno nicht mehr gekommen." (Sonnemann 1980, 54f.)

Dieser Hinweis könnte in die Irre führen, fügte ich ihm hier nicht hinzu, daß Adornos Sorge von jeder Spur frei war, die als die eines persönlichen Antagonismus zu deuten die fraglichen Gespräche den leisesten Grund indiziert hätten. Sein Verhältnis zu Habermas schloß eine derartige Denkbarkeit aus. Die Verständigungen, auf die es gegründet war, sind bekannt, waren in beider Kampfstellung im Positivismusstreit noch einmal in ihrer vollen Reichweite sichtbar geworden, und wo jenseits der letztern allerdings eine Divergenz in den Blick fällt, war es keine, die beider Übereinstimmungen etwa zu vordergründigen öffentlichen Angelegenheiten berühren konnte, in denen Habermas sich erfreulicherweise bis heute in der Regel spontaner zeigt, als einem Ich, das damit beschäftigt wäre, zugleich Ausüber und Mittel von Kontrolle zu sein, im Bedarfsfall vergönnt wäre. Als vermeintlich Festes, das die Kontrolle legitimieren könnte, leugnet es so nach Hegel wie im Anschluß an ihn nach der *Negativen Dialektik*, S. 267-275, die Vermittlungen, durch die sein eigener Schein von primärer Unteilbarkeit, also Unmittelbarkeit, sich erzeugt hat; als kontrollierende, also Repressionsinstanz umgekehrt deren reales Erscheinenkönnen, in dessen jeweiliger Aktualität sie sich nach Hegels *anderm* Argument durch alle Vermittlungen hindurch wiederherstellt. Offenbar hat die besagte Divergenz, die ja jenseits einer zuzugestehenden Reichweite Frankfurter Verständigungen in den Sechzigern zu verzeichnen bleibt, es also mit jener perennischen Konstellation des Bewußtseins zu tun, von der schon gesagt wurde, daß sie auf die Lahmlegung kritischer Regungen nicht weniger deutlich heute als in Kants Übernahme und Verkehrung von Aufklärungsmotiven im späten achtzehnten Jahrhundert hinausläuft. Wie könnte sie gesprengt werden, wenn sie nicht vorerst in ihrer Kritikwürdigkeit in das gleiche so unentwegt abwehrbereite, unförderlich konstellierte Bewußtsein gehoben wird, dessen Kontinuität (als solcherart lahmlegendes) von seiner Diskontinuität (als rechenschaftliches Gedächtnis) bis heute davor geschützt wird, sich die erstere so kritisch zu vergegenwärtigen, daß es mit der letztern ein Ende hätte? Wie könnte andererseits ein solcher Vorgang auch nur ansatzweise als geschichtliche Möglichkeit denkbar werden ohne die Vorarbeit eines Denkens, das ihm durch Rückbesinnung auf seine gewesenen Gegenwarten die Richtung wiese: sich auf seinen eigenen Geschichtsweg, wie es in den Reflexionen der *Negativen Dialektik* deutlich angelegt ist, rechenschaftlich zurückneigte? Gegen die bornierte, da des Selbstargwohns ermangelnde Gewohnheit unserer philosophischen Zunft, den „historischen" Aspekt philosophischer Themen bereits didaktisch vom „systematischen" abzutrennen, ist deren denkgeschichtliche Genese so ersichtlich stets schon Offenlegung ihres Problemgehalts, wie keine angemessene Darlegung des letzteren darum herumkommt, noch so absichtslos jene zu duplizieren, dann erst eventuell selbst auch fortzusetzen; im Verfahren der *Negativen Dialektik* dagegen hat schon Einsicht in diese Struktur selber sich so bezeugt, daß sie nicht nur überall an der Schwelle steht, die besagte praxisvereitelnde Konstellation in jener ihrer gesellschaftsprozessualen Spezifität zu erfassen, in der Evidenz ihrer geohistorischen Abgehobenheit sie als Thema Kritischer Theorie zu durchdringen, in der sie bei aller Spannweite zwischen ihren eigenen Positionen die des *deutschen Bewußtseins* ist; sondern diese Schwelle ihrer ursprünglichen Anlage nach, wenn auch in der Ausführung dann in eine Erörterung hinein überschreitet, die unter allen Erkenntnisgewinnen, in die ihr Gedankenweg schließlich einmündet, als einziger zu ihrem eigenen Kontext exzentrisch steht, daher selbständiges Buch wurde. Das ist der *Jargon der Eigentlichkeit,* welches Werk in seiner den *Noten zur Literatur* nahen Verbindung von Gesellschafts- und Sprachkritik nur dann nicht, die Verselbständigung erzwingend, aus dem Diskurs der *Negativen Dialektik* herausgefallen wäre, wenn das mit ihm abgesteckte Gelände, mit dem sich ihr Gedanke auf die Verästelung geschichtskritischer Themata ausdehnt, schon von einer Speziellen Kritischen Theorie hinreichend ausgefüllt gewesen wäre, als Adorno sie schrieb. Während 1966 ein solches Projekt ihm nur erst als fernere Möglichkeit aufdämmerte, sorgte drei Jahre später die Studentenbewegung dafür, daß es Kontur gewann: Noch vor ihrem Scheitern, das er als Geschichtsbilanz nicht mehr erlebt, als Nemesis fataler Verblendungen, sich vollziehenden Vorgang, um so direkter erfahren hat, war ihm der Wiederauftritt in ihr, in einer weiteren Spielart, jener Kritisches lahmlegenden Bewußtseinskonstellation mit so bestürzender Deutlichkeit an ihr ablesbar, wie in *Zu Theorie und Praxis* bezeugt ist. Da das Speziellwerden Kritischer Theorie nur unter Erfassung ihrer eigenen Rolle in eben dem Prozeß der Gesellschaft gelingt, auf dem ihr thematischer Fokus ruht, war es damit zwar noch nicht geleistet; wenigstens der Verwirklichung aber genähert, was schon die *Negative Dialektik* – gleich in ihrem ersten Absatz – als grundsätzliche Aufgabe für ihr eigenes Denkprinzip postuliert: „Hegel wußte, trotz der Lehre vom absoluten Geist, dem er die Philosophie zurechnete, diese als bloßes Moment in der Realität, als arbeitsteilige Tätigkeit, und schränkte sie damit ein. Daraus ist seitdem ihre eigene Beschränktheit, ihre Disproportion zur Realität geworden, und zwar desto mehr, je gründlicher sie jene Einschränkung vergaß und es als ein ihr Fremdes von sich wies, auf ihre eigene Stellung in einem Ganzen sich zu besinnen, das sie als ihr Objekt monopolisiert, anstatt zu erkennen, wie sehr sie bis in ihre inwendige Zusammensetzung, ihre immanente Wahrheit hinein davon abhängt. Nur Philosophie, die solcher Naivetät sich entledigt, ist irgend wert, weitergedacht zu werden." (16) 1969 war es soweit; wäre es auch in Adornos eigenen Arbeitsplänen wahrscheinlich so weit gewesen wie ich 1980, in der oben genannten Veröffentlichung, im Anschluß an ihre schon zitierten erinnernden Betrachtungen, festhielt: „.... daß die Kritische Theorie als globale, die ihren Begriff der bürgerlichen Gesellschaft in seiner nur partiell begründbaren ökonomischen Allgemeinheit nimmt, der intersozietäre Differenzen von immensem Volumen verschlossen bleiben, nicht mehr nach ihrer Anlage weiterwachsen, jene globale Bestimmung erfüllen könne, ohne zunächst zur speziellen Theorie: nämlich institutions- wie subjektgeschichtlich abgehobener und *bestimmter* Gesellschaften wie der in allen außerwirtschaftlichen Dispositionen sich vorbürgerlich verhaltenden deutschen zu werden: dieser Idee hat er zugestimmt." (Sonnemann 1980, ebd.)

III

Denken, das seine eigene Geschichtsbewegung voll genug erfaßt hätte, daß es instandgesetzt wäre, zwischen seinem Vorwärtsdrängen, jeweils sich Vor-Tasten, das konstant wie auf einen Anruf zu antworten scheint, der es aus der Zukunft erreicht hat, und der Phasenstruktur seines Weges zu unterscheiden, die ein indifferentes So-läuft-es spricht: ohne ein Festmachendes, gegenläufig Zurückflutendes, *Sicherndes* in seiner Natur nicht entstehen könnte – nicht so sedimentär „objektiv" geriete, wie es sich im nachhinein ausmachen läßt – solches Denken schlösse wohl Neuland auf, läutete eine Ära der Bewußtseinsgeschichte ein, die deren real Nachgeordnetes aufhöbe, bereits jeglichem Versuch ihrer nachträglichen Phaseologisierung es schwermachte. Der Gedanke hätte seine eigenen Verwandlungen – deren Spur Dialektik als ideengeschichtlich immanente, insofern „reale" ist, die Retrospektion dann unter den Schein hegelischer Positivität beugt – schon so in sich aufgenommen, wie es seiner von Kant intuierten Bestimmung entspräche – welches Wort hier als Zielbestimmung, Richtung auf Wahrheit zu hören ist, nicht als Ausdruck für determinative Bedingtheiten einer Herkunft des Denkens, die es dieser nicht streitig macht. Was die Bestimmung meint, weist dem Denken es zu, reine Spontaneität, virtuell also das zu sein, was zu werden es nicht aufgeben könnte, ohne gerade an seiner Herkunft Verrat zu üben: Sie vom Niederziehenden ihrer objektiven Zwänge zu erlösen, ist es von ihr auf den Weg geschickt, den es sich als Bewegung erst bahnt. Diese Entelechie des Gedankens, in größter Distanziertheit von Raumbestimmungen dennoch Paradigma von Bewegung zu sein, die sich sponte ereignet, weist ihn als reine Zeit im Sinn Augustins aus, also als deren Selbstbewegung; welcher Zeitbegriff nicht der kantische (implicite also auch nicht der newtonische, inzwischen selbst in der Naturwissenschaft antiquierte) ist – und welches Modell des Gedankens mir nirgends so getreu verifiziert erscheint wie vom Philosophieren Adornos. Dieser Wahrnehmung etwas nachzugehen, die sich an die Gangart seines Denkens, dessen Strukturprofil, nicht (wovon gleich zu reden bleibt) seinen Inhalt heftet, muß nicht deshalb schon weniger lohnend sein als ihr physiognomischer Gehalt – der vielleicht ihr metaphysischer ist – es in Aussicht stellt, weil sie keiner seiner theoretischen Positionen entspricht; ob auch mit keiner davon kollidiert.

Inhaltlich kommen hier Einsichten am nächsten, die im ersten Kapitel des Dritten Teils („Zur Metaphysik der praktischen Vernunft"; nicht umsonst lautet indessen sein Haupttitel „Freiheit") stehen — und in Bewahrheitung des *Primats der Praxis* sich von Anfang an als das geheime Zentrum der ganzen Sache negativer Dialektik mir darstellten. Gleich greifbar sind am Ende die Unerledigtheit, vielleicht Unüberholbarkeit, der konstitutionstheoretisch radikalen Erkenntnis, so als der von Gut und Böse wie als der des Seienden und des Seins ihrer selber, seiner Unfreiheit, seiner Freiheit, und ihrer eigenen nicht zu stillenden Unruhe über die beider Unvereinbarkeit betreffende Frage, die mit dem kantischen Philosophieren eröffnet war, und die bodenlose Aporetik zugleich, in die sich Kants Antworten, wenn man ihnen gelassener auf den Grund geht als er selber bereit war, verstricken mußten. Die Dialektik von *frei* und *unfrei*, die der Schluß des Kapitels in äußerster Verkürzung an der Unhaltbarkeit jeglicher Identifizierung eines der beiden, so mit dem „intelligiblen" Charakter wie nicht weniger dem „empirischen", vorführt, trägt deutlich Züge, in denen selbst noch die kantische Auflösung des transzendentalen Widerstreits nachtönt, aber diese Verwandtschaft ist zugleich Verwandlung, anders als bei Kant kommt die Bewegung zweier Begriffe gegeneinander in keinem dritten zur Ruhe, der die Koinzidenz der Gehalte von beiden (die in diesem Falle das menschliche Wesen ist) dann so anteilhaft und also ungereimt schließlich auseinanderreißt, daß er das Dilemma bloß fortschleppt. Stattdessen tritt jene Geschichtsbewegung des Denkens, auf deren Erfassung in actu die philosophische Zukunft verwiesen ist, schon in nuce als Demonstration auf, unverkürzt, den noetischen Inhalten nach: Wo Gesellschaft ins Spiel kommt, tut sie es legitim, von der Unschlichtbarkeit des „Intentionalen" selbst, dem das Kapitel nachgeht, zwanglos herbeigerufen; nirgends „soziologistisch". Desto deutlicher, wofür der Grund schon berührt wurde, verkürzt sich in Adornos Ausführung die Spezifizierung des Geschichtlich-Gesellschaftlichen selbst, das in Kants Lehre sich ausdrückt und dessen Pauschaldesignierung als *bürgerlich* nicht die unbedingt zuverlässigste Brücke über den in Deutschland selten voll ermessenen Abgrund schlägt zwischen den bürgerlichen Gesellschaften Westeuropas und der eigenen praktisch inerten. Indessen deuten implicite Adornos Bestimmungen die Deutsche Ideologie schon bei Kant an; welches *schon* freilich daran erinnert, daß es von der deutschen Geschichte her gesehen unweigerlich auf einen Euphemismus hinausläuft, den die Evidenz für noch ungleich frühere Phasen der Bewußtseinsmechanismen, die jener Begriff im Auge hat, nahelegt — welche Kontinuität eines diskontinuierlichen Bewußtseins zu erörtern hier nur nicht der Ort ist. Aber ihre Spätphase als *Jargon der Eigentlichkeit* setzt geschichtlich einen früh schon beginnenden Prozeß deutscher Auseinanderspaltung[1] voraus, bei dem Erfahrung, die zur Sprache zu kommen verlangt, von deren *Regelung* in ihren eigenen Faktenabhub und einen Restanspruch, dem sie auf die Weise beikommt, zerlegt wird, daß sich fertige Seinsordnungsbegriffe mit der Suggestion, ihn in sich aufzuheben und zu repräsentieren, an seine Stelle schieben, während sie ihn nur unterdrücken und unfehlbar sich in dieser Funktion durch ihren hohlen Beschwörungscharakter verraten, der zu monologistischen Versatzstücken sie verdinglicht. Demnach müßte lange vor dem Eigentlichkeitsjargon, ja dem subjektiven Impetus nach noch in denkbar größter Entfernung von seiner anreißerischen Unredlichkeit und Entleertheit, die Reduktion von Erfahrung zu ihrem eigenen Faktenabhub jedenfalls schon zu orten sein, und sie ist es in der Tat, zu Beginn des letzten Abschnitts des besagten Kapitels nennt Adorno ein Beispiel. „Zwischen dem Dasein und dem Sittengesetz vermittelt Kant durch die Konstruktion des intelligiblen Charakters. Sie lehnt sich an die These an, ,das moralische Gesetz beweiset seine Realität'* — als ob, was gegeben, was da ist, dadurch legitimiert wäre." (283) Das hat sein bestätigendes Gegenstück in der berühmten Rede Kants vom Sittengesetz in uns und dem gestirnten Himmel über uns: Beides, das erste eben nur in der Innerlichkeit, ist Vorgefundenes, eben Daten, Gegebenheiten, gegen jede Spontanerfahrung mit praktischer Vernunft ist das Bewußtsein mit ihm nicht identifiziert, sondern sieht sich ihm *gegenüber,* und wer vermöchte nicht, sich der *Metaphysik der Sitten* erinnernd, an die aporetisch-opportunistische Behandlung des Falles von Revolutionären zu denken, die vor der Tat Verbrecher, nach gelungener legitime Quellinstanz obrigkeitlicher Autorität sind. Hegels Wort von der normsetzenden Macht des Faktischen, das das anderwärts auf Erden waltende Verständnis normativer Bestimmungen gerade in ihrer Abgehobenheit von einem der Korrekturen immer sehr bedürftigen Reich des Faktischen verkennt, in das sie *einzugreifen*

---

* Kant, Kritik der praktischen Vernunft, WW V, Akademie-Ausgabe, 48.

bestimmt sind, ist ebenso kantisches Erbe wie dies für seine ganze affirmative Staatsideologie gilt, die — wie immer gegen Kants eigene frühbürgerliche Freiheitsimpulse — doch zuletzt nur eine Linie halbherziger kantischer Bestimmungen fortsetzt, die schon ununterscheidbar an der Macht der Fakten und dem Faktischen von Macht selber sich festsehen. Während das dem Kant-Kapitel folgende „Weltgeist und Naturgeschichte. Exkurs zu Hegel" das in synoptischer Lektüre mit jenem auch ohne eine Explizitheit verdeutlicht, die auf den Zusammenhang als kulturdifferentiellen — spezifisch deutschen — ihr Augenmerk richtete, fällt an jener Diskussion des intelligiblen Charakters — zumal auf S. 285, unten, wie auch der ganzen folgenden und in der Fußnote, die sie dann in extenso erläutert — die völlige Aussparung der Folgen auf, die dieser Begriff mittels seiner Schopenhauerschen Umdeutung — der diese *wir selbst seiende* Lücke in der Unzugänglichkeit des kantischen Dingesan-sich ja zum Willen als Weltgrund, das menschliche Individuum so zum „Weltknoten" sich wandeln konnte — auf einer andern und nicht weniger einschneidenden Linie der deutschen Bewußtseinsgeschichte gezeitigt hat: welches Gewicht der Lehre Schopenhauers, in sich selbst und in ihren Kulturkonsequenzen, Adorno bei vielen anderen Gelegenheiten, manchmal abgestoßen, häufiger respektvoll, betont hat. Als um so verwunderlicher fällt auf, daß seine Kritik auf S. 286, oben, „Der traditionelle Logiker Kant dürfte niemals damit sich abfinden, daß derselbe Begriff der Kausalität sowohl unterstände wie nicht unterstände", Schopenhauers Begriff vom Charakter als Willen, der dem principium individuationis unterworfen ist und als Signum des Weltgrunds ihm doch „gleichzeitig" — hier liegt schon das Problem — widersteht, sehr viel praller, unabweisbarer trifft als seine Herkunft aus einer kantischen Unterscheidung getroffen wird, in der die genannten Bestimmungen, da sie die intelligiblen und empirischen „Anteile" ja als getrennt erfahrbare Gesamtaspekte der Person vermeint, nur in dem Maß ungeklärt bleiben, das für das transzendentale Verhältnis der Erscheinungswelt, die sich nach Raum, Zeit und Kausalität ordnet, zur noumenalen, die ihnen per definitionem entzogen ist, überhaupt gilt. Wenn das unbefriedigend bleibt, und das tut es freilich, hat es via Schopenhauer noch in Freuds Person-Modell, sein Es *ist* der Schopenhauersche Wille, das Ich im Gefüge des „Weltknotens" die jenem entgegengerichtete Zentralinstanz für die Welt-als-Vorstellung, Konsequenzen gehabt, die ungeklärt in der Gegenwart, etwa in den Theoriekonflikten der psychoanalytischen Richtungen, fortdauern, also ist es wohl an der Zeit, jenem Unbefriedigenden dort auf den Grund zu gehen, wo es entsprungen ist.

Diese Zurückverfolgung, die der Verfasser in einem etwas andern thematischen Zusammenhang präsentiert hat, kann es in diesem in großer Verkürzung werden; vorgetragen wird sie, weil die Ergebnisse etwas Einschneidendes für das Verständnis jenes Schlußsatzes der *Negativen Dialektik* haben, mit dessen Betrachtung ich anfing. Unstrittig dämmerte Adorno, daß die Sache der Metaphysik nicht so umstandslos durch Regression hinter die Stufe des platonischen Dialogs liquidierbar sei wie Heideggers Projekt einer Zerstörung ihrer abendländischen Geschichte vermeint hatte. Da schon in Kants Reduktion der so Befehdeten aber – auf eine kritische Erkenntnistheorie, deren Spekulationsverbot dann doch nur die Folge hatte, daß in der von ihr initiierten Bewußtseinsphilosophie sich Spekulation wie nie vorher entfesseln konnte – jenes Projekt ein aufklärerisches Präludium von dem Anschein nach argumentativer Stringenz hat, kann der mögliche Differenzpunkt, der zur Revision dieses „kopernikanischen" Einschnitts zu finden bleibt, nur im Gewirk seiner Begründungen, also der Bestimmungen liegen, mit denen im kantischen Kritizismus die Organisation des menschlichen Erkenntnisvermögens erfaßt wird. Kants schon berührte Präokkupation mit *Gegebenheiten* weist hier den Weg. Es ist ebenso klar, daß darin die res extensa des kartesischen Rationalismus und Dualismus noch weiterspukt wie, daß erst die deutsche Verwissenschaftlichung dieses frühneuzeitlich naiven Ansatzes die Bedingung schafft, daß aus der komplementären empirischen Gegenwelt deren für absolut gehaltene newtonische Bestimmungen von Raum und Zeit als prä-etablierte Leerformen in ihn Einlaß finden, die Kant dann in epistemologischer Umdeutung als solche unserer Sinnlichkeit definiert: ohne auffällige Schwierigkeit, was den Raum betrifft, der von *Gegebenem* in der Tat ja so erfüllt ist wie dieses undenkbar ohne ihn; da dieses duale Verhältnis auf die *Zeit* indessen nicht im mindesten zutrifft, „kann auch nur deren mangelndes Verständnis die Schranke sein, die wir zur Lösung des Problems zu durchbrechen haben. Dieser Weg führt gleich weiter. Was immer die elementarbiologischen Physiker zur Erforschung der Doppelhelix in Szene setzten, fällt selbst in die Zeit, wie sie von Kant dahingehend bestimmt wurde, daß sie eine allen Erscheinungen vorgeordnete Form unserer Anschauung sei, die er – in diesem Punkt –

dem Raum gleichordnet. Meine These ist nicht, daß diese Bestimmung auf das, was an der Zeit damit erfaßt ist, nicht zuträfe, sondern daß die Erfassung selber nicht ausreicht, das zu bestimmen, was das Entscheidende an der Zeit ist: daß sie *an sich selbst* überhaupt nicht Anschauungsform ist, sondern Anhörungsform. Alle Musik, alle Sprache, aller Rhythmus und alle Verständigung und Vernunft, woraus für die letztere schon ihr Name stammt, wenden sich ans *Ohr,* nicht ans *Auge;* und sie könnten das gar nicht, wenn nicht, wie schon Augustin scharf erfaßt hat, die Zeit zur Subjektivität in einer so viel innigeren Beziehung stünde als der Raum, daß die zwischen Erinnerung und Hoffnung aufgespannte Wirklichkeit der Seele selbst zur Zeit *als Bewegung* wird. Daß diese Bewegung als eine von Zeit überhaupt bei ihm ein heilsgeschichtliches Ziel hat, Geschichte selbst zur Zeit als Bewegung wird, ändert nichts an der Substanz dieser Einsicht, die die Scholastik bei allem Augustinrespekt dann zunächst wieder völlig verschüttet. Erst in der frühen Neuzeit taucht sie bei Descartes wieder auf, aber die ganze Welt des Geschichtlichen fällt aus seinem System ja heraus, ist im frühen siebzehnten Jahrhundert noch gar nicht wieder entdeckt worden, aus der Zeitdynamik Augustins, dieser Bewegung, die die res cogitans nun allein leistet, wird bei Descartes in den Meditationen die Zeit als deren Wegstrecke, Dimension. Davon — wie selbst von Augustinischem — finden sich Spuren in den reflektierenden Erläuterungen zur Bestimmung der Zeit auch bei Kant, aber sie ändern nichts an der Unzweideutigkeit des entscheidenden Satzes, der in der Kritik der reinen Vernunft, im zweiten Absatz der transzendentalen Ästhetik steht, daß die Zeit a priori gegeben sei. Die Apriorität ist unstrittig, das Gegebensein hingegen kein Apriori, sondern eine in ganz anderem Sinn „apriorische", nämlich von vornherein Wesentliches *abschneidende* Einschränkung, die keineswegs evident ist. *Gegeben* ist Äußeres, das Innesein per se kann sich selbst demnach nicht gegeben sein. *Was* an der Zeit ist gegeben, was an ihr erfaßt ihre Bestimmung als Anschauungsform, die Kant aus dieser Feststellung ableitet? Gegeben, daher auch anschaubar, ist die Zeitlichkeit von Veränderungen, Bewegungen, Abläufen, die in ihrer Gegenständlichkeit registrierbar werden, vom Mondwechsel bis zum Kreisen des Uhrzeigers setzen sie den *Raum* als Bedingung alles erscheinend Gegebenen schon voraus. Die Zeit, die Anschauungsform ist, ist die meßbare, die Zeit der Uhr. Zeit selbst wird dabei verräumlicht, reine Wegstrecke, leer, linear: daß die Physik inzwischen Raum und Zeit als ein vierdimensionales Kontinuum ansieht, so Zeit selber dem Raum zuschlägt, wenn auch freilich mit einer Positionszuweisung, die ihre Unbegriffenheit indirekt eingesteht, ist aus ihrer Sicht nicht nur plausibel, sondern auch die bestätigende letzte Konsequenz aus jener verräumlichten kantischen Bestimmung der Zeit; keine Aufdeckung, die sie liquidierte. Aber in sämtlichen Phänomenen, die ich genannt habe, die sich ans Zeitorgan unserer Sinnlichkeit wenden, das das Ohr, nicht das Auge ist, ist Zeitliches keineswegs tote Ablaufstrecke, sondern strukturierte Bewegung. Das gilt von den Formbestimmtheiten des Gesellschaftsprozesses bis zu den Bezügen der Syntax. In den Humanwissenschaften ebnete Kants Bestimmung den Weg für die selbststilisierte Begriffsstutzigkeit, die seit ihren Anfängen Positivismus heißt, sich auch neuerdings gern Rationalismus (sogar kritischer) nennt, aber immer die selbe ist."[2]

Zeit als Form des *inneren Sinnes,* als die sie in einer andern kantischen Bestimmung — auf die ein Satz des zitierten Passus anspielt — erfaßt ist, wird unmaßgeblich also gerade für die, die sie implicite eben dem inneren Sinn so *entgegensetzt* wie dies für Gegebenes per definitionem gilt: Wie Daten a posteriori den äußeren Sinnen überantwortet sind, sind solche a priori — daher auch die Zeit, nach ihrer kantischen Bestimmung — dem innern. Diese Dualität, deren potentieller Objektpol also die Erfaßbarkeit der Zeit an äußern Bewegungen ist, die Phänomene des *Raums* sind, spiegelt sich in ihrer Bestimmung als Anschauungsform, in der so gänzlich ihre eigene Struktur eliminiert ist, die sich dem Ohr, nicht dem Auge zuordnet, daß sie eben als Form des inneren Sinnes, als welche sie unzweideutig *Anhörungsform* ist, in der kantischen Lehre verlorengeht: für die bestimmenden Urteile des Verstandes nämlich, auf die allein nach deren Deduktionen sich Wissenschaft im strengen Wortsinne gründen darf. Damit ist die spontane Erfassung von Zeitstrukturen, in der die Schranke zwischen dem Selbst und dem Sein des Andern durch jene unmittelbare Identitätserfahrung tendenziell aufgehoben ist, ohne die, unter anderm, kein nicht-diskursives Fremdverstehen gelingen kann, aus der Wissenschaft ausgeschlossen, Erkenntnis qua empirische Gewißheit nicht weniger extrem veräußerlicht als bei Descartes; dafür wird die Konsequenz, da die Unternehmung ihres Leichtsinns verlustig ist, mühsamer und rigider. Da Extensivität eo ipso Punktualität besagt, also sowohl Reduktibilität der Erscheinungen auf ihre Vermeßbarkeiten als auch ihre

Äußerlichkeit füreinander, wird Wissenschaft außer auf Klassifikatorisches auf die Isolierung von Kausalverbindungen eingeschränkt, die Erfassung von Sinnzusammenhängen, finalen Ordnungen, kurz, Erkenntnis, die ästhetischer Erfahrung entstammt, in den Begründungen der *Kritik der Urteilskraft* dieser nur noch als *reflektierende* zuerkannt, dem Verstandesurteil als szentifisch *bestimmendem* mit dem Teleologieverbot dagegen entzogen; erst im zwanzigsten Jahrhundert demonstriert *Whitehead* die kosmologische Unhaltbarkeit dieses Verbotes, inzwischen steht die Naturwissenschaft selber, Astro- nicht weniger als Biophysik, im Begriff, es mit jener Theorie des *anthropischen Prinzips* über den Haufen zu werfen, in die beide sich einordnen.[3] In diesem Prozeß naturwissenschaftlicher Theoriebildung vollzieht sich vor unsern Augen das Außerordentliche, daß die älteste Intuition der Metaphysik, daß Natur im menschlichen Geist zu sich selbst als zu ihrem Erkanntwerden, ihrem Selbstbewußtsein zu kommen bestimmt sei, mitten im Element eines Weltverhältnisses des theoretischen Intellekts wiederaufersteht, das seit seinen eigenen metaphysischen Anfängen, die durch die Namen Descartes und Bacon bezeichnet sind, sich am entschiedensten von ihr losgesagt, ja losgerissen hatte; und damit die eine seiner konstitutiven Geschichtsprämissen, jene radikale Subjekt-Objekt-Spaltung des erstgenannten widerruft, mit der es begonnen hat und ohne die als methodologisches Prinzip es allerdings zum Beginn der *Haarnadelkurve* gar nicht gelangt wäre, die jetzt sein erstaunlicher Weg ist. Diesen Theorie-Prozeß, der dazu tendiert, anthropozentrisches Denken auf die vorerst verwirrende, da unerwartete Weise zu rehabilitieren, daß ihrem altgewohnten geozentrischen Pendant um so entschiedener eine Restaurierung versagt bleibt, hat Adorno nicht mehr erlebt; aber etwas daran könnte, ja muß er am Ende geahnt haben, was sonst könnte die Solidaritätserklärung besagen, die die *Negative Dialektik* beschließt? Wer auf Versöhnung von Geist und Natur sann, Abschaffung des Todes nicht aus der Liste der bedenkbaren Themen hat streichen wollen, hat bei allem Widerstand gegen bequeme Illusionen, affirmative Ruchlosigkeit, horizontlose Praxis, eher heftiger einem Kulturpessimismus widerstanden, dessen kokettes Einverständnis mit der Fatalität deren eigenes Mittel ist, sich den bien-pensants zu verzuckern. Adornos Interesse am Werk Alfred Sohn-Rethels hatte nicht zum wenigsten mit dessen Konzentration auf die Marxsche Kategorie der *Formbestimmtheit* zu tun, in der im Keim ein ganzes

Programm geschichtsmaterialistischer Aufhellung gewesener Gegenwarten des Gesellschaftsprozesses beschlossen liegt – aber Form ist ein Begriff der Ästhetik: Wie könnte das Programm selbst erfüllt werden, über reflektierende Nachvollzüge des jeweils Betrachteten entschieden hinaus, solange sich selbst die Soziologie noch dem kantischen Verbot einer erkenntnisbestimmenden Aisthesis und der sie aufnehmenden analogistischen Urteile unterwirft, die ihre Erscheinung im Denken sind? Diese Schwierigkeit nicht erst aufkommen zu lassen – die als immanente des Marxschen Wissenschaftsbegriffs, dessen kantische Prägung oft und zu Unrecht über seinen mehr zutage liegenden Hegelschen Einschlägen übersehen wird, Adorno bewußt war – ist nur die Baconsche Empirietradition weit genug; gerade sie aber lag ihm fern. Wir nähern uns damit vermutlich dem heikelsten Punkt dieser Retrospektive: Während Adornos *Drei Studien zu Hegel* dessen Ontologisierung der Zeit auf die Spur kamen, enthält die *Negative Dialektik*, wo in der „Metakritik der praktischen Vernunft" sich ihre nachfragende Stoßrichtung gegen Kant entfesselt, keine kritische Durchleuchtung seiner scheiternden Bestimmung der Zeit.

Aber sie liegt auf der Extrapolationslinie ebenso jener Adornoschen Beanstandung der Legitimierung des Sittengesetzes aus seiner *Gegebenheit* wie der Sätze auf S. 352, samt der Begründungen, aus denen sie resümiert sind: „Darum muß er Freiheit von Anbeginn als ‚besondere Art von Causalität'* vorstellen. Indem er sie setzt, nimmt er sie zurück." Ohrenmensch, wenn es je einen gab: wie hätte ein Adorno, dem die Zeit selbst (wofür ihm keine blieb) zum ausdrücklichen Gegenstand einer philosophischen Untersuchung geworden wäre, jene ihre okulare Verkennung, Fundament fataler Kompromisse, nicht aufgekündigt?

Eine solche Aufkündigung nimmt nicht die zurück, die jener erste Kritizismus an ein erfahrungstranszendentes metaphysisches Spekulieren gerichtet hat; aber indem sie an Erfahrung selber ihre erfahrungswidrige kantische Einschränkung nachweist, sie dieser entreißt, sie in der unendlichen Erweiterbarkeit ihrer Grenzen gewahrt, wird ihr die Grenze zwischen kritischer Erkenntnis der Wirklichkeit und jeglichem Licht auf dieser, in dem nach der Be-

---

* Kant, Kritik der reinen Vernunft, 2. Aufl., WW III, Akademie-Ausgabe, 309.

stimmung der *Negativen Dialektik* „Transzendenz widerscheint", Metaphysik also wie von je ihren unverbietbaren Inzeptionspunkt hat, *fließend*. Dem entspricht die Situation in den Naturwissenschaften, deren weiterdringender jetziger Bewegung man aus Verblendung für geschichtliche Phasenverschiebungen, die Ungleichzeitigkeit des Gleichzeitigen, noch verbreitet mit einem Argwohn begegnet, der den Wurzeln der ökologischen Krise, also der Naturwissenschaft von *gestern*, geschuldet ist; und vielleicht wäre es nützlich, auch in diesem Punkt auf deutsche Spezifika und ihre Differenz zu den Bewußtseinsprozessen der Westvölker einen kritischen Blick zu richten. Kaum könnte dieser umhin, mit den einschlägigen Vergangenheiten auf beiden Seiten dann auch die leidige Seltsamkeit zu betrachten, daß wenigstens Horkheimer mit einem pauschalen Mißverständnis angelsächsischen Philosophierens seitens der deutschen *Zunft* niemals brach: daß ihr immer noch Positionen als für dieses Denken authentische gelten, die weit verläßlicher ihre Wiener Herkunft als je Bacon oder Shaftesbury, James oder Whitehead erschließen können, sei am Rande vermerkt.

Denn dies ist ein sehr weites Feld; nicht bloß Horkheimers verkennendes Urteil übers James'sche Pragma als „utilitaristisch" war darauf schiefgewachsen. Soweit Adorno selbst sich vielleicht nicht gänzlich aus solchen Mißverständnissen und Präjudizien gelöst hat, die sein Exil in den Vereinigten Staaten dann kaum zu seinem Gewinn überdauert hätten, ist mit aller Vorsicht auch dieser Punkt in einem von zwei Passus berührt, die einander folgen und hier ohnehin – wenn auch aus diskursstrategischen Erwägungen in umgekehrter Anordnung – zu zitieren sind, da sie von selbst uns zuletzt wieder zu der anfänglichen Frage zurückbringen, wie jener Schlußsatz zu deuten sei. Beide entstammen einem von vier Vorträgen, die ich im Frühjahr 1982 an der Universität von Missouri, St. Louis, hielt; im Zusammenhang der Zeit-Thematik und des Teleologie-Problems knüpfen sie an einen Exkurs auf die Whiteheadsche kosmologische Metaphysik an.

"Except for a very respectful footnote – I do not recall now if in the book I just quoted from or in his posthumously published Aesthetics – Adorno, it is true, seems hardly to have been aware of the true scope of the philosophizing of Whitehead; nor of any convergence of his own with it, as Gunter Holl's cogent epilogue to his recent German translation of *Process and Reality* has shed light on. Adorno's reserve may be traced to a global misunderstanding of philosophy in America – rather common at that time on the German philosophical scene – that he is likely to have taken over, unsuspectingly as sometimes happened, from Horkheimer, but however that may be, that unproductive spell which had then prevailed, now is gone."

Diese These, die dann erläutert wird, konnte ich ebenso an heimischer Wahrnehmung im Diskurskreis der Hochschule wie an der dortigen festmachen, daß die amerikanische Academia nie so kritisch aufsässig gegen eine Regierung des Landes wie heute war. Voraufgehen dem – auf Whitehead und die politischen Implikate seiner Zeit-Theorie bezogen – die Sätze:

„A metaphysics finally admitting the plurality of times in the world, both historical and life-historical ones and demanding only a certain measure of musicality to reveal themselves to our ears, is a metaphysics down-to-earth; so it answers my late friend Adorno's definition of the right kind of attitude which he ascribes to Critical Theory toward metaphysics in his *Negative Dialectic*. The closing sentence of that book states it as solidarity with metaphysics at the moment of its historic fall, of its plunge. Usually this is heard as referring to the same kind of downfall as the heaven-expelled Lucifer, in Rubens' painting, can be seen taking into a spatialized nothingness; but why hear it that way? My proposition ist that metaphysics, in taking its plunge down-to-earth, attempts to be landing, and that our solidarity should consist in retrieving it from wherever it does."

Dieser Interpretation, die der konzisen Sprache Adornos nur die Ehre erweist, die ihr ebenso beisteht wie zusteht, unbeklommen beim Wort, hier also bei einer Metapher genommen zu werden, die wie jede das Recht hat, von ihr selbst, ihrem stillen Anspruch als *Bild* her, also in der eidetischen Bewegung gedacht zu werden, mit der sie nach der Art einer solchen uns eine wahre Geschichte erzählen will, ist auch im gegenwärtigen Kontext, der mit zitiertem Schlußsatz den ganzen Hintergrund der in ihn mündenden Diskurse zu wägen hat, kein Iota zu rauben; keines hinzuzufügen. Ein Zuwachs an *Hemdsärmeligkeit* – das war sein Wort – wie ihn Adorno in der vorletzten Unterhaltung, die ich im März 1969, ein absurdes Aktionistentheater beschwerte ihn erkennbar schon, mit ihm hatte, mit heuristischer Direktheit für die Zukunft der Kritischen Theorie sich gewünscht hat, setzt dem Konkretismus der Sprachlosen die Konkretionen entgegen, die uns von der Sprache selber geschenkt werden und an deren Kriterium *Solidarität,* ihren substantiellen Begriff zu einem *eigentlichen* entleerend, zuschanden würde, trüge sie sich wirklich da einer Metaphysik in schon unaufhaltsam zu denkendem Todessturz *als Gebärde* an; statt aus der Peripetie wachsender Bestürzungen, wie sie uns Auschwitz oder die nächsten Hiroshimas oder die immerdeutsche Verhöhnung des Menschen- wie des Bürgerrechts antun, und mit denen selbst bereits – da es metaphysische sind – sich der Stürzenden ihr eigenes Wesen wie ein zwischen Hubschraubern aufgespanntes Sprungtuch entgegenhebt, sie resolut zu erretten.

IV

Erstmals würde Metaphysik dann selber zu einer kritischen; negativen; statt nach ihrer Überlieferung eine Seinsordnung, die in der Unabgeschlossenheit ihrer objektivierbaren Anlage zwar durch ihre Reflexion im menschlichen Geist zu sich selber kommt, erst durch menschliche Praxis aber (wie am entschiedensten James sah) sich vollenden möchte, auf Begriffe zu bringen, deren Gerundetheit noch ihrem kritisch Begriffenen einen Schein verschafft, als wäre es selbst schon dies Runde. Antipodisch zu letzterer Irreführung, der unter den Hauptfiguren des deutschen Idealismus sich ernsthaft nur Schelling entzogen hat, entfaltet sich seit dem neunzehnten Jahrhundert, wie jene aus kantischer Wurzel, eine positivistische Rationalität, an der Adorno mit Recht den Widersinn rügt, das erkennende Subjekt „daran zu verhindern, das von innen her zu erkennen, worin es selber haust und woran es allzuviel von seinem eigenen Innern hat" (308); es geht an der Stelle, deren philosophische Tragweite selbst in diesem Buch ihresgleichen sucht, um das „Innere der Dinge", jene Einheit ihres Prozesses mit dem des sie erkennenden Denkens also, ohne die es weder die James'sche Hoffnung noch übrigens die Blochsche und die ihr verwandte ältere geben könnte, die gegen Ende des *Systems des transzendentalen Idealismus* Schelling selbst formuliert hat: Ich gestehe, daß ich beim Wiederlesen der *Negativen Dialektik* seinen Namen nicht weniger in dem fraglichen Kontext vermisse als ich einem Satz weiter oben auf der gleichen Seite Erläuterungen gewünscht hätte, der in Kants „Refus ..., das Innere der Dinge zu erkennen" die „ultima ratio des Baconschen Programms" sieht, wenn auch eine Einräumung der geschichtlichen Wahrheit in dessen „Auflehnung gegen scholastische Dogmatik" ihm folgt; keine Anzweifelung der Konsequenz aber, die das Wort von der „ultima ratio" Kant zugesteht. Und doch, welche Chance, gerade die *Idola* (von vier verschiedenen Sorten) durchschauen zu können, wäre dem erkennenden Subjekt überhaupt geblieben, hätte der präjudizloseste Begriff von Erfahrung ihm deren fundamentalste, die des Denkens selber, mit dieser aber eine sie erst einholende in sich zurückgehende Selbstreflexion untersagt, wie sie ihm Kant in der Tat, wenn auch in unschlichtbarem Widerspruch zu den Konstituentien seines eigenen Fragens verboten hat? Der Punkt ist für die berührte Möglichkeit einer *Negativen Metaphysik* freilich einschneidend; sie hängt vom Recht der Vernunft ab, gegen ihr Selbstmißverständnis als instrumentelle unbeirrt in sich selber zurückzugehen, welche Inkursion, als er sie wiederentdeckte, nur im deutschen Idealismus gleich vom *Begriff* zu dessen höherer Ehre verschlungen wurde, während sie im Deutschland vor und bis Kant sich noch beispielhaft solcher Dienstverpflichtung entzog: Die laudationes des „hellen" Lichtenberg für den „dunklen" Böhme legen für diese Gemeinsamkeit Zeugnis ab, in der beider Denker Widerstand gegen die Fetische von Systembildung seine Wurzel hat; als einer verdrängten eigenen Vergangenheit sich ihrer Unabhängigkeit und Spontaneität zu erinnern, könnte nirgendwo förderlicher, praktischer sein als im jetzigen Deutschland.

V

Demnach wäre die kritische Bewegung der *Negativen Dialektik* jetzt weiterzutreiben: gegen die Selbstherrlichkeit der Systeme dort noch, wo sie sich in instituierten Realabstraktionen, der Gesellschaft wie der Seele, verschanzt haben, was schon Mitte der Sechziger zwischen der *Negativen Dialektik* und dem Projekt *Negativer Anthropologie* eine Brücke schlug, die in Adornos Vorwort sich gegen deren Schluß andeutet, die Sache der letzteren, wie hier dankbar ausgesprochen sei, stark gefördert hat. Weiterzutreiben aber, in mikrologischer Durchleuchtung bundesdeutscher Debattenroutinen, wäre jene Bewegung auch entschieden gegen eine wenig noch bemerkte Radfahrerpostur der Begriffe, wo sie in Homologie zu heimischen

Diskursbräuchen so diskret nach oben buckelnd jenen systematischen Unansprechbarkeiten zu Diensten sind wie sie auffälliger nach unten, wo ihr Nichtidentisches von seiner Dienstpflicht weicht, treten; auch für die Praxis dieses guten Streites gibt die *Negative Dialektik* den Auftakt her. Etwas weniger mag sie für einen Rückgriff auf intersozietär vergleichende Interaktionsstudien hergeben; noch in seinem Aufstand gegen eine „Zunft", bis in deren Routinen hinein eine politische Unkultur – in der sie ihre Nische hat – sich erkennen läßt, war Adorno zu selbstverständlich im Bann deutscher Philosophietradition, um in seinem Zweifrontenkampf gegen Ontologie und Positivismus, welch letzteren (in dessen Spätphase) er zwar der Wiener Schule entsprossen wußte, aber auf wenig spezifizierte Weise doch mit amerikanischem Wesen zumal verband, noch an andere neuzeitliche Traditionen als die unfraglich denkmächtige anzuknüpfen, die in Kant und Hegel verkörpert und deren Überlegenheit jedenfalls über die Carnaps nicht strittig ist.

Desto unausschöpflicher bleiben die Ideen des Buches für eine Weiterentwicklung der Hauptlinie Kritischer Theorie als einer ihrer Themenstellung nach generellen, der mit der Traditionsgestalt von Theorie auch die diese zerschneidende Binnengrenze zwischen der Philosophie und den einzelnen Humanwissenschaften suspekt wurde. Daß – wie umrißhaft ausgeführt – der Schlußabschnitt der *Negativen Dialektik* es selbst ist, was die Idee einer Negativen Metaphysik auf den Plan ruft, wirft von selbst das Problem auf, in welchem Verhältnis Erfahrungen, wie sie für deren Sache relevant, vielleicht die entscheidenden sein würden, zu einer thematischen Abgrenzung der hergebrachten Metaphysik überhaupt stehen, deren Überprüfung so fällig wird. Sie bringt uns auf das Verhältnis zurück des traditionell „letzten" Gegenstandes der Metaphysik – der über die Grenzen empirischer Bestandsaufnahmen und ihrer möglichen nomothetischen Reduktion hinaus die *erkennbare Ordnung der Dinge* ist – zu ihren Begriffen. Noch wo sie sich für „Positives", das sich nur ereignen, nicht „gesetzt" werden kann, offenhalten, nur erst, wie in der Tat bei Schelling, ein Gelände des Weltprozesses spekulativ abstecken, das erst die Zukunft besiedeln kann, nicht sich retrospektiv abschließende, verfügungsstolz selbstgenügsame wie die Hegels sind, kann mangels Artikulation ihres implizit Kritischen Metaphysik auf solchen Wegen nicht weiterschreiten: Erst wo sie das Ungenügen der menschlichen Dinge vor ihrer Idee als ihrer eigenen Anlage als ein jeweils besonderes, in dieser *Haecceitas* aber gerade bestimmbares hörbar macht, dessen Allgemeines in seiner Kraft sich bezeugt, in Erfahrung und Handeln der Menschen als Spontaneität politischen Widerstands nachzuhallen, ist sie zu jener ihrer Bestimmung instandgesetzt, eine zu menschengerechter Praxis befreiende Orientierung zu sein, die sich in ihrer Geschichte entdeckt. Während das für ihre Zukunft keine politischen Kritikwürdigkeiten noch so fernliegende Themenwahl ausschließt, schließt es für jede die Einsicht ein, daß eine traumartige Unausdenklichkeit, wie sie in der Betretenheit des Mondes nicht beschlossen, sondern für das Staunen so offenliegt, daß mit der Faktizität ihres Gar-nicht-bemerkt-Werdens sich diese Abgründigkeit nicht verringert, sondern vollendet hat, bis in diesen Zug hinein nur die gleiche sein kann, die in Unrecht und Unterdrückung, dem Mörderischen jeglicher Gewalt und jeglicher Menschenverfolgung durch Menschen die Stunde erwartet, wo sie endlich hüllenlos ihnen aufgeht. Wie verschieden immer die Phänomene, Begebenheiten, ihre Qualitäten, emotionalen Besetzungen, Ansprüche an den Verstand und das Handeln sind, von denen heraufgerufen ein solcher Schock, der das Ereignis der metaphysischen Bestürzung ist, aus der Nacht taucht, als das Denken auf sich zurückwerfende Unausdenklichkeitserfahrung wechselt er mit diesen Differenzbestimmungen nicht sich selbst. Wahrhaft der Riß im Kompakten der Immanenz, der sich öffnen kann, ist er das Fenster, durch das ein Wissen, das sich des unsern erbarmen will, bei ihm eintritt; es wird vor diesem Gast nicht bestehen können, wird seine Umgänglichkeit enttäuscht, seine Gabe von unabsehbarem Reichtum vergeudet haben, außer es spendet dies empfangene Erbarmen an das Riesenmaß der Leiden und Übel weiter, die gewußt werden *können*.

Anmerkungen

1 Über Auseinanderspaltungen schlechthin – Abspaltung, Ausgrenzung, Öffentlichkeitsbildung, schon im Verkehr mit sich selber tendenziell *vereitelnde* Zentrifugalität des Bewußtseins – als bei ständigem Maskenwechsel axiomatischstes Merkmal an der deutschen Gesichte, vgl. Sonnemann 1981.
2 Auszug aus einem unveröffentlichten Vortrag, September 1981, des Verfassers; hier nach seiner Schrift *Gestaffelte Horizonte*.

Sonden und Treibsätze zur Erkundung, was an der Zeit ist, zitiert, Kasseler Philosophische Schriften V. Kassel 1982.
3 Vgl. *Le principe anthropique en cosmologie,* I et II. Revue des Questions Scientifiques 1981, 152 (2), 181-222 u. 1981, 152 (4), 461-509.

Literatur

Adorno, T. W.: Gesammelte Schriften Bde. 1ff. Hrsg. v. G. Adorno/R. Tiedemann. Frankfurt/M 1970ff., bes. 6.
Adorno, T. W.: Zu Theorie und Praxis. In: Stichworte. Frankfurt/M 1969.
Habermas, J.: Erkenntnis und Interesse. Frankfurt/M. erw. Ausg. 1973.
Sonnemann, U.: Negative Anthropologie. Vorstudien zur Sabotage des Schicksals. Reinbek bei Hamburg 1969.
Sonnemann, U.: Die Tendenzwende und ihr Tiefen-TÜV. In: Konkursbuch V. Tübingen 1980.
Sonnemann, U.: Das Auseinanderfallende und sein Ausfälliges. Nachtgedanken über deutsche Geschichtskonstanten und ihr Konstanterwerden durch Endlagerung des Gedächtnisses. In: Kipphardt, H. (Hrsg.): Vom deutschen Herbst zum bleichen deutschen Winter. München/Königstein 1981, 190-207.

Wolfgang Ritzel

Theorie und Praxis.
Theodor W. Adorno: *Negative Dialektik* *

„Nur als das von der allgemeinen Praxis Eximierte ist das Individuum des Gedankens fähig, dessen verändernde Praxis bedürfte." (337) Der Satz von Theodor W. Adorno formuliert zwei Hauptmotive: Theorie-Praxis und Bewahrung der Individualität. Zu jenem: nach Hegel ist die allgemeine Praxis Thesis, der Gedanke des von ihr Eximierten Antithesis, die an ihm orientierte Veränderung Synthesis oder Negation der Negation, durch welche die allgemeine Praxis zugleich mit ihrer Antithesis „aufgehoben" wird. Also „glättet" Hegel den Widerspruch zwischen allgemeiner Praxis und Gedanken „durch Identität": kann jene aufgehoben werden, so muß etwas Positives an ihr sein. Der „unbeirrt" negativen Dialektik aber ist Hegels Antithese „nicht negativ genug" und gilt das Negative – die allgemeine Praxis – für „negativ, bis es verging" (162). Genügt seine Veränderung nicht, so klingt schon die Frage an, die Adorno am Ende offen läßt: wie die neue Ordnung hergestellt werden kann, wenn nicht modifizierend und mithin auch bewahrend vom Bestehenden ausgegangen werden darf. — „Allgemein" ist die Praxis „falscher", weil durch das „herrschaftliche Prinzip" „antagonistisch" zerrissener Gesellschaft. Dieses Prinzip zeitigt „vergeistigt die Differenz zwischen dem Begriff und dem ihm Unterworfenen": maßgeblich für die Ordnung der Erscheinungen ist das Allgemeine; die Merkmale, die den Erscheinungen über die des jeweiligen Begriffs hinaus zukommen, sind „gleichgültig". Insistieren wir aber auf der Individualität einer Erscheinung, die nach Maßgabe des Allgemeinen nicht zu bestimmen ist, so ist das „Verletzung der Logik" und – *wenn sie* den Primat hat – nicht zu dulden: als „Widerspruch" (57f.)

Nach Adorno indiziert der Widerspruch vielmehr die Unwahrheit der Logik, der Identität, des Aufgehens dessen, „was das Denken begreifen will", „im Begriff". Schiebt sich die begriffliche Ordnung oder das „System selbstgemachter Begriffe" vor das „Nichtidentische" (vgl. 17; 148; 293; 305 u. a.), so daß dieses nicht mehr wahrgenommen wird, so liegt das nicht an seinem Nichtsein, sondern an der Nichtigkeit des namens der Logik erhobenen Anspruchs. Am Beispiel des Rechts, des „Urphänomens irrationaler Rationalität" (304): seine „partikulare" Vernunft „des Allgemeinen" hat als Moment der „verwirklichten", dem Besonderen verpflichteten Vernunft ihre – eingeschränkte – Wahrheit, pervertiert sich aber, sobald sie sich absolut setzt. So auch Hegels Logik, die „vom Besonderen gar nicht als Besonderem handelt, sondern bloß von der Besonderheit, selber bereits einem Begrifflichen". Adorno spricht mit Bezug auf den logischen, sozialen und politischen Primat des Allgemeinen von einem „aus dem Handgelenk dekretierten Verschwinden der Individualitäten" und davon, daß „das Allgemeine dem Besonderen raubt, was es ihm verspricht" (319; 322). In Gestalt des Allgemeinbegriffs, des Rechts, der objektiven Sittlichkeit verspricht es, das Besondere zu begreifen, „dieser" Person gerecht zu werden; doch statt sein Versprechen einzulösen, „verallgemeinert" es das Besondere. Die romantische Proklamation der Subjektivität läßt die „Wahrheit des Allgemeinen" nicht gelten; Adorno – kein Romantiker – hält an ihr fest, freilich vom Boden der verwirklichten Vernunft aus, die das subjektive Gewissen nicht auslöscht (vgl. 304). – „Die Methexis jedes Individuums am Allgemeinen durchs denkende Bewußtsein – und das Individuum wird es erst als Denkendes – überschreitet bereits die Kontingenz des Besonderen gegenüber dem Allgemeinen" (337). D. h., daß das Allgemeine nicht unbedingt, sondern nur unter der Bedingung der Individualität des Denkenden maßgeblich ist. Dekretiert es deren Verschwinden, so gibt es die eigene Maßgeblichkeit preis. Dies begreift „der Geist", der „individuelle" – „erste Bedingung von Widerstand, ... bescheidener Anfang von Praxis" (337), Wiedergutmachung dessen, was das Subjekt „am Nichtidentischen verübt" (266) hat, durch das Subjekt. –

Die – negative – Dialektik bricht den „Identitätszwang" der Begriffe, welche die Energie des Gegebenen und Metalogischen, das sie als Objekt konstituieren, „gerinnen" lassen. Sie bringt das Geronnene zu neuem Leben; als selbst philosophische Kritik der Philosophie ist sie zugleich Kritik der Ideologie, als deren „Urform" die Identität bezeichnet wird: die vorgebliche Identität von Geist bzw. Begriff zum einen, Sache zum andern, der deren „Inadäquanz" entgegengehalten werden muß (vgl. 156; 159). In denselben Zusammenhang gehört die Erklärung, die „Kategorie ... des Ursprungs" sei „herrschaftlich, ... ideologisches Prinzip" (158). Das bedeutet keinen Verzicht auf die Begriffe, so sehr Hegel gerügt wird, weil er „parteiisch für die Einheit" ist, für die Einheit des Vielen, Disparaten von einerlei Ursprung. Doch „ziemt" „auch deren abstrakte Negation ... dem Denken nicht" (160): würde um des Vielen und um der Besonderheit des je Einzelnen willen auf die begriffliche Ordnung verzichtet, so zöge die Nacht herauf, in der alle Kühe schwarz sind. Dem Denken „ziemt" die Orientierung an den Begriffen zugleich mit dem Wissen um deren instrumentale Funktion und eingeschränkten Wert; daraufhin wird ihm nicht zufallen, was nach Novalis denen zufällt, „so singen oder küssen"; doch wird es, was ihm überhaupt nicht zufällt, was es aber erlangt, als „wahr" vortragen dürfen. „Das einigende Moment überlebt" also, jedoch „ohne der Abstraktion als oberstem Prinzip sich zu überantworten", und zwar überlebt es in Gestalt der „Konstellation" (164). Am Beispiel der Sprache: sie verschafft Objektivität „durch das Verhältnis, in das sie die Begriffe, zentriert um eine Sache, setzt", um nämlich „das Gemeinte ganz auszudrücken". Der Gegensatz: die Konstruktion des „Stufengangs" von den speziellen Begriffen zum „allgemeineren Oberbegriff" (164) bzw. „abwärts" von letzterem zu jenen und zum besonderen Fall. – Wie nur bemächtigt die Sprache sich jener „Sache", des Zentrums der Konstellation vieler Begriffe, wenn nicht durch einen Begriff? Adornos Entgegensetzung von Stufengang und Konstellation erinnert an die ebenso geläufige wie abwegige Erklärung, „deduktiv" werde von einem Allgemeinen ausgegangen und zu den besonderen Inhalten abgestiegen, „induktiv" von den Inhalten zum Allgemeinen, dem Gesetz oder Begriff, aufgestiegen – hätte der Forscher nicht vorweg den Begriff des Besonderen, um dessen Allgemeines es ihm zu tun ist, so könnte er – in Ermangelung eines Auswahlprinzips angesichts unendlich vieler und verschiedener Inhalte – mit seiner Forschung gar nicht beginnen.

Adorno gegen Kant

Adorno gibt Kant den Vorzug vor den „Identitätsdenkern" Hegel und Schelling, weil er die „Idee der Andersheit" nicht opfere, sondern ein durch das Logische nicht zu resorbierendes „Metalogisches" annehme (vgl. 162). Des „Subjektivismus" zeiht er auch Kant (weil er den Unterschied von empirischem und transzendentalem Subjekt nicht gelten läßt). *Die* „Transzendentalphilosophie", gegen die er sich wendet, läßt alle Inhalte und Geltungsansprüche aus dem empirischen Subjekt entspringen und bekommt daraufhin die „Präponderanz des Objekts" entgegengehalten. Denn jedes Subjekt ist „vorweg" Objekt und bedarf zweitens eines solchen, um sich als Subjekt geltend zu machen; Objekte aber sind prinzipiell möglich ohne Subjekt. Oder: „vom Subjekt ist Objekt nicht einmal als Idee wegzudenken; aber vom Objekt Subjekt" (184). Die Frage, *wer* das Subjekt vom Objekt wegdenken soll, wird von Adorno gar nicht bedacht; der ontologische Charakter seines Denkens verrät sich hier und auch in der Verwendung des Wortes „Objektivität": nach Kant bezeichnet es die Qualität eines wissenschaftlichen Urteils – Adorno verwendet es zumeist, um die Fülle der Objekte zu bezeichnen. Noch charakteristischer ist die Bemerkung, daraus, daß es „keine Erkenntnis über das Objekt ohne erkennendes Subjekt" gebe, folge „kein ontologisches Vorrecht des Bewußtseins" (186) – wer behauptet denn ein solches? – Zu Adornos Subjektstheorie! Sie bestimmt das „verselbständigte Bewußtsein" oder den „Inbegriff des Tätigen in den Erkenntnisleistungen" als „abgezweigt von der libidinösen Energie des Gattungswesens Mensch"; gegen diese Abzweigung sei das Bewußtsein „nicht indifferent" (186). Daher die Wendung gegen die Einschätzung des „sensuellen" Ingredienz, des „Somatischen", des Anteils der „Empfindung" als „puren Moments" der „durchaus geistigen" Erkenntnis! Nach Adorno ist „Empfindung nicht ohne die Physis" – die zu optischen oder akustischen Eindrücken gehörige Empfindung ebenso wie die von Lust und Schmerz. Übrigens geht es hier nicht nur um Erkenntnistheoretisches, sondern um Anthropologisches. Wir müssen die „radikale Differenz" Körper/Geist preisgeben, um der Problematik des Willenslebens, der Freiheit, des Geistes gerecht zu werden (vgl. 193f.)! „Wahre Praxis" bedarf einmal „des vollen theoretischen Bewußtseins" – dann „auch eines Anderen, im Bewußtsein sich nicht Erschöpfenden, Leibhaften, vermittelt zur Vernunft und qualitativ von ihr verschieden". Gemeint ist etwas die Vermittlung Bestätigendes: die „motorische Reaktionsform . . ., zuckte nicht mehr die Hand, so wäre kein Wille"; der „Impuls, intramental und somatisch ineins", der der „Bewußtseinssphäre . . . angehört" und doch über sie hinaustreibt. Indem dieses „Hinzutretende mit ansteigendem Bewußtsein . . . sublimiert" werde, bilde sich in diesem der „Begriff des Willens als eines Substantiellen und Einstimmigen". Also: indem das Bewußtsein „ansteigt", reflektiert der Mensch auf den motorischen Impuls und faßt den Gedanken des Willens und zugleich der Freiheit, „eines Standes, der so wenig blinde Natur wäre wie unterdrückte", und den die Vernunft nur als „Versöhnung von Geist und Natur" (228f.) zu denken vermag.

Adorno stellt die Freiheitsfrage in Wendung gegen Kant, der „Freiheit . . . als Gesetz denkt", weil „er es so wenig streng mit ihr nimmt wie je seine Klasse" (die „bürgerliche") (248). Das „Formale" des Gesetzes hält „dem Seienden nichts entgegen als die zum reinen Prinzip erhobene Herrschaft", aus der die „Bedingungen bürgerlicher Wirtschaft" folgen. Und in dieser „kann die Frage nach Freiheit oder Unfreiheit des Willens, als einem Vorhandenen, nicht beantwortet werden" (260; vgl. 214). – Adorno lebt doch auch in einem bürgerlichen Wirtschaftssystem – ist er der gestellten Aufgabe gewachsen?

Das „Ichprinzip" ist dem Menschen „von der Gesellschaft eingepflanzt, und sie honoriert es, obwohl sie es eindämmt". Honorierte sie es nicht, so könnte sie ihre Mitglieder nicht in Pflicht nehmen; daß sie es nicht unbegrenzt eindämmen kann, liegt an der „Verinnerlichung gesellschaftlichen Zwangs zum Gewissen". In ihr reift der „Widerstand gegen die gesellschaftliche Instanz, der jene am eigenen Prinzip kritisch mißt", reift mithin „ein Potential heran, das des Zwangs ledig wäre" (271). – Das eine ist das Ichprinzip – das andere das Ich, die Person und ihre Einheit, eine reale Komplexion „von Innen und Außen" (219); was versteht Adorno unter ihr? Reflexe zeitigen Verfestigungen; das Verfestigte aber bringt den Reflexen gegenüber „neue Qualitäten hervor"; aus den Reflexen und gegen sie objektiviert sich „Charakter oder Wille, das potentielle Organ der Freiheit". Wiederum „untergräbt" das Organ die Freiheit: Charakter und Wille, ihrerseits Verfestigungen, eröffnen dem mit ihnen Ausgestatteten nur begrenzte Möglichkeiten. „Identität des Selbst und Selbstentfremdung" ineins – was heißt nur bei Adorno „Identität"? Was ist Kennzeichen des „Selbst", dem ich mich entfremde, und als das ich mich erhalte? „Vermutlich" lehnt sich die Selbsterhaltung „an das biologische Individuum an, das seinen Reflexen die Form vorschreibt; schwerlich wären die Reflexe ohne jegliches Moment von Einheit. Sie kräftigt sich als das Selbst der Selbsterhaltung". Also: die Lebenseinheit des Organismus unterscheidet sich vom Selbst nur nach Graden der Kraft, verwandelt sich in es mithin im Zuge einer Kräftigung. Und dem so entstandenen Selbst „öffnet sich Freiheit als seine gewordene Differenz von den Reflexen" (217). Diese sind unfrei: Freiheit als Differenz von ihnen wäre die Qualität unsres willkürlichen Verhaltens. In Anwendung auf den „Gedanken" und seine „Souveränität": frei wendet er sich „auf sich als auf sein Subjekt ... zurück" (219). Sinngemäß: den auf ein vom Denkenden Unterschiedenes gerichteten Gedanken mag man als unfreien Reflex auf dessen Auftreten auffassen; denke ich aber nicht „das da", sondern „ich", so verhalte ich mich souverän. „Wofern einer als Ich, nicht bloß reaktiv handelt, kann sein Handeln irgend frei heißen". Doch dann heißt es: „gleichermaßen frei" wäre „das vom Ich als dem Prinzip jeglicher Determination nicht Gebändigte, das dem Ich ... unfrei dünkt"; dasselbe sei „bis heute tatsächlich ... unfrei" (222) gewesen! Und von heute an? Das „nicht Gebändigte" dürfte der Bändigung nicht bedürfen, weil es mit dem Anspruch des Ich nicht streitet, ihn vielmehr auf seine Weise bestätigt. Denken wir an den – von Adorno nicht erwähnten – Tanz sowie an Äußerungen, die wir „anmutig" nennen, weil sie die Harmonie von Geistigem und Sinnlichem anschaulich werden lassen und die „radikale Differenz" von Körper und Geist Lügen strafen.

Zum Erkenntnisproblem

Was Adorno mit dem „untilgbaren Moment von Mimesis in aller Erkenntnis und aller menschlichen Praxis" (153) meint, ergibt das Wort von der „Konkordanz, ... die einmal der magischen Täuschung fraglos war", sowie das von der „Wahlverwandtschaft von Erkennendem und Erkanntem" (55). Nach ihr „tasten" wir, indem wir an der Sache „und in ihrem Begriff noch das Kleinste und dem Begriff Entschlüpfende zu unterscheiden" (55) suchen. Die verwirkliche Vernunft läßt die in den Begriffen waltende partikulare unter sich, um den „entschlüpfenden" metalogischen Inhalt nicht zu verfehlen (vgl. 312). Das auf den Inhalt verpflichtete Tasten heißt „differenziert"; anders als dem *Begriffs*inhalt gegenüber verhält der Tastende sich zu dem mit diesem nicht identischen *Sach*inhalt: „mimetisch" reagierend („subjektive Reaktionsform", „mimetisches Reaktionsvermögen") und die Entsprechung („Konkordanz") gewährleistend. Als Erkennender aber übt er zugleich „das logische Organ fürs Verhältnis von Genus, Species und differentia specifica" und genügt so dem Anspruch des Allgemeinen. Er bewährt die „Spontaneität des Subjekts" – nur wenn Erkenntnis ausschließlich Reaktion wäre, behielte die Abbildtheorie recht (vgl. 205). Doch ist die mimetische Reaktion unerläßlich – insofern behauptet sich die „ungeschmälerte Individualität gegenüber dem Allgemeinen der Vernunft". Das „kritische Moment" ist „mit individuellem Geist verknüpft"; für eine „veränderte Philosophie" gilt es, „des Ähnlichen innezuwerden, indem sie es als das ihr Unähnliche bestimmt".

Das mimetische Moment trägt etwas von Zufälligkeit in die Erkenntnis hinein – eine lästige Hypothek, sobald es auf Wissenschaft abgesehen ist. Doch in der Philosophie wird die Not zur Tugend. Wie bemerkt ist die Individualität des Denkenden Bedingung seines Anteils am Allgemeinen und der Maßgeblichkeit desselben. Das dient zur Erläuterung der Freiheit des Gedankens, d. h. dessen, worin er „hinaus ist über das, woran er widerstrebend sich bindet". Als Gedanke des Individuums bindet er sich an das Allgemeine – eingeschränkt durch dessen Objektivität und daher leidend. „Denn Leiden ist Objektivität, die auf dem Subjekt lastet"; daher das „Bedürfnis, Leiden beredt werden zu lassen". Indem der Gedanke diesem „Ausdrucksdrang" stattgibt, ist er in Freiheit hinaus über das, an das er sich bindet. – Den Ausdrucksdrang empfindet auch der Wissenschaftler, aber der Ausdruck oder die „Darstellung" ist ihm versagt. Nicht schon das wissenschaftliche Urteil ist Darstellung, sondern erst die sprachliche Objektivierung jenes Leidens; sie aber ist der Philosophie „nicht gleichgültig und äußerlich sondern ihrer Idee immanent". Ihrem „integralen Ausdrucksmoment" entspricht in der Wissenschaft nichts; wohl aber entspricht es selbst dem „Ausdrucksdrang" des Individuums.

So lange dieses den Drang befriedigt, ohne philosophische Ansprüche zu stellen, so lange sind ihm keine Vorschriften zu machen.

Hält aber Philosophie sich in Darstellung des „Subjektivsten" nicht an das Kriterium seiner objektiven Vermittlung, so artet sie in Weltanschauung aus. Sie ist nicht nur zum Ausdruck ermächtigt, sondern zugleich zur „Stringenz" verpflichtet. „Ausdruck und Stringenz ... bedürfen einander" (29). Das entspricht der Methexis des denkenden Individuums am Allgemeinen — dieses gebietet Stringenz, aber jenes braucht sich in Erfüllung dieser Forderung nicht selbst zu verleugnen. —

Eines Etwas, das nur als unmittelbar, gegeben, faktisch zu kennzeichnen ist, bedarf der Physiker auch nach Kant; doch die Konstitution desselben als Gegenstand ist nach Kant Sache der Physik bzw. des erkennenden Subjekts. Da sich hiernach Faktizität und begriffliche Bestimmung zueinander verhalten wie ein Komplement zum andern, wendet Adorno sich gegen Kant. „Nichts in der Welt ist aus Faktizität und Begriff zusammengesetzt"! „Das Subjekt ... muß wirklich dem Objekt ‚zusehen', weil es das Objekt nicht schafft, und die Maxime von Erkenntnis ist, dem beizustehen". Die „Passivität des Subjekts" „bedarf nachhaltigerer subjektiver Reflexion als die Identifikationen, die das Bewußtsein bereits nach Kantischer Lehre gleichsam automatisch, bewußtlos vollzieht". Das bezieht sich auf die Möglichkeitsbedingungen der Erfahrung und ihrer Gegenstände, nach Kant nichts „Selbstgemachtes", wofern der Menschengeist erst gemäß diesen Bedingungen etwas „machen" kann. Nach Adorno freilich wird Kant durch die Wissenschaft berichtigt: ergibt diese doch die Ungültigkeit, Unmaßgeblichkeit einzelner durch ihn deduzierter Möglichkeitsbedingungen! Also muß, wer erkennen will, „was Sache selbst heißen mag" und „nicht positiv, unmittelbar vorhanden ist", so daß es des begrifflichen Instrumentariums bedarf, „mehr, nicht weniger denken", als wer nur unter den unangezweifelten, durch das Instrumentarium auferlegten Bedingungen urteilt und begründet. Er denkt mehr, d. h., wird der Sache, sofern sie nicht durch den Begriff abgedeckt ist, oder: ihrer Nichtidentität gerecht. Dieselbe ist keine „Idee", sondern ein „Zugehängtes" (189). Soweit der Begriffsinhalt mit dem gewollten Inhalt identisch ist, offenbart er ihn; danach erst beginnt die eigentliche Arbeit, die Entfernung der Hüllen, die das Nichtidentische verbergen. Dem Gedanken wird durch seinen „Dämon" eingeredet, das von ihm Verschiedene solle nicht sein; darum „denkt" die Philosophie dieses Verschiedene und bedenkt zugleich, daß *es* erst den Gedanken zum Gedanken macht. Ist vom „Fetischismus der Begriffe" die Rede, so abermals mit Bezug auf die Insinuationen jenes Dämons (vgl. 193). – Das Erkennen als ein Enthüllen – so stellte es die Aufklärung dar; der durch Kant initiierten philosophischen Bewegung ergab sich, daß es mit der Enthüllung nicht getan ist: das Enthüllte muß ins rechte Licht gerückt werden, ins Licht der Idee. Nichts charakterisiert Adorno besser, als daß er's mit der Enthüllung gut sein läßt und der Idee entraten will (das Wort verwendet er ohne präzise Angabe seiner Bedeutung).

Versöhnung

„Das „herrschaftliche Prinzip" drückt allem Bestehenden den „Warencharakter" auf und begründet so die „tatsächliche Tauschgesellschaft". Das Brot und die Wurst, das Kunstwerk, die körperliche und die geistige Arbeit und der, der sie leistet, die Liebe, die Ehre und das Recht – alles wird Ware, nach einerlei Währung schätzbar und daraufhin tauschbar; ein „Abstraktionsvorgang" und die genuine Realität! Und derselbe Vorgang zeitigt, was die subjektivistische Philosophie als „transzendentale Allgemeinheit" verklärt. Ihre idealistische Opposition gegen die „Dinghaftigkeit" des „Bestehenden" ist freilich „fehlgeleitet" (vgl. 190f.). Wer „alles, was ist, zur reinen Aktualität dynamisieren möchte", übersieht offenbar einen Unterschied innerhalb desselben: die durch Marx bemerkte „Differenz zwischen dem Vorrang des Objekts als einem kritisch Herzustellenden und seiner Fratze im Bestehenden, seiner Verzerrung durch den Warencharakter" (190). Die kritische Herstellung jenes Vorrangs ist Sache *der* Philosophie, die dem Fetischismus der Begriffe Widerpart bietet: sie *versöhnt* mit dem Bestehenden, Anderen, Fremden, sofern es prinzipiell *nicht* Ware ist. Das „Glück" der Versöhnung: das Fremde bleibt „in der gewährten Nähe das Ferne und Verschiedene . . ., jenseits des Heterogenen wie des Eigenen" (192).

Jenseits des Eigenen – das zielt auf die Transzendentalphilosophie, die nichts gelten läßt, was nicht durch das Subjekt geltend gemacht wird. Jenseits des Heterogenen – das richtet sich gegen einen in „dilettantische Welterklärung" und „Weltanschauung" (vgl. 200 u. a.) abgeglittenen Materialismus, der Geist und Materie,

Subjekt und Objekt auseinanderreißt. Beiden gilt: „Einzig sofern es seinerseits auch Nichtich ist, verhält das Ich sich zum Nichtich, ‚tut' etwas, und wäre selbst das Tun Denken" (201). Konvergiert aber das „spezifisch Materialistische mit dem Kritischen" (in der Differenzierung des Objekts als des Vorrangigen und der „Fratze" Ware, zu der es verzerrt wurde), so wird „gesellschaftlich verändernde Praxis" möglich. Ihr Ziel: „Abschaffung des Leidens ... noch des letzten ihrer (sc.: der Gesellschaft) Mitglieder" (203).[1]

Wie die Verfasser des Kommunistischen Manifests denkt Adorno an die neue Menschheit, das kommende Goldene Zeitalter. Er spricht vom „Phantasma" der Freiheit und „Versöhnung von Geist und Natur" und versteht „Phantasma" im Sinne von Leitbild, Ideal (statt wie in anderem Zusammenhang in dem von Hirngespinst): die Vernunft lasse sich dasselbe durch „keinen Beweis kausaler Interdependenz ... verkümmern" (228). Hierher gehört auch das Wort über die „fortschreitende Aufklärung" – zum Unterschied von der die Erscheinung schematisch „reduzierenden". Der Mensch erkennt sich selbst als „naturwüchsig", mithin als das, „was er sonst unersättlich reduziert"; er erkennt auch, daß er, indem er die Natur sich selbst gleichzumachen sucht, die eigene Naturwüchsigkeit pervertiert und sich selbst von jener entfernt. Das ist „Dialektik der Aufklärung"; als ihre „Spitze" bestimmt Adorno „Affinität"; „keine positive ontologische Einzelbestimmung", sondern „bestimmte Negation" der „Identifikationsschemata der kategorialen Apparatur". Nur vermittels dieser vergewissern wir uns einer Sache oder Wahrheit; aber unser Erkenntisanspruch wird durch die bestimmte Negation bzw. durch das Wissen um die Affinität (oder durch das „mimetische Moment"!) eingeschränkt (vgl. 266f.).

In der Verinnerlichung gesellschaftlichen Zwanges reife – so lasen wir – ein des Zwanges lediges Potential heran. Daran hängt alles: die Menschen selbst müssen das „repressive Unwesen" beseitigen. „Bis dahin ist die waltende Gesetzlichkeit dem Einzelnen und seinen Interessen konträr" – aber in Zukunft, „wenn die Menschheit sich herausarbeitet ..." (260f.)! Davon ist mit Einschränkung, konjunktivisch die Rede. „Vielleicht wären freie Menschen auch vom Willen befreit; sicherlich erst in einer freien Gesellschaft die Einzelnen frei. Mit der äußeren Repression verschwände, wahrscheinlich nach langen Fristen und unter der permanenten Drohung des Rückfalls, die innere." (261) Für die Gegenwart charakteristisch ist die „dingliche Härte des Selbst" – für die utopische Zukunft das „befreite Ich, nicht länger eingesperrt in seine Identität, nicht länger zu Rollen verdammt" (275). Voraussetzung seiner *wahren* Identität „ist das Ende des Identitätszwangs". Daraufhin wird jene Freiheit möglich, deren Ausdruck wir im Tanz, in der anmutigen Erscheinung wahrnehmen. —

Nach Adorno geht ethische Systematik als „Übertragung von Konsequenzlogik aufs Verhalten" in die Irre; nicht nur das: diese stringente Logik wird „Organ von Unfreiheit". „Das Dringlichste würde ... kontemplativ, Spott auf die eigene Dringlichkeit". „Moralische ... Sätze" — „es soll nicht gefoltert werden; es sollen keine Konzentrationslager sein" — sind wahr „als Impuls, wenn gemeldet wird, irgendwo sei gefoltert worden" (281). Adorno weiß „nichts Besseres unter den Menschen" als „das geschichtlich fortgeschrittenste, punktuell aufleuchtende, rasch verlöschende Bewußtsein, dem der Impuls innewohnt, das Richtige zu tun", als die „Möglichkeit, ein anderer zu sein, als man ist, während doch alle in ihrem Selbst eingesperrt sind und dadurch abgesperrt noch von ihrem Selbst" (292f.). — Das bezieht sich auf die Gegenwart (in der es KZs gibt); für sie gilt auch das Wort vom „Unterschied von Theorie und Praxis", die doch ‚ungetrennt' sind, wie die „Extreme" zeigen: „die spontane Regung, die, ungeduldig mit dem Argument, nicht dulden will, daß das Grauen weitergehe", und das „von keinem Anbefohlenen terrorisierte theoretische Bewußtsein, das durchschaut, warum es gleichwohl unabsehbar weitergeht" (281f.). — Kommen *soll* die „befreite Gesellschaft", in der allein das „gesellschaftlich geforderte Moralische wirklich würde" (294). Die Kennzeichnung jener Extreme deutet an, daß in der befreiten Gesellschaft die Kluft zwischen Theorie und Praxis geschlossen werden wird.

Gegenwärtig freilich sind die „Menschen, keiner ausgenommen, ... überhaupt noch nicht sie selbst" (274). Dennoch mag der Einzelne den Impuls verspüren, das Richtige zu tun, obwohl die in ihr Selbst eingesperrten Anderen an diesem Tun Ärgernis nehmen. Unter den Unfreien ist er, wie seine Selbsterfahrung lehrt, „bald frei, bald unfrei". Unter dem Druck des Identitätszwangs hat er seine wahre Identität noch nicht gefunden; doch ist er auf dem Weg zu ihr wie zur werdenden Freiheit. Dann wäre von ihm und Seinesgleichen die Erneuerung zu erwarten, in deren Folge die moralischen Impulse nicht mehr auf den „Es-soll-nicht-", sondern auf den „Es-soll-"Ausdruck gebracht werden können. *Dagegen* steht der letzte Satz dieses Kapitels: „Dem Einzelnen ... bleibt an

Moralischem nicht mehr übrig, als wofür die Kantische Moraltheorie, welche den Tieren Neigung, keine Achtung konzediert, nur Verachtung hat: versuchen, so zu leben, daß man glauben darf, ein gutes Tier gewesen zu sein." (294) — Können wir, die wir noch nicht wir selbst sind, wir selbst werden, indem wir uns mit diesem Versuch begnügen? Werden wir die Welt dadurch, daß wir selbst nicht foltern, in eine radikal andere verwandeln, die das Grauen nicht kennt?

Noch vor dem Kommunistischen Manifest prägte Marx eine charakteristische Wendung: „wenn der Mensch durch die Umstände gebildet wird, so muß man die Umstände menschlich bilden", und: „daß also die Umstände ebenso sehr die Menschen wie die Menschen die Umstände machen" (Marx Bd. 2, 47: Bd. 1, 826). Adornos Problem läßt sich im Anschluß an die zweite Formulierung angeben: sind die Menschen Funktion der Umstände, so ist auch alles, was sie machen, deren Funktion. Marx' erste Formulierung nennt auch das „man": *man* bilde die Umstände menschlich um der durch sie zu bildenden Menschen willen! Das gilt freilich Menschen mit einem Sonderstatus, der Minderheit und Elite der Kommunisten, wie das Manifest ergibt. Wir bemerkten die Aporie, die die in sie gesetzte Erwartung belastet und von den Verfassern ignoriert wird.[2] Eine Aporie anderer Art beunruhigt Adorno. Ihm ist Hegels Antithese „nicht negativ genug". Wenn das Bestehen aber in keiner Weise bestätigt, sondern ausgetilgt zu werden verdient — wo ist dann in Absicht einer Neuordnung anzuknüpfen? Indessen kennen wir das Selbstverständnis der kritischen Theorie: wird sie als kritische bewirken, was, wie sie als Theorie demonstriert, bewirkt werden soll? Ist der neue Menschheitsmorgen von der „entzaubernden" negativen Dialektik zu erwarten? Bringt sie das bis dahin Verzauberte an den Tag? In der Tat ergab sich, daß das Ineins von Theorie und Praxis Merkmal der utopischen Ordnung ist, daß es die Kluft zwischen beiden für die neue Menschheit nicht geben wird. Diese Kluft ist aber ein Merkmal des Bestehenden, bedingt durch das repressive Unwesen der Gesellschaft. Das aber heißt: was kritische Theorie sein müßte, um zu leisten, was sie intendiert, das ist sie nicht, kann sie nicht sein, und damit bleibt sie nach Adornos eigenen Worten *bloße* Theorie.

Als solche „diesseits von Praxis sich genügende" „Kontemplation" wird sie „durch ihre Gleichgültigkeit gegen die Veränderung der Welt zum Stück borniter Praxis". Die in der 11. Feuerbach-These geübte Kritik an den Philosophen wird hier durch den Hinweis verschärft, daß die kontemplative Indifferenz das Bestehende in seinem nicht zu verändernden Sosein bestätigt. Ist also an Erkenntnis, „deren mögliche Beziehung auf verändernde Praxis zumindest temporär gelähmt ist", „kein Segen", so erscheint auch das „Glück des Geistes" unerlaubt, der sich solcher Erkenntnis widmet. Wodurch ist dann Adornos Erkenntnisbemühung legitimiert? „Wer jedoch nichts tun kann, ohne daß es, auch wenn es das Bessere will, zum Schlechten auszuschlagen drohte", der „wird zum Denken verhalten" (242f.); und zwar ohne „durchsichtige Beziehung auf später mögliche Praxis". „Das Verzweifelte, daß die Praxis, auf die es ankäme, verstellt ist, gewährt paradox die Atempause zum Denken, die nicht zu nutzen praktischer Frevel wäre" (243), oder positiv gewandt: die Nutzung der Atempause ist *praktische* Pflicht. Statt die Zeit, in der alle sinnvolle Praxis suspendiert wird, versuchsweise wie ein gutes Tier zu verleben, folgt Adorno dem „Impuls", sie aufs Denken zu verwenden, das doch die eigene Bedeutung für eine hernach vielleicht wieder mögliche sinnvolle Praxis nicht begründen kann.

Anmerkungen

* Aus: W. Ritzel: Philosophie und Pädagogik im 20. Jahrhundert. Darmstadt 1980.
1 Vgl. Lessing: „Weh dem menschlichen Geschlechte, wenn in dieser Ökonomie des Heils auch nur eine einzige Seele verlorengeht"! (Lachmann-Munckersche Gesamtausgabe XII, 437).
2 W. Ritzel: Philosophie und Pädagogik im 20. Jahrhundert. Darmstadt 1980, 255.

Literatur

Adorno, T. W.: Gesammelte Schriften. Bde. 1ff. Hrsg. v. G. Adorno/R. Tiedemann. Frankfurt/M 1970ff., bes. 6.
Marx, K.: Frühe Schriften. Bde. 1 u. 2. Darmstadt 1971.

Detlev Piecha/Peter Zedler

Die Erinnerung erziehen.
Negative Dialektik und Erziehungswissenschaften

I

Mehr noch als bei anderen Vertretern des unter „Kritischer Theorie" oder „Frankfurter Schule" sortierten Denkens tun sich Pädagogen und ihre Wissenschaft mit Theodor W. *Adorno* schwer. Die Rezeption Adornos, insbesondere aber seiner *Negativen Dialektik,* ist in den Erziehungswissenschaften eher marginal geblieben, sofern Adornos Philosophie überhaupt beachtet wurde.[1]

Nicht selten dienten Adornos Arbeiten lediglich als Steinbruch für Aufmerksamkeit erheischende Zitate, wobei auch hier auffällt, daß die *Negative Dialektik* letztlich gänzlich draußen vorblieb.

So scheint der Satz „Die Forderung, daß Auschwitz nicht nochmal sei, ist die allererste an Erziehung" (1970b, 88) aus *Erziehung nach Auschwitz* von 1966 sehr eingängig gewesen zu sein. Adorno hat das Programm, das hinter diesem formulierten Anspruch formuliert war, in der *Negativen Dialektik* noch potenziert:

„Hitler hat den Menschen im Stande ihrer Unfreiheit einen neuen kategorischen Imperativ aufgezwungen: ihr Denken und Handeln so einzurichten, daß Auschwitz nicht sich wiederhole, nichts Ähnliches geschehe. Dieser Imperativ ist so widerspenstig gegen seine Begründung wie einst die Gegebenheit des Kantischen." (358)

Dies Programm aber hat die Pädagogik als Wissenschaft kaum ernsthaft aufgenommen; die letzten Reste einer nur allzu konjunkturgerecht erscheinenden Adaption scheint die augenblickliche Welle eines aus Enttäuschung geforderten „Zurück" in einem Strom von Resignation und Melancholie wegzuspülen.[2] Daß dieses „Weg" von kritischen Positionen so leicht fällt, scheint die Befürchtung zu bestätigen, daß es nur wenigen so recht ernst mit Adorno und der „Kritischen Theorie" gewesen zu sein scheint.

Dazu mag nicht zuletzt Adornos Einschätzung der Pädagogik und der Pädagogen beigetragen zu haben, die darauf hinausläuft, daß man beiden, aber erst recht den Pädagogen, nicht trauen dürfe. Und mit welchem Recht hätten auch in den Augen Adornos Pädagogen nach 1945 etwas für sich in Anspruch nehmen dürfen, was er nicht einmal der Kunst zubilligen wollte, als er meinte, daß es nach Auschwitz barbarisch sei, noch Lyrik zu schreiben (vgl. 1973b, 21) und der Kultur insgesamt in der *Negativen Dialektik* ihren Ort auf der Mülldeponie zuwies:

„Alle Kultur nach Auschwitz, samt der dringlichen Kritik daran, ist Müll." (359)

Waren es doch nicht zuletzt die Pädagogik und die Pädagogen, die nicht nur in der Zeit vor 1914 – „Ideen von 1914" –[3] ihren gewichtigen Anteil an den „Toten von Langemarck" hatten, die 1933 mit wenigen Ausnahmen nicht nur widerstandslos blieben, sondern begeisternd zustimmend von der Republik zum Nationalsozialismus überliefen und ihrem spätestens seit Ellen Keys (dt. 1902 [1978]) programmatisch formulierten eigenen Anspruch, „Anwalt des Kindes" zu sein, in den Rücken fielen, um sich, wie schon so oft zuvor, für das „Andere" – den Staat – zu entscheiden. Und waren sie es doch auch, die nicht ohne Grund verdächtigt werden dürfen, jenes „Modell: Auschwitz" mitermöglicht zu haben, das Adorno in jenem erschütternd einsichtigen Bild in der *Negativen Dialektik* als Erziehungstypus festgehalten hatte, das es gleichsam als „Chock" (vgl. Benjamin 1966, 46) zu erinnern gilt:

„Ein Hotelbesitzer, der Adam hieß, schlug vor den Augen des Kindes, das ihn gern hatte, mit einem Knüppel Ratten tot, die auf dem Hof aus Löchern hervorquollen; nach seinem Bilde hat das Kind sich das des ersten Menschen geschaffen. Daß das vergessen wird; daß man nicht mehr versteht, was man einmal vorm Wagen des Hundefängers empfand, ist der Triumph der Kultur und deren Mißlingen. Sie kann das Gedächtnis jener Zone nicht dulden, weil sie immer wieder dem alten Adam es gleichtut, und das eben ist unvereinbar mit ihrem Begriff von sich selbst. Sie perhorresziert den Gestank, weil sie stinkt; weil ihr Palast, wie es an einer großartigen Stelle von Brecht heißt, gebaut ist aus Hundescheiße." (359)

Dieses erinnerte Bild enthält aber nicht nur jenes *fabula docet,* „daß es in der Welt ungerecht zugeht" (1973b, 17), es ist nicht nur der geronnene Schrecken, der dem Menschen den Sinn auszutreiben vermag – „hat es einen Sinn zu leben, wenn es Menschen gibt, die schlagen, bis die Knochen im Leib zerbrechen?" (ebd., 21) Wie das Bild der vergifteten Ratten im sogenannten *Chandos-Brief* (1902) von Hugo von Hofmannsthal, enthält es jenes Trauma der Ausschaltung des Gefühls, vor dem die als „bürgerliche Kälte" umschriebene hergestellte Gefühls- und Erfahrungsarmut sich flüchtet und das es für Augenblicke zu durchbrechen in der Lage ist, weil es erinnernd „richtiges Leben" aufblitzen läßt; weil es gegen die gewollten Intentionen ihrer Inhaber hervorkehrt, was die Nazis dann als „entartet" und „dekadent" diffamieren: „Mitleid" (257f.) und „Zartheit zwischen Menschen" (1981, 44), auf deren Grundlage das möglich wird, was Adorno in den *Minima Moralia* mit „Krieg ohne Haß" (ebd., 66) bezeichnet hatte. Als Kritik zehrt solche Erinnerung von einem besseren Zustand, ohne die ihm widersprechenden Fakten zu verleugnen oder in falscher Gewißheit seine Einlösung als Handlungsnorm vorwegzunehmen.

In dieser Spannung eines „nihilistischen Skeptizismus" ohne „Resignation" (vgl. Adorno 1971, 9ff.) auszuhalten und sich dabei jenes Bewußtsein einer Nichtidentität des Besonderen bewahren zu können, angesichts des immer noch lastenden Übergewichts eines gesellschaftlichen Allgemeinen, wäre für Adorno Ausdruck von gelungener Bildung: ein subjektives Sich-verweigern-Können der Subsumption des Einzelnen unter ein Allgemeines, eine Widerstandsfähigkeit gegen jene „beflissene Anpassung ans je Geltende" (Adorno [6]1970, 41): ein Aufbrechen jener „bestimmten formalen Beschaffenheit des Denkens" (ebd.), die das Einzelne dem Allgemeinen, Geltenden, opfert, und die Adorno als Anfang vom Ende des Nachlebens des den Nationalsozialismus ermöglichenden Denkens betrachtete. Ein solches Aufweichen jener Neigung zweiwertiger Aufteilung nach Schafen und Böcken, jenes Mangels an unmittelbaren spontanen Beziehungen zu Menschen, Dingen, Ideen, jenes zwanghaften Konventionalismus, hat Adorno den Pädagogen offensichtlich nicht zugetraut.

Dagegen sprach für ihn seine historisch sicherlich teils zutreffende Sicht der Funktion und Rolle des Lehrers im staatlich-institutionellen Gefüge der Schule: Dem Lehrer haftet ein negativ besetztes Urbild, „imagerie" von unbewußt wirkenden Vorstellungen, nicht oder nur rudimentär von einer Realität an: „Das Urbild jener imagerie ist der Kerkermeister, mehr noch vielleicht der Unteroffizier" (Adorno 1970b, 77), mit jener Typik des Nach-oben-Buckelns und Nach-unten-Tretens, kurz: Lehrer sind für Adorno als Spiegelbilder ihrer gesellschaftlichen Funktion und Rolle „Steißtrommler" (ebd., 71; 77) vom Typus des „Untertanen".[4]

Unbewußt würden Lehrer deshalb auch zu Recht noch immer mit jenen preußischen Unteroffiziersveteranen der Kriege des 19. Jahrhunderts gleichgestellt, die im wirklichen Leben nicht mehr „ihren Mann zu stehen" vermögen. Der Lehrer erscheine so nicht – auch sich selbst nicht – als ein Herr, sondern als ein prügelnder Schwächling, ein Mönch oder Numinosum, dessen imagerie psychoanalytisch mit Notwendigkeit auf Kastration hinauslaufe. Die Bebilderung – man siehe nur die Literatur hierzu durch –[5] einer vollendeten déformation professionelle erreicht dann bei Adorno ihre Pointierung, wenn er meint:

„Im Bilde des Lehrers wiederholt sich, sei's noch so abgeschwächt, etwas vom affektiv höchst besetzten Bild des Henkers." (ebd., 78)

Es wird im folgenden die Vermutung erläutert werden, daß es die Struktur des Erfahrungsgehaltes dessen ist, was hier eigentlich „geköpft" wird, die es Pädagogen so schwierig macht, sich auf Adorno einzulassen. Was in der *Negativen Dialektik* noch nur zu vermuten war, daß nämlich Adornos Impetus des Denkens gegen die als unzulänglich und ungerecht erfahrene Realität weitgehend der sogenannten Frühromantik Friedrich Schlegels, von Hardenbergs (Novalis') oder auch Hölderlins entstammt, hat erst das letzte Werk der *Ästhetischen Theorie* (1970a) nachdrücklich belegt. Aber bereits der erste Satz der *Negativen Dialektik* – „Philosophie, die einmal überholt schien, erhält sich am Leben, weil der Augenblick ihrer Verwirklichung versäumt ward" (15) – und Adornos Vorstellung der Dialektik als „konsequentes Bewußtsein von Nichtidentität" (17), ebenso wie der zentrale Stellenwert der Erfahrung des „Leidens", gegen das sich verhärtend und verpanzernd jene Kälte unter den Menschen als „Grundprinzip der bürgerlichen Subjektivität" (356) sich verbreiten läßt, ist nicht verstehbar ohne jene Vermittlungsinstanz des „ist", die als Copula die existentielle Erfahrung von „Liebe" im Sinne der Frühromantik meint und sich direkt gegen Heideggers Seinsbegriff richtet (vgl. 106ff.).

Die negative Dialektik selbst ist als Ganzes der Versuch des Denkens, jene Verhärtung und Verpanzerung im Begriff wieder zu verflüssigen, insofern ist sie ein Pädagogikum in dem Sinne jener Modellvorstellung von Bildung, die Adorno 1961 andeutete:

„Denn Bildung ist eben das, wofür es keine richtigen Bräuche gibt". ([6]1970, 42)

Die trotz reichlicher Zitation seiner Arbeiten letztlich marginal gebliebene Auseinandersetzung innerhalb der Erziehungswissenschaft wird erst dann recht begreiflich, wenn man die Probleme berücksichtigt, die Adornos Ansatz für die Pädagogik aufwirft. Mit ihm infrage gestellt sieht sich implizit nicht weniger als das in der Tradition pädagogischer Theoriebildung verankerte Selbstverständnis der Pädagogik. Von Adorno aus Antworten auf gängige Fragestellungen pädagogischer Theoriebildung zu gewinnen, ist nicht möglich, ohne daß dabei theoretisch wie praktisch verankerte Grenzziehungen der Pädagogik überschritten werden müßten. Auf sein Denken sich einzulassen bedeutet im Ergebnis kaum weniger, als hinter das zurückzugehen, was sich die Disziplin als Fortschritt zurechnet und auf das zu verzichten, was sie ihrem eigenen Verständnis nach legitimiert. Zurückgewiesen sehen sich ebenso zentrale Aufgaben- und Problemdefinitionen pädagogischer Theoriebildung, wie traditionsreiche Maßstäbe und Postulate pädagogischen Handelns, die aufzugeben und dennoch zu bewahren nur unter einem moralischen Universalismus möglich erscheint, für den sich die Frage erhebt, ob er über den Status einer Erkenntnismoral hinaus pädagogisch wirksam werden kann.

Die Probleme, die Adorno mit Blick auf ein tradiertes Selbstverständnis der Pädagogik aufwirft, werden vor allen an drei Schlüsselstellen pädagogischer Theoriebildung deutlich: am Theorie-Praxis-Verhätlnis, bei der Begründung von Unterrichts- und Erziehungszielen, sowie am Maßstab und Postulat der Autonomie des Subjekts. Seit ihren neuzeitlichen Anfängen begründet sich Pädagogik aus einer Reflexion der gegebenen Erziehungsverhältnisse, die im Bewußtsein einer Differenz zwischen dem, was ist und dem, was als Anspruch und Möglichkeit der Subjekte auf ein humanes Zusammenleben hoffen läßt, danach fragt, was es im Interesse des Heranwachsenden in seiner Entwicklung unter den gegebenen gesellschaftlichen Bedingungen praktisch zu sichern gilt. Unter diesem stellvertretenden praktischen Interesse dient Theorie dazu, zu erkennen, wie die Erziehungsverhältnisse als abhängiger Teil der gesellschaftlichen Wirklichkeit beschaffen sind, welche Folgen sie für die Subjekte zeitigen, wie Erziehungsverhältnisse und ihre Folgen zu bewerten sind, welche Ansprüche und Möglichkeiten als Maßstab einer kritischen Vergewisserung bisheriger Bildungsprozesse angemessen sind, welche Aufgabenstellungen sich daraus für Erziehung und Unterricht ergeben, wie schließlich der Klärung der Frage, was praktisch getan werden kann, um die sich stellenden Aufgaben im Sinne des sie leitenden Interesses lösen zu helfen.

Mit Blick auf die Heranwachsenden als einzelner Subjekte und die sich daraus unter besagtem Interesse ergebende Verpflichtung, deren Entwicklung aktuell zu befördern, ist es der Pädagogik zugleich verwehrt, eine letztgültige Klärung in den Fragen abzuwarten, auf die sie eine Antwort gefunden haben muß, um das sie leitende Interesse angemessen wahrnehmen zu können. Da noch jeder Verweigerung einer praktischen Einflußnahme eine praktisch folgenreiche Bedeutung für den Entwicklungsprozeß der Heranwachsenden zukommt, kann sich die Pädagogik ihrem traditionellen Selbstverständnis nach nicht wie andere Disziplinen ausschließlich der Zuverlässigkeit, Angemessenheit und Vervollständigung gewonnener Erkenntnisse über einen Objektbereich zuwenden, sondern dies nur insoweit, als dadurch nicht das praktische Interesse und die Verpflichtung gegenüber den Heranwachsenden verletzt wird. Als Diziplin grenzt sie sich von anderen Nachbardisziplinen gerade durch die Wahrnehmung dieses praktischen Interesses ab, begründet ihre Eigenständigkeit durch die sich unter diesem Interesse stellenden Aufgaben und legitimiert sich durch den Beitrag, den sie zur Bewältigung dieser Aufgaben für Praxis leistet. Sie ist in diesem Sinne Theorie von der Praxis für die Praxis.

Dieses zunächst von der sog. Geisteswissenschaftlichen Pädagogik unter bezug auf die philosophischen Klassiker der Pädagogik auf den Begriff gebrachte Selbstverständnis der Pädagogik hat trotz mancherlei Differenzierungen, Korrekturen und Ergänzungen durch die der Geisteswissenschaftlichen Pädagogik nachfolgenden Theorieprogramme nichts an Geltung eingebüßt. So wird teils das die Eigenständigkeit der Pädagogik sichernde praktische Interesse mit anderen Begründungsmomenten gestützt oder zu einem emanzipatorischen Interesse verschärft, teils wird die Eigenständigkeit mit Rücksicht auf die Methoden der Gewinnung von Erkenntnissen lediglich als arbeitsteilige Ausgrenzung eines spezifischen Gegenstandsbereiches begründet. Hinsichtlich der Orientierungsleistung von Theorie gegenüber Praxis hat sich die Richtung jedoch nicht verändert, sondern eher verschärft: Positionen, die die Pädagogik auf ein emanzipatorisches Interesse verpflichten, weisen der Theorie eine kritisch-konstruktive Funktion gegenüber Praxis zu, die über den Status einer Aufklärung der Praxis über sich selbst hinaus die Bedingungen aufzeigen soll, unter denen Praxis emanzipatorisch wirksam werden kann. Positionen, die die Erziehungswissenschaft lediglich als Anwendung allgemeiner Methoden der Erkenntnisgewinnung auf einen besonderen Gegenstandsbereich begreifen, sehen die Leistung von Theorie für Praxis primär in der Bereitstellung gesicherten Wissens über die Bedingung der Erreichung von Unterrichts- und Erziehungszielen.

Vermittelt über eine geschichtsphilosophische Reflexion der faktischen Auswirkungen, die eine solchermaßen in den Dienst praktischer Vernunft gestellte Theoriebildung bislang gezeitigt hat, nimmt Adorno demgegenüber eine geradezu konträre Position ein: „Die Forderung der Einheit von Theorie und Praxis hat unaufhaltsam diese zur Dienerin erniedrigt; das an ihr beseitigt, was sie in jener Einheit hätte leisten sollen. Der praktische Sichtvermerk, den man aller Theorie abverlangt, wurde zum Zensurstempel. Indem aber, in der gerühmten Theorie-Praxis, jene unterlag, wurde diese begriffslos, ein Stück der Politik, aus der sie hinausführen sollte; ausgeliefert der Macht. . . .; daß Theorie ihre Selbständigkeit zurückgewinnt, ist das Interesse von Praxis selber." (146f.)

Im Sinne dieser Verweigerung einer positivierenden Bezugnahme auf Praxis und deren Probleme heißt es anderer Stelle begründend: „Die Anpassung der Menschen an die gesellschaftlichen Verhältnisse und Prozesse, welche die Geschichte ausmacht und ohne die es dem Menschen schwer geworden wäre, fortzuexistieren, haben sich in ihnen derart sedimentiert, daß die Möglichkeit, daraus ohne unerträgliche Triebkonflikte auch nur im Bewußtsein auszubrechen, schrumpft. Sie sind, Triumph der Integration, bis in ihre innersten Verhaltensweisen hinein mit dem identifiziert, was geschieht. Subjekt und Objekt sind, in höhnischem Widerspiel zur Hoffnung der Philosophie versöhnt. Der Prozeß zehrt davon, daß die Menschen dem, was ihnen angetan wird, auch ihr Leben verdanken. . . . Je weniger sie (die integrale Gesellschaft, d. V.) duldet, was entscheidend anders wäre, desto strenger wacht sie darüber, das, was immer in ihr gedacht und gesagt wird, auch ja zur partikularen Veränderung tauge oder, wie sie es nennen, einen positiven Beitrag leiste. Denken wird der subtilen Zensur des Terminus ad quem unterworfen: Es müsse, sofern es kritisch auftritt, das Positive angeben, das es wolle. Finde es solche Positivität versperrt, so sei es resigniert, müde, als ob die Versperrtheit seine Schuld wäre und nicht die Signatur der Sache. Erst einmal jedoch wäre die Gesellschaft als universaler Block, um die Menschen und in ihnen zu erkennen. Hinweise zur Änderung vorher helfen nur dem Block, entweder als Verwaltung des Unverwaltbaren, oder indem sie sogleich die Widerlegung durch's monströse Ganze herausfordern. ... Erkenntnis ohne Vorwegnahme dessen, was darüber (über die Negation des bestehenden Zustandes, d. V.) hinausführte, wäre die erste Bedingung dafür, daß der Bann der Gesellschaft einmal doch sich löse." (1970c, 146f.)

Die zuletzt zitierte Stelle bringt zum Ausdruck, was die negative Dialektik als Methodologie gegenüber der philosophischen Überlieferung seit der Aufklärung im einzelnen entfaltet. Eine schärfere Entgegensetzung zum Selbstverständnis der Pädagogik hinsichtlich der Wahrnehmung des sie leitenden praktischen Interesses läßt sich schwerlich vorstellen. Gilt der Pädagogik die Ausrichtung an den Problemen pädagogischer Praxis ebenso wie eine am Maßstab der Kritik gewonnene positive Bestimmung dessen, was über das Bestehende hinausführt, wie darin die partikulare Änderung als Verpflichtung gegenüber dem Heranwachsenden, so für Adorno als Vehikel der Auslieferung und Perpetuierung einer Form gesellschaftlicher Praxis, der es in der Theorie – und wo sonst – zu widerstehen gilt. Adorno zu folgen hieße für die Pädagogik deshalb, nicht nur den Bruch mit ihrer Tradition zu wagen, sondern sich zugleich der Begründung zu begeben, mit der sie sich als eigenständige Disziplin behauptet und gesellschaftlich legitimiert. Ihr Orientierungsanspruch gegenüber Praxis, den sie aus einem sie mit Praxis vorgängig verbindenden pädagogischen Ethos der stellvertretenden Wahrnehmung des Interesses des Heranwachsenden ableitet, schiene nicht mehr aufrecht zu erhalten, pädagogische Theorie damit des Selektionskriteriums beraubt, unter dem sie allererst ihre Aufgabenstellungen gewinnt; Praxis wäre mithin auf sich selbst zurückgeworfen.

Vereinbar mit dem sie leitenden Interesse wäre Adornos Theorie-Praxis-Konzeption einzig unter der Bedingung, daß Pädagogik als Instanz der Wahrnehmung dieses Interesses überflüssig geworden wäre, weil und insofern jenes Interesse durch das Handeln der Subjekte und darin als Prinzip der gesellschaftlichen Reproduktion allemal schon realisiert wäre. Pädagogik vermag sich in ihrer traditionellen Form lediglich dadurch zu rechtfertigen, weil und insofern dieser Zustand nicht gegeben ist. Ihn als gesellschaftlichen für Handeln zu antizipieren, wäre die Voraussetzung für eine Analyse der Erziehungswirklichkeit und der sich daraus stellenden Aufgaben, die der Kritik an der objektiven Funktion der Pädagogik als eines integrativen Notpflasters entgehen will. So sehr das Motiv des

Sich-überflüssig-Machens im Gedanken der Autonomie des Subjekts als einer Zielkategorie pädagogischen Handelns in der traditionellen Pädagogik verankert ist, so wenig hat sie sich doch bislang der objektiven Funktion vergewissert, die ein daran orientiertes Handeln gesellschaftlich zeitigt; geschweige denn hat sie sich der Voraussetzungen im eigenen Handeln versichert, die diese Antizipation als gesellschaftlich einlösbar machen könnte. Sie blieb bislang subjektive Moral, die im Angesicht ihrer Ohnmacht, das einzulösen, was sie intendiert, den Mittelweg sucht, der beides, subjektive Moral wie Ohnmacht als Aufgabe und Einsicht perpetuiert.

Gleichermaßen in Konflikt zur traditionellen Pädagogik gerät Adorno mit Blick auf eine Beantwortung der Frage nach den Zielen pädagogischen Handelns.

Verankert in der Differenz zwischen dem, was sich gesellschaftlich Geltung verschafft und dem, was sich als Anspruch der Subjekte dem Einverständnis mit dem gegebenen Leben widersetzt, wird die Zielproblematik im Kontext traditioneller Pädagogik zum Medium, über das das Subjekt mit dem gesellschaftlich Allgemeinen zur Aussöhnung gebracht werden soll. Die Lösung, die die traditionelle Pädagogik in den Bildungstheorien vom Gentilhomme über die Aufklärungspädagogik bis hin zur kategorialen Bildung dafür findet, besteht darin, den Erwerb dessen, was für den Erhalt der gegebenen Lebensverhältnisse allgemein nützlich erscheint, zugleich als Voraussetzung und Bedingung für eine Versöhnung der Ansprüche des Subjekts gegenüber gesellschaftlichen Gegebenheiten zu postulieren. Ziel solcher Vermittlung ist formal die Autonomie des Subjekts als Verfügung über ein wie auch immer geartetes gesellschaftliches Allgemeines, die seine Disponibilität gegenüber den gesellschaftlichen Anforderungen mit dem Ergebnis sichert, daß am ‚Ich' verloren geht, was seine Differenz zum gesellschaftlichen Allgemeinen ausmacht.

Der in solcher Lösung des Vermittlungsproblems enthaltene Widerspruch ist nicht einfach zu überbrücken und die Begründungen und semantischen Kniffe hierfür werden in dem Maße schwieriger, als mit wachsender gesellschaftlicher Differenzierung die Integrationszwänge stärker werden und sowohl die Anforderungen an die gesellschaftliche Verwertbarkeit der Subjekte verstärken als auch zugleich die Ansprüche, unter denen eine Versöhnung mit dem gesellschaftlich Allgemeinen möglich werden soll, ein universelleres und damit zugleich abstrakteres Niveau erhalten. Dies zeigt sich bereits in der Pädagogik der Aufklärung und wird schließlich in der Geisteswissenschaftlichen Pädagogik ein erstes Mal obsolet. Ließen sich der Vorstellung des Gentilhomme noch relativ einfach die höfischen Umgangsformen wie die zur Erfüllung von Verwaltungsfunktionen erforderlichen Kenntnisse so zuordnen, daß in deren Vervollkommnung zugleich eine Aussöhnung zwischen dem Anspruch des Subjekts und den Anforderungen des absolutistischen Staates an eine Führungselite möglich schien, so wird die Vermittlung schwieriger, als im Zuge der beginnenden Industrialisierung die Bildungserfordernisse sich nicht mehr auf eine Standeselite beziehen, sondern jeden als Mitglied des Staates, als Bürger betreffen; als die Ansprüche der Subjekte gegenüber dem gesellschaftlich Gegebenen zugleich allgemein, für alle Bürger bedacht, universell werden und als Vernunft, Gleichheit und Freiheit der Vermittlung zu den konkreten Anforderungen aus der Produktionssphäre bedürfen. Sofern die Ansprüche bereits gegenüber dem Weg ihrer Realisierung in Bildungsprozessen geltend gemacht werden, geraten die der Erziehung zugewiesenen Aufgaben in tiefliegende Konflikte. Kant spitzt das Problem bekanntlich auf die Frage zu:

„Eines der größten Probleme der Erziehung ist, wie man die Unterwerfung unter den gesetzlichen Zwang mit der Fähigkeit, sich seiner Freiheit zu bedienen, vereinigen könne. Denn Zwang ist nöt(h)ig. Wie cultiviere ich die Freiheit bei dem Zwange?" (Kant, 1803 [1923], 453) *Benner*

Das Paradoxon bleibt – sui generis – auch in der Nachfolge Kants ungelöst. Trotz bedeutsamer Korrekturen in der Problemsicht, die die Konzeptionen von Humboldt bis Herbarth hervorbringen, und trotz aller Differenz der Lösungsvorschläge selbst: das Prinzip, nach dem man versucht, die uneingelösten Ansprüche mit den Anforderungen der gesellschaftlichen Teilsysteme an das Subjekt zu vermitteln, bleibt erhalten. Den Ansprüchen letztendlich subsumiert, erscheinen die aus dem Erhalt der gesellschaftlichen Verhältnisse erwachsenden Anforderungen als legitime Bedingungen einer Realisierung der gegen sie gerichteten Ansprüche. Die Maxime, für das gesellschaftliche Leben fit zu machen, wie man dieses als Ganzes auch immer beurteilen möge, bleibt gegenüber den Maßstäben, an denen es der eigenen Einsicht zufolge zu messen wäre, vorrangig. Der Aufgabe von Bildung subsumiert erscheint die Anpassung an gesellschaftliche Wirklichkeit als Weg der Einlösung der Aufgabe. Geisteswissenschaftliche Pädagogik bringt diesen Gedanken zu

Ende: Indem sie die Versuche einer Vermittlung zwischen Ansprüchen und gesellschaftlicher Wirklichkeit als historisch ausweist, macht sie diese Versuche als *allgemeingültige* Lösungen zugleich obsolet. In Konsequenz dieser Einsicht verbleibt ihr als Aufgabe von Bildung, sich dem gesellschaftlich Allgemeinen als dem zu versichern, was die gesellschaftlichen Lebensverhältnisse in ihren tradierten Kulturgütern erschließen und in deren geschichtlicher Konstitution transparent machen. Der Faktizität des gesellschaftlich Allgemeinen wird dabei supponiert, was Aufgabe wäre: Seine Versöhnung mit den Ansprüchen des Subjektes.

„Das Totale der einzelnen Glückseligkeiten aller Glieder ist die Gückseligkeit des Staats. Außer dieser giebt es gar keine. Jede andere Glückseligkeit des Staats, bei welcher auch noch so wenig einzelne Glieder leiden, und leiden *müssen,* ist Bemäntelung der Tyrannei. Anderes nichts!", heißt es dazu rigoros bei Lessing (1778 [1856], 355).

Kritische Erziehungswissenschaft rehabilitiert die Ansprüche der Aufklärung, bleibt aber im Bannkreis einer nunmehr zugleich an der geschichtlichen Erfahrung des Scheiterns solcher Vermittlung belehrten Form der Versöhnung mit dem gesellschaftlich Gegebenen und Gesollten. Sie versucht die Vermittlung nicht mehr wie noch die Geisteswissenschaftliche Pädagogik in der kulturellen Überlieferung als dem kraft Tradition gültigen Allgemeinen – dazu ist diese selbst zu fragwürdig und zu brüchig geworden –, sondern in der Wissenschaft als der neuzeitlichen Pächterin des Anspruchs auf Allgemeingültigkeit. Doch auch hier zeichnet sich das sich wiederholende Ergebnis schon ab: Die solchermaßen letztlich nur erpreßte Versöhnung gelingt eben nicht, wie die jugendlichen Gegenbewegungen aufs Neuerliche zeigen, statt dessen entfremdet der eingeschlagene Weg weiter von dem, was Bildung einmal als Möglichkeit der Gewinnung eines allgemeingültigen Verhältnisses zu den Dingen verhieß. Wie einst die tradierten Kulturgüter zum blinden Kanon fetischierter Lerninhalte gerieten, dem der Lernprozeß der Subjekte subsumiert blieb, fungieren die Wissenschaften und die mit ihnen erzeugten Wissens- und Problembestände heute mehr denn je lediglich als ein Lernstoff, an dem ein transsubjektives Verhältnis der Individuen zu sich und ihrer Lebenswelt nicht mehr gewonnen wird. (Er-)Kenntnis wird so von Moral, Wissen und Handeln abgekoppelt, Sinn durch konsumatorsiche Triebbefriedigung substituiert.

Adorno bezeichnete dies als „Halbbildung" (1962, 162ff.),[6] in deren Verlängerung die Barbarei sich einniste. Verlangt wird statt dessen eine Erziehung, die im Bewußtsein mißlungener Versöhnung dem Subjekt als erstes die Voraussetzungen erhält, unter denen Versöhnung möglich sein könnte: Spontaneität, Phantasie, Sensibilität, Erfahrungsfähigkeit. Als Bedingungen von Subjektivität sind sie Voraussetzungen für die Sperrigkeit des Subjekts gegen seine Subsumption unter ein gesellschaftlich Allgemeines und darin zugleich Voraussetzungen einer möglichen Versöhnung. Sie zu erhalten, vermag einzig zu sichern, was, reflektiv erinnert, Fortschritt des Bewußtseins ermöglicht, die Kopplung zwischen Emotion und Denken, die Bindung des Wissenserwerbs an wahrhaftige, konkreten Bedürfnissen verhaftete Fragestellungen, die Verknüpfung von begrifflichem Urteil und Aneignung der Sache selbst.

„Ist einmal die emotionale Spur getilgt, bleibt vom Denken einzig die Tautologie übrig." (1981, 159)

„Das aber, was eigentlich Bewußtsein ausmacht, ist Denken in bezug auf Realität, Inhalt: die Beziehung zwischen den Denkformen und -strukturen des Subjekts und dem, was es nicht selber ist. Dieser tiefere Sinn von Bewußtsein oder Denkfähigkeit . . . stimmt wörtlich mit der Fähigkeit, Erfahrungen zu machen, überein. Denken und geistige Erfahrungen machen . . . ist ein und dasselbe. Insofern sind Erziehung zur Erfahrung und Erziehung zur Mündigkeit . . . miteinander identisch." (1970b, 116)

Erfahrungsfähig zu sein und das heißt zugleich den vorgestanzten Urteilen und Denkstereotypen zu entgehen, bedingt, zu stützen, was Kindern vor aller pädagogischen Zivilisierung und Einverleibung der Objektivität kulturell lizensierten Wissens eigen ist. „Unbewußtes Wissen flüstert den Kindern zu, was da von der zivilisatorischen Erziehung verdrängt wird, darum ginge es: die armselige physische Existenz zündet ins oberste Interesse, das kaum weniger verdrängt wird, ins Was ist das und Wohin geht es . . . Daß das vergessen wird; daß man nicht mehr versteht, was man einmal vorm Wagen des Hundefängers empfand, ist der Triumph der Kultur und deren Mißlingen." (359)

Wenn danach einzig dies noch Bildung heißen könnte, was ein gemüthaftes Verhältnis des Subjekts zu seinen im Horizont kultureller Wissensbestände reflektierten Erfahrungen erhellt und erweitert, hieße dies für Pädagogik nicht weniger als sich entweder ihrer gesellschaftlichen Lizenz als ein in seiner Absicht menschenfreundlicher Lieferant des affirmativen Umgangs mit dem gesellschaftlichen Allgemeinen zu begeben, oder auf Bildung zu verzichten. Ihr Ziel wäre nicht die Autonomie des Subjekts als Verfügung über das gesellschaftlich Allgemeine, sondern die Freiheit des Subjekts, dem gesellschaftlich Allgemeinen, sofern und soweit es Leiden resp. seine Verdrängung in rationalistischer Kälte perpetuiert, in bestimmter Negation zu trotzen. Dies mit Blick auf das je konkrete Subjekt zu ermöglichen, wäre Aufgabe und Maxime von Erziehung zugleich, in deren Vollzug sich erst jene Ziele ergäben, die dem Ganzen ein wahreres Gesicht zu geben vermöchten und die zu haben ein kultureller Dezisionismus vortäuscht. Solchermaßen moralische, aufs gesellschaftliche Ganze in seiner Entwicklung gerichtete Erziehung wäre zugleich Ausdruck der Hoffnung, die sich eine Reflexion des geschichtlichen Mißlingens humanen Zusammenlebens abringen kann.

II

Daß das Mißlingen von Bildung nicht den Lehrern als subjektives Verschulden angelastet werden kann, sondern als Resultat einer gesellschaftlichen Struktur gleichsam zur „Ontologie des Lehrers" (1970b, 77) gehört, hat Adorno freilich nur allzugut gesehen. Adornos Hinweis auf Heinrich Manns Roman „Professor Unrat"[7] verdeutlicht gleichzeitig den tragischen Zug, der dieser „Ontologie des Lehrers" immanent zu sein scheint; „seinem ganzen seelischen Horizont und seiner Reaktionsform nach" sei er nämlich „eigentlich selber ein Kind" (ebd., 79), für das die Etikettierung des „hilflosen Helfers" (369) zutreffend scheint.

Geht man von der Darstellung in *Tabus über dem Lehrberuf* weiter zur *Negativen Dialektik* und ihrem „Modell Auschwitz", dann gewinnt dieser Gedanke, daß der Lehrer eigentlich selber ein Kind sei, über die Tatsache der bloßen Machtlosigkeit und des Eingespanntseins in einer nicht recht ernstzunehmenden Kinderwelt hinaus erst recht seine eigentliche theoretische Brisanz.

Denn in dem Klischee vom Kind, dem gleichzeitig der permanente Verdacht der Weltfremdheit anhaftet und dem Bild des Lehrers, seiner „Ontologie", dem das negativ gemeinte Attribut „infantil" anhaftet, ist die Stelle angezeigt, an der die Verpanzerung des professionell Deformierten aufzuweichen wäre: Könnte er sich jene Offenheit für Erfahrung wiedererinnernd aneignen, die ihm die verordnete Organisation des Erwachsenwerdens genommen hat, wäre beides durchbrochen, brauchte Pädagogik nicht durch „Lüge"[8] bzw. strategisches Unwissen und eine in Beziehungen durchschlagende „immanente Unwahrheit" (ebd., 75) bestimmt sein. In diesem Sinne ist die „bürgerliche Sitte, daß der Lehrer am ersten Schultag seine Zöglinge mit Brezeln beschenkt" (ebd., 82) eben nicht nur „altbürgerliche Sitte", sondern auch Ausdruck der Ahnung, daß der Schock, der bei der zwangsweisen Verbringung des Kindes in die institutionelle Kälte der Schule entsteht, daß die zum ersten Mal schockhaft erfahrene Entfremdung, gemildert werden müsse – mehr noch, daß er an sich nicht sein dürfte.

Auch wenn er es nicht mehr recht weiß, so ahnt es doch das Kind in ihm, der schmerzhafte Prozeß auf dem Weg zum „Ideal der Entpersönlichung" (vgl. [4]1978, 161) hat begonnen. Die Schule als Institution der Gesellschaft beginnt das Geschäft der Zivilisation, die Anpassung des Ungeformten an die ihr als Norm geltenden Werte, das Einzelne, das Kind, wird dem gesellschaftlich solchermaßen zum Allgemeinen deklarierten von nun an subsumiert. Der Konformitätszwang, der so ausgeübt wird, hat dabei nicht nur die Gestalt der symbolischen Gewalt (vgl. R. König 1976, 119f.), sondern sie findet sublimer als Einkerkerung des Innen über die Ebene einer symbolisch vermittelten kategorial erzeugten Gefangenschaft des Subjekts in den Gittern zweckrationaler Kalküle statt.

Kategoriale Verpanzerungen verunmöglichen so schließlich jene Erfahrungen, die das Denken nötigten, „vorm Kleinsten zu verweilen" (43). So aber wird das kategorial Weggeordnete und Wegsortierte abgehakt, ohne daß „der Schock des Offenen" (43), die Negativität, als welche es im Gedeckten und Immergleichen erscheinen könnte, überhaupt in den Bereich des Möglichen träte. Das Einzelne, das so unter den Begriffen verschwindet, tritt als etwas Einzelnes gar nicht mehr ins Bewußtsein.

„Der objektive Gehalt individueller Erfahrung", schreibt Adorno deshalb in *Zu Subjekt und Objekt,* „wird hergestellt nicht durch die Methode komparativer Verallgemeinerung, sondern durch Auflösung dessen, was jene Erfahrung, als selber Befangene, daran hindert, dem Objekt so ohne Vorbehalt, nach Hegels Wort, mit der Freiheit sich zu überlassen, die das Subjekt der Erkenntnis entspannte, bis es wahrhaft in dem Objekt erlischt, dem es verwandt ist vermöge seines eigenen Objektseins. Die Schlüsselposition des Subjekts in der Erkenntnis ist Erfahrung, nicht Form." (⁴1978, 162)

Dieses auch gegen Kant geführte Argument verkennt keineswegs, daß philosophische Reflexion des Begriffs bedarf, aber in Wahrheit gehen eben alle Begriffe, auch die philosophischen, „auf Nichtbegriffliches, weil sie ihrerseits Momente der Realität sind, die zu ihrer Bildung – primär zu Zwecken der Naturbeherrschung – nötigt." (23)

Aber diese Not des Denkens sollte nicht zur Tugend umgedreht werden, es gilt die Richtung zu ändern, sich wieder dem Einzelnen als dem Nichtbegrifflichen zuzuwenden und es als Nichtidentisches, Fremdes, Neues, Anderes der bereits gemachten Erfahrungen zugänglich werden zu lassen.

Solchermaßen wäre das „Scharnier negativer Dialektik": „Vor der Einsicht in den konstitutiven Charakter des Nichtbegrifflichen im Begriff zerginge der Identitätszwang, den der Begriff ohne solche aufhaltende Reflexion mit sich führt. Aus dem Schein des Ansichseins des Begriffs als einer Einheit des Sinns hinaus führt seine Selbstbesinnung auf den eigenen Sinn." (24)

Es gelte, „das Begriffslose mit Begriffen aufzutun, ohne es ihnen gleichzumachen" (21), das wäre für Adorno „die Utopie der Erkenntnis" (21).

Für die gewalttätige Ein- bzw. Unterordnung des in der Erfahrung zugänglichen Einzelnen und Besonderen hätte die Philosophie als Gegengift die „Entzauberung des Begriffs" (24) bereitzustellen, das den Schleier zerreißen würde, den das Subjekt immer schon um das Objekt gewebt hat. Fähig dazu aber wäre es nur, „wo es in angstloser Passivität der eigenen Erfahrung sich anvertraut." (⁴1978, 162)

Nun ist aber jenes Wegordnen des Einzelnen unter ein für bekannt genommenes oder gesellschaftlich hergestelltes Ganzes nicht Willkür der Subjekte, auch nicht böswillige äußere Gewalt, sondern offensichtlich evolutionäres Ereignis und Ergebnis der Selbsterhaltungsprozesse des Gattungswesens Mensch.

Allerdings geht es dem Menschen keineswegs nur darum, in der Selbsterhaltung, in der Spinoza etwa das Wesen des Seidenden bestimmt hatte und die Hobbes aufs bloße Lebenwollen reduzierte, ein Lebenwollen um jeden Preis sehen zu wollen, sondern es geht ihm ums „bene vivere".

Selbsterhaltung steht eben nicht nur unter dem Diktat biologischer Überlebensstrategien des Gattungswesens Mensch, sondern gleichzeitig unter der Prämisse der „Erhaltung des Selbstseins" (Henrich 1976, 307), der Bewahrung einer subjektiven Identität. Sie bindet die Selbsterhaltung an Selbstbewußtsein, an ein reflexives Verhältnis des Subjekts zu sich, das, wie D. Henrich verdeutlicht, vom „primären Thema der Selbsterfahrung zur reflexiven Stufe und zur Metathematisierung der primären Voraussetzungen allen Selbstverhältnisses" (ebd., 307) fortschreitet. Diesen die Moderne prägenden Schritt hat H. Blumenberg in *Legitimität der Neuzeit* (1968; 1974ff.) als „humane Selbstbehauptung" systematisch abgehandelt und unter dem Gesichtspunkt eines „intransitiven Erhaltungsprinzips" als Moment der „Rationalität der Neuzeit" (Blumenberg 1976, 200) jenem „transitiven Erhaltungsgedanken" entgegengesetzt, dem auch Dilthey bei aller Absicht einer *Kritik der historischen Vernunft* verhaftet geblieben ist (vgl. ebd., 188)[9].

„Losgeworden" ist das solchermaßen sich selbst zu verstehen suchende Subjekt in diesem Prozeß nicht nur jenen ganzen Komplex von Implikationen, die das Problem der Theodizee ausmachen, sondern es hat auch das Bewußtsein einer möglichen Autonomie erfahren, die es mit seiner eigenen Verantwortung für sich und die Welt, seiner Selbstverantwortung, konfrontiert. Und darin ist es zugleich jenem eisigen Hauch des ihn aus dem Nichts anhauchenden Nihilismus ausgesetzt, an dessen Stelle zuvor die Vorstellung eines harmonisch in sich gefügten Kosmos im Denken Platz hatte.

Wenn Adorno sein Denken in der *Negativen Dialektik* indirekt selbst im „Niemandsland zwischen den Grenzpfählen von Sein und Nichts" plaziert (vgl. 374) und die Überwindungen des Nihilismus als allemal schlimmer begreift als das Überwundene (vgl. 373), dann ist es ihm genau darum gegangen, die dieser Vereinzelung und Kontingenz anhaftende innere Erfahrung nicht nur als Freiheit zu thematisieren, sondern gleichzeitig als Phänomen universal geltender moralischer Implikationen zu beschreiben, etwa im Sinne jenes von Trakl 1915 überlieferten letzten Aphorismus in Ludwig von Fickers „Der Brenner":

„Gefühl in den Augenblicken totenähnlichen/Seins: Alle Menschen sind der Liebe wert./Erwachend fühlst du die Bitternis der/ Welt; darin ist alle deine ungelöste Schuld;/dein Gedicht eine unvollkommene Sühne." (Trakl 1915, 6)

Die in diesem Zitat Trakls, ohne dessen geistige Existenz sich Adorno die seine nicht hätte vorstellen können,[10] enthaltene

Erinnerungsspur, die auch bei Horkheimer und Walter Benjamin sich durch das Denken hindurchzieht, beinhaltet all das, was H. Peukert in Anlehnung an Chr. Lenhardt mit „anamnetische Solidarität" (1978, bes. 307f.) wohl zutreffend verkürzt ausgedrückt hat. Nämlich: jene notwendig zu erleidende Paradoxie menschlicher Existenz, die sich aus der Einsicht in die eigene Kontingenz, Vereinzelung und Sterblichkeit zur Solidarität mit den anderen steigert und gleichsam als neue Universalie an ihre eigenen Grenzen durch eben diese moralisch zu verstehende immanente Forderung nach Universalität gelangt, beim Anblick der Toten, deren Tod endgültig ist, und dem Universalitätsgebot der Solidarität seine eigene Sinnlosigkeit vorspiegelt.

Das mögliche „bene vivere" baut auf dem Unglück der Toten auf. Die universale Vorstellung von Glück bestünde in der gleichzeitigen Aufhebung des Unglücks der anderen, aber deren Aufhebung ist unmöglich, denn sie sind tot. Glücklich zu sein, heißt deshalb, im Sinne Trakls schuldig zu werden. Nur ein Vergessen des Unglücks der Toten ermöglichte noch Glück – „anamnetische Solidarität" pointiert diese ausweglose Situation menschlicher Existenz unter den Bedingungen der Moderne.

Voraussetzung zum „bene vivere" wäre einzig das Vergessen des Unglücks der anderen, der Verlust des historischen Gedächtnisses, des geschichtlichen Sich-Erinnerns, ein Vergessen, das, als Voraussetzung für glückliches Bewußtsein, seine Wurzeln in der *„Expropriation der Toten"* (ebd.) hätte.

Die Idee vom Glück gerät solchermaßen zum Alptraum und spiegelt dennoch nicht weniger wider als eine Art Tiefenstruktur menschlicher Existenz im Zustand ihrer Modernität.

Bekanntlich steht Adornos Denken unter diesem von Arthur Rimbaud emphatisch noch mit: „Il faut être absolument moderne" (^{5}1978, 324)[11] gekennzeichneten Diktum.

Rimbauds Vorwegnahme des heute in der Soziologie sogenannten Thomas-Theorems (vgl. dazu Habermas ^{3}1973, 199): „Ich glaube, daß ich in der Hölle bin, also bin ich in ihr" (Rimbaud ebd., 283) hat dabei nicht jene Harmlosigkeit des ersteren, sondern offenbart diesen Alptraum als Realität. Keineswegs können wir, meint Adorno, uns noch nach Auschwitz wie Rimbaud darüber hinwegtrösten, daß der Zustand nur „eine Zeit lang ..." dauert, sondern er dauert unsere und zwar „unsere ganze Zeit", in der als „einzige Hoffnung dämmert, daß nichts mehr sei" (373).

„Trotzdem", schreibt Adorno — denn er weiß wie Rimbaud: „Die Liebe muß von neuem erfunden werden, daß weiß man" (ebd., 291) — „verflüchtigte sich vorm Aufleuchten eines Auges, ja vorm schwachen Schwanzklopfen eines Hundes, dem man einen guten Bissen gegeben hat, den er sogleich vergißt, das Ideal des Nichts. Auf die Frage, ob er ein Nihilist sei, hätte ein Denkender mit Wahrheit wohl zu antworten: zu wenig, vielleicht aus Kälte, weil seine Sympathie mit dem, was leidet, zu gering ist." (373)

Nur gläubige Hoffnung könnte hier trösten, aber für dieses gläubige Hoffen hat das Denken der Neuzeit sich selbst die Grundlage entzogen. Gleichwohl zehrt Denken von einem hoffnungsträchtigen Restimpuls auf ein nurmehr noch utopisch begreifbares, sich ohne Ort findendes „richtiges Leben". Von dieser Anstrengung, das zu tun, was ohnehin vergeblich scheint, handelt die *Negative Dialektik,* deren Negativität sich keineswegs nur jüdisch dem Bilderverbot verpflichtet weiß, sondern die das Bilderverbot gleichzeitig im Sinne des gnostischen Moments eines „hypothetischen Mythos" (Jonas 1963, 45ff., bes. 59ff.) als Problem der praktischen Vernunft begreift. Jede Verwirklichung wäre Banalisierung mit dem Ergebnis der „Schrumpfung des utopischen Bewußtseins" und einer „Melancholie der Erfüllung".

Die *Negative Dialektik* ist deshalb auch kein kokettierendes „Endspiel",[12] sondern auf paradoxe Weise der Versuch einer innerweltlich formulierten „Theodizee" nach der „Entzauberung" (Max Weber) und „Entheiligung" der Welt im „Niemandsland zwischen den Grenzpfählen von Sein und Nichts" (374); einer „Theodizee", in der gedacht werden soll, ohne sich in der Eiseskälte des die Menschen anhauchenden Nihilismus im Akt der Selbsterhaltung auf den Weg einer „education sentimentale" treiben zu lassen.

Wer nicht vorschnell die angeblich nicht praktikable Negativität im Denken Adornos, sich instinktiv entlastend, um im Vergessen des von ihm Thematisierten nicht gestört zu werden, als „unbrauchbar" beiseitelegt, muß an dieser Grundstruktur moderner Existenz ansetzen.

Adorno hat gerade im letzten Teil seiner *Negativen Dialektik* einen Punkt umschrieben, der das angedeutete Problem auf eine pädagogische Sichtweise zulaufen lassen könnte, wenn er, an Prousts *Auf der Suche nach der verlorenen Zeit* ansetzend, Glück als Phänomen der Moderne, als Problem der Immanenz thematisiert (vgl. 366ff.).

Glück sei gebunden an die Erinnerung, wie sie mit Namen von Dörfern aus der Kindheit wie Otterbach oder Monbrunn verbunden sei.

„Man glaubt, wenn man hingeht, so wäre man in dem Erfüllten, als ob es wäre. Ist man wirklich dort, so weicht das Versprochene zurück wie der Regenbogen. Dennoch ist man nicht enttäuscht; eher fühlt man, nun wäre man zu nah, und darum sähe man nicht." (366)

Prousts „Chock" ist bekanntlich der Geschmack eines jener „dikken ovalen Sandtörtchen ..., die man ‚Madeleine' nennt und die aussehen, als habe man als Form dafür die gefächerte Schale einer St.-Jacobs-Muschel benutzt." (Proust 1982a, 63)

Jene Sekunde des Zusammentreffens des Geschmacks von Lindenblütentee und Madeleine vermittelt jenes „unerhörte Glücksgefühl" (ebd.), als beide zusammen erinnert werden.

„Und dann mit einem Male war die Erinnerung da. Der Geschmack war der jener Madeleine, die mir am Sonntagmorgen in Combray ..., sobald ich ihr in ihrem Zimmer guten Morgen sagte, meine Tante Léonie anbot, nachdem sie sie in ihren schwarzen Lindenblütentee getaucht hatte." (ebd., 66)

In diesem Augenblick durchströmt ihn jenes oben zitierte „unerhörte Glücksgefühl", das ganz für sich allein besteht und dessen Grund ihm unbekannt bleibt.

„Mit einem Schlage waren mir die Wechselfälle des Lebens gleichgültig, seine Katastrophen zu harmlosen Mißgeschicken, seine Kürze zu einem bloßen Trug unserer Sinne geworden; es vollzog sich damit in mir, was sonst die Liebe vermag, gleichzeitig aber fühlte ich mich von einer köstlichen Substanz erfüllt: oder diese Substanz war vielmehr nicht in mir, sondern ich war sie selbst. Ich hatte aufgehört, mich mittelmäßig, zufallsbedingt, sterblich zu fühlen. Woher strömte diese mächtige Freude zu mir?" (ebd., 64)

Diese Stellen der „Madeleine-Episode" bei Proust umreißen jenen Bereich des Sich-Erinnerns, den Proust als „mémoire involontaire" begriffen hatte. Diese Erinnerung taucht durch einen äußeren Anlaß, Duft, Klang, Geschmacksempfindung, plötzlich – „déjà vu" – aus längst vergessenen Bereichen auf. Der Geschmack der Madeleine in Verbindung mit dem Lindenblütentee läßt eine versunken erschienene Welt der Kindheit wieder auftauchen und diese „wiedergefundene Zeit", die als unerhörtes Glücksgefühl erlebt wird, ist nicht nur ein für das erinnernde Ich kontingentes Ereignis, sondern es ist gleichzeitig von der Kontingenz des Weges bedingt, denn auch dieser ist nicht machbar. Aber ebenso wenig wie Novalis, dessen geheimnisvoller Weg nach Innen,[13] trotz der Analyse des jungen Lukács (vgl. 1911 [1971], 64ff.) und des tautologischen Schließens in den *Lehrlingen von Sais*,[14] immer noch als Weltflucht gedeutet wird, ebenso wenig wie Hölderlin, der zum Schöngeist reduziert wird, war Proust mit seinem schwierigen Lesen-in-sich-selbst, seinem Herauslesen dessen, was schon vor der Gestaltwerdung im Kunstwerk in uns an richtigem Leben und Glück war, keiner von jenen, die „die Rede von der Fülle des Lebens" nur tröstend aufleuchten lassen, – das hat Adorno zustimmend festgehalten:

„Die Rede von der Fülle des Lebens, einem lucus a non lucendo noch wo es leuchtet, wird eitel durch ihr unmäßiges Mißverhältnis zum Tod." (371)

Denn weil dieser unwiderruflich ist, wäre die Behauptung eines währenden Glückes im Inneren falsch, keineswegs wäre aber dieses Skandalon des Vergänglichen aufzuheben über diese quasi-Erfüllung im Innern. In diesem Punkt war Proust „Erbe des französischen Desillusionsromans" (371).

Mit dieser Thematisierung von Glück – Kontingenz – Vergänglichkeit – Vergeblichkeit über das Medium subjektiver Erfahrung ist Proust Repräsentant der „époque moderne". Die Proustsche Vorstellung des Versprechens von Glück gewährt dem Subjekt diese Erfahrung nur als zugleich Entrücktes. Die Vermittlung der Erfahrung von Unmittelbarkeit ist gebunden an seine Mittelbarkeit im Akt des Sich-Erinnerns.

Die so im Gedächtnis enthaltene „Vorstellung von Vollkommenheit" (Proust ebd., 560) sichert kein *nunc stans*, sondern ist im kontinuierlichen Fluß eines unreflektierten Bewußtseins nur im Augenblick ihres Erlebens gesichert. Das Erleben selbst aber ist der sich ändernden und nie zur Ruhe gelangenden Bewegung des aktualen Bewußtseinsstroms ständig unterworfen, so daß es als *bewußtes* Erleben immer nur als Vergangenheit fungieren kann: Die Gegenwärtigkeit eines Glücksgefühls unterliegt so der Kontingenz des Erlebnisses, es ist akausal, unprofiliert (unterliegt also keinem kategorialen Schema) und ist im Augenblick des Erlebens reine Perzeption.

„Glück" besteht so nur im Erleben, und als Erinnerung setzt es so etwas wie eine innere Distanz zu diesem Erlebnis voraus, denn nur so kommt es in den Blick des denkenden Subjekts.

Das Denken nun macht sich dieses Erleben zum Gegenstand seines Reflektierens, verobjektiviert es und beraubt so das „Glück" seiner Möglichkeit, glücklich „zu machen", denn die als „Glück" erinnerte Zeit des Erlebens ist jeweils a posteriori, also nur als „Geschichte" denkbar. Soll aber das so zum Vergangenen gewordene Erleben von Glück nicht zum Objekt von Reflexion werden, um „glücklich" als Zustand zu ermöglichen, so muß dieses Erleben dennoch als „erinnertes" zur aktualen Perzeption gelangen.

Aber genau dies ist eben von der Qualität des Erinnerns her nicht möglich. Das sich erinnernde Ich, das hat W. Benjamin in seiner *Kunstkritik in der deutschen Romantik* (^{2}1978) am Paradox des Ichs herausgestellt, ist dem erinnerten Ich immer um den Schritt voraus, der in der Distanz der Erinnerung liegt. Das erinnernde Ich ist nicht mehr jenes erinnerte Ich, denn es ist bereits Vergangenheit, sich zeitlich voraus dem Tode näher.

Die „Madeleine-Erfahrung" garantiert so zwar die Erfahrung von Glück, aber nur unter der Prämisse seiner Vergänglichkeit. Die „wiedergefundene Zeit" destruiert die im Gedächtnis enthaltenen „Augenblicksphotographien" (Proust 1982b, 266), „Melancholie der Erfüllung" hat Adorno diese Situation genannt (zit. n. Traub/ Wieser 1975, 59), sie erzeugen Langeweile – jenen Zustand des „ennui".

Das „Weshalb" (Proust 1982a, 268) des ungeheuren Glücksgefühls des Geschmacks der in Tee getauchten Madeleine auf der Zunge, jenes „,Hasche mich, wenn du Kraft in dir hast, und versuche das Rätsel des Glücks, das ich dir aufgebe, zu lösen'" (ebd., 269), aber läßt sich so nicht klären.

Das sich erinnernde Ich begreift sein erinnertes als gewesenes, das erinnerte Glücksgefühl bekommt die Qualität jener wahren Paradiese, deren Glücksverheißung gerade darin besteht, daß man sie verloren hat, „denn die wahren Paradiese sind Paradiese, die man verloren hat" (ebd., 273).

Aufzulösen wäre die dem sich Erinnern innewohnende Paradoxie lediglich in der Umbiegung auf die platonische Anamnese, das *memoria*-Konzept des Augustinus oder jenen Sprung Kierkegaards in den Glauben.

Aber die Madeleine-Erfahrung ist kein übernatürlicher „Akt der Gnade", sondern eine „miraculeuse contingence",[15] die nicht im „bis daß es seine Ruhe hat in Dir" (Augustinus ca. 412ff. [^{4}1980], 13) ihr Ziel hat, sondern sie ist lediglich Pforte zum Tode, denn sie verflüssigt jene Vergleichgültigung, die sich im Vergessen des Todes der geliebten Albertine ausdrückt und bringt dem sich erinnernden Ich den Verlust der Liebe und den damit verbundenen Verlust der „Welt" der Anderen ins Bewußtsein zurück. Der Tod der Geliebten treibt den Erzähler auf den Weg einer „education sentimentale", in der das Bild der Geliebten nach und nach verblaßt und schließlich im Tode des Vergessens ganz erlischt. Vergessen wird so zur Erlösung von den Qualen einer verlorenen Liebe, sein Prozeß wird über die Erfahrung der Madeleine—Episode „zurückgedreht".

Aber auch die wiedererinnerte Liebe ist desillusionierend, da sie zwar die Welt der Anderen zurückruft, doch nur als *erinnerte,* das Ereignis des Todes ist nicht reversibel, der Augenblick der Wiedererinnerung ist eben *Wiedererinnerung* und nicht Wirklichkeit: Glück hat jene Qualität der Erinnerung ans verlorene Paradies.

„Nichts", schreibt Adorno, „kann unverwandelt gerettet werden, nichts, das nicht das Tor seines Todes durchschritten hätte. Ist Rettung der innerste Impuls jeglichen Geistes, so ist keine Hoffnung als die der vorbehaltlosen Preisgabe: des zu Rettenden wie des Geistes, der hofft. Der Gestus der Hoffnung ist der, nichts zu halten von dem, woran das Subjekt sich halten will, wovon es sich verspricht, daß es dauere." (384)

Wenn dies nicht mehr wäre als sich in Adornos Aufnehmen von Benjamins „Nur um der Hoffnungslosen willen ist uns die Hoffnung gegeben" (371) auszudrücken scheint, dann wäre die als Vorwurf gemeinte Klassifizierung von Adornos Negativität als „Pessimismus" vielleicht angebracht: als Beschreibung eines Sachverhaltes, der illusionslos umreißt, was „ist".

Aber gerade der im letzten Teil der *Negativen Dialektik* erfolgte Rückgriff Adornos auf Proust thematisiert eine Position: Im Vorgriff auf die Einbildungskraft, die zwar an einer unerträglichen Wirklichkeit zuschanden wird, kann sich, als Erinnerung, die Erfahrung von Glück sowohl im rückschauenden Wiedererkennen wie im utopischen Vorschein realisieren: die Erfahrung, deren Kraft sich nicht in einer dann vollendeten Welt manifestiert, sondern im Bewahren vergangener Erfahrung, die sonst ohne Leuchtkraft der Erinnerung am Wege der Menschheit verloren ginge, so wie es Adorno im ersten Satz der *Negativen Dialektik* gemeint haben muß:

„Philosophie, die einmal überholt schien, erhält sich am Leben, weil der Augenblick ihrer Verwirklichung versäumt ward." (15)

Und deswegen heißt es wohl auch im letzten Satz der *Negativen Dialektik,* daß man mit der „Metaphysik im Augenblick ihres Sturzes" (400) solidarisch sein müsse. Denn die Rettung dieser Erfahrung des erinnerten Glücks ermöglicht dem sich erinnernden Subjekt allein im Durchgang durch Erinnertes seine Ich-Werdung, indem es — hierin dem Mythos vom „Bruch der Gefäße" und dem „Tikkun" der Kabbala verwandt, dem das Denken des Freundes G. Scholem galt (vgl. etwa Scholem [2]1977), der aber auch jenem *Angelus Novus* (vgl. Benjamin [1]1942 [1971])[16] als innere Struktur anhaftet — sein Vergessenes als Verlorenes sammelt und im Durchgang durch das Wiedererlebte seine Identität gewinnt: auf einer hölderlinisch anmutenden „exzentrischen Bahn" (vgl. Hölderlin 1794 [1969], 440), deren Paradoxon vom Wissen um den Weg und des gleichzeitigen Scheiterns durch den Tod Adornos Vorstellung von Gebildetwerden wohl nahegekommen sein dürfte — einer „exzentrischen Bahn", auf der, auf dem „Weg" eines Ichs „zurück", das in der Wiedererinnerung Verlorene nicht nur die Essenz der vergessenen Erfahrung wiederbringt, sondern Identität ermöglicht.

Jenes Ich hätte den Sturz aus dem Paradies der eigenen Kindheit — seine „Entzweiung" — wieder eingeholt, das als sich erinnerndes den Schmerz eines Kindes, welches leise in der Ferne der Zeit eines vergangenen Abends weint, in chokhaft Erinnertem als verdrängten selbst erlittenen wiedererkennen könnte. Es hätte, wie Hölderlin es schreibt, jene Entzweiung ausgestanden, „einen Schmerz ohne gleichen, ein dauerndes Gefühl der Zernichtung, wenn das Dasein so ganz seine Bedeutung verloren hat" (ebd., 441), gleichsam in der „Feuerprobe des Herzens" (ebd., 442).

Wer diese „Feuerprobe des Herzens" übersteht, wer sich nicht im Schmerz verhärten läßt, sich nicht von seinem Verlustgefühl verdrängend befreit, der findet auch den Weg zurück, der lernt, nunmehr befreit von der Naivität eines „Nur-Einsseins", „das Seufzen der Kreatur, das Gefühl der verlornen Paradiese" (ebd.) verstehen.

Zwar ist das „Paradies" in seiner naiven Form für immer fort, aber auch nach der „Feuerprobe" kommt Einheit als eine reflektierte Einheit in intellektueller Anschauung als Bildung wieder:

„So müssen ... die Ahndungen der Kindheit dahin, um als Wahrheit wieder aufzustehen im Geiste des Mannes. So verblühen die schönen jugendlichen Mythen der Vorwelt, die Dichtungen Homers und seiner Zeiten, die Prophezeihungen und Offenbarungen, aber der Keim, der in ihnen lag, gehet als reife Frucht hervor im Herbste. Die Einfalt und Unschuld der ersten Zeit erstirbt, daß sie wiederkehre in der vollendeten Bildung, und der heilige Friede des Paradieses gehet unter, daß, was nur Gabe der Natur war, wiederaufblühe, als errungenes Eigentum der Menschheit." (ebd., 456)

Darin bestünde für Adorno nicht nur die Resurrektion der Natur, jener „verschleierten Geliebten" (ebd., 460), wie Hölderlin es am Ende des *Hyperion* umschreibt, sondern auch die Vorstellung eines vom äußeren Naturzwang entlasteten Individuums. Dies Individuum wäre nicht mehr gezwungen, im Zuge seiner Selbsterhaltung die Natur als Fremdes und prinzipiell Gefährliches zu betrachten, und als Objekt seines Handelns zu begreifen, brauchte nicht im mimetischen Erstarrtsein verharren, sondern könnte sie als das Andere des eigenen Ichs angstlos erfahren. Ein solchermaßen der Erfahrung zugängliches Subjekt wäre auf dem Wege einer gelingenden Bildung, sie auch ermöglichte die Erfahrung des „ganz Anderen", im Akt kontemplativen Sich-Erinnerns.

Die über den „Weg nach Innen" auf einer exzentrischen Bahn — einer „krummen Linie" (Schlegel) — zugänglich gemachte Erfahrung ist nicht nur Ort der Imagination, der poetischen Erfahrung, sondern aus den so wieder zugänglich gemachten Bildern erhält das Denken seine Nahrung, die es über die Erfahrungen eines bloßen „ist" hinausgelangen läßt und die der im folgenden Satz anklingenden Resignation etwas entgegenzustellen vermag:

„Die Verzweiflung an dem, was ist, greift auf die transzendentalen Ideen über, die ihr einmal Einhalt geboten." (368)

Und dies in einer Weise, die den „Verrat an der Transzendenz" (392) umgeht, weil Transzendenz nicht „dingfest" (392) gemacht wird, denn sie läßt keinen Zweifel darüber zu, daß dies „Andere", das als „Glück" aus der Kindheit erinnert wird, ein „schlechthin Inkommensurables" ist; daß „der Gedanke", der es zu denken sucht, „nirgends Schutz (findet) als in der dogmatischen Tradition" (397); in einer Tradition, die das selbst in Bindungen erstarren läßt, die zwar der natürlich-biologischen Existenz des Menschen genügen kann, aber das Selbstsein erdrücken und Selbsterhaltung nur unter der Preisgabe des „bene vivere" zu garantieren verspricht.

Denn wenn die „Entzauberung" und „entgötterte Natur" (Schiller) die Grunderfahrung der Moderne ist, wenn der Mensch nicht weiß, woher er kommt, wohin er geht, verschließt ihm das Sich-Einkapseln in vorgegebenen Mustern der Erfahrung gerade das, um dessentwillen jener kategoriale Schematismus bei ihm funktioniert: die Erfahrung seines Selbst.

Andererseits aber ist die Erfahrung des Selbst gerade gebunden an die kategorial erzeugte Erfahrung des Anderen und das Wissen des Selbst als des Einzelnen, an die eines „Ganzen". Aber sowohl das Einzelne wie das Ganze im Schatten von Absolutheit verfehlen ihr Ziel, es gilt, von beiden Richtungen den „Zauberkreis" „absoluten Wissens" (398) zu verflüssigen. Diesen „Zauberkreis" zu tilgen, dem gilt auch die in einer letzten Bewegung als Selbstreflexion gegen sich selbst gerichtete Kritik (397); und eben darin liegt das paradoxe Ergebnis, daß die Negation der Negation nicht wie bei Hegel zur *Position* gelangt, denn ihr Ziel ist *nicht* die Überwindung dieses Zauberkreises auf die jeweiligen Kosten des Anderen – Einzelnen *oder* Ganzen, sondern:

„Dialektik ist das Selbstbewußtsein des objektiven Verblendungszusammenhangs, nicht bereits diesem entronnen. Aus ihm von innen her auszubrechen, ist objektiv ihr Ziel. Die Kraft zum Ausbruch wächst ihr aus dem Immanenzzusammenhang zu; ... Sie faßt mit den Mitteln von Logik deren Zwangscharakter, hoffend, daß er weiche." (398)

Deshalb auch liegt für Adorno die „Bestimmung negativer Dialektik (darin), daß sie sich nicht bei sich beruhigt, als wäre sie total; das ist ihre Gestalt von Hoffnung" (398).

Anmerkungen

1 W. Klafki hat in 1971, 351ff. Adorno wie nebenbei abgehakt – in einer Anmerkung, vgl. 377, Anm. 51. Ähnliches ließe sich für andere Autoren zeigen, aber hier ist nicht der Ort einer Rezeptionsgeschichte der „Kritischen Theorie" in der Pädagogik.

2 Unter dem Zeichen einer Rückkehr und Hinwendung zu Tradiertem stehen höchst differente, gleichwohl ihrer Funktion nach gleichgerichtete Bestrebungen. Sie reichen von den Thesen eines postulierten Muts zur Erziehung über Brezinkas Rehabilitation christlicher Tugenden bis hin zu Mollenhauers Forderung, sich der Klassiker der Pädagogik und der einheimischen Begriffe zu besinnen; vgl. u. a. Brezinka 1978; Mollenhauer 1982.

3 Die „Ideen von 1914" umschreiben in einer Formulierung von Johann Plenge jenen nationalen Begeisterungstaumel beim Beginn

des Ersten Weltkrieges, als sich nahezu die gesamte deutsche Gelehrtenwelt zur „geistigen Front" mit Kampfschriften gegen England und Frankreich wandte. Die „Ideen von 1914" finden dann bündig Eingang in die von „1933". Zusammenfassend dazu, vgl. etwa Weber 1979 oder Schwalbe 1969.
4 Gemeint ist hier der von Adorno mit untersuchte „autoritäre Charakter"; vgl. Adorno 1973a. Hier in Anlehnung an Heinrich Manns Roman als „Untertan" auf einen Begriff gebracht. Vgl. auch Anm. 5.
5 Zuletzt etwa: Andersch, A.: Der Vater eines Mörders. Zürich 1980. Und ist es trotz nachhaltigeren Suchens nicht gelungen, ein Buch zu finden, in dem positiv von der Schule die Rede wäre. Das ist wohl kein Zufall und dürfte Gründe haben.
6 Adorno 1962, 162ff.; s. a. 1981, 159.
7 Erschienen in 1. Auflage 1916/18, berühmt geworden durch die mit Marlene Dietrich verballhornte Verfilmung *Der blaue Engel* (1930). Vgl. Kracauer [1] 1979, 226ff.
8 Gemeint soll damit jenes kommunikationstheoretische Dilemma pädagogischer Situationen sein, in denen, wie vor allem in der Schule, grundlegende Momente alltäglicher Kommunikation *ad absurdum* geführt werden, etwa im Problem der pädagogischen Frage, die auf eine Verletzung der Sinzeritätsregel hinausläuft. Denn diese setzt als Wahrhaftigkeitsannahme voraus, daß der Fragende aus *Unwissen* fragt, also eine im Zusammenhang mit der Frage stehende inhaltliche Antwort erwartet. Aber der Lehrer kennt die Antwort schon; er fragt gegen den eigentlichen Sinn von Fragen!
9 Die Kritik bezieht sich auf Diltheys Verhaftetsein in der stoischen Tradition, vgl. Dilthey 1893 [⁵1969], 246ff. Vgl. dazu Ebelings Einleitung, in: Ebeling 1976, 20ff.
10 Vgl. dazu Adorno 1967, 6: „Sein Name (L. v. Fickers, d. V.) und der ‚Brenner' sind mir seit frühester Jugend vertraut; ich habe gewußt, daß er einer der wenigen Freunde Trakls war, ohne den ich mir meine geistige Existenz nicht vorstellen kann; . . ." Adorno bezieht sich dabei auf Ludwig v. Ficker 1967. – Dem „Brenner-Kreis" gebührt im übrigen das Erstrecht des Versuchs, auf Parallelen im Denken Adornos und seines Antipoden Heideggers aufmerksam gemacht zu haben, aber gleichzeitig am Beispiel der Rezeption klargestellt zu haben, wo die unüberwindbaren Differenzen gesehen werden müssen. – Bezeichnenderweise hat. H. Mörchen bei seinem posthum angebahnten Kommunikationsversuch auf die Darstellung W. Methlagls nicht zurückgegriffen. Es dürfte Mörchen auch schwergefallen sein, seine über die *unüberbrückbaren* Differenzen zwischen

Adorno und Heidegger hergestellten Gemeinsamkeiten durchzuhalten, denn gerade die Hölderlininterpretation Heideggers macht deutlich, wie gewalttätig das Denken Heideggers mit dem Anderen verfahren ist. Vgl. dazu Mörchen 1981. — Daß bei Mörchen Ludwig von Ficker überhaupt nicht erwähnt wird, ist dabei an sich erstaunlich, denn *über* ihn vermittelt gab es so etwas wie eine gebrochene Kommunikation, die Mörchens These unmittelbar betraf. Vgl. etwa Heideggers „Ansprache" zum 80. Geburtstag von L. v. Ficker am 13. April 1960, Nürnberg 1961 (Privatdruck J. E. Drexel). Dazu — wie erwähnt — grundlegender: Methlagl 1981.

11 Vgl. dazu Adornos Diktum, in: *Wozu noch Philosophie?*, in ⁶1970, 17: „Das Rimbaudsche 'il faut être absolument moderne' ist kein ästhetisches Programm und keines für Ästheten, sondern kategorischer Imperativ der Philosophie." — Rimbauds „Man muß unbedingt modern sein" fordert ein Leben ohne jede Chimäre im Sinne von Nietzsches „Gott ist tot", das kein Rettendes mehr verspricht.

12 Wie es W. R. Beyer anzunehmen scheint. Vgl. *Adornos 'Negative Dialektik'*, in 1970, 151ff.

13 „Nach Innen geht der geheimnisvolle Weg." (Novalis: *Blüthenstaub*. ((1798)). In: Schriften 2, 419).

14 Gemeint ist: „Einem gelang es — er hob den Schleier der Göttin zu Sais — Aber was sah er? Er sah — Wunder des Wunders — Sich selbst.". Aus: *Paralipomena zu 'Die Lehrlinge zu Sais'*. 1798. In: Novalis, Schriften 1, 110.

15 Vgl. dazu und zu Proust insgesamt, auch Jauss ²1970, 62

16 Die IX. These enthält die Beschreibung von Paul Klee aus: Hausenstein 1921. Vgl. Scholem, in: Unseld 1972, 87ff.

Literatur

Adorno, T. W.: Gesammelte Schriften. Bde. 1ff. Hrsg. v. G. Adorno/R. Tiedemann. Frankfurt/M 1970ff.

Adorno, T. W.: Theorie der Halbbildung. In: Soziologica II. Frankfurt/M 1962, 162ff.

Adorno, T. W.: Ludwig von Ficker: Denkzettel und Danksagungen. In: Nachrichten aus dem Kösel-Verlag. Folge 26. 2. Halbj. München 1967, 6f.

Adorno, T. W.: Ästhetische Theorie. Ges. Schr. Bd. 7. Frankfurt/M 1970 (a).

Adorno, T. W.: Erziehung zur Mündigkeit. Hrsg. v. G. Kadelbach. Frankfurt/M 1970 (b).

Adorno, T. W.: Gesellschaft. 1966. In: Aufsätze zur Gesellschaftstheorie und Methodologie. Frankfurt/M 137ff. 1970 (c).

Adorno, T. W.: Philosophie und Lehrer. In: Eingriffe. Neun kritische Modelle. Frankfurt/M ⁶1970, 29ff.

Adorno, T. W.: Resignation. In: Schweppenhäuser, H. (Hrsg.): Theodor W. Adorno zum Gedächtnis. Eine Sammlung. Frankfurt/M 1971, 9ff.

Adorno, T. W.: Studien zum autoritären Charakter. Frankfurt/M 1973 (a).

Adorno, T. W.: Engagement. In: Zur Dialektik des Engagement. Frankfurt/M, 7ff. 1973 (b).

Adorno, T. W.: Zu Subjekt und Objekt. In: Stichworte. Kritische Modelle 2. Frankfurt/M ⁴1978, 151ff.

Adorno, T. W.: Minima Moralia. Reflexionen aus dem beschädigten Leben. Frankfurt/M 1981.

Augustinus: Confessiones/Bekenntnisse (lat. u. dt.) ca. 412ff. [München ⁴1980].

Benjamin, W.: Eine Todesnachricht. In: Berliner Kindheit um Neunzehnhundert. Frankfurt/M 1966, 46f.

Benjamin, W.: Geschichtsphilosophische Thesen. ¹1942. In: Benjamin, W.: Zur Kritik der Gewalt und andere Aufsätze. Frankfurt/M 1971, 78ff.

Benjamin, W.: Der Begriff der Kunstkritik in der deutschen Romantik. Frankfurt/M ²1978.

Beyer, W. R.: Adornos ‚Negative Dialektik'. In: Beyer, W. R.: Vier Kritiken: Heidegger, Sartre, Adorno, Lukács. Köln 1970, 151ff.

Blumenberg, H.: Legitimität der Neuzeit. Frankfurt/M 1968. Neue, erw. u. überarb. Ausg.: Bd. 1: Säkularisierung und Selbstbehauptung. Frankfurt/M 1974, Bd. 2: Der Prozeß der theoretischen Neugierde. Frankfurt/M 1973. Bd. 3: Aspekte der Epochenschwelle: Cusaner und Nolaner. Frankfurt/M 1976.

Blumenberg, H.: Selbsterhaltung und Beharrung. Zur Konstitution der neuzeitlichen Rationalität. In: Ebeling 1976, 144ff.

Brezinka, W.: Erziehungsziele in der pluralistischen Gesellschaft. Über Möglichkeiten der Erziehungswissenschaft zur Klärung der Lage. Pädagogische Rundschau 34. 1980, 405ff.

Dilthey, W.: Die Autonomie des Denkens, der konstruktive Rationalismus und der pantheistische Monismus nach ihrem Zusammenhang im 17. Jahrhundert. 1893. In: Gesammelte Schriften II. Stuttgart ⁸1969, 246ff.

Ebeling, H. (Hrsg.): Subjektivität und Selbsterhaltung. Beiträge zur Diagnose der Moderne. Frankfurt/M 1976.

Ficker, L. v.: Denkzettel und Danksagungen. Aufsätze, Reden. München 1967.

Habermas, J.: Zur Logik der Sozialwissenschaften. Frankfurt/M ³1973.

Hausenstein, W.: Kairun oder eine Geschichte vom Maler Klee und der Kunst dieses Zeitalters. München 1921.

Henrich, D.: Selbsterhaltung und Geschichtlichkeit. In: Ebeling 1976, 122ff.

Hölderlin, G.F.: Fragment von Hyperion. 1794. In: Hölderlin Werke und Briefe. Hrsg. v. F. Beißner/J. Schmidt. Bd. 1. Frankfurt/M 1969, 439ff.

Jauss, H.R.: Zeit und Erinnerung in Marcel Prousts „A la recherche du temps perdu". Ein Beitrag zur Theorie des Romans. Heidelberg ²1970.

Jonas, H.: Unsterblichkeit und heutige Existenz. In: Jonas, H.: Zwischen Nichts und Ewigkeit. Drei Aufsätze zur Lehre vom Menschen. Göttingen

1963, 45ff.
Kant, I.: Kants gesammelte Schriften. Akademie-Ausgabe. Bd. 9: Logik, Physische Geographie, Pädagogik. Berlin/Leipzig 1923. Darin: Immanuel Kant über Pädagogik. Hrsg. v. F.T. Rink 1803, 439ff.
Key, E.: Das Jahrhundert des Kindes. Dt. 1902 [Königstein/Ts. 1978].
Klafki, W.: Erziehungswissenschaft als kritisch-konstruktive Theorie: Hermeneutik – Empirie – Ideologiekritik. In: Zeitschrift für Pädagogik 17. 1971, 351ff.
König, R. (Hrsg.): Handbuch der empirischen Sozialforschung. Bd. 6: Jugend. Stuttgart 1976.
Kracauer, S.: Von Caligari zu Hitler. Eine psychologische Geschichte des deutschen Films. Frankfurt/M ^{1}1979.
Lessing, G. E.: Ernst und Falk. Gespräche für Freimaurer. 1778 [Gesammelte Werke. Bd. 9. Leipzig 1856], 355ff.
Lukács, G.: Die Seele und die Formen. Essays. 1911 [Neuwied/Berlin 1971].
Methlagl, W.: „Die Zeit und die Stunde der Zeit". Rekonstruktion des Hölderlin-Bildes im letzten „Brenner". In: Studien zur Literatur des 19. und 20. Jahrhunderts in Österreich. Festschrift für Alfred Doppler zum 60. Geburtstag. Hrsg. v. J. Holzner/M. Klein/W. Wiesmüller. Innsbruck 1981, 153ff.
Mörchen, H.: Adorno und Heidegger. Untersuchung einer philosophischen Kommunikationsverweigerung. Stuttgart 1981.
Mollenhauer, K.: Marginalien zur Lage der Erziehungswissenschaft. In: König, E./Zedler, P. (Hrsg.): Erziehungswissenschaftliche Forschung. Positionen, Perspektiven, Probleme. Paderborn 1982, 252ff.
Novalis: Schriften. Die Werke von Friedrich von Hardenberg. Hrsg. v. P. Kluckhohn/R. Samuel. Nach den Handschriften erg., erw. u. verb. Aufl. in vier Bänden u. einem Belegband. Bd. 1 Darmstadt 1977. Bd. 2 Darmstadt 1981.
Peukert, H.: Wissenschaftstheorie, Handlungstheorie, Fundamentaltheologie. Frankfurt/M 1978.
Proust, M.: Auf der Suche nach der verlorenen Zeit. In Swanns Welt 1 u. 2. Die wiedergefundene Zeit 2. Frankfurt/M 1982 (a. b).
Rimbaud, A.: Une Saison en Enfer (Eine Zeit in der Hölle). In: Rimbaud, A.: Sämtliche Dichtungen (frz. u. dt.). Hrsg. u. übertragen v. W. Küchler. Heidelberg ^{5}1978, 264ff.
Scholem, G.: Zur Kabbala und ihrer Symbolik. Frankfurt/M ^{2}1977.
Schwalbe, K.: Wissenschaft und Kriegsmoral. Die deutschen Hochschullehrer und die politischen Grundfragen des Ersten Weltkrieges. Göttingen/Zürich/Frankfurt/M 1969.
Trakl, G.: (Aphorismus). In: Brenner-Jahrbuch 1915. Innsbruck 1915.
Traub, R./Wieser, H. (Hrsg.): Gespräche mit Ernst Bloch. Frankfurt/M 1975. (Darin: Etwas fehlt ... Über die Widersprüche der utopischen Sehnsucht. Ein Gespräch mit Th. W. Adorno 1964, 58ff.).
Unseld, S. (Hrsg.): Zur Aktualität Walter Benjamins. Frankfurt/M 1972 (Darin: Scholem, G.: Walter Benjamin und sein Engel, 87ff.).
Weber, B.: Pädagogik und Politik vom Kaiserreich zum Faschismus. Zur Analyse politischer Optionen von Pädagogikhochschullehrern 1914 - 1933. Königstein/Ts. 1979.

Reinhard Uhle

Zur Erschließung von Einzelnem aus Konstellationen.
Negative Dialektik und „objektive Hermeneutik"

Kritische Theorie und vor allem Th. W. Adornos Vermächtnis innerhalb der Frankfurter Schule steht unter dem Verdikt, in konträrem Gegensatz zu einem Wissenschaftsverständnis zu stehen, das auf lehr-lernbaren Verfahren der Erfahrungsgewinnung basiert. Adorno selbst hat explizit eine solche Gegnerschaft bestritten (1969, 129). Er nimmt für sich nur in Anspruch, über den Konformismus der Sprachspielgepflogenheiten etwa von Geisteswissenschaften hinauszugehen, Philologie nicht als Selbstzweck zu betreiben, sondern „Überinterpretationen" zu liefern (1968, 11). Denn er will der eigenen Phantasie mehr vertrauen als den Regeln und Techniken des Umgangs mit Texten, wie sie in den einzelnen geisteswissenschaftlichen Fächern tradiert werden. Genau dies aber hat ihm den Vorwurf des „philosophierenden Intellektuellen" (Habermas 1968, 35) eingetragen, des Einzelgängers, der sozusagen das Fach ‚Adornistik' vertritt. Nur wer über das Hintergrundwissen, die Erlebniswelt, die Denkweise und das begriffliche Instrumentarium Adornos verfügt, nur der kann so mit den Texten anderer Autoren umgehen, wie Adorno dies tut. Und nicht zufällig ist das Medium eines solchen interpretierenden Umgangs mit sprachlich gestalteter Wirklichkeit der Essay, der nach Adornos eigenen Ausführungen Erfahrungsgegenstände in einer Weise zu vermitteln vermag, in der Gegenständlichkeit nicht durch Abstraktion und Systematik verschüttet wird, sondern als Prozeß dargestellt werden kann.

So überzeugend Adorno nun mit dieser Darstellungsform und mit der Methode der Überinterpretation die – wie er sagt – ‚Naturverfallenheit' kultureller Phänomene aufzuzeigen vermag, so wenig kann m. E. über das Leseerlebnis anhand der Adornoschen Schriften hinaus von einem Leser gelernt werden, der nicht-positivistisch und doch zustimmungsfähig immanente Kritik als Deutung von Kulturobjektivationen üben möchte. Die Frage ist, ob der Begründungszusammenhang, mit dem Adorno seine individuelle Art des Umgangs mit zu Verstehendem legitimiert, nicht auch eine andere, nicht auf subjektive Phantasie rekurrierende Deutungsweise zuläßt. Die Frage ist, ob die Intentionen Adornos in seinen essayistischen Deutungen oder seiner immanenten Kritik von Kulturobjektivationen nicht auch in einer eher lernbaren objektiv-sinnverstehenden Hermeneutik verwirklicht werden könnte. Um diese Fragen zu beantworten, werde ich im folgenden anhand der Ausführungen der *Negativen Dialektik* über „Konstellationen" (163ff.) die Begründungen Adornos für seinen Umgang mit einzelnen Texten oder Einzelnem generell vorstellen, um dann zu zeigen, daß das Verfahren der Konstellationenerstellung auch das Verfahren einer objektiven Hermeneutik ist, die nicht lediglich auf Phantasie, sondern auf Theoriezusammenhänge zur Entzifferung von Einzelnem angewiesen ist. Und die Hoffnung ist, die erkenntnistheoretischen Einsichten Adornos auch methodologisch fruchtbar zu machen.

Das Einzelne als Konstellation

Die nicht-positivistische, eher an Hermeneutik orientierte wissenschaftstheoretische Einstellung Adornos ist m. E. hauptsächlich durch seine Kritik an dem motiviert, was er „Identitätsdenken" nennt. Dabei kontrastiert er diese Form des Denkens mit einer dialektischen. „Dialektisch ist Erkenntnis des Nichtidentischen ... darin, daß gerade sie, mehr und anders als das Identitätsdenken, identifiziert. Sie will sagen, was etwas sei, während das Identitätsdenken sagt, worunter etwas fällt, wovon es Exemplar ist oder Repräsentant, was es also nicht selbst ist. Identitätsdenken entfernt sich von der Identität seines Gegenstandes um so weiter, je rücksichtsloser es ihm auf den Leib rückt." (152) Adorno formuliert hier das erkenntnistheoretische Dilemma, daß Einzelnes begrifflich immer als Teil einer Vielheit zur Sprache gebracht wird. Und Aufgabe des begrifflichen Denkens ist es, Zuordnungsverfahren zu entwickeln, mit denen Beziehungen zwischen verschiedenartigen Ausdrücken geregelt werden, die dieses Einzelne sozusagen umschreiben. Und je präziser Singuläres erfaßt werden soll, um so ausführlicher und allgemeiner werden die begrifflichen Zusammenhänge, auf die das Einzelne zurückgeführt bzw. mittels derer das Einzelne bestimmbar wird.

Nun kann dialektisches Denken einen solchen Sachverhalt nicht nur konstatieren, sondern muß bessere Möglichkeiten für sich in Anspruch nehmen können. Und solche Möglichkeiten sieht Adorno im Verfahren der ‚Konstellationenerstellung'.

„Diese belichtet das Spezifische des Gegenstandes, das dem klassifikatorischen Verfahren gleichgültig ist oder zur Last. Modell dafür ist das Verhalten der Sprache. Sie bietet kein bloßes Zeichensystem für Erkenntnisfunktion. Wo sie wesentlich als Sprache auftritt, Darstellung wird, definiert sie nicht ihre Begriffe. Ihre Objektivität verschafft sie ihnen durch das Verhältnis, in das sie die Begriffe, zentriert um eine Sache, setzt. Damit dient sie der Intention des Begriffs, das Gemeinte ganz auszudrücken. Konstellationen allein repräsentieren, von außen, was der Begriff im Innern weggeschnitten hat, das Mehr, das er sein will so sehr, wie er es nicht sein kann. Indem die Begriffe um die zu erkennende Sache sich versammeln, bestimmen sie potentiell deren Inneres, erreichen denkend, was Denken notwendig aus sich ausmerzte." (174f.)

Was Adorno hier gegeneinander stellt, ist nichts anderes als der Gegensatz von Einstellungen, der in sprachlichen Handlungen zum Ausdruck gebracht wird. Als – wie Adorno sagt – „Darstellung" sucht z. B. Literatur im Unterschied zu wissenschaftlichen Aussagesystemen Welt zu entwerfen, indem Personen, Zeiten, Räume usw. phantasierend konstituiert werden, die in sich aufeinander verweisen und sich gegenseitig erläutern. Demgegenüber suchen z. B. wissenschaftliche Definitionen Bedeutungsmerkmale von Ausdrücken durch Abgrenzung und Rückführung auf andere Termini zu präzisieren und außerdem logisch wahre Beziehungen zwischen sprachlichen Zeichen zu erstellen, um so „Gemeintes" präzise und richtig sprachlich wiederzugeben. Insofern wir alle alltagssprachlich nicht mit Definitionen oder Begriffsexplikationen operieren, sondern Ausdrücke kontextimplikativ lernen oder – wie Adorno hier sagt – Worte in ihrem „Verhältnis" „zentriert um eine Sache" erfahren, wird die Bedeutung von Ausdrücken, Sätzen oder Texten in umgangssprachlichen, aber auch literarischen Darstellungsformen durch den Kontext fixiert. Von daher ist die Aufschlüsselung von Kontextimplikationen durch „Konstellationen" oder ‚Versammlung' von Begriffen „um die zu erkennende Sache" eine legitime

Weise der Entschlüsselung von Einzelnem. Konstellationenerstellung ist also der Aufweis der Vermittlung von Individuellem als Besonderem mit Anderem, wobei es nicht auf die genaue Fixierung von Einzelnem ankommt, sondern auf den Zusammenhang, in dem etwas steht.

Dieser Zusammenhang von Einzelnem mit Anderem wird von Adorno wie folgt präzisiert: „Das Objekt öffnet sich einer monadologischen Insistenz, die Bewußtsein der Konstellation ist, in der es steht: die Möglichkeit zur Versenkung ins Innere bedarf jenes Äußeren. Solche immanente Allgemeinheit des Einzelnen aber ist objektiv als sedimentierte Geschichte. Diese ist in ihm und außer ihm, ein es Umgreifendes, darin es seinen Ort hat. Der Konstellation gewahr werden, in der die Sache steht, heißt soviel wie diejenige entziffern, die es als Gewordenes in sich trägt. ... Nur ein Wissen vermag Geschichte im Gegenstand zu entbinden, das auch den geschichtlichen Stellenwert des Gegenstandes in seinem Verhältnis zu anderen gegenwärtig hat; Aktualisierung und Konzentration eines bereits Gewußten, das es verwandelt. Erkenntnis des Gegenstands in seiner Konstellation ist die des Prozesses, den er in sich aufspeichert. Als Konstellation umkreist der theoretische Gedanke den Begriff, den er öffnen möchte, hoffend, daß er aufspringe etwa wie die Schlösser wohlverwahrter Kassenschränke: ..." (165f.)

Erschließung von Singulärem wird hier in enger Anlehnung an hermeneutische Einsichten erläutert. Konstellationenerstellung heißt Verstehen, wenn darauf verwiesen wird, daß Einzelnes als „Gewordenes" zu entziffern, an Vor-„Wissen" gebunden sei und „Aktualisierung" darstelle. Genau diese Forderungen sind auch Strukturelemente Gadamerscher Hermeneutik (1972). Verstehen wird in dieser Lehre als von Überlieferung und Traditionen abhängig beschrieben. Es ist auf das Wissen, die Erfahrung und Urteile von Verstehenden angewiesen. Es konstituiert neue oder aktualisierte Erfahrung, wenn es in der Form von ‚Horizontverschmelzung' neue Sinnzusammenhänge eröffnet. Im Unterschied zu hermeneutischem Verstehen aber beruht Konstellationenerstellung nicht auf einem Frage-Antwort Dialog, durch den Gegenstände ausgelegt werden, sondern auf „Wissen" um Modi der Vermittlungen dieser einzelnen Gegenstände. Konstellationenerstellung bedeutet also Verfremdung oder besser Veränderung der Sichtweise von Singulärem, indem – wie es heißt – mit Hilfe des „geschichtlichen

Stellenwert(s) des Gegenstandes in seinem Verhältnis zu anderen" Zusammenhänge erstellt werden. Und Modelle solchen Verfahrens sind für Adorno die Arbeiten von W. Benjamin und die verstehende Soziologie M. Webers. An Benjamins Philosophie fasziniert ihn das Vermögen der Phantasie, die Unendlichkeit der Beziehungen eines Gegenstandes herauszuarbeiten, die offenen Verweisungshorizonte von Sachverhalten aufzuzeigen. Welt wird hier als Universalität von Kontexten und Zusammenhängen entwickelt. An Weber hebt Adorno den Aspekt des Verstehens hervor, den Weber „Komponieren" nennt. Präzise Terminologie zur Bezeichnung sich verändernder, kontingenter und einmaliger Faktiztät ist nach Weber (1968) nur durch Zusammenstellung von Einzelzügen aus Vielfalt und Heterogenität von singulären Ereignissen, Personen und Handlungen zu erreichen. Hierdurch entsteht ein „idealtypisches" Gedankengebilde, das als Synthese oder Komposition von Vermittlungszusammenhängen eines Gegenstandes zu begreifen ist. Adorno hebt die sprachliche Prägnanz solcher idealtypischer Terminologie hervor sowie den prozeßhaften Aufbau der begrifflichen Vereinbarungen, die Ergebnis und nicht Anfang von Reflexionsprozessen darstellen. Gleichzeitig kritisiert er jedoch die Webersche Begrenzung der Reichweite von Ausdrücken auf bestimmte Bereiche von Welt, während er jeden Teil von Um- und Mitwelt als durch „Totalität" determiniert sieht. Totalität ist dabei für Adorno in kritischer Weiterführung Hegelscher und Marxscher Gedanken eine Chiffre für undurchschaubare Abhängigkeit des Einzelnen von Herrschaft und Tauschverhältnissen. Verstehend ist diese Totalität nicht mehr – wie noch bei Marx – zu benennen, sondern nur überinterpretierend am Einzelnen „mikrologisch" durch Konstellationenerstellung aufzuzeigen, damit dadurch zur Veränderung von Abhängigkeitsverhältnissen aufgerufen wird (Uhle 1976, 132ff.).

Erfahrbar nun ist die unbegriffene Totalität Adornos zwar über die Kategorie des Leides von Menschen, sie bleibt aber dennoch die Hauptschwierigkeit Kritischer Theorie. Denn mit ihr ist kein Interpretationsverfahren begründbar, durch das Einzelnes auf handlungsorientierende Inhalte befragt werden kann (Oelmüller 1970; Künzli 1971). Vielmehr zeigt die Kategorie der Totalität im Verfahren der Konstellationenerstellung nur die Notwendigkeit der Veränderung gesellschaftlich-politischer Praxis, nicht aber die Richtung dieser Aufforderung zur Veränderung, wenn geistige Phänomene auf ihren Beitrag zur Fortdauer von Herrschaft und Zwang durch den Totalitätsanspruch von Vergesellschaftung befragt werden. Die Kategorie von Totalität verweist nicht auf einzelne Abhängigkeitsverhältnisse und deren Veränderbarkeit, sondern auf eine Vielzahl von Vermittlungen, so daß keine praktischen Eingriffe in konkrete einzelne gesellschaftliche Phänomene induziert werden. Genau dies aber führt zur „Apathie" von Kritischer Theorie (Schoeller 1969).

Nun ist solcher Kritik entgegenzuhalten, daß nur eine Verabsolutierung und Fixierung von Totalität solche Handlungsorientierungen zu geben vermag. Demgegenüber scheint z. Zt. das Gespräch zwischen Phänomenologie und Marxismus (Waldenfels u. a. 1977a; 1977b, 1978) Adorno darin recht zu geben, daß die Vieldimensionalität gesellschaftlichen Handelns keine absolute, unitäre Kritik zuläßt. Nicht ein ideales Maß kann das Kriterium von Kritik in der Konstellationenerstellung sein, sondern allein der Verweisungszusammenhang oder die Offenheit der Handlungskontexte, die handelnd nicht mehr gesehen wird. Waldenfels nennt dies das Aufhalten im Ungeregelten und Unvertrauten, in dem, was aus unserer Welt ausgeschlossen wird und was durch Konstellationenerstellung wieder hereingebracht wird. Kritik ist hier nicht universal, sondern – wie Waldenfels sagt – „marginal". Eine solche Kritik „stünde damit vor der Aufgabe, Fixierungen und Zwänge zu durchbrechen, ohne durch überschwängliche Ansprüche Illusionen zu nähren oder neue Zwänge herbeizuführen." (Waldenfels 1978, 42) Wenn Totalität so als Pluralität und Vieldimensionalität aufgefaßt wird, dann kann sie als Korrektiv zur Einschränkung von Interpretation auf Vermittlungszusammenhänge von Einzelnem innerhalb von Bereichen wirken. Konstellationenerstellung in abgegrenzten Bezirken wäre dann nicht im Widerspruch zu Adornos Intentionen, sondern würde als Schritt in einer Folge von Schritten zu lesen sein. Mit solcher Deutung von Überinterpretation oder immanenter Kritik als Konstellationenerstellung scheint mir der hermeneutische Ansatz Adornos in einer Theorie der „objektiven Hermeneutik" fortzusetzen zu sein, und zwar unter lehr- und lernbaren Voraussetzungen.

Konstellationenerstellung und objektive Hermeneutik

Konstellationenerstellung arbeitet mit dem Zusammenhangsmoment von Einzelnem und Anderem oder von So-Sein und Nicht-So-Sein eines Gegenstandes. Insofern es dabei der individuellen Phantasie überlassen bleibt, beliebige Vermittlungszusammenhänge zu thematisieren, hat diese Form dialektischer Hermeneutik den Charakter des Spielerischen, wobei der jeweilige Autor die Spielregeln vorschreibt. Damit aber entzieht sich Konstellationenerstellung den Intersubjektivitätspostulaten wissenschaftlichen Argumentierens (Diemer 1977, 184f.). Wenn dies nicht der Fall sein soll, dann muß das Erstellen oder Komponieren von Kontexten überprüfbar oder zumindest nachvollziehbar sein. Und genau dies ist eines der methodologischen Anliegen eines Verfahrens, das Oevermann „objektive Hermeneutik" nennt und das Grundprinzipien des Konstellationengedankens von Adorno zu verwirklichen scheint.
Wie Adorno bezogen auf kulturelle Objektivationen in der Form von Texten den Gedanken formuliert, daß die Entschlüsselung dieser Objekte sich auf deren Vermittlungszusammenhang zu beziehen habe, so unterstellt Oevermann für das Verständnis bestimmter Interaktionstexte in Elternhaus und Schule, daß diese durch — wie er sagt — „allgemeine Strukturen von Bedeutung bzw. Bedeutungsmöglichkeiten" konstituiert werden (Oevermann 1976, 385). Solche außertextlichen Zusammenhänge werden „latente Sinnstrukturen" genannt. Indem reale Sprach- und Handlungsgeschehnisse von Eltern und Kindern transkribiert und damit vertextet werden, ist nach Annahme von Oevermann davon auszugehen, daß mit der Vertextung Sinnkontexte erzeugt werden, die über die Motive, Erwartungen und Ansichten der dargestellten Beteiligten hinausgehen. Wie es Adornos Konstellationengedanke formuliert, sieht Oevermann also in dem (hier allerdings selbst geschaffenen) Text eine Fülle von Thematisierungsmöglichkeiten, die latent vorhanden sind und sozusagen auf einen Interpreten warten. Es sind mögliche „Lesarten" eines Textes, die in der Form von Präsuppositionen semantischer und pragmatischer Art das vertextete singuläre Geschehen bestimmen können, ohne daß die Beteiligten davon wissen.
   Die Durchführung von Interpretationen solcher Vermittlungszusammenhänge kann man sich nun so vorstellen, daß ein Interpret wie bei der Deutung eines Schachspiels die Fülle von realisierten

und nicht-realisierten Spielzügen sowie die verschiedenen Figurenkonstellationen auf ihren geheimen Sinn etwa als Vorbild für andere Spiele befragt. Insofern der Schachspieler sich nicht nur auf realisierte Spielzüge und Figurenkonstellationen bezieht, sondern gerade auch auf nicht-realisierte und somit nur mögliche, sieht er Geschehnisse als gemachte und veränderbare. Und er muß schon selbst ein guter Schachspieler sein, um Chancen und Verlustmöglichkeiten nicht-realisierter Spielzüge zu sehen.

Damit aber erfüllt solches Textverständnis die Anforderungen, die Adorno an das Verhältnis von Interpret und Gegenstand stellt, wenn er sagt: „Die Regungen der Autoren erlöschen in dem objektiven Gehalt, den sie ergreifen. Die objektive Fülle von Bedeutungen jedoch, die in jedem geistigen Phänomen verkapselt sind, verlangt vom Empfangenden, um sich zu enthüllen, eben jene Spontaneität subjektiver Phantasie, die im Namen objektiver Disziplin geahndet wird. Nichts läßt sich herausinterpretieren, was nicht zugleich hineininterpretiert wäre." (Adorno 1968, 12)

Die Ausgangsthese ist jedoch, daß Bedeutungszusammenhänge nicht nur phantasievoll gedeutet werden können sollen, sondern auch lehr- und lernbar. Dazu ist es erforderlich, die metaphorische Forderung Adornos an Interpretationen, nämlich „die Elemente des Gegenstandes ... zum Sprechen zu bringen" (Adorno ebd.), in Erfahrungsregeln zu übersetzen, die ein solches Postulat handhabbar machen. Und solche Regeln finden wir bei Oevermann zur Entdeckung von Konstellationen oder − wie er sagt − von „latenten Sinnstrukturen" oder „Lesarten" in der Form von Grundsätzen. Demgemäß sind Texte zu verstehen als „Träger objektiver sozialer Strukturen" (Oevermann 1976, 391). Diese existieren zunächst in der Form von „Erfahrungsquellen", d. h. als Theorieannahmen, in der Gedankenwelt des Interpreten. Er hat also den Text in alle ihm denkbaren theoretischen Konstellationen zu stellen, wobei es kein Kriterium für die Beendigung dieses Vorgangs geben kann. Während es im ‚normalen' Verstehensvorgang darauf ankommt, die ‚richtigen' Sinnzusammenhänge zu eruieren, die einen Text verständlich machen, ist objektive Hermeneutik darauf angelegt, zunächst sozusagen mögliche Folien von Bedeutungen zu erstellen, die in irgendeiner Weise vom Text her zugelassen sind. Dieser Vorgang ist erst abzubrechen, wenn − wie es heißt − „neue Interpretationen sich nicht mehr einstellen." (Oevermann ebd.) Damit möglichst viele solcher Deutungen zustande kommen, sollen sich mehrere Interpreten an dem Verfahren beteiligen.

Danach nun ist anhand der Beachtung von Nuancen und Partikeln des konkreten Textes die mögliche Bedeutung von Handlungen und Rede für die im Text repräsentierten Personen zu deuten. Diese Deutung dient jedoch allein als Kontrast für die ‚objektive' Form der Interpretation, in der es auf die Einbeziehung von Konstellationen oder Sinnstrukturen in den Textkontext ankommt. Sowohl in der ersten wie in der zweiten Interpretationsweise geht es nicht um Abbildung von Wirklichkeit, sondern um Konstitution von Gegenständlichkeit. Indem bestimmte theoretische Zusammenhänge an den Text herangetragen und dieser in der entsprechenden Terminologie und den Annahmen dieser Theorien erläutert wird, entsteht das Allgemeine des Einzelnen – wie Adorno sagt – als Ausdifferenzierung von Implikationen. Und die Plausibilität der jeweiligen Deutung ist an konkreten Belegstellen nachzuweisen bzw. von einem möglichen Kritiker mit Gegenvorstellungen zu widerlegen.

Das Verfahren der Konstellationenerstellung, der Überinterpretation oder essayistischen Deutung, ist in der Weise solcher objektiver Hermeneutik zwar immer noch auf Phantasie und Hintergrunderfahrung angewiesen. Diese Phantasie aber ist durch extensive Theorieaneignung erlernbar und die Hintergrunderfahrung als diese und keine andere bestimmbar, insofern die Theoriezusammenhänge genannt werden müssen, in die Einzelnes in der Art von Texten eingeordnet wird. Gleichzeitig bedeutet die Übernahme von Terminologie und Basisannahmen von Theoremen, daß Begriffe nicht wie bei Adorno „umstandslos, unmittelbar" (Adorno 1968, 27) eingeführt werden und somit an die Privatheit des Interpreten gebunden bleiben. Denn die verwendete Terminologie ist in den zugrundeliegenden Theorien präzisiert. Und ungeändert bleibt das Verfahren traditioneller geisteswissenschaftlicher Hermeneutik, im Hin und Zurück zwischen Interpretation und Text die jeweiligen Theoriezusammenhänge als zutreffende Deutung des Besonderen zu behaupten bzw. zu modifizieren. Auf diese Weise kann Konstellationenerstellung auf traditionelle Kompetenzen der philologischen Fächer rekurrieren und damit erlernbar werden.

Objektive Hermeneutik und Totalität

Konstellationenerstellung bei Adorno und objektive Hermeneutik bei Oevermann sind nur dann aufeinander zu beziehen, wenn von den Inhalten ihrer Deutungen abgesehen wird. Adorno rekurriert im allgemeinen auf Texte aus dem kulturellen Bereich, an denen er in immanenter Kritik oder Dialektik oder Konstellationenerstellung die Naturverfallenheit vergesellschafteten Bewußtseins expliziert, die unter gegebener ökonomischer Entwicklung nur entqualifizierte Erfahrungsmodi zuläßt.

Oevermann beschäftigt sich mit Fragen „sozialisatorischer Interaktion". Darunter ist das Problem zu verstehen, auf welche Weise Kinder und Heranwachsende – wie es heißt – „‚überschüssig' strukturiertes Erfahrungsmaterial" (Oevermann 1976, 372), latente Sinnzusammenhänge also, subjektiv-individuell verarbeiten. D. h. es wird gefragt, wie Handlungen und Redezusammenhänge von Erwachsenen, die die Interpretationsfähigkeit von Kindern übersteigen, von eben diesen dennoch partiell interpretiert werden und gleichzeitig ‚überschüssig' weiterexistieren, um einmal im späteren Bildungsprozeß ‚richtig' verinnerlicht zu werden. Von dieser Forschungsabsicht her wird das Interesse Oevermanns an latentem oder ‚überschüssigem' Sinn verständlich, geht es doch letztendlich um das logische Paradoxon, daß Kinder in konkreten und singulären Situationen ein Denken lernen, das universalistisch und allgemein angelegt ist. Sie müssen „im Kontext konkret partikularistischer, diffuser und affektiv strukturierter Sozialbeziehungen" (Oevermann ebd., 388) abstrakt begrifflich argumentieren und autonom handlungsfähig werden.

Um auch eine inhaltliche Beziehung zwischen Adornos Ansatz und der Oevermannschen Forschungsfrage zu erstellen, scheint es mir notwendig, die Fortführung aufzugreifen, die Leithäuser (1977; 1979) an dem Oevermannschen Ansatz vornimmt. Leithäuser nämlich weist zwei Einschränkungen zurück, die Oevermann vollzieht. Dieser nämlich greift als Konstellationsfeld seiner Interaktionstexte vornehmlich auf Theorien von Mead, Piaget, Freud und Chomsky zurück. Denn Thematisierung von sozialhistorischer Interaktion bedeutet für Oevermann Thematisierung der Ausbildung kognitiver und affektiver Schematisierungen, wie sie z. B. von Piaget oder triebdynamisch von Freud beschrieben werden. Leithäuser nun verweist darauf, daß in täglichen Interaktionen Universalisierung und Generalisierung auch durch das Tauschprinzip eingeübt werden und daß die Beziehungen der Menschen untereinander durch Eigentumsverhältnisse und den Umgang mit Geld definiert sind. Von daher sieht er auch und gerade die Mikrostruktur sozialen Handelns durch Adornos Sicht des Vergesellschaftungsprozesses dominiert, wenn es heißt: „Der durch die Erwachsenen repräsentierte Sinnvorschuß auf das Realitätsprinzip ist durch die Tauschwertökonomie und die Eigentumsverhältnisse vermittelt. In dem Maße, wie das Kind differenzieren und generalisieren, zwischen ‚wesentlich' und ‚unwesentlich' unterscheiden lernt, lernt es, die Strukturen solcher Ökonomie abzubilden. Ökonomischer Wert, Besitztitel, Nützlichkeit (praktische Verwendbarkeit) eines Dinges greifen strukturierend in die sozialisatorischen Interaktionssequenzen ein, erweitern diese zu einem Sprachspiel der Vergesellschaftung . . ." (Leithäuser 1979, 113) Damit bezieht Leithäuser die Perspektiven von Konstellationen auf Ansätze, wie sie von Horkheimer, Fromm, Adorno, Negt und Caruso (Leithäuser 1977, 11ff.) vorgetragen werden und deren Tendenz Adorno in der *Negativen Dialektik* so formuliert: „Die Erfahrung jener dem Individuum und seinem Bewußtsein vorgeordneten Objektivität ist die Einheit der total vergesellschafteten Gesellschaft." (309)

Indem Leithäuser außerdem die Einschränkung Oevermanns für sozialisatorische Interaktion auf Erwachsenen-Kinder-Beziehungen zugunsten jeglichen Umgangs von Menschen miteinander aufhebt, ergibt sich die Möglichkeit, Sozialisationsprozesse jeglicher Art objektiv sinnverstehend aufzugreifen. Gegenstand des Verstehens wird damit wie bei Adorno die Sozialisationsfunktion von Kultur- und Bewußtseinsindustrie im Kontext der Frage von Alltagsbewußtsein, die in Weiterführung der Adornoschen Studien zur autoritätsgebundenen Persönlichkeit thematisiert wird (Leithäuser 1977, 29ff.). Auf diese Weise scheint mit der Hinwendung zu objektiver Hermeneutik das Hauptproblem Kritischer Theorie, nämlich die Determination von Subjektivität durch zunehmende Prozesse von Vergesellschaftung, wieder aufgenommen zu werden, insofern mit der Kritik Leithäusers an Oevermann genau dieses Problem zentral wird. Denn Leithäuser will mit seiner Kritik objektive Hermeneutik auf Untersuchungen der Standardisierung von Bewußtsein verpflichten, aufgrund derer Personen keine Entfaltungsmöglichkeiten für ihre individuellen Fähigkeiten haben.

Gegenüber Leithäusers Ansatz einer sozialwissenschaftlichen Textinterpretation als einer anders akzentuierenden objektiv sinnverstehenden Hermeneutik ist jedoch an Adornos Gedanken der Verbindung von Konstellationenerstellung mit dem Begriff von Totalität zu erinnern. Denn mit diesem Begriff macht Adorno auf den Verlust von Individualität und Besonderheit in modernen Gesellschaften aufmerksam, ohne anders als in immanenter Kritik oder Konstellationenerstellung eben diesen Verlust aufzuzeigen. Demgegenüber wird die „Vergesellschaftung der Gesellschaft" (Leithäuser 1977, 117) von Leithäuser konstativ zur Kenntnis genommen und nur noch gefragt, welche Auswirkungen dieses Phänomen auf den Bewußtseinsmodus von Gesellschaftsmitgliedern hat und welche Formen des Bewußtseins gegenwärtig besonders ausgeprägt sind. Weil jedoch der Vergesellschaftungsprozeß als Prozeß der Verarmung von Bewußtsein begriffen wird, entsteht eine undialektische Betrachtungsweise mikrosozialer Situationen. Die Mechanismen des Bewußtseins (aufgefaßt als „Alltagsbewußtsein") werden unter Gesichtspunkten wie „Verengung", „Abdichtung" und „Verschiebung" (Leithäuser ebd., 112) aufgefaßt und als zum großen Teil neurotisch, stereotyp, konkretistisch, ideologisch usw. usw. wahrgenommen. D. h. der Vergesellschaftungs- und Sozialisationsprozeß, den Individuen durchlaufen, wird in seinem freiheitseinschränkenden Charakter aufgegriffen. Direkt daneben gestellt und als Interpretationsfolie für Bewußtseinsgenese verwendet werden positive, Individualität ermöglichende Formen von Subjektivität, die sich alle durch den Charakter von Reflexion und Bereitschaft zu Veränderung auszeichnen. D. h. es gibt bei Leithäuser (und seiner Arbeitsgruppe) eine negative Form vergesellschafteten Bewußtseins und eine positive. Letztere erprobt Neues, trägt Widersprüche aus, hat eine ideologiekritische Haltung usw. Soweit objektiv sinnverstehende Hermeneutik einen praktischen, handlungsempfehlenden Anspruch hat, besteht dieser allein darin, Bewußtseinsformen des einen Typs in den anderen positiven überzuführen.

Dieser Weise der Einteilung von Sinnverstehen ‚richtigen' gegen ‚falschen' oder ‚empfehlenswerten' gegenüber ‚nicht-empfehlenswerten' Handelns widerspricht Adornos Vorstellung von Interpretation als Dialektik, wenn es heißt:

„Dialektik ist das konsequente Bewußtsein von Nichtidentität. Sie bezieht nicht vorweg einen Standpunkt. Zu ihr treibt den Gedanken seine unvermeidliche Insuffizienz, seine Schuld an dem, was er denkt. ... Das Differenzierte erscheint so lange divergent, dissonant, negativ, wie das Bewußtsein der eigenen Formation nach auf Einheit drängen muß: solange es, was nicht mit ihm identisch ist, an seinem Totalitätsanspruch mißt. Das hält Dialektik dem Bewußtsein als Widerspruch vor." (17)

Übertragen auf das Hauptproblem objektiv sinnverstehender Hermeneutik, die Frage nach den kollektiven und individuellen Zwängen vergesellschafteten Bewußtseins, bedeutet dies, daß die Strukturen dieser Vergesellschaftung nicht säuberlich in gute und weniger gute für eine Subjektivierung von Individualität einzuteilen sind. Vielmehr ist Vielheit oder Totalität von Möglichkeiten freien und unreduzierten Handelns sozusagen ein kritisches Korrektiv, das dem Aufweis der unbewußten gesellschaftlichen Zusammenhänge im Bewußtsein immer die Lebensmöglichkeiten entgegenhält, die durch gesellschaftliche Arbeitsteilung und durch Strategien der Bewältigung von Reproduktionsaufgaben ausgeschlossen werden. Dabei ist kein Wissen um ein ‚richtiges' gegenüber einem ‚falschen' Bewußtsein vorhanden, sondern nur eine Folie von „Ganzheit' oder Totalität, mit der erfülltes menschliches geistiges Leben gedacht werden kann, ohne es als je dieses zu fixieren.

Wie eine solche objektive Hermeneutik im Sinne einer Konstellationenerstellung als Dialektik oder immanente Kritik Adornos methodisch ausgeführt zu denken ist, darüber können die materialen Arbeiten der Arbeitsgruppen um Oevermann (1976; 1979) und Leithäuser (1977; 1979) Auskunft geben. Wie jedoch der Vermittlungsprozeß von Subjektivität und Gesellschaft auf der Folie des Begriffs von Totalität hermeneutisch-praktisch zu denken ist, diese Frage beantworten Thematisierungen von vergesellschaftetem Bewußtsein bei Heller (1978) und Waldenfels (1980). Es bleibt aber die Aufgabe, material empirisch verstehende Arbeiten mit den theoretisch akzentuierenden einer praktischen Hermeneutik zu verbinden, soll objektive Hermeneutik im Sinne Adornos verstanden werden.

Literatur

Adorno, T. W.: Gesammelte Schriften. Bde. 1ff. Hrsg. v. G. Adorno/R. Tiedemann. Frankfurt/M 1970ff.
Adorno, T. W.: Stichworte. Kritische Modelle 2. Frankfurt/M 1969.
Adorno, T.W.: Noten zur Literatur I. Frankfurt/M ^{2}1968.
Diemer, A.: Elementarkurs Philosophie: Hermeneutik. Düsseldorf/Wien 1977.
Gadamer, H. G.: Wahrheit und Methode. Tübingen ^{3}1972.
Habermas, J.: Ein philosophierender Intellektueller. In: Über T. W. Adorno. Frankfurt/M ^{2}1968, 35ff.
Heller, A.: Das Alltagsleben. Versuch einer Erklärung der individuellen Reproduktion, Hrsg. v. H. Joas. Frankfurt/M 1978.
Künzli, A.: Aufklärung und Dialektik. Politische Philosophie von Hobbes bis Adorno. Freiburg 1971.
Leithäuser, T. u. a.: Entwurf zu einer Empirie des Alltagsbewußtseins. Frankfurt/M 1977.
Leithäuser, T. u. a.: Anleitung zur empirischen Hermeneutik. Psychoanalytische Textinterpretation als sozialwissenschaftliches Verfahren. Frankfurt/M 1979.
Oelmüller, W.: Probleme des neuzeitlichen Freiheits- und Aufklärungsprozesses. In: J. B. Metz u. a. (Hrsg.): Kirche im Prozeß der Aufklärung. München 1970, 91ff.
Oevermann, U. u. a.: Beobachtungen zur Struktur der sozialisatorischen Interaktion. Theoretische und methodologische Fragen der Sozialisationsforschung. In: M. Auwärter u. a. (Hrsg.): Seminar: Kommunikation, Interaktion, Identität. Frankfurt/M 1976, 371ff.
Oevermann, U. u. a.: Die Methodologie einer „objektiven Hermeneutik" und ihre allgemeine forschungslogische Bedeutung in den Sozialwissenschaften. In: H. G. Soeffner (Hrsg.): Interpretative Verfahren in den Sozial- und Textwissenschaften. Stuttgart 1979, 352ff.
Schoeller, W. F.: Die neue Linke nach Adorno. München 1969.
Uhle, R.: Geisteswissenschaftliche Pädagogik und kritische Erziehungswissenschaft. München 1976.
Waldenfels, B. u. a. (Hrsg.): Phänomenologie und Marxismus 1: Konzepte und Methoden. Frankfurt/M 1977 (a).
Waldenfels, B. u. a. (Hrsg.): Phänomenologie und Marxismus 2: Praktische Philosophie. Frankfurt/M 1977 (b).
Waldenfels, B. u. a. (Hrsg.): Phänomenologie und Marxismus 3: Sozialphilosophie. Frankfurt/M 1978.
Waldenfels, B.: Der Spielraum des Verhaltens. Frankfurt/M 1980.
Weber, M.: Gesammelte Aufsätze zur Wissenschaftslehre. Hrsg. v. J. Winckelmann. Tübingen ^{3}1968.

Weiterführende Literatur (zu diesem Band)

Die im folgenden getroffene Auswahl (Sekundärliteratur) wurde durch die besondere Fragestellung des vorliegenden Bandes bestimmt. Zur Ergänzung sind insbes. heranzuziehen:

Lang, P.C.: Kommentierte Auswahlbibliographie 1969-1979. In: Materialien zur ästhetischen Theorie Th. W. Adornos. Konstruktion der Moderne. Hrsg. v. B. Lindner/W.M. Lüdke. Frankfurt/M 1980, 507-556.

Petazzi, C.: Kommentierte Bibliographie zu Th. W. Adorno. In: Arnold, H. L. (Hrsg.): Theodor W. Adorno. Sonderband Text und Kritik. München 1977, 176-191.

Über die Primärliteratur informiert:

Schultz, K.: Vorläufige Bibliographie der Schriften Theodor W. Adornos. In: Schweppenhäuser, H. (Hrsg.): Theodor W. Adorno zum Gedächtnis. Eine Sammlung. Frankfurt/M 1971, 177-239.

Grenz, F.: Bei Schultz nicht erwähnte Einzeltitel, Gespräche, Interviews, Briefe. In: Grenz, F.: Adornos Philosophie in Grundbegriffen. Frankfurt/M 1974, 314-315.

Arnold, H. L. (Hrsg.): Theodor W. Adorno. Sonderband Text und Kritik. München 1977.

Baumeister, T. (zus. mit J. Kulenkampff): Geschichtsphilosophie und philosophische Ästhetik. Zu Adornos „Ästhetischer Theorie". In: Neue Hefte für Philosophie H. 5. 1973, 74-104.

Baumeister, T.: Theodor W. Adorno – nach zehn Jahren. In: Philosophische Rundschau 28. 1981, 1-26.

Beier, C.: Zum Verhältnis von Gesellschaftstheorie und Erkenntnistheorie. Untersuchungen zum Totalitätsbegriff in der Kritischen Theorie Adornos. Frankfurt/M 1977.

Beierwaltes, W.: Adornos Nicht-Identisches. In: Beierwaltes, W./Schrader, W. (Hrsg.): Weltaspekte der Philosophie. Amsterdam 1972, 7-20.

Beyer, W. R.: Adornos „Negative Dialektik". In: Beyer, W. R.: Vier Kritiken: Heidegger, Sartre, Adorno, Lukács. Köln 1970, 151-187.

Birzele, K.-H.: Mythos und Aufklärung. Adornos Philosophie, gelesen als Mythos – Versuch einer kritischen Rekonstruktion. Diss. Würzburg 1977.

Böckelmann, F.: Die Möglichkeit ist die Unmöglichkeit. Die Unmöglichkeit ist die Möglichkeit. Bemerkungen zur Autarkie der Negativen Dialektik. In: Schöller 1969, 17-37.

Böckelmann, F.: Über Marx und Adorno. Schwierigkeiten der spätmarxistischen Theorie. Frankfurt/M 1972.

Braun, C.: Kritische Theorie versus Kritizismus. Zur Kant-Kritik Theodor W. Adornos. Diss. Bonn 1981. Ersch. in: Kant-Studien 115. Berlin/New York 1983.

Bubner, R.: Was ist kritische Theorie? In: Philosophische Rundschau 16. 1969, 213-249. (Wieder in: Hermeneutik und Ideologiekritik. Mit Beiträgen v. K.-O. Apel, u. a. Frankfurt/M 1971, 160-209).

Bubner, R.: Über einige Bedingungen gegenwärtiger Ästhetik. In: Neue Hefte

für Philosophie H. 5. 1973, 38-73.
Buck-Morss, S.: The Origin of Negative Dialectics. T. W. Adorno, W. Benjamin and the Francfurt Institute. Sussex 1977.
Buck-Morss, S.: Piaget, Adorno, and the Possibilities of Dialectical Operations. In: Silverman, H. J. (ed.): Piaget, Philosophy and the Human Sciences. Sussex 1980, 103-137.
Clemenz, M.: Theorie als Praxis? Zur Philosophie und Soziologie Theodor W. Adornos. In: neue politische literatur H. 2. 1968, 178-194.
Dubiel, H.: Identität und Institution. Studien über moderne Sozialphilosophien. Düsseldorf 1973. (Darin: Theodor W. Adorno, 51-76).
Dubiel, H.: Wissenschaftsorganisation und politische Erfahrung. Studien zur frühen Kritischen Theorie. Frankfurt/M 1978.
Düver, L.: T. W. Adorno. Der Wissenschaftsbegriff der Kritischen Theorie in seinem Werk. Bonn 1978.
Geyer, C.-F.: Kritische Theorie. Max Horkheimer und Theodor W. Adorno. Freiburg/München 1982.
Gmelin, O. F.: Negative Dialektik – Schaltsystem der Utopie. In: Schöller 1969, 55-90.
Grenz, F.: Adornos Philosophie in Grundbegriffen. Auflösung einiger Deutungsprobleme. Frankfurt/M 1974.
Grenz, F.: Zur architektonischen Stellung der Ästhetik in der Philosophie Adornos. In: Arnold 1977, 119-129.
Guzzoni, U.: Selbsterhaltung und Anderssein. Ein Beitrag zur Kritischen Theorie. In: Ebeling, H. (Hrsg.): Subjektivität und Selbsterhaltung. Beiträge zur Diagnose der Moderne. Frankfurt/M 1976, 314-344.
Habermas, J.: Theodor W. Adorno. 1. Ein philosophierender Intellektueller (1963). 2. Urgeschichte der Subjektivität und verwilderte Selbstbehauptung (1969). In: Habermas, J.: Philosophisch-politische Profile. Frankfurt/M 1971, 176-184; 184-199.
Habermeier, R.: Th. W. Adorno: Die Rettung des Individuellen. In: Speck, J. (Hrsg.): Grundprobleme der großen Philosophen. Philosophie der Gegenwart. IV. Weber, Buber, Horkheimer, Adorno, Marcuse, Habermas. Göttingen 1981, 147-185.
Härting, T.: Ideologiekritik und Existenzphilosophie. Philosphische Stellungnahme zu T. W. Adornos „Jargon der Eigentlichkeit". In: Zeitschrift für philosophische Forschung 21. 1967, 282-302.
Hansen, O.: Anklage und Kritik. Anmerkungen zu Adornos Begriff der soziologischen Wissenschaft. In: Arnold 1977, 64-71.
Heiseler v., J. H. (Hrsg.; zus. mit R. Steigerwald/J. Schleifstein): Die „Frankfurter Schule" im Lichte des Marxismus. Zur Kritik der Philosophie und Soziologie von Horkheimer, Adorno, Marcuse, Habermas. Materialien einer wissenschaftlichen Tagung aus Anlaß des 100. Geburtstages v. W. I. Lenin, veranst. v. Inst. f. Marxistische Studien und Forschungen am 21. u. 22. Febr. 1970 in Fankfurt/M. Frankfurt/M 1970.
Hoehn, G.: Une logique de la décomposition pour une lecture de T. W. Adorno. Revue d'esthétique 1, 2. 1975, 97-138.
Holl, G.: Subjekt und Rationalität. Eine Studie zu A. N. Whitehead und Th. W. Adorno. Diss. Frankfurt/M 1975.

Holz, H. H.: Mephistophelische Philosophie. In: Schöller 1969, 176-192.
Horkheimer, M. (Hrsg.): Zeugnisse. T. W. Adorno zum 60. Geburtstag. Frankfurt/M 1963.
Hrachovec, H.: Was läßt sich von Erlösung denken? Gedanken von und über Theodor W. Adornos Philosophie. In: Philosophisches Jahrbuch 83. 1976, 357-370.
Jameson, F.: Marxism and Form. 20th Century Dialectical Theory of Literature. Princeton 1971. (Ch. 1: T.W. Adorno; or, Historical Tropes. Ch. 5: Towards dialectical criticism).
Jansohn, H.: Zur Kritik der unkritischen Kritik. Ein Vergleich zwischen T. W. Adorno und K. R. Popper. Zeitschrift für philosophische Forschung 29. 1975, 544-561.
Jay, M.: Dialektische Phantasie. Die Geschichte der Frankfurter Schule und das Institut für Sozialforschung 1923-1950. Frankfurt/M 1976.
Kaiser, G.: Benjamin. Adorno. Zwei Studien. Frankfurt/M 1974.
Kappner, H.-H.: Adornos Reflexionen über den Zerfall des bürgerlichen Individuums. In: Arnold 1977, 44-63.
Kerkhoff, M.: Die Rettung des Nichtidentischen. Zur Philosophie Th. W. Adornos. In: Philosophische Rundschau 20. 1973, 150-178; 21. 1974, 56-74.
Koch, T. (zus. mit K.-M. Kodalle/H. Schweppenhäuser): Negative Dialektik und die Idee der Versöhnung. Eine Kontroverse über Theodor W. Adorno. Stuttgart/Berlin/Köln/Mainz 1973.
Künzli, A.: Linker Irrationalismus. Zur kritischen Theorie der „Frankfurter Schule". In: Künzli, A.: Aufklärung und Dialektik. Freiburg 1971, 110-156.
Lindner, B.: Herrschaft als Trauma. Adornos Gesellschaftstheorie zwischen Marx und Benjamin. In: Arnold 1977, 72-91.
Lypp, B.: Ästhetischer Absolutismus und politische Vernunft. Zum Widerstreit von Reflexion und Sittlichkeit im deutschen Idealismus. Frankfurt/M 1972. (Darin: Anmerkungen zum Modell einer „Logik des Zerfalls", 235-242).
Makarius, M.I.: Adorno et le viol de la médiation. Revue d'esthétique 2/3/4. 1975, 192-206.
Massing, O.: Adorno und die Folgen. Über das „hermetische Prinzip" der Kritischen Theorie. Neuwied 1970.
Mirbach, T.: Kritik der Herrschaft. Zum Verhältnis von Geschichtsphilosophie, Ideologiekritik und Methodenreflexion in der Gesellschaftstheorie Adornos. Frankfurt/M 1979.
Müller-Strömsdörfer, I.: Die „helfende Kraft bestimmter Negation". Zum Werke Th. W. Adornos. In: Philosophische Rundschau 8. 1960, 81-105.
Naeher, J.: Philosophical Concepts in Literary Criticism. In: Literary Criticism and Philosophy. Yearbook of Comparative Criticism. Vol. X. Ed. by J. P. Strelka. Pennsylvania/London 1982, 89-112.
Nordhofen, E.: Theodor W. Adorno – Magus der Aufklärung. In: Nordhofen, E. (Hrsg.):Physiognomien – Philosophen des 20. Jahrhunderts in Portraits. Königstein/Ts. 1980, 203-220.
Pettazzi, C.: Studien zu Leben und Werk Adornos bis 1938. In: Arnold 1977, 22-43.

Plessner, H.: Adornos Negative Dialektik. Ihr Thema mit Variationen. In: Kant-Studien 61. 1970, 507-519.
Post, W.: Kritische Theorie und metaphysischer Pessimismus. Zum Spätwerk M. Horkheimers. München 1971.
Pütz, P.: Nietzsche im Lichte der Kritischen Theorie. In: Nietzsche-Studien 3. 1974, 175-191.
Rath, N.: Adornos Kritische Theorie – Vermittlungen und Vermittlungsschwierigkeiten. Paderborn 1982.
Reijen van, W.: Adorno zur Einführung. Mit einem Beitrag von H. M. Lohmann. Hannover 1980.
Revault d'Allonnes, O.: Adorno non Adorno. Revue d'esthétique 1, 2. 1975, 171-191.
Ries, W.: Die Rettung des Hoffnungslosen. Zur „Theologica Occulta" in der Spätphilosophie Horkheimers und Adornos. Zeitschrift für philosophische Forschung 30. 1976, 69-81.
Schmidt, A.: Adorno – ein Philosoph des realen Humanismus. In: Neue Rundschau 1969, 654-673. (Wieder in: Schweppenhäuser 1971, 52-75).
Schmidt, A.: Die „Zeitschrift für Sozialforschung". Geschichte und gegenwärtige Bedeutung. München 1970. (Wieder in: Schmidt, A.: Zur Idee der Kritischen Theorie. München 1974, 36-124).
Schmidt, F. W.: Hegel in der Kritischen Theorie der „Frankfurter Schule". In: Negt, O. (Hrsg.): Aktualität und Folgen der Philosophie Hegels. Frankfurt/M 1970, 21-61.
Schmucker, J. F.: Adorno – Logik des Zerfalls. Stuttgart-Bad Canstatt 1977.
Schöller, W. F. (Hrsg.): Die neue Linke nach Adorno. München 1969.
Schweppenhäuser, H.: Thomas Härtings Adorno-Kritik. Eine Replik. In: Zeitschrift für philosophische Forschung 21. 1967, 554-570. (Wieder in: Über Theodor W. Adorno. Mit Beiträgen v. K. Oppens u. a. Frankfurt/M 1968, 90-119 u. d. T. Verleumdete Aufklärung. Zur ontologischen Adornokritik).
Schweppenhäuser, H.: Spekulative und negative Dialektik. In: Negt, O. (Hrsg.): Aktualität und Folgen der Philosophie Hegels. Frankfurt/M 1970, 85-97.
Schweppenhäuser, H. (Hrsg.): Theodor W. Adorno zum Gedächtnis. Eine Sammlung. Frankfurt/M 1971.
Schweppenhäuser, H.: Quelques exemples de critique adressées à Adorno. Revue d'esthétique 1, 2. 1975, 28-47.
Söllner, A.: Geschichte und Herrschaft. Eine kritische Studie zum Verhältnis von Philosophie und Sozialwissenschaft in der Kritischen Theorie. In: Philosophisches Jahrbuch 83. 1976, 333-356.
Sonnemann, U.: Jenseits von Ruhe und Unordnung. Zur Negativen Dialektik Adornos. Vortr. im Norddeutschen Rundfunk. 28.3.1967. (Wieder in: Über Theodor W. Adorno. Mit Beiträgen v. K. Oppens, u. a. Frankfurt/M 1968, 120-140).
Sonnemann, U.: Erkenntnis als Widerstand. Adornos Absage an Aktionsgebärden und ihr Ertrag für die Kriterien von Praxis. In: Schweppenhäuser 1971, 150-176.
Stresius, L.: T. W. Adornos negative Dialektik. Eine kritische Rekonstruktion. Disputationes Theologicae 11. Frankfurt/M/Bern 1982.

Sziborsky, L.: Agnostizismus – ein Konstituens der Kritischen Theorie Horkheimers und Adornos. In: Schlette, H. R.: Der moderne Agnostizismus. Düsseldorf 1979.
Theunissen, M.: Gesellschaft und Geschichte. Zur Kritik der kritischen Theorie. Berlin 1969.
Tichy, M.: Theodor W. Adorno. Das Verhältnis von Allgemeinem und Besonderem in seiner Philosophie. Bonn 1977.
Wagner, R.: Die Unterordnung der Erkenntnis unter die Kritik. Kritik an Adorno und Habermas. Diss. Düsseldorf 1981.
Wellmer, A.: Kritische Gesellschaftstheorie und Positivismus. Frankfurt/M 1969.
Willms, B.: Theorie, Kritik und Dialektik. In: Soziale Welt 17. 1966, 206-231). (Wieder in: Über Theodor W. Adorno. Mit Beiträgen v. K. Oppens, u. a. Frankfurt/M 1968, 44-89).
Zahn, L.: Die letzte Epoche der Philosophie. Von Hegel bis Habermas. Kommentarband. Stuttgart 1976. (Darin: Das Umschlagen der Aufklärung in die Barbarei der Zivilisation nach Horkheimer und Adorno, 309-328).

Rezensionen *(Negative Dialektik)*[1]

Beyer, W. R.: Adornos Negative Dialektik. In: Deutsche Zeitschrift für Philosophie 10. 1967, 1199ff.
Clemenz, M.: Über die Schwierigkeit, nein zu sagen. In: Frankfurter Rundschau. 20.4.1968.
Frenzel, I.: Ist Philosophie noch möglich? In: Süddeutsche Zeitung. 2.9.1967.
Goldschmidt, H. L.: Theodor W. Adornos „Negative Dialektik". In: Neue Zürcher Zeitung. 22.4.1967.
Günther, J.: Dialektischer Messianismus. In: Der Tagesspiegel. 11.6.1967.
Henrich, D.: Diagnose der Gegenwart. In: Frankfurter Allgemeine Zeitung. 10.10.1967.
Kaltenbrunner, G.-K.: Dialektisches Feuer. In: Tribüne 6. 1967.
Linpinsel, E.: Ignoramus-Ignorabimus. In: Die literarische Tat. 18.1.1969.
Marcuse, L.: Die schöne Zunge. In: Die Zeit. 13.10.1967.
Willms, B.: Erinnerung an einen Imperativ. Zu T. W. Adornos Negativer Dialektik. In: Soziale Welt 20. 1969, 238-242.
Zehm, G.: Ist Dialektik ein Schimpfwort? In: Die Welt. 29.7.1967.

1 Einige Hinweise verdankt der Hrsg. Friedemann Grenz.

Die Autoren

Braun, Carl, geb. 1955, 1981-1982 Wissenschaftlicher Mitarbeiter am Erziehungswissenschaftlichen Institut der Universität Bonn. Zur Zeit Vorbereitung des juristischen Staatsexamens.

Eley, Lothar, geb. 1931, Professor für Philosophie an der Universität Köln.

Grenz, Friedemann, geb. 1944, Professor für Philosophie an der Universität Transkei, Umtata.

Naeher, Jürgen, geb. 1947, Wissenschaftlicher Assistent am Erziehungswissenschaftlichen Institut der Universität Düsseldorf.

Piecha, Detlev, geb. 1949, Wissenschaftlicher Angestellter am Fachbereich Erziehungs- und Sozialwissenschaften der Gesamthochschule Hagen.

Radermacher, Hans, geb. 1929, Professor für Philosophie an der Universität Köln (Lehrstuhl für Positivismus und Transzendentalphilosophie). Honorarprofessor an der Universität Frankfurt/M.

Ritzel, Wolfgang, geb. 1913, em. Professor für Philosophie und Pädagogik an der Universität Bonn.

Sonnemann, Ulrich, geb. 1912, Professor für Sozialphilosophie an der Gesamthochschule Kassel.

Sziborsky, Lucia, Wissenschaftliche Assistentin am Erziehungswissenschaftlichen Institut (Abt. Philosophie der Erziehung) der Universität Düsseldorf.

Uhle, Reinhard, geb. 1945, Professor für Pädagogik an der Hochschule Lüneburg.

Zahn, Lothar, geb. 1930, Professor für Philosophie am Fachbereich Erziehungswissenschaften der Pädagogischen Hochschule Schwäbisch Gmünd.

Zedler, Peter, geb. 1945, Priv. Doz. am Fachbereich Erziehungs- und Sozialwissenschaften der Gesamthochschule Hagen.

UTB FÜR WISSENSCHAFT

Fachbereich Philosophie

6 Bochenski: Die zeitgenössischen Denkmethoden
(Francke). 8. Aufl. 1980. DM 7,80

34 Menne: Einführung in die Logik
(Francke). 3. Aufl. 1981. DM 8,80

146 Speck (Hrsg.): Grundprobleme der großen Philosophen-Philosophie des Altertums und des Mittelalters
(Vandenhoeck). 3. Aufl. 1983. Ca. DM 18,80

253 Risse: Metaphysik
(W. Fink). 1973. DM 14,80

464 Speck (Hrsg.): Grundprobleme der großen Philosophen-Philosophie der Neuzeit 2
(Vandenhoeck). 2. Aufl. 1982. DM 22,80

646 Wuchterl: Methoden der Gegenwartsphilosophie
(Haupt). 1977. DM 25,80

871 Scheler: Die Zukunft des Kapitalismus und andere Aufsätze
(Francke). 1979. DM 9,80

876 Naeher: Einführung in die Idealistische Dialektik Hegels
(Leske). 1981. DM 16,80

895 Oelmüller/Dölle/Ebach/Przybylski (Hrsg.): Philosophische Arbeitsbücher 3 – Diskurs Religion
(Schöningh). 2. Aufl. 1982. DM 22,80

896 Oelmüller (Hrsg.): Materialien zur Normendiskussion 3
(Schöningh). 1979. DM 22,80

914/915 Kristeller: Humanismus und Renaissance 1/2
(W. Fink). 1980. Je DM 19,80

966/967/968 Speck (Hrsg.): Handbuch wissenschaftstheoretischer Begriffe 1/2/3
(Vandenhoeck). 1980. Je DM 24,80

1104 Oelmüller/Dölle/Rath (Hrsg.): Philosophische Arbeitsbücher 5 – Diskurs Kunst und Schönes
(Schöningh). 1982. DM 25,80

1105 Oelmüller (Hrsg.): Kolloquium Kunst und Philosophie 1
(Schöningh). 1981. DM 26,80

1108 Speck (Hrsg.): Grundprobleme der großen Philosophen-Philosophie der Gegenwart 4
(Vandenhoeck). 1981. DM 21,80

1136 Adomeit: Antike Denker über den Staat
(R. v. Decker). 1982. DM 19,80

1138 Rehfus: Einführung in das Studium der Philosophie
(Quelle & Meyer). 1981. DM 21,80

1145 Bolz (Hrsg.): Wer hat Angst vor der Philosophie?
(Schöningh). 1982. DM 24,80

1178 Oelmüller (Hrsg.): Kolloquium Kunst und Philosophie 2
(Schöningh). 1982. DM 29,80

1183 Speck (Hrsg.): Grundprobleme der großen Philosophen-Philosophie der Gegenwart 5
(Vandenhoeck). 1982. DM 24,80

1199 Wuchterl: Philosophie und Religion. (Haupt). 1982. DM 19,80

1252 Speck (Hrsg.): Grundprobleme der großen Philosophen-Neuzeit 3
(Vandenhoeck). 1983. Ca. DM 25,80

Preisänderungen vorbehalten.

UTB FÜR WISSENSCHAFT

Fachbereich Pädagogik

115 Rousseau: Emil oder über die Erziehung
(Schöningh). 6. Aufl. 1983. DM 18,80

162 Eichler: Sprachdidaktik Deutsch
(W. Fink). 2. Aufl. 1979. DM 19,80

178 Lassahn: Einführung in die Pädagogik
(Quelle & Meyer). 4. Aufl. 1982. DM 16,80

332 Brezinka: Grundbegriffe der Erziehungswissenschaft
(Reinhardt). 4. Aufl. 1981. DM 19,80

548 Brezinka: Erziehungsziele, Erziehungsmittel, Erziehungserfolg
(Reinhardt). 2. Aufl. 1981. DM 19,80

697 Haeberlin/Niklaus: Identitätskrisen
(Haupt). 1978. DM 17,80

713 Lassahn: Pädagogische Anthropologie
(Quelle & Meyer). 1983. DM 23,80

714 Kreft: Grundprobleme der Literaturdidaktik
(Quelle & Meyer). 2. Aufl. 1982. DM 29,80

717 Wendlandt (Hrsg.): Rollenspiel in Erziehung und Unterricht
(Reinhardt). 1977. DM 16,80

798 Fina: Das Gespräch im historisch-politischen Unterricht
(W. Fink). 1978. DM 19,80

840 Brunner: Lehrerverhalten
(Schöningh). 1978. DM 16,80

890 Kleber: Tests in der Schule
(Reinhardt). 1979. DM 21,80

898 Baudler: Religiöse Erziehung heute
(Schöningh). 1979. DM 17,80

899/900 Wollenweber (Hrsg.): Die Realschule 1/2
(Schöningh). 1979. DM 19,80

995 Schelten: Grundlagen der Testbeurteilung und Testerstellung
(Quelle & Meyer). 1980. DM 16,80

1005 Zucha: Sozialpsychologie des Unterrichts
(Schöningh). 1980. DM 19,80

1008 Gründer (Hrsg.): Unterrichten lernen
(Schöningh). 1980. DM 15,80

1049 Brunner/Zeltner: Lexikon zur Pädagogischen Psychologie und Schulpädagogik
(Reinhardt). 1980. DM 23,80

1103 Kluge (Hrsg.): Sexualpädagogische Forschung
(Schöningh). 1981. DM 17,80

1146 von Engelhardt: Die pädagogische Arbeit des Lehrers
(Schöningh). 1982. DM 26,80

1168 Jahnke: Sozialpsychologie der Schule
(Leske). 1982. DM 19,80

1172 Bunk: Einführung in die Arbeits-, Berufs- und Wirtschaftspädagogik
(Quelle & Meyer). 1982. DM 28,80

1179 Hardörfer: Stufenbezogene Didaktik
(Schöningh). 1982. DM 10,80

1212 Cropley: Kreativität und Erziehung
(Reinhardt). 1982. DM 19,80

Preisänderungen vorbehalten.